L'EGLISE

METROPOLITAINE ET PRIMATIALE

SAINCT ANDRE

DE BOURDEAUX

REPRODUCTION DE L'ESTAMPE QUI FIGURE DANS LA PREMIÈRE ÉDITION DE LOPÈS.
Encadrement dessiné par M. J. DE VERNEILH.

L'EGLISE

METROPOLITAINE ET PRIMATIALE

SAINCT ANDRE

DE BOURDEAUX

OU IL EST TRAITÉ

DE LA NOBLESSE, DROITS, HONNEURS ET PREEMINENCES DE CETTE EGLISE
AVEC L'HISTOIRE DE SES ARCHEVESQUES
ET LE POUILLÉ DES BENEFICES DU DIOCEZE

PAR

M. Me Hierosme LOPES

*Chanoine Theologal de cette Eglise, et Docteur Regent en Theologie
dans l'Université de Bourdeaux.*

RÉÉDITION ANNOTÉE ET COMPLÉTÉE

Par M. l'Abbé CALLEN

Professeur à la Faculté de Théologie.

Sicut qui thesaurizat, ità et qui honorificat
matrem suam. *(Eccli. 3-5.)*

I

BORDEAUX
FERET ET FILS, LIBRAIRES-ÉDITEURS
15, COURS DE L'INTENDANCE, 15

1882

A SON EMINENCE
LE CARDINAL DONNET

ARCHEVÊQUE DE BORDEAUX

ÉMINENCE,

Cet ouvrage est l'histoire d'une Église qui vous est chère à plus d'un titre, et dont l'amour et la vénération vous sont à jamais acquis.

Dès le début de votre épiscopat, vous appelâtes l'attention des érudits bordelais sur les antiquités sacrées de l'Aquitaine; la cathédrale Saint-André doit à la plume de Votre Éminence une de ses meilleures monographies.

Plus que personne, vous contribuâtes à la grande œuvre de son isolement, qui permet à nos yeux d'en contempler le magnifique ensemble.

Grâce à votre sollicitude, le campanile du bienheureux

www.ingramcontent.com/pod-product-compliance
Lightning Source LLC
Chambersburg PA
CBHW052037230426
43671CB00011B/1686

Pey Berland, longtemps muet et profané, a retrouvé sa couronne et sa voix des anciens jours.

Il n'a pas dépendu de vous que le cloître ogival, où s'abritaient des souvenirs plusieurs fois séculaires, échappât au vandalisme ; et depuis cinquante ans, vous poursuivez le gigantesque dessein de doter la basilique d'Urbain II et de Bertrand de Goth d'une entrée digne d'elle.

J'étais donc sûr d'aller au devant de l'un de vos désirs en rééditant sous vos auspices le grand ouvrage de Lopès.

Je supplie Monseigneur l'Archevêque de Perga d'agréer en même temps que Votre Éminence l'hommage de ce travail. Sa Grandeur écrivait naguère : « La cathédrale est aujourd'hui mon foyer domestique ; » c'était dire par un de ces mots charmants dont Elle a le secret, que l'histoire de l'Eglise Métropolitaine et Primatiale de Sainct-André de Bourdeaux, trouverait aisément le chemin de son cœur.

Daignez agréer, Éminence, l'expression de mes sentiments les plus respectueux et de mon filial attachement.

Jules CALLEN,
Chanoine h^{re},
Professeur à la Faculté de Théologie.

Bordeaux, le 9 mai 1882,
Fête de la Translation de saint André.

PRÉFACE

« *L'Eglise Metropolitaine et Primatiale Sainct Andre de Bourdeaux,* par M. Me Hiérosme Lopès, chanoine théologal de cette église et docteur Régent en théologie dans l'Université de Bourdeaux, » parut en 1668, chez Lacourt, imprimeur ordinaire du Roy, de Mgr l'Archevêque et de l'Université.

C'était plus qu'une monographie, c'était l'histoire de l'Aquitaine, rattachée à l'édifice monumental où la plupart des événements inscrits dans les annales de cette province ont laissé quelques traces.

Les travaux de nos premiers apôtres, l'éloquence et la poésie d'Ausone et de Fortunat, les invasions des Goths, des Sarrasins et des Normands, les Croisades, l'occupation anglaise et la délivrance du pays, les guerres de religion, la Ligue et la Fronde, les visites fréquentes de nos Rois, désireux de se concilier, par des marques de leur sollicitude, la sympathie d'une contrée jalouse de son indépendance; tout, jusqu'aux rivalités des deux Chapitres de Saint-Seurin et de la Primatiale et leurs conflits périodiques avec le Parlement et les Archevêques, a trouvé sa place naturelle dans les récits variés de Lopès.

Le livre de Lopès est demeuré sans rival : Baurein, dom Devienne, Du Tems, Bellet, Xaupi, Bernadau lui-même et les nouveaux éditeurs du *Gallia christiana* le regardent comme une autorité.

Les écrivains qui, de nos jours, ont étudié sous divers points de vue les antiquités sacrées de l'Aquitaine, le prennent aussi pour guide, tant sa critique est rarement en défaut. Par suite, les exemplaires de l'*Histoire de l'Église Primatiale*, etc., avidement recherchés des bibliophiles, devenaient chaque jour plus rares, nous devrions dire introuvables; et cela, dans le moment où l'esprit public se tourne plus que jamais peut-être vers les choses du passé.

L'heure était donc venue de réimprimer notre vieil historien.

Une question se posait : fallait-il se borner à publier de nouveau le texte de Lopès? ou bien valait-il mieux, en le maintenant dans son intégrité, l'enrichir de notes et de commentaires?

Malgré notre respect pour cette œuvre magistrale nous avons pensé qu'une réédition pure et simple ne pouvait répondre à l'attente de nos lecteurs.

Une foule d'anecdotes et de détails familiers aux contemporains du célèbre théologal ont aujourd'hui pour nous l'attrait de l'inconnu.

Il convenait donc de tenir compte, dans une large mesure, des changements survenus depuis deux siècles, et de s'inspirer en même temps du goût si vif de notre époque pour le piquant et l'inédit.

Le livre de Jérôme Lopès se divise en trois parties :

La première traite en général de l'Église de Bordeaux considérée dans ses origines, sa cathédrale, l'étendue de sa juridiction métropolitaine et de la primatie que lui disputa longtemps le siège archiépiscopal de Bourges.

La deuxième contient des notices courtes, mais substantielles, sur les archevêques de Bordeaux, depuis l'apparition du christianisme dans l'Aquitaine jusqu'aux premières années de l'épiscopat de Mgr Henri de Béthune, contemporain de l'auteur. Nous continuons cette partie jusqu'à nos jours.

La troisième, qui n'est pas la moins intéressante, forme un tableau de l'histoire politico-religieuse du Chapitre métropolitain.

L'ouvrage que nous offrons au public reproduit littéralement, avec l'orthographe du xviie siècle, l'édition de 1668; rien n'est changé non plus dans la disposition des chapitres et des paragraphes. On le sait, les chapitres de Lopès se composent d'une suite d'alinéas portant chacun leur numéro d'ordre. Quand l'historien n'indique pas les sources en marge, c'est qu'il se réserve de les citer le plus souvent *in extenso* dans des notes renvoyées à la fin.

Les notes de Lopès sont toutes des pièces latines tirées soit du Bullaire des Papes, soit des Chartes royales, soit de nos divers nécrologes ou d'un ancien cartulaire qu'on nommait autrefois le *Livre velu,* et dont il ne reste plus aucune trace dans nos archives.

Ces documents constituent les pièces justificatives de l'ouvrage, ils sont désignés par le chiffre de l'alinéa qui leur correspond dans le texte. Nous les avons révisés minutieusement et collationnés sur les originaux ou les copies authentiques, et quand il s'agissait d'imprimés, sur les éditions les plus châtiées.

Notre édition diffère de celle de 1668 par des notes et des appendices. Les notes sont très nombreuses et parfois d'une longueur inusitée, mais la peine que nous avons prise à les recueillir à travers les archives, les chroniques, les brochures oubliées, les bulletins des sociétés savantes, nous est un garant du plaisir qu'éprouvera le lecteur en se voyant dispensé de les improviser lui-même.

Les appendices se trouvent à la fin de quelques chapitres dont ils nous ont paru le complément nécessaire. Nous avons transporté les notes marginales du vieux Lopès immédiatement au-dessous du texte; elles sont imprimées en petits caractères de peur qu'on ne les confonde avec celles que nous plaçons nous-même au bas de chaque page.

L'éditeur a eu la joie de constater au courant de ses travaux quel esprit de solidarité cordiale et désintéressée anime les érudits bordelais : MM. Gouget, archiviste départemental; Ducaunnès-Duval et Roborel de Climens, sous-archivistes; Gaullieur, archiviste municipal; l'abbé Allain, archiviste du diocèse; Messier, bibliothécaire de la Ville; Céleste, sous-bibliothécaire; Jules Delpit, R. Dezeimeris,

P. Tamizey de Larroque, Ch. Marionneau, de Mensignac, conservateur du Musée lapidaire; Charles Durand, président de la Société des monuments et documents historiques de la Gironde; le chanoine Corbin, ont bien voulu faciliter nos recherches; nous devons même à quelques-uns d'entre eux de précieuses communications.

On nous pardonnera de réserver une mention spéciale à Mgr Cirot de La Ville, à M. l'abbé Bertrand, directeur du Grand Séminaire, à M. Augustin Charbonnel, à M. l'abbé Réniac, et à M. le Mis de Castelnau, qui a bien voulu se charger de la table alphabétique placée à la fin du second volume.

Nous ne dirons rien des artistes auxquels la maison Feret et Fils a eu l'heureuse pensée de confier les illustrations de ce livre. MM. Leo Drouyn, Maxime Lalanne et le baron J. de Verneilh se recommandent assez par eux-mêmes. MM. Émilien Piganeau, Arthur de Brezetz et Fernand Marot étaient dignes de travailler à côté de ces illustres maîtres. L'éditeur est heureux, en les nommant, d'associer le public à sa reconnaissance.

Aux dessins originaux nous avons pu joindre un nombre considérable de planches exécutées avec le plus grand soin; nous les devons en partie à Mgr Cirot de La Ville, à la Commission des monuments et documents historiques, à la Société d'Archéologie, et à M. l'abbé Pailhès, directeur de la *Revue Catholique de Bordeaux*.

« Un vieux livre suppose un vieil auteur, » nous écrivait Mgr de La Bouillerie, en nous remerciant d'avoir tiré de l'oubli l'historien de l'*Église Métro-*

politaine. La notice que nous consacrons à Jérôme Lopès est d'une étendue qui nous paraîtrait excessive, si nous n'avions regardé comme un devoir de venger un homme de cette importance, d'une si longue ingratitude. Car, le croirait-on, il n'existait sur le grand Théologal du XVIIe siècle aucune espèce de biographie. On ignorait également le jour de sa naissance et celui de sa mort. Bien plus, une incertitude que des fouilles prochaines dissiperont peut-être, grâce à l'initiative de M. le Mis de Castelnau, pèse encore aujourd'hui sur le lieu de sa sépulture.

Qu'il nous soit permis d'ajouter un mot : un jour, espérons-le, quelque bénédictin aura le courage de fondre en un même tout le texte et les notes que nous avons simplement rapprochés. Il écrira, comme nous la concevons, l'histoire originale et complète de l'*Église Métropolitaine et Primatiale Saint-André de Bordeaux*. Cet inconnu que nos vœux appellent sera le nouveau Lopès.

Notre rôle, beaucoup plus modeste, se borne à rééditer l'ancien; cette satisfaction nous suffit : « Ne » pouvant, » dirons-nous avec le père de la *Chronique bourdeloise,* « recevoir plus grand honneur en ce » monde, que de faire chose qui revienne au plaisir » et contentement des gens de bien[1]. »

J. CALLEN.

---

1. Delurbe, *Chronique bourdeloise,* préface.

LISTE DES SOUSCRIPTEURS

MM.
ABBADIE, curé de Salles.
ABELINE (l'abbé Eugène), curé de Lagorce.
AGOTY (le chevalier d').
AILLOUD (G.)
ALAUZE (Henri), avocat.
ALLAIN (l'abbé), vicaire de Saint-Louis de Bordeaux, archiviste de l'archevêché.
ALLIBERT (E.).
AMANIEU, vicaire à Sainte-Eulalie.
AMANIEU, curé à Branne.
AMOUROUX (Ch.), organiste de la Cathédrale.
ANGELVY, curé de Margaux.
ANGER (R. Père), supérieur des Oblats de Marie.
ARADEL, négociant.
ARCHAMBAUD-DE-GRAILLY, aide-de-camp du général de Sonis.
ARNAUD, curé de Taillecavat.
ARNOULT (l'abbé), chanoine honoraire, curé-doyen de Castillon.
AROSTÉGUY (Mme L.).
ARROUX (Charles-Auguste), chanoine prébendé.
AUGRAND, curé doyen de Pujols.
AVRARD, libraire (2 exemplaires).
BABIN, curé à Salignac.
BACOT, curé de Saint-Gervais.
BALARESQUE (Henri), membre de la Chambre de commerce.
BALARESQUE (J.-C.).
BALLEREAU, chanoine honoraire, professeur au collège de Bazas.
BANEL (H.), curé de Fargues de Créon.
BARBIER, conseiller à la cour de Poitiers.
BARBOT, curé de Saint-Vincent-de-Pertignas.
BARBOTEAU, curé des Artigues.
BARCKHAUSEN, ✻, adjoint au maire de Bordeaux.
BARON, ✻, ingénieur des constructions navales.

BARON (l'abbé L.), chanoine honoraire.
BARREAU, curé de Cadaujac.
BARREYRE, curé de Cestas.
BARROY (Gustave), avocat.
BATIZ (de).
BAUDOIN, curé de Baron.
BAYLARD, ✻, secrétaire de la Chambre de commerce.
BAYLE (P.), avocat.
BEAU (l'abbé), chanoine honoraire, curé de Saint-Loubès.
BÉGUERIE, chanoine honoraire, curé de La Teste.
BELLEMER, prêtre auxiliaire à Blaye.
BELLEVILLE, ✻, chanoine honoraire, curé de Notre-Dame.
BELLOT (Mlle de).
BELLOT DES MINIÈRES (Mgr), évêque de Poitiers.
BELLUE, curé de Lugon.
BENECH (C.).
BERNE (Georges), docteur-médecin à Paris.
BERNE, à Paris.
BERNÈDE (E.), professeur de peinture.
BERNIARD (F.), ancien adjoint au maire de Bordeaux
BERTIN (l'abbé Th.), vicaire de Saint-Éloi.
BEYRIS (l'abbé), vicaire du Sacré-Cœur.
BLANC (Mlle Alice) à Bergerac.
BLANCHARD, curé de Sainte-Hélène.
BLANGER (Mgr), ✻, évêque de la Guadeloupe.
BOISSAC (H. de), assureur maritime.
BOISSEL, courtier.
BONNAIL (Paul), manufacturier à Sainte-Colombe-s.-l'Hers (Aude).
BONNETAT, curé de Sainte-Eulalie-d'Ambarès.
BONNEVAL (Comte A. de).
BONNEVAL (Mme V^e).
BONNIN, receveur principal des Contributions indirectes.
BONTEMPS-DUBARRY, directeur des Douanes.
BONY (baron de), propriétaire.
BOREAU-LAJANADIE, conseiller à la Cour d'appel de Bordeaux.
BORNET (l'abbé), protonotaire apostolique.
BOUCHON, rédacteur-gérant de *L'Union*, de Libourne.
BOUDIAS, avoué.
BOUÉ (L.), avocat.
BOUFFARTIGUE, ancien chef d'institution.
BOUILLON.
BOULAT (l'abbé), vicaire à Gujan.
BOULUGUET (E.).
BOURIAU (F.), curé de Cubnezais.
BOURGÈS.
BOURSIER (l'abbé), aumônier de l'Hôpital civil et militaire de Libourne.
BOUSQUET, curé de Cantenac.
BOUSQUET (l'abbé), vicaire de Saint-Rémy.

Boutiron, ingénieur des mines.
Bouvier (L.).
Bouyer (A.), curé de Porchères.
Boyer, propriétaire.
Boyer (Henri), sous-secrétaire de la ville de Bordeaux.
Boyer (l'abbé), aumônier de l'Hôpital militaire de Bordeaux.
Boyer (Mlle).
Brannens (Phil.), à Langon.
Breen, docteur-médecin.
Brémond d'Ars (comte Anatole de), marquis de Migré, conseiller général du Finistère, correspondant de la Société des Antiquaires de France.
Brétenet (F.), ✣, président de chambre.
Brezets (Arthur de), secrétaire général de la Société des Bibliophiles de Guyenne.
Brezets (de), avocat.
Bride (Mme Ed.).
Briol, notaire.
Brivazac (Baron de).
Brives-Cazes, vice-président du Tribunal civil.
Brochon (Henri), avocat.
Brondeau (Ernest de).
Broussard (Lucien), curé de Créon.
Brun (Alfred).
Brunet.
Buche (l'abbé), vicaire général de Bordeaux.
Buche (l'abbé), curé de Loupiac.
Buchou (l'abbé), vicaire général honoraire.
Burdin (l'abbé), curé de Vertheuil.
Cabannes (l'abbé), curé d'Arcins.
Caillaud (Mme).
Camou (l'abbé), vicaire de Sainte-Eulalie.
Campana (l'abbé B.), curé à Carcans.
Capdegelle (l'abbé), curé de Léognan.
Carratié (l'abbé), chanoine honoraire, aumônier de l'Hôtel-Dieu.
Carrère (R. P.), de la Compagnie de Jésus.
Cartau (l'abbé), vicaire de Saint-André.
Carton (Georges).
Castaing (l'abbé), chanoine honoraire, aumônier des Religieuses de Marie-Thérèse.
Castaing (l'abbé), curé de Saint-Nicolas.
Castaing (Mme Vve J.-J.).
Castaing (Mlles).
Castangt (Mlles).
Castelnau d'Essenault (marquis de), membre de l'Académie des Sciences, Belles-Lettres et Arts de Bordeaux.
Castets (l'abbé), curé de Virelade.
Catteau (Mgr), évêque de Luçon.
Caubin (l'abbé), curé de Mourens.

CAUBIT (l'abbé), curé-doyen de Castres.
CAUPENNE (Mme A. de), supérieure du pensionnat de N.-D. de Lorette.
CAZAUBON (l'abbé), curé de Grézillac.
CAZEL (Léon), architecte.
CAZENAVE (l'abbé), curé de Moulis.
CELLERIER (l'abbé), curé de Saint-Émilion.
CELSIS (V.).
CHABANNES, docteur-médecin.
CHABROL (l'abbé), curé d'Illac.
CHALUP (R. de).
CHALVET (l'abbé), curé de Verdelais.
CHAMBRE DE COMMERCE DE BORDEAUX.
CHAPPELLE (de), docteur-médecin, ancien maire de Bègles.
CHARLOT (l'abbé), chan. hon., professeur à la Faculté de Théologie
CHASTEL (E.).
CHATARD, docteur-médecin.
CHAULIAC, chevalier de Saint-Grégoire-le-Grand.
CHAUMET (Auguste).
CHAUVELET (Jules).
CHOUMEILS DE SAINT-GERMAIN, avoué.
CIROT DE LA VILLE (Mgr), doyen de la Faculté de théologie de Bordeaux.
CISTAC (l'abbé J.), curé de Guillos.
CLAIR (l'abbé L.), chapelain de la Primatiale (2 exemplaires).
CLAVERIE (Albert), notaire.
CLAVERIE, avoué honoraire.
CLOUCHET (l'abbé), curé de Saint-Philippe-de-Seignat.
CLUZEAUX (G.), chanoine honoraire, aumônier des Carmélites.
COEURET (l'abbé), vicaire général d'Agen.
COJEAN (l'abbé), curé de Ligneux.
COLLÈGE SAINT-JOSEPH DE TIVOLI, à Bordeaux.
COLLINEAU (Mme).
COLOMÈS (L.).
COLOMÈS père.
COMBES (l'abbé), vicaire de Vendays.
COMOLET (Henri).
COMPANS (l'abbé), vicaire général de Bordeaux.
CONDAMIN (James), chanoine honoraire, professeur à la Faculté catholique de Lyon.
CORBIN (l'abbé), chanoine honoraire, officier d'Académie.
CORBIN (l'abbé), curé de La Sauve.
COSSON, arbitre de commerce.
COSTE (l'abbé), curé de Soussans.
COSTE, libraire à Bergerac.
COUANIER (l'abbé), curé de Cazalis.
COURAUD, ✳, doyen de la Faculté de droit de Bordeaux.
COURTEAUD (l'abbé), curé d'Addilly (Deux-Sèvres).
COURTY (A.).
COUSSIRAT (l'abbé), curé d'Abzac.

Couteau (l'abbé), chanoine honoraire.
Couteau (l'abbé L.), bibliothécaire du Petit Séminaire de Bordeaux.
Curé de Sainte-Livrade (Lot-et-Garonne).
Dabert (Mgr), ✻, évêque de Périgueux.
Dagrand, peintre-verrier, trésorier de la Société Archéologique de Bordeaux.
Daler (l'abbé), curé de Bourg.
Dallas, juge au Tribunal de première instance.
Damblat.
Daney (A.), ✻, adjoint au maire de Bordeaux.
Darquier (l'abbé), curé de Saint-Sauveur.
Daspit de Saint-Amand, membre de la Société des Bibliophiles de Guyenne.
Dauby (l'abbé), chanoine honoraire, curé de Saint-Pierre.
Dauphin (l'abbé E.), chanoine de Saint-Denis.
David (M.), conseiller honoraire à la Cour d'appel.
Déjean (l'abbé), chanoine honoraire, curé de Saint-Bruno.
Déjean (l'abbé), vicaire de Saint-Bruno.
Dejean (H.-J.), curé de Villenave-de-Rions.
Delarc (l'abbé O.), professeur au Petit Séminaire.
Delmas (l'abbé), vicaire général, directeur du Grand Séminaire.
Delmas (l'abbé), chanoine honoraire, aumônier du Lycée.
Deloynes, professeur à la Faculté de droit.
Delpey (A.), négociant.
Demay (Mme A.).
Denucé (Dr), ✻, doyen de la Faculté de médecine, membre de l'Académie des Sciences, Belles-Lettres et Arts de Bordeaux.
Desaigue (Remy), négociant.
Despax (l'abbé), curé de Saint-Martial.
Despiet, notaire.
Desplat (l'abbé), économe du Petit Séminaire.
Destaigne (l'abbé), curé de Sauveterre-de-Guyenne.
Destangue (l'abbé), curé de Saint-Vincent-de-Paul.
Deydou (l'abbé G.), curé d'Ambarès.
Dezeimeris (R.), ✻, correspondant de l'Institut, membre de l'Académie des Sciences, Belles-Lettres et Arts de Bordeaux.
Dillaire.
Dolhassary (l'abbé), chanoine honoraire, curé de Saint-Remy.
Dondeau (l'abbé Th.), curé de Barie.
Donis (l'abbé), chan. honoraire, curé de Saint-Louis de Bordeaux.
Donnet (S. E. Mgr), cardinal-archevêque de Bordeaux.
Dorgueilh (l'abbé), chanoine honoraire, curé de Monségur.
Dourdin, professeur à la Faculté catholique de Droit de Toulouse.
Doussaint (Raoul), professeur de belles-lettres.
Douzon (H.), négociant.
Dréolle (E.), O. ✻, député de la Gironde.
Dreux (l'abbé P.), chanoine honoraire.
Du Bosco (A.), membre du Conseil général, maire de Baigneaux.
Dubosq-Vergnes (L.).

Dubreuilh (l'abbé), chanoine honoraire, curé de Blaye.
Dubroca (l'abbé), chanoine titulaire.
Duburch (Mme Vve).
Ducaule (Mme).
Duchamps (B.), curé de Saint-Marien.
Ducos (B.), ingénieur civil.
Dudon (D^r).
Dufau, chanoine titulaire.
Dufourq-Belin.
Duperrier (Mme).
Dupernaut (l'abbé), curé à Saint-Martin-de-la-Caussade.
Dupeyre (Mme Vve).
Dupeyron (l'abbé), chanoine honoraire.
Dupin, docteur-médecin.
Dupoy, négociant.
Duprat (F.), négociant.
Dupré, ancien conservateur de la Bibliothèque de Blois.
Dupuy (Alfred).
Dupuy (Mme Alfred).
Durand (l'abbé), curé de Noaillan.
Du Règne, ingénieur des télégraphes (Paris).
Durrive (F.), négociant.
Eguille (l'abbé de L'), curé-doyen de Blanquefort.
Escasch (l'abbé), curé de Cabanac.
Exshaw, négociant.
Etcheverry (baron d'), chevalier de l'ordre de Saint Grégoire le Grand.
Espagnolle (l'abbé), curé de Lanton.
Espanet (l'abbé), curé de Saint-Sulpice.
Fabre de la Bénodière, conseiller à la Cour.
Fallières.
Fallois, commissaire de la marine (Rouen).
Fauché (l'abbé), curé de Vayres.
Faucon (de).
Faure (E.).
Faure (l'abbé F.), chanoine honoraire, curé de Mérignac.
Faure (l'abbé), chanoine honoraire, curé de Guîtres.
Faurès (Ad.), ancien notaire.
Faux (Jules).
Faux (l'abbé), curé de Saint-Julien.
Fayet (Félix), négociant.
Fazembat (l'abbé), vicaire à Preignac.
Ferrand (l'abbé), professeur au Petit Séminaire.
Ferrand (de), propriétaire à Pauillac.
Ferreaud (H.).
Fonce (l'abbé), vicaire de Langon.
Fontan-Véla (Mme).
Fonteneau (Mgr), ✻, évêque d'Agen.
Fortages (Bordes de).

Fourcand (l'abbé), curé de Budos.
Fraigniaud (l'abbé), chapelain de la Primatiale.
Fraissinède (Mme de).
Gaden (Ch.), adjoint au maire de Bordeaux.
Galouye (L.), avocat à la Cour de Paris.
Garreau, notaire à Langon.
Garbay fils (J.-C.), négociant.
Gastaud (l'abbé), chanoine honoraire à Marseille.
Gaudin (l'abbé), vicaire de Castillon-sur-Dordogne.
Gaussens (l'abbé), chanoine honoraire, archiprêtre de la basilique Saint-Seurin.
Gaussens (l'abbé), chanoine hon., aumônier des Sourdes-Muettes.
Gautier, O. ✻, ancien maire de Bordeaux.
Gay (Mgr), évêque d'Anthédon.
Gayraud (colonel), ✻.
Gellibert, O. ✻, conseiller honoraire à la Cour d'appel.
Gervais (l'abbé), vicaire-général de l'archevêché de Bordeaux.
Gilloux (Mme).
Girard, directeur de la Caisse de secours mutuels.
Givard (P.), avocat.
Godin, instituteur à Guîtres.
Goenaga, négociant.
Goldefy (Mgr), évêque de la Réunion.
Gommès, avocat.
Gorostarzu (Mme de).
Goujon (l'abbé), vicaire du Sacré-Cœur.
Goujon (l'abbé), curé de Cavignac.
Goumy (l'abbé), vicaire à Sainte-Eulalie.
Gourdon, négociant.
Gourlier (l'abbé), chan. hon., curé de Saint-Augustin (de Bordeaux).
Grangeneuve (A. de).
Grandjean (Mlle).
Gras (F.), curé-doyen de Belin.
Grassis (l'abbé), curé de Lamarque.
Graterolles (Mme L.).
Graterolles.
Grelet, ✻, architecte.
Grilhon (l'abbé), ✻, chanoine honoraire, ancien aumônier de l'Hôpital militaire.
Grottes (comte des), conseiller général de la Gironde.
Guérineau, ingénieur civil.
Guibert (Mgr Hippolyte), O. ✻, cardinal-archevêque de Paris.
Guibert (Mme H.).
Guibert (Patrice), négociant.
Guicheteau (l'abbé), chanoine honoraire, curé de Sainte-Marie de La Bastide-Bordeaux.
Guinot, chef d'institution.
Guinouard, négociant.
Guiraud (l'abbé), chanoine honoraire, curé de Cadillac.

Gumy (l'abbé P.), curé de Bouridey.
Guyonnet (baron A. de).
Habasque, ✱, conseiller à la Cour d'appel de Bordeaux.
Hardy-Moisan (H.).
Hazera (l'abbé), vicaire de Saint-Louis.
Héliès de Kérengard (Mlle).
Henneton (l'abbé), doyen du Chapitre.
Henry (l'abbé), curé de Quinsac.
Henry (J.).
Heyet (l'abbé), curé de Tresses.
Holagray (Mme Léonce).
Holagray (Mlle Jeanne).
Hongre (l'abbé), chanoine honoraire, curé de Coutras.
Hugla, vice-président du Conseil de Prud'hommes.
Hyvrier (l'abbé), vicaire-général.
Igounet.
Izans, chanoine honoraire, archiprêtre de Lesparre.
Jabouin, ancien adjoint au maire de Bordeaux, chevalier de Saint-Grégoire le Grand.
Jamon (Mme).
Jannet (l'abbé), chanoine honoraire, curé de Pessac.
Jarris (l'abbé), chanoine honoraire, aumônier de l'hospice du Tondu
Jaspard (l'abbé), curé de Saint-Jacques, à Douai.
Joigny (de).
Journu (Mme V^e).
Jouvenel, professeur de belles-lettres.
Kappelhoff, négociant.
Kercado (comte de).
Kowalski, professeur de sciences.
Labadie.
Labalette (Mme V^e).
Labat (l'abbé), curé de Sainte-Germaine-du-Puch.
Laborde (l'abbé), curé de Landiras.
La Bouillerie (Mgr Alexandre-François-Marie de), archevêque de Perga, coadjuteur de Bordeaux.
Labrouche, négociant.
Lacadée (l'abbé), curé du Carbon-Blanc.
Lacaze (G.), négociant.
Lachaize (l'abbé), curé de Coimères.
Lacoste-d'Izaute (l'abbé), curé de Sendets.
La Couture (l'abbé de), curé de N.-D. d'Arcachon.
Lacueil (l'abbé), vicaire à Saint-Julien.
Lafabrie, avocat, à Mont-de-Marsan
Lafargue (D^r).
Lafargue (l'abbé), chanoine honoraire, curé de Saint-Ferdinand.
Lafaye (l'abbé), curé de Cambes.
La Fernandina (comte de).
Lafon, propriétaire.
Lafont (Charles), notaire.

Lafonta, propriétaire.
Lagane (l'abbé), chanoine honoraire.
Lalande (Armand), O. ✲, député de la Gironde.
Laliman (l'abbé), curé de Macau.
Lamarque (l'abbé Barthélemy), missionnaire apostolique.
Lamarque (l'abbé), vicaire de Saint-Louis de Bordeaux
Lamothe (Léonce de).
Landé (l'abbé), curé de Gironde.
Langalerie (Mgr de), archevêque d'Auch.
Langarica (l'abbé), professeur au collège de Bazas.
Langlois, notaire.
Lannelongue, docteur-médecin.
Laprade (Mme de).
Larfouilleau.
Largeteau, juge au Tribunal civil de Bordeaux.
Largeteau (l'abbé), curé de Cénac.
La Rouverade (de), agent de change.
Larré, avoué.
Larroque (V.), propriétaire.
Laspeyrère (Mme Vve).
Lassus (baron de).
Lataste (P.), négociant.
Lataste (Théophile), ancien négociant.
Latour (l'abbé), curé de Saint-André-de-Cubzac.
Latour (l'abbé), curé de Camblanes.
Latour (Mme I.).
Latour (P.), professeur de belles-lettres.
Lavalade (Mme V^{e}).
La Vergne (comte de), ✲, propriétaire.
Lebeaud, propriétaire.
Lebéfaude (A.), négociant.
Ledet fils (H.).
Lelièvre (l'abbé H.), vicaire à Sainte-Croix.
Léon (Alex.), ✲, conseiller général de la Gironde.
Léothéricien (F.), direct. du pension^t J.-B. de La Salle, à Bordeaux.
Leppert, négociant.
Lesca (L.), membre du Conseil général de la Gironde.
Lescure (l'abbé), curé du Pian-sur-Garonne.
Lesperon.
Lespinasse (Mme Vve).
Lespinasse (l'abbé), vicaire du Bouscat.
Lestrade (l'abbé), curé de Saint-Pierre-de-Mons.
Letu (l'abbé H.), vicaire à Sainte-Croix.
Levassor (E.).
Levieux, ✲, docteur-médecin, vice-président du Conseil d'hygiène, administrateur des hospices civils de Bordeaux.
Levieux (Mme).
Linas, avocat.
Lopez (Alfred).

LOTH (l'abbé Julien), professeur à la Faculté de théologie de Rouen.
LOUIT aîné (Emile), ✻, négociant.
LOUIT (Ed.), négociant.
LOURDAA-CALAIS (Mlle), directrice du cours normal.
LUGAN (l'abbé), chanoine prébendé.
LUREAU (E.), négociant.
LUSSAUD, avocat, ancien président de la Société Archéologique de Bordeaux.
MAIGNAN (H.).
MAIRIE DE BORDEAUX { Bibliothèque de la Ville. Archives municipales. École supérieure des filles. École supérieure des garçons.
MAITRE (Adr.), ✻, ancien secrétaire de la ville de Bordeaux.
MALET (baron de), trésorier de la fabrique Saint-André.
MALEVILLE, libraire à Libourne.
MALVEZIN (Th.), avocat.
MARCELLUS (comte Édouard de).
MARICHON (Mme Vve).
MANCISIDOR (R.).
MARBOTIN-SAUVIAC (baron de), ✻, ancien préfet.
MARCEAU (l'abbé), curé de Saint-Germain-de-Graves.
MARCELLUS (comte Edouard de).
MARCELLUS (comtesse de).
MARÉ (l'abbé).
MARÈS (l'abbé F.), chanoine titulaire.
MARILLAT, chef de division à l'intérieur (Guadeloupe).
MARQUESSAC (vicomtesse de).
MARQUETTE (l'abbé), curé de Saint-Médard-en-Jalles.
MARRAT, commissaire-priseur.
MARTIN (l'abbé E.), vicaire d'Ambarès.
MARTIN (l'abbé), curé de Montussan.
MASSON (E.).
MASSOUTIER (Mlle).
MAURAC (l'abbé), curé de Pompignan.
MAUVEZIN (marquis de).
MAUVEZIN (baronne de), à Vayres.
MAYOL (de).
MEAULME (l'abbé), curé de Saint-Martin-du-Puy.
MÉDEVILLE fils aîné, négociant.
MÉGEVILLE, curé de Saint-Delphin, de Bègles.
MENOU (l'abbé), chanoine honoraire.
MENSIGNAC (C. de), secrétaire général de la Société Archéologique de Bordeaux.
MERCIER (l'abbé), curé du Sacré-Cœur.
MERCIER l'abbé), curé de Bassens.
MERCIER (Maurice).
MERGET, ✻, professeur à la Faculté de médecine.
MÉRIGNAC (Mme de).

Mestivier (l'abbé Edm.), curé de Langoiran.
Meynard (l'abbé), chanoine honoraire, curé de Saint-Michel.
Meyney (l'abbé), curé de Gujan.
Minier (Hip.), président de l'Académie des Sciences, Belles-Lettres et Arts de Bordeaux.
Minvielle (Mme Vve).
Mondet (J.), architecte.
Montardy (Ed. de).
Montcenis (l'abbé), chanoine honoraire.
Montcheuil (de), avocat.
Monteil (l'abbé), curé de Paillet.
Montein (l'abbé), vicaire et maître de chapelle à Notre-Dame.
Montet (l'abbé), chanoine honoraire, curé-archiprêtre de Bergerac.
Moreau.
Moreau (Vve).
Motelay (Jules).
Nattes (comtesse de).
Naudet (l'abbé), curé de Sainte-Croix-du-Mont.
Nercam (l'abbé), curé de Gans.
New-Club.
Noaillan (comte de), memb. du conseil de fabrique de la Cathédrale.
Noailles père, ancien greffier en chef au Tribunal de 1re instance.
Noailles (Arthur), avocat.
Nograbat (l'abbé), chanoine honoraire, curé de Lussac.
Noguet.
Noyet père, ancien négociant.
Noyer (A.), avocat.
Obissier (Mme).
Orssaud (l'abbé), curé de Saint-Paul de Blaye.
Palladre l'abbé), curé de Moulon.
Palys (comte de) à Rennes.
Panel (Adrien), avocat.
Papin (l'abbé), curé de Montprimblanc.
Papon (Théodore), curé de Loubens.
Pardiac.
Parenteau (Mgr), prélat romain, curé de Sainte-Eulalie.
Patrouilleau (l'abbé), curé de Saucats.
Paul (l'abbé), curé de Samonac.
Paul (l'abbé E.), vice-archiprêtre, curé de Saint-Christoly.
Pauly (Paul), propriétaire.
Pauvif (l'abbé), curé de Carignan.
Pecharman (l'abbé), curé de Capian.
Pehau (J.), armateur.
Peindre, négociant.
Pelain, négociant.
Pelleport-Burète (de), ✻, ancien sénateur, ancien maire de Bordeaux.
Pepratx, ancien notaire.
Perez (Fernando), étudiant en médecine à Paris.

PERRODIN (R. P.), chanoine honoraire, supérieur de la Madeleine.
PERTHUIS, avocat.
PÉRY, docteur-médecin, conservateur de la Bibliothèque de la Faculté de médecine de Bordeaux.
PETIT-SÉMINAIRE DE BORDEAUX.
PETIT (l'abbé), chanoine titulaire, secrétaire général de l'archevêché.
PEYRAUD (l'abbé), curé de Saint-Caprais-de-Créon.
PEYRECAVE, avocat, ancien avocat général.
PEYRELONGUE, avoué.
PEYRUSSE (de).
PHÉLAN (Grégory), docteur-médecin.
PHILIPPOT (l'abbé A.), vicaire à Sainte-Eulalie.
PIGNEGUY (G.), propriétaire.
PINSAN (l'abbé), curé d'Avensan.
PINSAN (l'abbé), curé de Bommes.
PINSAN (l'abbé), curé du Teich.
PIRON (l'abbé), chanoine honoraire, aumônier de l'Hôtel-Dieu.
PISTOULEY (Mlle).
PITRES, docteur-médecin, professeur à la Faculté de médecine.
PLUMEAU (l'abbé), curé de Soulignac.
POINSOT, docteur-médecin.
PONTAC (vicomte de).
PONTEVÈS-SABRAN (marquis de), ✳, membre du Conseil général de la Gironde.
POUCHAUD (l'abbé), curé de Puysseguin.
POUJARDIEU, docteur-médecin à Gradignan.
PRADET (E.).
PRINCETEAU (Paul), avocat.
PRODHOMME (l'abbé), curé de Peintures.
PROMIS (P.), propriétaire.
PUIFFERRAT (marquis de).
RABOUTET-CHEVALIER.
RAMBAUD (l'abbé), curé de Saint-Michel-de-Rieufret.
RANSAN (l'abbé), curé de Castelnau-de-Médoc.
RAYMOND (l'abbé), archiprêtre de la cathédrale de Saint-André.
RAYMOND (l'abbé), chanoine honoraire, curé de Saint-Paul.
REBOURS (Mme Vve).
RÉCÉJAC (l'abbé), curé de Semens.
RÉCOULES (l'abbé), curé de Talais-Saint-Vivien.
RECOURS (Gaëtan), notaire à Agen.
RÉNIAC (l'abbé), professeur au Petit-Séminaire.
REY (l'abbé), curé de Frontenac.
RIBADIEU (F.), propriétaire.
RIBADIEU (H.), ancien rédacteur en chef de la *Guienne*.
RICARD (l'abbé Antoine), chanoine honoraire, professeur à la Faculté de théologie d'Aix.
RIVIÈRE-BODIN, conseiller à la Cour d'appel.
ROBERT (l'abbé), chef d'institution à Toulouse.
ROBERT (Mme Vve).

Roche (l'abbé), chanoine honoraire.
Rœdel (Henri), avocat.
Rolland (l'abbé), curé de Béguey.
Romas (l'abbé), curé de Tauriac.
Rouet (l'abbé).
Roussillon, subst. du procureur de la République à Lombez (Gers).
Roussy (v^{te} de), membre du conseil de fabrique de la Cathédrale.
Roux (l'abbé), professeur au collège de Bazas.
Roux (l'abbé), vicaire à la Cathédrale.
Roux, courtier maritime.
Rozier, docteur-médecin.
Saboureau (l'abbé), curé de Biganos.
Sacré-Cœur (Mme la supérieure du), à Caudéran.
Sagette (l'abbé), chan. honor., curé de la Madeleine, à Bergerac.
Saint-Joseph de Cluny (Mme la supérieure de).
Saint-Exupéry (comte de), ✯.
Saint-Pierre (Ivan de), juge au Tribunal civil.
Saladin (l'abbé), chanoine honoraire, aumônier de Pellegrin.
Sargon, propriétaire.
Sarrabezolles, propriétaire.
Sarrau (vicomte de), avocat.
Saux (l'abbé), curé de Saint-Pierre-de-Bat.
Savignac (de).
Savignan (l'abbé), vicaire d'Ambarès.
Sébaux (Mgr), évêque d'Angoulême.
Segay, docteur-médecin.
Seignac-Beck (l'abbé), curé de Rions.
Sériech (l'abbé), curé du Bouscat.
Servantie (F.), pharmacien.
Servat (l'abbé G.), curé de Saint-Nicolas.
Sèze (Aurélien de), avocat, membre du conseil de fabrique de la Cathédrale.
Sinéty (de), propriétaire.
Sorbe, chef d'institution.
Sorbier (l'abbé), curé de Sadirac.
Soubiran (Mlle Anastasie).
Soûla (U.), banquier.
Souques (Mme).
Sourget (A.), ✯, ancien adjoint au maire de Bordeaux, président de la Société Sainte-Cécile, vice-président de la Société Archéologique de Bordeaux.
Sous, docteur-médecin.
Sterling (l'abbé), chef d'institution.
Stern fils, négociant.
Subercazeaux (de), propriétaire.
Sursol (l'abbé), maître de chapelle à la Cathédrale.
Svahn (E.).
Taffart (l'abbé), curé de Puybarban.
Talbot, négociant.

» le dessein et la volonté des ouvriers. » Ainsi parlait Jérôme Lopès racontant son histoire aux religieuses de l'Annonciade; il ajoutait que « le sang du vermisseau estoit le sang même du » Sauveur, de celuy qui s'est appelé, non pas un homme, mais » un vermisseau de terre[1]. »

Il n'opposait aucune résistance à l'effort de la main divine; entouré d'une parenté nombreuse et riche, il renonça brusquement aux promesses du siècle et condamna sa jeunesse à « la clôture du cœur[2] ». Le goût des objets d'art était de tradition dans sa famille; à la mort de la dame du Cruseau, veuve de Pierre Lopès, son frère aîné, il eut en mains, comme exécuteur testamentaire, une collection de bijoux qu'eussent enviée des têtes couronnées. La nomenclature de ces précieuses frivolités n'occupe pas moins de vingt pages dans le testament de ladite veuve[3]. Celle-ci léguait personnellement au chanoine, son beau-frère, quatre anneaux enrichis de pierres fines dont l'éclat lui rappelait sans cesse le bienfait de la foi, qu'il avait reçu de préférence à tant d'autres de sa race : « N'avez-vous » point entendu parler, disait-il agréablement, de cet anneau » qui rendoit invisibles les choses visibles? On le mettoit au » doigt de quelque personne et on ne la voyoit point. La foy » est un anneau plus admirable que l'autre : il nous fait voir » visibles les choses invisibles[4]. » C'est la foi qui lui donna le courage de quitter le monde au printemps de sa vie. Le sacrifice était grand; on dirait qu'il s'en souvenait encore de longues années plus tard, en 1671. Après avoir raconté la retraite héroïque du jeune Benoît au désert de Subiaco, Lopès ajoutait : « La noblesse, la santé, les biens de la terre, la gloire, » la réputation, les plaisirs, ce sont les fleurs du monde, avec » lesquelles il nous attire et nous trompe. Il est bien malaisé » de quitter le monde, lorsqu'il se présente à nous avec ses » agréments. C'est ainsi néanmoins que saint Benoît le quitta, » *despexit mundum cum flore :* noble, jeune, riche, sçavant,

---

1. Lopès, *Sermons :* Fête de la Dédicace, aux religieuses de l'*Ave Maria,* t. I, p. 411.
2. Instruction pour le renouvellement des vœux, t. I, p. 438.
3. Ce testament se trouve aux actes de Ferrand (*Arch. dép.,* 1690-139-38.)
4. Le Dimanche dans l'Octave du Saint-Sacrement, t. I, p. 392.

TAMIZÉ.
TAMIZEY DE LARROQUE, correspondant de l'Institut.
TANDONNET (Maurice), négociant.
TAULIS (l'abbé), curé de Mourens.
THOLOUZE (Mme Vve de).
THOLOUZE (de), avocat.
THOMAS (Mgr), évêque de La Rochelle.
TILLOY, négociant.
TIPHON (l'abbé), curé d'Eysines.
TIPHON (l'abbé), chanoine honoraire, archiprêtre de La Réole.
TORRE (G.-G.).
TOULOUSE (Ad.).
TOURREAU (l'abbé), supérieur du Collège de Bazas.
TOURROU (E.), ancien chef d'institution.
TRAMASSET (G.).
TRAPAUD DE COLOMBE.
TREYERAN (R.), négociant.
TRINCAUD-LATOUR (de), banquier.
TROYE (E.), négociant.
VALLETON, architecte, membre du Conseil municipal.
VALLIER, directeur des Pompes funèbres.
VASSAL (comtesse de).
VÈNE (Alexis), propriétaire.
VENDOME (l'abbé), curé de Sendets.
VERDALLE (l'abbé A.), professeur au collège de Bazas.
VERDALLE (H.), docteur-médecin.
VERDUZAN (vicomtesse de).
VIALLA.
VIDAL (l'abbé), curé de Sauviac.
VIDAL (l'abbé), chanoine honoraire, curé de Saint-Macaire.
VIDEAU (Georges).
VIEILLARD (Ch.), ✻, manufacturier.
VIGNES (Léopold).
VINAY (l'abbé), curé de Plèneselve.
VIROS (l'abbé), curé de Saillans.
VITRAC (H.), membre du conseil de fabrique de la Cathédrale.
WETTERWALD (Ch.), négociant.

FAC-SIMILE DU TESTAMENT DE JÉRÔME LOPÈS

VIE DE JÉRÔME LOPÈS

I.

Le nom de Lopès, que les notaires bordelais du xvie siècle écrivent souvent Loupes[1], trahit une origine espagnole[2]. Il est commun à plusieurs familles juives[3] émigrées de la Péninsule à différentes époques. Les enfants d'Israël habitaient l'Andalousie et la province de Tolède depuis le temps de Pompée[4]. Admis à la cour des rois castillans, ils prirent une part active au mouvement littéraire qui marqua le règne d'Alphonse le Sage. Leur fortune ne survécut pas à la défaite de Pierre le Cruel, qu'ils avaient défendu contre son rival Henri de Transtamare; celui-ci leur fit payer cher une fidélité digne d'un meilleur sort. Réduits à choisir entre l'exil et l'abjuration, un grand nombre préférèrent l'exil. Toutefois, l'émigration ne devint générale qu'à la fin du xve siècle.

Le 31 mars 1492, Ferdinand de Castille publia, sur les conseils du cardinal Ximénès, l'édit fameux qui sommait tous les Juifs d'Espagne d'embrasser le catholicisme, ou de passer la frontière dans le délai de quatre mois. « Les uns, plus rappro-

---

1. Malvezin, *Michel Montaigne*, p. 108.
2. C'est l'avis du conseiller Pierre de Lancre, allié de Michel Montaigne. M. Malvezin, qui traite à fond la généalogie des Lopès, n'hésite pas à s'y rallier. (V. Malvezin, *Michel Montaigne*, p. 109.)
3. L'auteur de l'*Histoire des Juifs à Bordeaux* ne compte pas moins de cinquante personnes appartenant aux différentes branches de Lopès.
4. Malvezin, *Histoire des Juifs à Bordeaux*, p. 70.

» chés de la Méditerranée, purent s'embarquer pour l'Afrique
» ou pour l'Italie; d'autres se rendirent dans le Levant, à
» Constantinople, en Syrie, près de l'antique berceau de leur
» race. Ceux de l'Aragon, de la Biscaye et de la Navarre
» gagnèrent la France[1]. » Les lois de ce pays étaient sévères
contre les Juifs. En principe, ils ne pouvaient être ni seigneurs,
ni propriétaires, ni bourgeois, et n'avaient pas même d'état
civil : rigueurs plus nominales qu'effectives; les souverains et
les parlements les tempéraient à l'envi. S'il faut en croire le
moine de Saint-Gall, Charlemagne avait un juif pour homme
de confiance; on sait qu'un autre enfant d'Israël, nommé
Sédécias, était le médecin de Louis le Débonnaire.

A Bordeaux, la haine des Juifs n'excluait pas la tolérance.
Bien qu'on les accusât d'avoir autrefois livré la ville aux
pirates normands, et déchaîné sur tout le Midi le fléau de la
peste, en jetant du poison dans les puits et dans les fontaines,
ils y menaient une existence relativement paisible[2]. Les
nouveaux chrétiens, c'est le nom que prenaient les Juifs
bordelais, habitèrent d'abord la rue *Judaïque intrà muros*
(aujourd'hui rue de Cheverus); plus tard, ils s'étendirent
jusqu'à la rue *Puits des Juifs* (actuellement des Bahutiers).
Quelques-uns se groupèrent au delà de la porte Dijeaux près
de leur cimetière, en un lieu qui s'appela depuis le *Mont
Judaïc*[3]. Dans les temps modernes, la colonie israélite atteignit

---

1. Malvezin, *Histoire des Juifs à Bordeaux*, p. 52.
2. Ce n'est pas qu'à différentes reprises on ne leur ait appliqué les lois du royaume, invariables depuis Dagobert; mais le Parlement et les jurats prenaient volontiers leur défense. Une pièce curieuse que nous tirons des Archives départementales prouve que les moines du prieuré Saint-Martin se faisaient eux-mêmes à l'occasion les avocats des Juifs. En voici le résumé :

L'an 1232, le prieur de Saint-Martin du Mont-Judaïc se plaignit au roi d'Angleterre d'être privé des revenus que lui donnait la sépulture des Juifs avant leur expulsion; en conséquence, par lettres-patentes datées de Belin, Édouard III permet aux Juifs d'habiter désormais dans le duché d'Aquitaine, et d'être inhumés au lieu du Mont-Judaïc, qui était autrefois le lieu de leur sépulture. Le prieur percevra à cet effet, pour chaque mort, le droit qu'il percevait avant l'expulsion des Juifs. (*Archives départementales*, Fonds de l'archevêché, G, 75.)

3. « Les Juifs habitoient en ce temps-là hors de la ville, près le prieuré
» Saint-Martin... le champ qui, joignant ledit prieuré le long de la Divise,
» a retenu, par les anciens titres, le nom de Mont-Judaïc. » (*Chronique bourdeloise*, an 1273.)

le quartier de la ville traversé du Nord au Sud par la rue *Bouhaut,* que longeait en partie le couvent des *Grands Carmes.* La rue *Honoré-Tessier* passe juste à l'endroit où s'alignaient les cellules du monastère, et la nouvelle synagogue est bâtie sur l'emplacement du jardin.

Les premiers Lopès devancèrent de plus de deux siècles la grande émigration de 1492. Le 28 novembre 1262, un Pey de Lopa (traduction gasconne du nom de Lopès) déposait comme témoin dans une enquête relative aux propriétés communales ou *padouens* de la ville[1]; mais ce n'est qu'au xvie siècle, que les membres de cette famille commencent à se faire connaître, soit par eux-mêmes, soit par leurs amitiés ou leurs alliances.

Antoine de Loupes, qui prit le nom de Villeneuve, était l'ami du procureur Millanges[2], et peut-être nous sera-t-il possible un jour de rattacher Hiérosme Lopès à l'illustre Montaigne dont la mère, Antoinette de Loupes, n'était pas étrangère aux ancêtres du Théologal. Vers la même époque, plusieurs Lopès occupent une haute situation dans le commerce bordelais ou se livrent à la médecine, « l'art favori des juifs[3] ». Leurs débuts dans cette dernière profession furent assez modestes; ils pratiquaient la chirurgie d'aventure, maniant tour à tour la lancette et le rasoir[4]. « Bertrand Lopès ou de

---

1. *Livre des Bouillons,* cité par Malvezin, p. 90.
2. Jehan de Millanges fut le père du célèbre Simon Millanges, professeur au collège de Guyenne et fondateur d'une imprimerie alors sans rivale à Bordeaux.
3. La famille de Jérôme Lopès en est un exemple. Son père et plusieurs de ses frères étaient médecins. Il résulte en outre d'un acte notarié (1616) tiré des minutes de Dautiège, notaire royal à Bordeaux, que son aïeul exerçait la même profession. En effet, nous trouvons que « Catherine » Allure, damoyselle, vefve de feu Me Pierre-François de Lopès, vivant » *docteur en médecine,* absent; mais M. Me François de Lopès, aussi *docteur* » *en médecine,* son fils, habitant la présente ville, pour elle présent et accep- » tant, loue une maison située paroisse Sainte-Eulalie à Françoise Marinier, » vefve de feu Guillery Fondigier, vivant maître parcheminier en la présente » ville. » (*Arch. dép.,* Dautiège, 1616.)
4. Les barbiers-chirurgiens formaient une corporation sous la dépendance des maîtres médecins. Pour être barbier ou chirurgien, il fallait être bourgeois de Bordeaux. « Celui qui voudra passer maître, fera assembler » les maîtres au couvent des Carmes, et montrera les lancettes qu'il aura » faictes. Si elles sont trouvées bonnes, il prendra jour pour être examiné » en l'art de chirurgie. » Le maître reçu payait un marc d'argent. « Est » deffendu à tous barbiers estre si osés de faire actes et offices de barbier

» Loupes, barbier, c'est-à-dire chirurgien, était frère d'un riche
» marchand. Il avait épousé la fille du docteur en médecine
» Raymond de Granolhas[1]. »

Une note manuscrite de Laboubée signale l'existence d'un autre Lopès également médecin. Auteur d'un livre sur la chimie, il méritait sans doute la confiance des Bordelais au même titre que Raymond de Granolhas; mais, la clientèle lui faisant défaut, il quitta notre ville pour aller se fixer à Libourne où l'empirisme avait encore du succès. Or, Jean Lopès n'était, croyons-nous, qu'un aimable empirique; « il
» buvait toujours chaud et recommandait à tout le monde
» de boire de même. Cela étonnait d'autant plus de sa part
» qu'auparavant il avait recommandé de boire à la glace[2]. »

Enfin, sous le règne d'Henri IV, les Lopès renoncent aux tâtonnements de la première heure pour entrer dans la voie scientifique. A cette époque, vivait à Bordeaux un docteur éminent qui fut le doyen de la Faculté de médecine[3]: il s'appelait François Lopès; c'était le père du savant théologal dont nous avons à raconter la vie.

François Lopès ou de Lopès habitait avec sa femme Isabeau Mendès la paroisse Sainte-Eulalie. En 1616, « Jean Darnal,
» advocat en la cour de Parlement de Bourdeaux et clerc
» ordinaire en la maison commune de la présente ville, lui
» vendit, pour la somme de quatre mille livres tournois, une
» maison qui soûloit estre à M. Mᵒ Jacques Forestié, procureur

---

» à ladre ou à ladresse, à leur sceu. » Ils ne devaient faire aucune barbe le jour des dimanches et fêtes. Il leur était défendu de visiter deux fois de suite le même patient, sans en avertir leurs maîtres en médecine. (Voir *Anciens et Nouveaux Statuts de la ville et cité de Bordeaux*, p. 137, Simon Millanges, 1612.)

1. *Histoire des Juifs à Bordeaux*, p. 94.

2. Laboubée. (*Bibliothèque de la Ville*, manusc.) — Ce Lopès, que Laboubée nomme Jean, ne serait-il pas plutôt Pierre Lopès, grand père du chanoine? Pierre Lopès mourut à Libourne où il fut enseveli dans la chapelle des Cordeliers. On lit dans le testament de Hiérosme Lopès. « Je lègue... pareille somme de cinquante livres au couvent des
» PP. Cordeliers de Libourne où est enseveli Pierre Lopès Francis, mon
» grand-père. »

3. Dans le *Livre de Raison* des médecins, qui se garde aux Archives départementales, François Lopès signe *Lopes decanus*, dans une délibération du 26 mars 1654. Il est aussi l'auteur du livre de médecine portant ce titre: *Quæstio medica de Crisi*. (Catal. de la biblioth. de Pontac.)

» en la cour. Cette maison estoit située sur la paroisse Saint-
» Projet, en la rue des Trois-Conils, confrontant, du côté du
» soleil levant, à la maison de M. M⁶ Léger Dussault, advocat
» conseiller, magistrat au présidial de Guyenne et à celle de
» M. M⁶ Pierre Boyer, chanoine en l'église métropolitaine de
» Sainct-André; d'un autre côté, à celle dudit sieur Darnal où
» il fait sa résidence[1]. » Le Ciel avait-il quelque dessein
mystérieux, lorsqu'il dirigeait le docteur Lopès vers la rue des
Trois-Conils où régnait le Chapitre, et lui donnait pour proche
voisin le chanoine Boyer? Quoi qu'il en soit, le 9 septembre
de l'année suivante 1617, Hiérosme Lopès vit le jour dans
cette maison récemment acquise. Il fut tenu sur les fonts du
baptême dans l'église Saint-André par Pierre Lopès, son frère
aîné, et la demoiselle Dyes[2].

Catholique sincère et convaincu[3], François Lopès n'hésita

1. Actes de Dautiège, E, 1616.
2. Extrait du *Registre baptistaire* de l'église Saint-André de Bordeaux, de l'année 1617 (M. de Lissac, recteur de la Magestat). Communiqué par M. Roborel de Climens.

« Dudit jour (lundy 18 septembre 1617).
» Hierosme fils et naturel de monsieur maistre Françoys Loppes, docteur
» médecin de la presant ville, et de damoiselle Yzabeau Mende, filheul de
» Pierre Loppes et de damoiselle Monique Dyes, nasquit le 9 du presant
» moys envyron les deux heures du soir. »

3. Nous ne savons à quelle époque remonte la conversion des Lopès, du judaïsme à la foi catholique. Mais en dépit de tout ce qu'on a pu dire sur l'hypocrisie et la versatilité des Juifs en matière religieuse, nous ne croyons pas qu'il soit possible de révoquer en doute la sincérité de François Lopès et de ses dix enfants : 1° Pierre Lopès, professeur du Roi en la Faculté de médecine de Bordeaux; 2° Antoine Lopès, marchand; 3° Hiérosme Lopès, chanoine théologal en l'église de Saint-André; 4° Jean Lopès, marchand; 5° François Lopès, médecin de la Faculté de Paris; 6° damoiselle Guimen Lopès, femme de Guilhem Delsato, marchand au Havre; 7° Marie Lopès, veuve de Pierre Diès; 8° Ysabeau Lopès, mariée à Hiérosme Dalsato; 9° Françoise Lopès, femme de Raphaël Henriquès; 10° Catherine Lopès, femme de M⁶ Duart Henriquès. (*Arch. dép.*, Notaires. Ferrand, an. 1667, p. 1461.)

Qu'il nous suffise d'apporter en témoignage la profession de foi contenue dans le testament de ce patriarche :

« Au nom de Dieu le Père, le Fils et le Saint-Esprit, amen.
» Sachent tous qu'aujourd'huy dimanche xvi⁶ du moys de may mil
» vi⁶ trente deux, avant midy, pardevant moy Laurens Dautiege, notaire
» et tabellion royal en la ville et cité de Bourdeaux et seneschaucée de
» Guyenne soubz signé, presant les tesmoins bas nommés, a esté presant
» monsieur François de Loppes, docteur en medecine, habitant de la
» presant ville, en la paroisse Saint-Projet, lequel estant malade de

pas à confier aux Jésuites[1] l'éducation de son fils. Préférence d'autant plus significative que, malgré la faveur dont jouissaient à Bordeaux les fils de Saint-Ignace[2], le collège où professèrent les Govea était demeuré sympathique à la colonie hispano-portugaise et gardait encore le prestige d'un glorieux

» certaine maladye corporelle, toutesfois en son bon sens, mémoire et
» entendement, a fait son testament comme s'ensuit : Premièrement,
» recommande son ame à Dieu le Père tout puissant, le suppliant par
» le mérite *de la mort et passion nostre Seigneur Jesus-Christ* et par
» *l'intercession de la bienheureuse Vierge Marie*, sa mère, *luy pardonner*
» *ses péchés et offences et à la fin de ses jours colloquer son âme en son*
» *royaulme céleste de Paradis;* et quand Dieu aura faict son commen-
» dement de luy par mort, veult estre ensevely en l'église qu'il plaira
» à la demoiselle sa femme. » (*Arch. dép.*, Notaires.)

1. Cela résulte de l'extrait suivant du registre de la Congrégation des Écoliers instituée dans le collège des Jésuites sous l'invocation de la Bienheureuse Vierge Marie par lettres du R. P. Général, datées du 25 mars 1625 (page 33) :

DIGNITAIRES DE LADITE CONGRÉGATION

Electio 14ᵃ. — 26º Januarii anni 1631.

Præfectus.
Josephus Lauvergnac.

Assistentes.
Joannes Amelin. | Joannes Heberard.

Secretarius et depositarius.
Stephanus Brunet. | Joannes Deleix.

Præfecti probandorum.
Stephanus Martini. | Petrus Bordes.

Consultores.
Joannes Batailler. | Joannes Roubillac.
Petrus Bordes. | *Hieronymus Lopes.*
Paulus Mestaier. | Arnaldus Rolland.
Bertrandus Chastillon. | Carolus Desnoiers.
Jo. Jacobus Dedie. | Andreas Pontelier.
Joannes De Giac. | Joannes Eiquem.
Joannes Peleau.

Æditui.
Joannes Grenier. | Jacobus Dubernet.
Joannes Quirac. | Franciscus Mingelousaulx.

Lectores.
Œgidius Joly. | Isaacus Du Verger.
Augerius La Verrie. | Bertrandus Gombaut.

Janitor.
Stephanus Brunet. | Petrus Bordes.

2. Le collège de Guyenne jetait alors son dernier éclat. Il perdit en quelque sorte son autonomie, quatre ans plus tard, comme on le verra ci-après.

passé. Étienne de La Boëtie, Scaliger et Michel Montaigne n'avaient-ils pas brillé sur ses bancs?

Lopès était né pour les études. « C'est une chose précieuse » que la science, » dira-t-il un jour, « elle coûte des veilles... » elle les vaut, et encore davantage. Toute la peine que les » hommes prendront à sa considération, toutes les récom- » penses, toutes les approbations qu'ils lui donnent seront » toujours au-dessous de son mérite. »

Son cours de philosophie terminé, sous la direction du P. Clugnac, Lopès obtint le grade de maître ès-arts, « du consentement unanime de l'Université, sur la présentation de Jean de La Pierre, régent de la Faculté des Arts, dans une assemblée générale tenue à cet effet à l'Église métropolitaine Saint-André, le 17 du mois de juillet de l'année 1634. Le 23 avril 1636, Jean de La Roche, proviseur de l'Université, attestait que le même Lopès, maître ès-arts, avait étudié durant cinq ans, *per quinquennium*, dans l'Université de Bordeaux[1]. »

Pendant que les hommes s'appliquaient à faire de ce talent précoce une célébrité profane, Dieu l'attirait doucement à lui; la grâce le formait en silence pour une vocation plus auguste que celle de ses frères[2], destinés, les uns à la carrière médicale, les autres à tenir un rang distingué dans le commerce de notre ville. « On n'entendit aucun bruit de marteau ny de coignée » au bastiment du Temple de Salomon. Des curieux asseurent » que cela se fist par le moyen du sang d'un petit vermisseau » que Salomon trouva, et qui, estant appliqué sur des marbres » et les pierres les plus dures, les tailloit et les polissoit selon

1. *Revue catholique de Bordeaux*, 1er avril 1882.
2. Si pourtant le nom de Lupus, donné par la *Chronique de Bazas* à deux prêtres de ce diocèse, était la traduction latine du nom de Lopès, on serait admis à penser que notre Théologal aurait eu parmi les siens des devanciers remarquables dans la carrière ecclésiastique.

Le *Chronicon Vazatense* cite, en effet, un Pierre de *Lupo de Caretetferrus*, chanoine de Bazas, doyen d'Uzeste, protonotaire apostolique, auteur de plusieurs opuscules et sermons. Il était fort riche; ses domestiques l'étranglèrent en 1534: *a domesticis auro quo affluebat inhiantibus suffocatus*. (*Chronicon Vazatense*, an 1534.)

Un autre Lopès aurait assisté, en 1582, au concile de Bordeaux, sous Prévôt de Sansac: *Lupus interfuit concilio Burdigalensi*. (*Ibid.*, 1582.)

» considéré, voilà ce qu'il estoit ; ce sont les fleurs du monde,
» il ne s'y arresta pas. C'est peu de ne pas s'arrester dans
» un parterre durant les rigueurs et les frimas de l'hyver,
» lorsque tout y est sec, sans qu'il paraisse quelques pointes
» de verdure ; mais c'est beaucoup de ne pas s'y arrester au
» printemps, à la sortie des fleurs, lorsque tout y est frais,
» qu'il réjouit la veue et qu'il parfume l'air de ses bonnes
» odeurs : voilà quel estoit le monde duquel se sépara saint
» Benoît, *despexit mundum cum flore* [1]. »

Ce fut bien à la fleur de l'âge et quand le souffle de la jeunesse n'avait pas encore agité son cœur, que Lopès embrassa l'état ecclésiastique. A treize ans il recevait la tonsure cléricale (1er mai 1630) ; quatre ans plus tard, l'archevêque Henri de Sourdis lui conféra les ordres mineurs ; ordonné sous-diacre le samedi des quatre-temps de décembre 1640, il fut promu l'année suivante au diaconat (25 mai 1641) [2]. Nous ignorons la date de son élévation à la prêtrise.

En 1642, il se mit sur les rangs pour l'une des premières chanoinies vacantes dans le Chapitre de Saint-André [3]. Il postula quatre ans, c'est-à-dire jusqu'à la démission du théologal Gilbert Grimaud dont il ne prit la place que le 19 juillet 1646 [4]. Nous raconterons plus loin la double installation de Jérôme Lopès en sa qualité de chanoine et de théologal.

Peu de temps après, Henri de Béthune ouvrit à Lopès

---

1. Lopès, *Sermons*, t. II, p. 337.
2. *Revue cath. de Bordeaux*, 1er avril 1882.
3. *Actes capitulaires.* — Du mardy 9 septembre 1642 :
« Estans assemblés en chapitre ordinaire vénérables Messieurs Darche,
» doyen ; Allaire, archidiacre de Cernès ; de Jean, archidiacre de Blaye ;
» Mosnier, Lacousture, Fayard, Du Sault, La Rivière, Pichon, Prieur,
» Moureau, Frapereau, Esparvier, Duteil, Montassier,
» Le Chappitre a octroyé acte à Monsieur Hierosme de Lopes, gradué
» nommé, de ce qu'il a insignué son nom et cognon pour la première
» foys et ce qu'il a bailhé copie de ses degrés, et ordonné que le sceau
» luy sera bailhé gratis. »
4. La veille de son installation, le 8 juillet 1646, Lopès comparut avec son père devant Me Dautiège, notaire à Bordeaux, « et dit être obligé en la qualité de chanoine théologal entrant en possession de ladite prébende de fonder un anniversaire jusques à la somme de soixante-quinze livres, une fois payée, le tout conformément aux statuts du Chapitre. » (Voir l'acte de fondation. *Arch. dép.*, série E, Notaires, Dautiège, n° 131-16, f° 265.)

l'Université de Bordeaux[1]. « Les statuts de l'Université portant en termes exprès, dit M. A. de Lantenay[2], qu'un des docteurs régents sera pris dans la maison de l'archevêque, *erit unus doctor regens domûs archiepiscopalis*, l'archevêque de Bordeaux présenta Lopès au recteur et chancelier de l'Université, afin qu'il fût appelé à remplir la place de professeur en théologie qu'occupait Gilbert Grymaud quelques années auparavant. En conséquence, le 3 juillet 1649, M. Hierôme Lopès, prêtre, chanoine théologal de l'église

---

1. M. Céleste, sous-bibliothécaire de la ville de Bordeaux, a bien voulu nous communiquer les manuscrits de l'abbé Bellet, chanoine de la collégiale de Saint-Blaise à Cadillac-sur-Garonne. L'abbé Bellet fut l'un des membres les plus célèbres de l'ancienne Académie de Bordeaux. Ses œuvres ont pour nous l'intérêt qui s'attache à la mémoire d'un compatriote; aussi notre intention est-elle de les publier sous les auspices de la Société des Bibliophiles de Guyenne. En attendant, nous en détachons les notes suivantes relatives à l'Université de Bordeaux :

« C'est à la sollicitation du savant prélat, le bienheureux Pey-Berland,
» fondateur du séminaire Saint-Raphaël, que le pape Eugène IV, par sa
» bulle du 7 de mai 1441, a fondé l'Université de Bordeaux sous la forme
» de celle de Toulouse. La supplique est au nom des maire et jurats de
» Bordeaux qui en sont déclarés patrons. » (Bellet, mss., p. 251.)

« Elle est aujourd'hui composée de quatre professeurs en théologie,
» deux professeurs en droit civil et un en droit français établi par le feu
» roi Louis XIV, de grande mémoire, deux professeurs de médecine, deux
» professeurs de philosophie ou ès-arts. Elle est gouvernée par un recteur
» et un chancelier. »

« La philosophie de l'Université est dans le collège de Guyenne dont
» le principal est ordinairement professeur ès-arts de l'Université.

» Les religieux, les Cordeliers, les Grands-Carmes, les Augustins, les
» Pères de Notre-Dame de la Merci, ont de droit quelques chaires.

» L'Université s'assemble au couvent des Grands-Carmes, sur les Fossés.
» On y dicte la théologie par quatre professeurs qui rentrent tous les
» jours.

» Les professeurs de droit ont leurs collèges dans la rue Porte-Basse
» et celui de médecine est contigu, mais il a son entrée dans la rue des
» Ayres.

» Le jardin royal de médecine est dans le faubourg de Saint-Seurin, et
» dans une maison de M. Guérin; mais ce jardin n'est point rempli de
» plantes médicinales et il est si commode pour ceux qui habitent cette
» maison, qu'ils le louent et le plantent d'herbes potagères et d'arbres
» fruitiers. » (Bellet, p. 71.)

D'autre part, nous lisons dans Bernadau (*Annales de Bordeaux*, 2ᵉ partie, p. 113) :

« Le 14 janvier 1726, sur les demandes de MM. Grégoire et Seris, fameux
» professeurs de médecine à Bordeaux, la jurade établit un jardin des
» plantes, près l'enclos d'Arnaud Guiraud. *Pareille chose avait été tentée
» sous l'autorité publique par MM. de Lopès et Maurez, en 1619.* » Ce Lopès est le père du Théologal.

2. *Revue cath. de Bordeaux*, 1ᵉʳ avril 1882.

métropolitaine, fut reçu par MM. les docteurs de l'Université de Bordeaux et agrégé à leur corps, et admis à la chaire que ci-devant possédait M. Gilbert Grymaud, aussi théologal de ladite église, vacante par la démission dudit sieur Grymaud. »

Lopès enseigna longtemps à la Faculté de théologie dont il paraît avoir été l'un des maîtres les plus en vue. Malheureusement, les archives de notre grande école bordelaise ont péri ; à peine le temps en a-t-il épargné quelques pièces; et, chose triste à dire, elles ont trait, pour la plupart, à une affaire dans laquelle Jérôme Lopès joue un rôle assez regrettable. Nous aurons l'occasion de dire un mot de la fameuse querelle amenée dans cette ville, par une réédition des *Provinciales*, entre la Compagnie de Jésus et l'Université.

En 1681, mourut Arnauld de Pontac. « Cet illustre pre-
» mier président avait toutes les qualités qui forment les
» magistrats de premier ordre : une vertu solide, un grand
» désintéressement, une âme noble; affable surtout aux
» pauvres qui venaient réclamer sa justice, laquelle il distri-
» buait également à eux comme aux riches. Il était révéré des
» grands, aimé du peuple et fut universellement regretté dans
» la province[1]. » Les registres du Parlement racontent les funérailles d'Arnauld de Pontac; il avait demandé qu'on portât derrière son char funèbre non seulement les insignes de la magistrature, mais encore celles de la chevalerie, savoir : *un casque, des gantelets, une épée et des bottines*[2]. Arnauld de Pontac n'était pas moins homme de lettres que brillant chevalier. Le catalogue manuscrit de sa bibliothèque, magnifique in-folio rédigé par l'abbé Machon, curé du Tourne, près Langoiran, témoigne de la portée littéraire et de l'érudition de ce haut magistrat. Nous y trouvons un ouvrage théologique de Jérôme Lopès[3]. On y voit en outre, que le savant théologal fut invité par l'abbé Machon à lui prêter le concours de ses

---

1. Tillet, *Chronique bourdeloise*, 26 avril 1681.
2. Registres du Parlement, cités par M. Boscheron des Portes, *Histoire du Parlement de Bordeaux*, t. II, p. 234.
3. Lopès, *Theses theologicæ* (1638, in-4°, 2 vol.).

lumières[1]. Il s'agissait de traduire en langue latine les titres des ouvrages hébraïques et les noms des rabbins qui les avaient composés. L'abbé Machon ne connaissait personne de plus compétent en ces matières que son ami Lopès; il le pria de dresser lui-même cette partie du catalogue; elle y est mentionnée sous la rubrique suivante : *Catalogue particulier des Rabbins et Livres hébreux dont les titres ont esté traduits et dictés par M. Hiérosme de Lopès, théologal et chanoine de Saint-André de Bourdeaux, etc., au mois de novembre 1662.*

La réputation scientifique de Lopès est des mieux établies. L'historien Bernadau, peu favorable aux gens d'église, la constate dans une note ainsi conçue : « Lopès Jérôme, chanoine » théologal de Saint-André, professeur de théologie en l'Uni- » versité, Bordelais qui avait des lumières au-dessus de ceux » de sa profession alors. Ses divers écrits annoncent un homme » accoutumé à méditer les bons auteurs et à imiter leur » manière[2]. » Quant aux doctrines du savant théologal, elles sont presque irréprochables. Lopès avait coutume de puiser aux meilleures sources; il maniait l'Écriture avec le charme de saint Bernard. La connaissance profonde qu'il avait des Pères éclate à première vue dans ses belles homélies.

Chose remarquable, Lopès ne glissa que très peu dans les erreurs spécieuses qui séduisirent vers la même époque un grand nombre d'esprits éminents. Il professe le dogme de l'Immaculée Conception[3]; quant à l'infaillibilité pontificale

---

1. L'abbé Machon dit en effet : « Les intelligens en la langue hébraïque » aïant trouvé plusieurs choses à redire aux tiltres et aux noms des rabbins » et livres hébreux qui sont cottés et rapportés dans ce catalogue, » comme ils sont marqués en leurs frontispices d'une autre main que » la mienne, j'ay eu recours aux sçavants en ceste langue pour en » avoir une fidelle et véritable version latine, tant pour la satisfac- » tion de ceux qui en auront besoing, que pour laisser le moins de » faultes que faire se pourra en cest ouvrage assez exact et méthodique » d'ailleurs. »

Ces lignes sont empruntées à l'*Advis pour dresser une Bibliothèque* qui se trouve en tête du catalogue manuscrit de la Bibliothèque du président de Pontac. M. Daspit de Saint-Amand nous a fait l'honneur de nous les communiquer. La Société des Bibliophiles publiera prochainement l'*Advis* de M. l'abbé Machon, avec une notice historique sur cet auteur, par M. Daspit de Saint-Amand.

2. *Biblioth. de la Ville*, manuscrits de Bernadau, t. III, p. 214.

3. Lopès, Sermon sur l'Immaculée-Conception, t. I, p. 37.

mise en question par Louis XIV en 1663, il ne semble pas l'avoir niée toujours[1], car prêchant à Bordeaux, dans l'église même de Saint-Pierre, le panégyrique du prince des Apôtres, il s'exprime en ces termes : « Je ne vous diray pas, Messieurs,
» qu'à raison de cette foy (le discours traite spécialement de
» la foi de saint Pierre) le Sauveur luy mit entre les mains
» les clefs du Ciel pour l'ouvrir et le fermer avec authorité...
» Je ne vous diray pas, qu'à raison de cette foy, il le déclara
» chef après luy et la pierre fondamentale de son Église qui
» seroit inviolable à toutes les puissances de l'enfer. Il me
» souvient de vous avoir autrefois presché ces avantages dans
» cette chaire et dans une pareille occasion[2]. » A Saint-Pierre d'Ambarès, il ne se borne pas à toucher incidemment le dogme qui nous occupe; il le formule avec la dernière précision. A ses yeux l'apôtre saint Pierre est dans l'Église, *comme un maistre dans sa maison, les clefs à la main : la clef du pouvoir et la clef du sçavoir*[3].

1. Les deux sermons sur l'apôtre saint Pierre sont malheureusement sans date. Furent-ils prononcés après l'année 1663? Les *Actes capitulaires* qui mentionnent ordinairement les délégations que recevaient Messieurs les Chanoines pour aller prêcher au dehors relatent peut-être le jour où furent prononcés lesdits sermons. Mais, nous l'avouons, ce détail nous a échappé. Il a pourtant son importance, car si Lopès prédicateur ne tient pas un langage infaillibiliste, dans toute la rigueur du mot, la suite de ses raisonnements et certaines expressions qu'il emploie, eussent fourni, croyons-nous, de belles et solides preuves contre le gallicanisme à l'époque où se débattait, dans le sein du concile du Vatican, l'infaillibilité désormais définie du Souverain Pontife. Or, on ne l'ignore pas, Lopès signa la déclaration gallicane de 1663, dont l'article 6 porte : *non esse doctrinam vel dogma facultatis quod Summus Pontifex, nullo accedente ecclesiæ consensu, sit infallibilis.* Il résulte de ce texte que l'infaillibilité telle que l'impose aujourd'hui la foi catholique, n'était pas un dogme reconnu par la Faculté; Lopès le déclare ainsi que tous ses collègues, à l'exception du P. Michel Camain, jésuite.

Quoi qu'il en soit, en présence des pages que nous a laissées le Théologal, sur le premier des papes, qu'il appelle, en lui appliquant un mot de saint Jérôme, « le Fils de la Colombe », c'est-à-dire « du Saint-Esprit », nous aurions peine à reconnaître dans le prédicateur de Saint-Pierre de Bordeaux et de Saint-Pierre-d'Ambarès le signataire de la déclaration de 1663.

2. Lopès, Sermon à Saint-Pierre, t. I, p. 468.
3. Sermon prêché dans l'église de Saint-Pierre-d'Ambarès, t. II, p. 481. La cure de Sainte-Eulalie-d'Ambarès (les anciens manuscrits portent Enbarès) avait été donnée au Chapitre de Saint-André l'an 1207 par l'archevêque Guillaume II *de Gebennes*. (Lopès, *Hist. de l'Église métrop. et primatiale de Bourdeaux*, p. 225.)

En histoire ecclésiastique, le savant Théologal embrasse le système de l'école traditionnelle. On n'a rien ajouté depuis deux siècles à la réfutation des théories de Launoy, qui se lit à la première page de l'*Histoire de l'Église métropolitaine et primatiale de Saint-André de Bourdeaux*.

Jérôme Lopès fut-il compromis dans les affaires du jansénisme? Quelques-uns le prétendent[1]. Il est incontestable que l'histoire des *Provinciales* compte un épisode fâcheux, dont Bordeaux fut le théâtre. Sainte-Beuve a cru lui devoir donner place dans les leçons réunies plus tard en volumes sous le titre de *Port-Royal*. L'éminent écrivain relate ce fait en trois lignes[2]; nous serons moins sobre de détails que l'historien de Port-Royal, car cette question intéresse non seulement la personne du professeur Lopès, mais l'ancienne Faculté de théologie tout entière, y compris le frère prêcheur et le religieux de Saint-Augustin, entraînés tous deux par le flot universitaire dans les errements de leur collègue; et d'ailleurs nous avons en mains les pièces[3] relatives au débat qui faillit devenir un épilogue religieux des agitations de la Fronde.

II

On sait l'origine des *Provinciales*. Pascal les écrivit en faveur du janséniste Arnauld, menacé des foudres de la

---

1. Deux faits entre autres témoignent de la confiance qu'inspirait la doctrine de Lopès à l'archevêque Henry de Béthune :

« A la première congrégation qu'il présida, après son arrivée dans la ville métropolitaine, le mercredi 12 mai 1649, on voit Lopès siéger en son rang parmi les examinateurs, et six ans plus tard, c'est-à-dire au mois de septembre 1655, sur le point de se rendre à l'assemblée générale du clergé qui devait avoir lieu à Paris, Henri de Béthune, faisant une ordonnance pour nommer et continuer les examinateurs de sa congrégation, inscrivait Lopès en tête de la liste. »

« En 1654, un religieux de l'ordre des Augustins ayant avancé en chaire des propositions suspectes de jansénisme, Lopès reçut d'Henri de Béthune la mission d'instruire l'affaire, de concert avec Paignon, curé de la paroisse Saint-Pierre de Bordeaux. » (*Revue cath. de Bordeaux*, 1ᵉʳ avril 1882.)

2. Voir Sainte-Beuve, *Port-Royal*, t. III, p. 212.

3. Ces documents, rares épaves sauvées du naufrage où ont péri les archives de l'Université de Bordeaux, sont au nombre de seize. Nous publions les plus intéressants à la fin de cette notice.

Sorbonne. Le Solitaire, à bout de forces, avait dit un jour à Pascal : « Vous qui êtes jeune, qui êtes un curieux, un bel » esprit, vous devriez faire quelque chose[1]. » Pascal hésita, puis il obéit. Retiré « dans une petite auberge de la rue des » *Poirées,* à l'enseigne du *Roi David,* derrière la Sorbonne et » tout vis-à-vis le collège des Jésuites[2], » il ouvrit d'abord le feu contre la première sous le pseudonyme de Louis de Montalte ; mais, comprenant que l'intérêt des questions débattues entre la Sorbonne et Port-Royal ne pouvait durer longtemps, il fit soudain volte-face et, suivant l'expression pittoresque du père Daniel, il se « rabattit » tout court sur les Jésuites. Cette manœuvre, est-il permis de le dire, fut un trait de génie ; Pascal était sûr d'obtenir un succès prodigieux « en un pays où l'on a » tout, dit Sainte-Beuve, si l'on a pour soi les rieurs et la gloire. »

Dans les trois premières *Provinciales*, Pascal en appelait au public des jugements de la Sorbonne. Sa polémique sur la *Grâce* créa dans la capitale une catégorie nouvelle de jansénistes qu'on a surnommés de nos jours « les jansénistes amateurs ». Mme de Sévigné fut du nombre ; il est vrai qu'elle « raffolait » de Bourdaloue encore plus que de Pascal. Les quinze dernières lettres de Louis de Montalte visaient directement la morale des Jésuites. Ainsi, les *Provinciales* ne formaient pas une série de pamphlets écrits au courant de la plume. Pascal s'y montre aussi bon géomètre qu'admirable écrivain ; ce livre est dans la pensée de l'auteur une machine de guerre à double détente, destinée à mettre en pièces les deux grands ennemis de Port-Royal : la Sorbonne qui ne lui ménageait pas les censures, et la Compagnie de Jésus qui lui disputait les beaux esprits de la cour et de la ville.

Il y eut un moment de surprise dans le clergé lui-même, à l'apparition de ces pages vigoureuses, mordantes et parfois sublimes, qui prétendaient s'appuyer toujours sur un ou plusieurs textes du casuiste incriminé. Mais bientôt l'émotion se calma, les dangers que la Compagnie de Jésus faisait courir à la morale parurent chimériques, il ne resta du livre qu'une

---

1. *Port-Royal,* t. III, p. 43. — 2. *Port-Royal,* t. III, p. 60.

œuvre émaillée de citations plus fausses que malignes. Les laïques finirent par se l'approprier, l'école l'abandonna. C'est alors qu'un solitaire de Port-Royal eut la pensée de donner aux pamphlets de Louis de Montalte, une physionomie savante, au moyen d'une traduction latine enrichie de notes et de commentaires dans le goût des théologiens. Le traducteur était Nicole, il signa du nom de Wendrock.

Le travail de Nicole n'avait plus sa raison d'être ; il devenait purement une œuvre de haine et de parti ; c'est à ce dernier titre que les ennemis des Jésuites l'accueillirent avec transport. Notre Université n'alla pas jusque-là, mais elle n'eut garde de manquer une occasion si favorable d'affaiblir ses rivaux.

Appelée à Bordeaux par Mgr Prévost de Sansac[1], la Compagnie de Jésus avait gagné l'estime des catholiques, mécontents à juste raison de l'attitude par trop libérale qu'affectait le collège de Guyenne à l'égard des Huguenots[2]. Les élèves accouraient en foule à la voix du P. Edmond Auger[3]. François

---

1. Cet archevêque, qui avait tant désiré l'établissement des Jésuites à Bordeaux, se préoccupait vivement des difficultés que souffrait leur installation. On en jugera par la lettre suivante :

« *Lettre de l'archevêque de Bordeaux au duc d'Anjou, dans laquelle il se plaint de ce qu'on a envoyé contr'ordre relativement au bâtiment du collège des Jésuites.*

» MONSEIGNEUR,

» Ayant reçeu la commission qu'il vous avoit pleu faire expédier pour
» l'érection du Collège des Jésuites tant nécessaire en ceste ville, comme
» nous y voulions procéder, il nous fut mandé de supercéder (surseoir)
» et attendre une plus ample déclaration du Roy ; pour laquelle obtenir,
» nous avons envoyé homme exprès par de là, ne pouvant penser d'où
» vient si forte difficulté sinon de ceux qui cuident (pensent) que soutenir le
» peuple en la dévotion et crainte de Dieu, et par ce moyen en l'obéissance
» du Roy, soit chose contraire à leurs entreprises. Mais vous, Monseigneur,
» qui avez toujours maintenu les choses bonnes et saintes, ne permettrez,
» s'il vous plaist, que telles gens gaignent le hault bout, et renversent ce
» qu'il vous a pleu favoriser. Nous donnant par là, moyen de fournir notre
» pauvre église de personnages doctes, pour la consolation de notre pauvre
» peuple et érudition de la jeunesse..., etc.

» Votre très humble et obéissant serviteur.
» DE SANSAC, *arch. de Bordeaux.* »

(*Arch. hist.*, t. I, p. 394.)

2. Voir Gaullieur, *Histoire du Collège de Guyenne*, p. 291.

3. Edmond Auger, dit M. Gaullieur (*Histoire du Collège de Guyenne*, p. 296), « s'occupait activement de la création du collège qu'il avait l'ordre de fonder à Bordeaux. » On sait que le célèbre Jésuite, doué d'une voix

de Borgia, passant à Bordeaux, consolida l'institution naissante, et peut-être en avait-il été le véritable fondateur; le collège de la Madeleine[1] s'accrut bientôt du prieuré Saint-James[2] et de l'ancienne mairie[3]; enfin, l'an 1615, une annexe de la maison de Bordeaux fut établie à Saint-Macaire.

Louis XIII et la reine-mère Marie de Médicis comblèrent de largesses le collège de la Compagnie[4]. La prospérité des Jésuites entraîna la décadence de la maison de Guyenne, qui finit par tomber dans leurs mains. En effet, le 2 avril 1629[5], un membre de cet institut, Jehan de Lapierre[6], était nommé régent du vieux collège municipal. L'Université de Bordeaux redoutait le sort du malheureux établissement que les Jésuites venaient d'absorber. Elle regrettait peut-être d'avoir admis au nombre de ses professeurs quelques membres de la Compagnie[7]; sa conduite dans l'affaire Wendrock tendrait à le faire croire.

« Pendant le séjour que Louis XIV fit à Bordeaux, dit dom
» Devienne[8], les Jésuites présentèrent requête au Parlement

puissante, avait fait mettre la chaire de Saint-André sous l'orgue, d'où on l'entendait facilement du chœur. Il prêchait, dit Darnal (*Chronique bourd.*) «trois fois par jour en diverses églises avec un torrent d'éloquence.»

1. C'est le nom que portait l'établissement des Jésuites.
2. La bulle du pape Grégoire XIII, annexant le prieuré de Saint-James à la Madeleine, se trouve dans les *Archives historiques de la Gironde*, t. XVIII, p. 377.
3. Voir *Archives historiques*, t. XVIII, p. 377.
4. Gaullieur, *Histoire du Collège de Guyenne*, p. 413.
5. *Archives de la Ville*, série GG, carton 29, documents cités par M. Gaullieur, p. 419.
6. « Il n'est pas douteux, dit M. Gaullieur, qu'il ne fît ou n'eût fait
» partie de la Compagnie de Jésus, car, parmi les pièces qu'il produisit
» au Parlement, figure une licence du Père Coton, provincial, baillée au
» dit Lapierre, étant Jésuite, du huictiesme may m. vi^c xxiii, pour l'auto-
» riser à se vouer à l'enseignement; et cette preuve est loin d'être la
» seule. » (*Archives de la Ville*, Registres de la Jurade; Fragments du Registre de 1629 cité par M. Gaullieur, p. 415.)
7. Voir, aux Pièces justificatives, la sommation adressée par le Père syndic au recteur Brassier, d'avoir à se rendre au collège des Jésuites pour la soutenance d'une thèse de philosophie. (Pièce I.)
8. Le récit que nous empruntons à dom Devienne (2e partie, p. 141-142) résume les premières pages d'un long mémoire, où les partisans des Jésuites exposent l'origine et les divers incidents du conflit auquel donna lieu la malencontreuse approbation du livre de Wendrock par Lopès et ses collègues de l'Université. On trouvera ce document aux Pièces justificatives. (Pièce IX.)

» pour faire condamner *Wendrock* comme un libelle diffama-
» toire. Pommiers, doyen de la Compagnie, en fit le rapport.
» Il fût ordonné, qu'avant tout, on remettroit le livre dénoncé
» à l'Université pour avoir son avis. Ce corps commença par
» ôter au P. Camain [1], jésuite, le droit qu'il avoit comme
» membre de la Faculté de théologie, et procéda ensuite à
» l'examen de l'ouvrage. Lorsqu'il eut été suffisamment discuté,
» l'Université s'assembla, le 6 juin 1660, pour entendre les
» opinions. Lopès, théologal de Saint-André, parla le premier [2],
» il s'éleva avec force contre les sentiments de la Société, et fut
» favorable à Wendrock. Les autres docteurs en théologie
» ayant embrassé son avis, l'Université arrêta qu'on en dresse-
» roit une déclaration qui seroit insérée dans les registres
» et remise à l'avocat général. Les Jésuites, qui n'avoient pu
» prévenir ce coup, cherchèrent à en empêcher les suites. Ils
» ralentirent leurs poursuites auprès du Parlement, et, s'étant
» retournés du côté du Conseil, ils en obtinrent un arrêt dont
» voici la teneur [3] :

« 5 novembre 1660.

» *Arrest par lequel les professeurs de théologie de l'Université de Bourdeaux sont interdits.*

» Le roy ayant été informé que depuis cinq ou six années
» quelques docteurs de théologie de l'Université de Bourdeaux
» ont ouvert une nouvelle eschole de théologie, sans aucunes
» lettres ny approbation de Sa Majesté, ont prins dans les actes

---

1. Le Père Camain faisait partie de la Faculté depuis vingt ans, lorsque le Parlement déféra derechef (car il y avait eu un premier examen) le livre de Louis de Montalte à la dite Université. Le Père Camain fut exclu de la commission appelée à se prononcer sur les doctrines contenues dans cet ouvrage. Évidemment l'Université le tenait à l'écart, parce qu'il était Jésuite, et que le livre incriminé visait directement sa Compagnie. Les Jésuites adressèrent au recteur une protestation fortement motivée. On trouvera cet acte aux Pièces justificatives (Pièce II.)

2. Dom Devienne affirme que Lopès parla le premier. Nous n'avons pas sous la main la preuve du contraire; mais nous faisons remarquer que, lorsqu'il s'agit de signer la déclaration relative aux *Provinciales*, Lopès signa le dernier.

3. Dom Devienne n'ayant pas conservé l'orthographe de l'original de l'arrêt, nous en empruntons le texte au document qui se conserve aux Archives départementales, liasse C, 3295.

» publics la qualité de professeurs royaux, ont imposé sans per-
» mission de Sa dite Majesté des taxes sur tous les escholiers
» qui voudront prendre leurs degrés dans la dite Université;

» Et, qui pis est, ont approuvé un livre, lequel ayant esté
» jugé hérétique et diffamatoire, par plusieurs évêques, docteurs
» en la Faculté de Paris, et par plusieurs docteurs et profes-
» seurs en la dite Faculté, a esté brûlé publiquement en
» exécution d'arrest du Conseil du 23 septembre dernier :

» Sa Majesté, estant en son Conseil, a ordonné et ordonne
» que le *nommé Lopès*, qui a signé la dicte approbation, sera
» assigné en personne au dit Conseil à deux mois, pour
» représenter les lettres et les titres en vertu desquels ils ont
» faict le dit establissement et imposition, et pris la qualité de
» professeurs royaux, et, jusque à ce qu'il ayt satisfait, et qu'il
» en ayt esté autrement ordonné. Sa Majesté leur faict et faict
» à tous, très expresses inhibitions et deffenses de faire aucune
» leçon de théologie, dans la dite Université de Bourdeaux ny
» ailleurs, ny d'exiger de ceux qui se présenteront, pour estre
» gradués, autres droits que ceux qui se prenoient avant cette
» erection, ny de prendre la qualité de professeur royal, sans
» préjudice de faire procéder contr'eux, ainsi qu'il appartiendra,
» par raison de la dite approbation donnée à un livre hérétique.
» Enjoint la dite Majesté à son procureur général au Parlement
» de Bourdeaux, et aux maire et jurats de la dite ville, de tenir
» la main à l'exécution du présent arrest, et d'en donner avis
» au plutost à Sa Majesté.

» Fait au Conseil d'État du roy, Sa Majesté y estant, tenu à
» Paris le 5ᵉ jour de novembre 1660.

» *Signé :* Phellippeaux. »

Lopès étant malade ou prétextant de l'être [1] ne comparut pas
devant le Conseil; toutefois, l'arrêt eut son exécution : les

---

[1] Cette insinuation est consignée dans un document hostile à Lopès
qui retrace l'histoire de l'ancienne Faculté de théologie de Bordeaux.
Observons toutefois : 1° qu'il ne figure pas au nombre des seize pièces
signalées plus haut; 2° qu'il nous a été fourni par un savant Jésuite;
mais une note écrite de sa main affirme que la pièce n'émane pas d'un
membre de la Compagnie.

cours furent suspendus. Les professeurs de l'Université protestèrent, déclarant « que l'arrêt avoit été surpris par la
» suggestion de certains esprits ennemis de l'émulation et de
» la vertu; que c'étoit une flétrissure pour l'Université; ce qui
» porte le maire et les jurats, même M. le Gouverneur de la
» province, à requérir le rétablissement des dites lectures de
» théologie, tant à raison de l'utilité publique que par la
» crainte qu'ils ont que la haine contre ceux qui ont surpris
» le dit arrêt ne cause quelque désordre par l'émeute des esprits
» chauds du vulgaire, etc.[1]. »

Suspectée de jansénisme à la suite de l'approbation donnée par elle au livre de Wendrock, l'Université se défendit avec énergie : « On ne peut, dit-elle en substance, accuser de
» jansénisme les professeurs théologaux, puisqu'ils ont exécuté
» la bulle du pape Innocent X et d'Alexandre VII contre les
» jansénistes, et que l'un d'entr'eux a composé un livre contre
» la doctrine de Jansénius..... Quant à l'approbation de
» l'ouvrage déclaré hérétique, il est véritable qu'ils ont, par
» avis doctrinal, déclaré qu'ils n'ont trouvé aucune hérésie dans
» le dit livre[2], à raison du jansénisme, ayant lu dans y-celui
» que l'auteur condamne en plusieurs lieux les cinq pro-

---

[1]. Mémoire imprimé des membres de l'Université contre l'arrêt du Conseil, du 5 novembre 1660, portant que Lopès, syndic de l'Université, sera assigné au Conseil à deux mois, pour avoir approuvé un livre hérétique, établi une nouvelle école de théologie, imposé des taxes pour les degrés, pris lui et ses collègues la qualité de professeurs royaux...., et, en attendant, inhibitions et défenses à tous les professeurs de théologie de l'Université de faire aucune leçon en la Faculté de théologie. (*Arch. dép.*, 1660.)

[2]. Nous avons pu nous procurer une copie de cette déclaration collationnée sur l'original, par le R. P. C., de la Compagnie de Jésus. En voici le texte :

(*6 juin 1660.*) — « Nos doctores theologi et in Academiâ Burdegalensi regii sacræ theologiæ professores infra-scripti, cum, decreto amplissimi senatûs Burdegalensis, liber, cui titulus est *Ludovici Montalti Litteræ Provinciales de morali et politicâ Jesuitarum disciplinâ*, ad nos perlatus esset, ut bona illius vel mala doctrina, à nobis expenderetur, et si *qua in eo hæresis contineretur*, sententiam diceremus, Deo patre luminis in auxilium priùs invocato, prædictum librum studiosè perlegimus, habitisque inter nos de illius libri doctrinâ deliberationibus, collatisque in unum suffragiis, nullam in *eo a nobis hæresim repertam fuisse* declaramus, — Act. in æde Carmelitarum, die 6ª mensis junii. Franciscus Arnaldus, ordinis sancti Augustini; — Fr. Joannes B. Gonet, ordin., prædicat.; — Lopes, canonicus-theologus in ecclesia cathedrali Burdegal. »

» positions de Jansénius... Enfin, l'inquisition de Rome n'a
» pas jugé hérétique les dix-huit lettres Provinciales contenues
» dans ce livre... »

En même temps, les professeurs de Bordeaux informaient l'Université de Cahors des rigueurs dont ils étaient l'objet. Ils se justifiaient de leur mieux, reprochant aux Jésuites leur ingratitude « envers l'Université de Bordeaux leur mère, qui les avait reçus dans son sein, sous des conditions que ceux-ci n'avaient pas encore remplies. » Quant aux *Provinciales*, ils maintiennent qu'en déférant ce livre à l'Université, le Parlement ne lui demanda qu'une chose, de déclarer s'il contenait quelque hérésie; la réponse négative des docteurs de Bordeaux ne doit surprendre personne, attendu que le Souverain-Pontife lui-même n'avait noté l'ouvrage d'aucune censure. Ils concluaient ainsi : « Aidez-nous; ensemble, nous pourrons résister
» à nos redoutables adversaires; l'injure est commune à toutes
» les Universités du royaume. En décapitant celle de Bordeaux
» par la suppression de sa Faculté principale, ils veulent
» s'arroger le monopole de la théologie et atteindre par là le
» but suprême de leur ambition, qui est de s'emparer de la
» direction de l'enseignement dans cette grande ville[1]. »

N'insistons pas davantage sur un conflit que Lopès eut l'imprudence de provoquer. La guerre ne fut pas longue, mais elle fut très vive de part et d'autre. L'Université multiplia les actes de défiance et de malice[2] à l'égard des Jésuites, qui se défendirent à merveille par la plume du P. Verneuilh et de

---

1. Cette pièce latine offre un grand intérêt. Vu sa longueur et son importance, nous la renvoyons aux Pièces justificatives. (Pièce III.)
Nous disons son importance, car, aux termes d'une lettre du P. Ferrière, qu'on lira au même endroit (pièce IV), l'Université de Bordeaux songeait à opposer aux Jésuites une espèce de ligue formée des principales Universités du royaume, ligue dans laquelle on s'était flatté de faire entrer la Sorbonne elle-même.

2. L'Université, qui prêtait volontiers aux Jésuites des projets d'empiètement, prit contre eux des mesures vexatoires. Elles se résument en quatre points :

1º Obliger les Jésuites à communiquer leurs thèses au chancelier ou recteur, lors de la promotion de leurs écoliers aux degrés de maîtres ès-arts et de docteurs;

2º Priver celui de leurs Pères, qui est docteur de la Faculté de théologie, du droit de présentation de ses écoliers, quand ils demandent d'être

ce même P. Annat[1] qui fut, avec le P. Daniel, le plus terrible adversaire de Pascal.

Quant à Lopès, il semble, d'après les documents relatifs à cette affaire, s'être mis de bonne heure à l'écart. Nature pacifique, il aimait avant tout la bonne entente et la charité; jamais il ne savoura le plaisir amer dont s'enivre l'esprit de secte.

« Ah! mon fils, » s'écriait-il avec le Sage, le jour de la canonisation de saint Thomas de Villeneuve [2], *si te lactaverint peccatores* (Prov. I, 19.), « si les pécheurs, semblables à de
» cruelles *lamies*, t'offrent la mamelle et te provoquent à les
» imiter, ne sois jamais si lâche d'y aquiescer et d'y appliquer
» ton cœur. Il ne te resteroit de ce laict d'envie, de médisance,
» d'orgueil, d'avarice et de semblables passions que tu en
» sucerois, que du regret et de l'amertume. Tu croirois t'y
» pouvoir rafraîchir, y prendre quelque sorte de consolation...
» en les suçant même, tu crierois à la soif[3]! »

L'incident Wendrock était clos : quatre ans plus tard,

---

promus au degré de docteur, et donner la préférence à un autre des docteurs;

3° N'admettre désormais aucun des Pères Jésuites en qualité de docteur pour la Faculté de théologie, qu'au préalable il n'ait été examiné, comme tous les autres docteurs de la même Faculté, lorsqu'ils sont reçus;

4° Obliger les écoliers qui font le dernier acte pour le doctorat de faire les disputes dans les écoles des Carmes, contre l'usage de tout temps observé. (Collection d'archives du R. P. C.)

Cette dernière prétention de l'Université fut maintenue par le recteur Brassier, ancien *ormiste*, avec une ténacité extrême. Il en résulta de graves conflits entre les Jésuites et l'Université. (Voir aux Pièces justificatives, en particulier pièce V.)

1. Le P. Annat résidait à Paris. Les Jésuites de Bordeaux le tenaient au courant des péripéties de la lutte avec l'Université. Nous trouvons, dans les seize pièces précitées, la copie d'une lettre à lui adressée (pièce VII) et le mémoire substantiel qu'il rédigea lui-même, pour être remis à Phelippeaux, marquis de La Vrillière, secrétaire d'État, concernant l'attitude que prit l'Université de Bordeaux à la suite des arrêts qui l'avaient condamnée. (Voir aux Pièces justificatives, pièce VIII.)

2. « Le 23 mars 1659 fut faicte la feste de la canonisation de saint Thomas de Villeneuve, archevesque de Valence, en Espagne, et religieux de l'Ordre des Augustins. La cérémonie eut lieu présidée par Mgr l'archevesque au couvent des RR. PP. Augustins. La prédication prononcée en l'honneur du saint, par le sieur de Lopès, chanoine et théologal de Saint-André. » (*Chron. de Pontellier*, p. 87.)

3. Lopès, Sermon pour la canonisation de saint Thomas de Villeneuve, le IVe dimanche du Carême, le 23 mars 1659, t. II, p. 180.

en 1664, un concours s'ouvrait à l'Université pour la nomination d'un professeur à une chaire vacante. Parmi les juges de ce concours, nous rencontrons Lopès à côté d'un Jésuite [1].

III

Comme nous l'avons dit, le 9 juillet 1646, Jérôme Lopès avait été pourvu d'une prébende théologale [2], en remplacement de Gilbert Grimaud. Natif des environs de Roanne, Grimaud était venu dans la Guyenne sous l'épiscopat du cardinal de Sourdis. « L'archevêque de Bordeaux ayant
» éprouvé en plusieurs rencontres la piété et la capacité
» de cet homme qui estoit pour lors docteur de la Faculté
» de Paris, voulut l'avoir auprès de soy, pour se servir
» de ses conseils et l'employer dans les principales dignitez de
» son chapitre. En effet, il le fit d'abord théologal de son
» église, et puis son official, et ensuite son grand vicaire. Il

1. Voir Gaullieur, *Histoire du Collège de Guyenne*, p. 430.
Nous ne voulons pas dire qu'à cette date les professeurs de théologie avaient recommencé leurs cours; au moins officiellement. (L'arrêt portant rétablissement de l'exercice de la Faculté de théologie de Bordeaux ne fut signé que le 15 mai 1669.) Les documents cités à la fin de cette vie de Lopès laissent entrevoir que les adversaires de la Faculté de théologie avaient résolu de l'empêcher de revivre et qu'ils en prenaient les moyens, la tenant pour dangereuse. Sans doute les membres de la Faculté de Bordeaux venaient de commettre un acte de complaisance de nature à désarmer le Roi, en signant la déclaration gallicane de 1663; mais l'affaire des *Provinciales* les avait classés, à tort ou à raison, parmi les Jansénistes; or les Jansénistes n'étaient pas en faveur à la cour. Si les circonstances ne permirent pas aux collègues de Lopès de reprendre leur enseignement, l'élection du successeur de Pierre Pradès, professeur de mathématiques, ordonnée « par les jurats », élection à laquelle le théologal Lopès, le jacobin Lebé, le minime Boutet et le jésuite Boutet furent appelés à concourir, montrent que l'interdit ne pesait pas d'une manière absolue sur la Faculté de théologie.
2. La prise de possession de la Théologale de Saint-André de Bordeaux par M. Me Hierosme Lopès eut lieu avec le cérémonial d'usage :
« Aujourd'huy dix septiesme du mois de juillet mil six cent quarante
» six, après midy, pardevant moy notaire royal à Bordeaux en Guienne,
» soubzigné et tesmoins bas nommés : Estant au devant de la porte
» de l'esglise métropolitaine Saint-André dudit Bourdeaux, a comparu
» monsieur maistre Hierosme de Lopes, prestre, chanoine theologal en
» ladite eglise Saint-André et docteur en théologie, lequel tenant en main
» la provision apostolique à luy octroyée par Sa Sainteté de ladite théo-

» exerçoit cette charge, lors du démêlé qui fut entre Mon-
» seigneur de Bordeaux et le duc d'Épernon; et, en cette
» qualité, il fit paroistre un courage intrépide à soutenir les
» intérests de son maistre contre un si puissant adversaire.
» Ce fut luy qui fulmina cette excommunication qui a tant
» fait de bruict dans ce siècle[1], et, quelque grand que fust le
» danger où il s'exposoit pour obéir à son archevêque, il
» exécuta ses ordres avec une fermeté inébranlable. Après la
» mort de ce prélat, s'estant retiré en sa maison, il ne s'occupa
» qu'à des exercices ou de charité ou de dévotion qui ont laissé
» une si bonne odeur de sa vertu en toute cette contrée, que
» sa mémoire y est encore en bénédiction[2]. »

Gilbert Grimaud avait jeté les yeux sur Jérôme Lopès; il le désigna lui-même pour son successeur avant de quitter Bordeaux. Nous avons retrouvé dans les *Actes capitulaires* le procès-verbal de l'installation de Lopès en qualité de chanoine.

» logalle en datte : *Datum Romæ apud Sanctum Petrum decimo septimo
» Kalendas Aprilis anno secundo* et visa sur icelle obtenu de monsieur
» maistre Joachim de Serisé, doyen en l'église cathédralle Saint-Pierre de
» Xaintes et vicaire général de Monseigneur le Reverendissime Evesque
» dudit Xaintes, de luy signé, et Laisné, secretaire et scellé, daté du
» treziesme de ce mois, parlant à maistre Nicolas Bourgeois, chanoine et
» semy prebandier en ladite eglise Saint-André, l'a prié et requis le metre
» et induire en la possession realle, actuelle et corporelle de ladite pré-
» bende theologalle, appartenances et deppendances; lequel sieur Bourgeois
» après avoir veu et leu lesdites provision et visa, a prins par la main
» ledit sieur de Loppes, icelluy mis et induit en la possession réalle,
» actuelle et corporelle de ladite prebende theologalle par l'entrée de
» ladite esglise, aspersion de l'eau beniste, baisement du grand autel,
» lecture d'un livre du poulpitre du cœur, prinse d'un siege du costé
» droict, son de la cloche et ce faict est monté à la chaire de predication
» qu'est dans la nef de ladicte esglise, le tout en vraye possession realle,
» sans empeschement de personne, dont du tout m'a requis acte.
» Fait à Bourdeaux dans ladite eglise ez presence de maistres François
» Soles et André Cadeot, presbtres, soubz sacristains de ladite eglise,
» tesmoins à ce requis, ledit jour dix-septiesme juillet mil vi[e] quarante
» six, après midy.
» *Signé* : Lopès, chanoine theologal; Bourgeoys, Soles, presant;
» Cadeot, presant; d'Autiège. »

(*Archives départ.*, série E : Notaires. Dautiège, notaire à Bordeaux, ms. 131-16, f. 264.)

1. Notre édition de *Lopès* reproduira les documents relatifs à l'excommunication du duc d'Épernon et à sa pénitence publique à Coutras.
2. *Liturgie sacrée*, par Gilbert Grimaud : préface de l'éditeur. (Lyon, chez Antoine Jullier, 1606.)

« *Du Jeudi 19 juillet 1646.*

» Estant assemblés en chapitre, vénérables MM. d'Arche,
» doyen, d'Allaire, archidiacre de Cernès, de Jehan, archidiacre
» de Blaye, Martin, secretaire, Barraud, Lacoutture, Fayard,
» Larrivière, Pichon, prieur, Dussault, Moreau, Hérigaray,
» Frapereau, Ligonar, Sparnis, Duteil, Montassier, et Alain
» de Lavigerie; tous chanoines de la dicte église,

» Le dict sieur doyen auroit représenté que M. Me Hiérosme
» de Lopès, prebstre, docteur en théologie, a esté bien et
» deument pourveu par Nostre Sainct-Père le Pape de la
» chanoinie et de la prébende théologale — *unâ cum domo* —
» que possédoit en ceste église Me Pierre-Gilbert Grimaud,
» aussi docteur en théologie, par la démission que le dict sieur
» Grimaud en a cy-devant faicte en fabveur du dict sieur de
» Lopès, comme apert de la signateure que le dict sieur de Lopès
» lui a mise en mains en dacte: *Romæ apud Sanctum Petrum,*
» *septimo calendas aprilis anno secundo;* que lui, sieur de
» Lopès, estoit à la porte du chapitre, lequel prioit le dict
» chapitre, en vertu du dict titre et signateure, le vouloir
» recepvoir et installer en la dicte chanoinie et prébende
» théologale, appartenances et dépendances.

» Lecture faicte de la dicte signateure et acte de bail de
» caultion du dict sieur de Lopès, de la personne de M. Me Fran-
» çois de Lopès, docteur en médecine, son père, de l'anniver-
» saire de soixante-quinze livres tournois qu'il est tenu de
» fonder, comme il le fonde par la présente, à son installation,
» en ladicte chanoinie et prébende théologale, en dacte du
» dix huict des présents mois et an, receu par Me Laurens
» Dautiège, notaire royal [1].

» Le Chapitre a ordonné que le dict sieur de Lopès sera
» présenté, receu et installé en la dicte chanoinie et prébende
» théologale, appartenances et dépendances, et qu'il lui sera

---

1. Nous avons rapporté l'acte authentique de cette fondation de Jérôme Lopès, fondation garantie par le docteur son père et hypothéquée sur les biens présents et à venir de tous les deux.

» expédié *visa*; et, de faict, l'ayant faict entrer, après qu'il a
» eu faict apparoir de ses titres de tonsure octroyés par le sieur
» Évesque d'Agen, le siège archiépiscopal vacant en dacte
» *Vigesima prima maii, anno Domini millesimo sexcentesimo*
» *trigesimo*. Signés : *Claudius, episcopus Agenensis*, et plus
» bas : Brotteau, secrétaire, et scellé du scel du dict chapitre;
» et qu'il a heu mis le droict d'entrée sur le bureau du chapitre,
» qui a esté prins par Me de Montassier, fabriqueur de la dicte
» église; l'ayant revestu du surpellis et aumusse, et bonnet
» carré sur la teste, a esté mené et conduict par le dict sieur de
» Boucaud, au chœur de la dicte église, accompagné de deux
» huissiers ou massiers avec leurs masses d'argent, et moi,
» scribe du dict chapitre, soubsigné; a esté mis et induict par
» le sieur de Boucaud en la possession de la dicte chanoinie et
» prébende théologale, appartenances et dépendances, par le
» baisement du grand autel, lecture du livre du pulpistre
» et prince (prise de possession) d'un des haults sièges du
» costé droict sans aulcuns troubles ne empéchement et en
» présence de MM. Louis Drouillard, prebstre prébandier de
» la dicte église, et André Cadot, aussi prebstre sous-sacristain
» de la dicte église, habitant du dict Bourdeaux, témoins à ce
» appelés et requis.

» Et signé : D'ARCHE, *Doyen.* »

« Et fut ramené en chapitre par le dict sieur de Boucaud;
» icelui, mis à genoux devant le dict sieur doyen, a faict la
» profession de foi et presté le serment accoustumé inséré dans
» le livre des estatuts et a été receu : *In fratrem canonicum et*
» *ad osculum pacis;* et a esté aussi placé au dict chapitre en sa
» place du costé droict, en présence de Me François Andron et
» Nicolas Bonneau, huissiers ou massiers de la dicte église,
» témoins à ce appelés et requis.

» Signé : D'ARCHE, *Doyen.* »

Les Chapitres de l'ancien régime avaient une importance
qu'ils n'ont plus aujourd'hui : propriétaires de biens-fonds
considérables, entourés de petits vassaux, comblés de privi-

lèges par les souverains, ils formaient, en face de l'évêque, une compagnie puissante et jalouse de ses droits. Les chanoines de Bordeaux ne relevaient que du Pape[1] ; ils le rappellent avec satisfaction dans les procès-verbaux capitulaires. Le doyen avait la haute administration de la cathédrale : l'archevêque y régnait, mais ne gouvernait pas. Nouveau Richelieu, le cardinal de Sourdis se donna la mission d'amoindrir le pouvoir seigneurial du Chapitre. Les résistances qu'il rencontra, le forcèrent d'y renoncer.

Jérôme Lopès entra, comme on l'a vu, dans la noble[2] et savante corporation des chanoines, avec le titre de « théologal ». Suivant l'esprit de l'Église, le théologal était le docteur officiel du Chapitre. Le troisième concile de Latran (1179) institue des classes de théologie dans les églises cathédrales ; le concile de Trente affecte au théologal « la première prébende » qui vient à vaquer autrement que par résignation[3]. » Les chanoines et tous les prêtres attachés à la cathédrale étaient tenus de suivre les cours théologaux, qui se faisaient régulièrement, deux fois la semaine[4]. Lopès aimait sa charge, il avait appris de ses devanciers M. de Martin et Gilbert Grimaud, à ne point la regarder comme une sinécure. M. de Martin poussait à l'extrême le zèle théologique[5], mais il avait du savoir. Gilbert Grimaud, prédécesseur immédiat de Lopès, n'était pas non plus un homme ordinaire ; son livre sur la chapelle de Notre-Dame de la Nef dénote une vaste érudition. De tous les ouvrages qui traitent du culte de la Vierge Marie, il en est peu d'aussi remarquables par l'abondance et l'originalité

1. Nous publierons une série de mémoires et de lettres relatifs aux privilèges de l'*exemption* que l'archevêque Mériadeck de Rohan tenta d'enlever au Chapitre. C'est donc bien à tort que M. Ravenez paraît croire que le droit d'exemption dont jouissait le Chapitre fut à peu près aboli par le cardinal de Sourdis.
2. Un acte capitulaire de 1481, mentionné par Lopès, exige un titre de noblesse pour être admis au Chapitre. Cependant un grade universitaire pouvait en tenir lieu. Nous avons trouvé cette disposition dans un document de 1472.
3. Thomassin, *Ancienne et Nouvelle Discipline de l'Église*, t. I, p. 380.
4. *Id.*, t. I, p. 381.
5. Voir les démêlés qu'il eut avec le cardinal de Sourdis à propos des *Possédés de Périgueux*. (Ravenez, *Histoire du cardinal de Sourdis*, p. 191.)

des recherches. Contemporain de l'éminent théologal Charron, l'ami de Montaigne[1], il était, lui aussi, prédicateur renommé. Ce fut Gilbert Grimaud qui prononça l'oraison funèbre du cardinal François de Sourdis. Les traditions d'éloquence se conservèrent dans cette famille; quatre-vingt-sept ans plus tard, un autre abbé Grimaud, curé de Saint-Michel, fit dans l'église Saint-André le panégyrique de Louis XIV.

Lorsque Gilbert Grimaud se démit de sa charge en faveur de Lopès, le Chapitre le félicita de se donner un pareil successeur. Sur la demande du nouveau théologal, la chapelle « de Notre-Dame », actuellement du Sacré-Cœur, fut désignée pour « *y lire deux foys la sebmaine la théologie morale*[2] où » Messieurs du Chapitre sont priés de se trouver[3] ». Lopès se mit à l'œuvre[4]. Plein de déférence pour ses vénérables confrères, il les prie de déterminer eux-mêmes « les jours de la » lecture et les matières qu'ils jugeraient les plus utiles[5]. » Quand l'auditoire de la chapelle Notre-Dame commençait à s'éclaircir, il demandait qu'il « fut enjoint par décret capitu- » laire à tous ceux qui sont obligés d'y assister, tant du hault » que du bas chœur, de s'y rendre, d'autant qu'il s'estoit » souvent offert à la Compagnie pour lire et prescher suyvant » les obligations de sa charge, et qu'il s'offrait encore à le » faire[6]. » Les appels de ce genre étaient rarement nécessaires et toujours bien accueillis.

Le Chapitre de Saint-André comptait dans ses rangs plus d'un esprit d'élite. Combien de savants ignorés travaillaient

---

1. Pierre Charron, l'ami de Michel Montaigne, fut successivement théologal de Bazas, d'Acqs, de Lectoure, de Cahors, de Bordeaux et de Condom. Quoique sa fortune fût des plus modestes, « il avait légué, le 18 février 1602, la somme de 7,200 livres pour l'entretien de quelques écoliers et le mariage de quelques filles pauvres. » (*Arch. hist.*; t. XVIII, p. 463.)

2. L'un des écrits théologiques mentionnés sous le nom de Lopès dans le catalogue de la bibliothèque de M. de Pontac est intitulé : *Instructorium conscientiæ*. Ne serait-ce pas un écho des leçons faites devant le Chapitre par le théologal de Saint-André?

3. *Actes capitulaires.*

4. Les cours ne purent commencer immédiatement, à cause de « la maladie contagieuse qui régnait en ce moment à Bordeaux ». (*Actes cap.*)

5. *Actes capitulaires.*

6. *Idem.*

en silence à l'ombre du vieux cloître! Ce quartier des gens d'église, formé d'étroites ruelles, que bordaient les maisons des chanoines et leurs petits jardins, était comme une ville sainte, où les heures se partageaient entre l'étude et la prière. Là vécut sans doute le chanoine François de Syrueilh qui fut l'un des chroniqueurs de nos guerres intestines, avant et depuis la bataille de Jarnac[1]. Là vécurent aussi les chanoines Desbiey et l'infatigable Baurein, ce Lopès du dernier siècle, dont les cendres viennent d'être emportées je ne sais où, mêlées aux débris de la chapelle des Feuillants qui nous gardait sa tombe. « J'ai connu dans ma jeunesse, écrit M. Saint-Amans, » ce digne homme, trésorier de l'Académie des Sciences de » Bordeaux. J'admirais dans Baurein l'érudition unie à la » plus douce aménité et une simplicité de caractère qui retraçait » les mœurs antiques. Il est toujours présent à mes yeux. Je le » vois encore au milieu de ses vieux livres, de ses liasses de » papiers indéchiffrables. Je peindrais son obscur réduit, si je » ne me trompe, derrière l'église Saint-André, et le chien » fidèle et la vieille gouvernante à qui, le maître compris, tout » était soumis dans la maison. »

Telle était la classe d'auditeurs avec lesquels Jérôme Lopès s'entretenait de la théologie. S'il nous était permis d'arrêter les yeux, une fois encore, sur notre quartier latin aujourd'hui transfiguré, nous aimerions à rechercher, entre les modestes campaniles de Saint-Paul, de Saint-Christoly, de l'hôpital Vital-Carles, de Notre-Dame de la Place, de Saint-Projet, et les murs à tourelles de la Sauvetat[2], le cabinet de travail où Jérôme Lopès préparait ses doctes leçons.

1 Voir le *Journal de François Syrueilh, chanoine de Saint-André de Bordeaux, archidiacre de Blaye*, publié par M. Clément Simon. (Bordeaux, imprimerie Gounouilhou, 1873.)

2. La Sauvetat de Saint-André (il y en avait une également à Sainte-Croix et à Saint-Seurin) s'étendait sur le territoire situé entre le Peugue et la Devise. M. Leo Drouyn en a retrouvé les limites. (*Bordeaux vers 1450*, p. 151.)

On sait que le Chapitre exerçait une pleine juridiction, avec droit de haute, moyenne et basse justice, dans l'enceinte de la Sauvetat. L'étude des *Actes capitulaires* nous montre les efforts persévérants des jurats, du parlement et de l'autorité royale pour enlever la Sauvetat à la juridiction du Chapitre.

Le théologal avait une double tâche : l'enseignement et la prédication. Lopès allait donc tour à tour de la chaire de la chapelle Notre-Dame à la chaire de la grande nef. Le prédicateur s'épargnait moins encore que le maître en théologie, il ne reculait pas devant les fatigues d'une station de Carême : c'est lui qui se dévouait dans les moindres occasions et dans les grandes circonstances. L'archevêque Henri de Béthune, excellent prédicateur lui-même, cédait volontiers son tour de parole à Jérôme Lopès qu'il honorait de sa confiance et de son amitié. Le 1er septembre 1650, Henri de Béthune quittait Bordeaux, laissant croire au Chapitre qu'il ne serait pas de retour, le jeudi suivant, pour le sermon de la Nativité. Le doyen convoqua ses collègues, et l'assemblée décida que « Monsieur le Théologal » seroit prié de se préparer à prescher le jour et feste de la » Nativité de Nostre-Dame prochain, attendu que Monseigneur » l'archevesque s'est absenté sans y pourvoir [1]. » Le 8 septembre arrivé, Lopès étant monté en chaire, trouva Mgr de Béthune au siège d'honneur en face de lui [2].

En 1669, il fit entendre des accents patriotiques au sujet de l'expédition de Candie. La flotte ottomane bloquait la place. « Si jamais, dit l'orateur, il s'est présenté quelqu'occasion pour » crier à Dieu de tout notre cœur..... c'est particulièrement à » cette occasion qui sert de motif à cette Oraison des *Quarante-* » *Heures*. Vous le sçavez, Messieurs, qu'il y a déjà longtemps » que le lion rugissant est sorti de sa tanière et que le tyran » des nations s'est élevé : *Ascendit Leo de cubili suo et Prædo* » *gentium se levavit;* vous le sçavez que la puissance redou- » table des Othomans, une puissance qui aspire à la monarchie » de tout l'univers, qui a presque englouty l'Asie et l'Afrique, » qui occupe les plus nobles provinces de l'Europe et les a » soumises au joug d'une rigoureuse servitude ; vous le savez » que cette puissance est attachée au siège d'une ville florissante, » la capitale de tout un royaume et le boulevard de la chrestienté.

1. *Actes capitulaires* (an 1650.)
2. *Sermons* de Lopès, Nativité de la Sainte-Vierge, t. II, p. 1. — Dans ce sermon, il fait allusion à la magnificence de la chapelle de N.-D. de la Nef, où s'accumulaient depuis quelques années les dons pieux des fidèles et des magistrats de la cité.

» Le bruit de ce grand fléau a frappé nos oreilles, le sifflement
» de ce dragon a passé des extrémitez de la terre dans l'enceinte
» de nos murailles. Il s'agit d'arrester le débordement de ces
» infidelles. Il s'agit d'assister les généreux deffenseurs de la
» foy et de la liberté du christianisme. Pendant qu'il sort des
» troupes choisies de tout le royaume pour leur donner du
» secours, ne leur refusons pas un autre secours qui leur est
» nécessaire : *Exhibeamus nosmetipsos sicut Dei ministros per
» arma justitiæ*. Donnons-leur le secours de nos jeusnes et de
» nos prières. Vous serez notre exemple, Monseigneur, c'est
» à quoy vous invite Sa Sainteté, *ut in hâc tam piâ causâ,
» quemadmodum auctoritate pollet, ita exemplo præesse velit;*
» qu'il vous plaise de joindre vostre exemple à vostre authorité
» dans une cause sainte. C'est après vous que nous nous
» jetterons au pied de cet autel, qu'avec toutes nos forces nous
» pousserons la flèche de nos prières jusques dans le sein de
» Dieu, et que nous lui crierons de tout nostre cœur : *Deus
» venerunt gentes in hæreditatem tuam;* Seigneur, les enne-
» mis de votre loy se sont débordez sur les terres de
» vostre héritage. Repoussez leurs efforts, *cito anticipent nos
» misericordiæ tuæ* : viste! viste! que vos miséricordes nous
» préviennent; secourez-nous, délivrez-nous, montrez-vous
» propice à nos péchés qui vous ont irrité, et que nous
» vous immolons de tout nostre cœur. Vostre miséricorde,
» Seigneur! Si ce n'est pas pour l'amour de nous, que ce soit
» pour la gloire de votre Nom adorable[1]. »

Quelques années auparavant, le 26 janvier 1666, Anne d'Autriche était morte au palais du Louvre. L'archevêque de Bordeaux, Henri de Béthune, se trouvait en ce moment à Paris, retenu par l'assemblée générale du clergé de France dont il était le président. A ce dernier titre, Henri de Béthune dit la messe des funérailles de la reine-mère dans l'église des Grands-Augustins. De retour à Bordeaux, l'archevêque ordonna de célébrer dans la cathédrale un service solennel, accompagné d'une oraison funèbre, dont il chargea M. de

---

1. Sermon du premier dimanche de Carême et ouverture des Oraisons des Quarante-Heures, t. I, p. 265-266.

Lopès. La ville de Bordeaux fit son devoir en cette occasion : elle avait souvent contristé la royale défunte pendant les troubles de la Fronde ; mais, au plus fort de la guerre civile, elle sut garder présente à sa mémoire l'image de la fiancée de Louis XIII, agenouillée, le jour de ses noces sous les voûtes de Saint-André[1]. Le peuple se rappelait aussi les aumônes de la jeune épouse, au lendemain de tant de maux.

Lopès redit ces bienfaits d'Anne d'Autriche. Il eut un souvenir spécial pour le Séminaire des Irlandais, maison d'origine récente, destinée par le cardinal de Sourdis aux ecclésiastiques d'Irlande victimes du fanatisme anglican. Anne d'Autriche avait fondé vingt bourses en faveur de ces clercs exilés. La pieuse reine contribua largement à la réparation du maître-autel de la cathédrale, où devait reposer la châsse de saint Macaire, l'un des saints préférés de Lopès ; aussi l'orateur conjure-t-il le ciel d'en tenir compte à l'auguste défunte. L'oraison funèbre d'Anne d'Autriche renferme un détail curieux sur les condoléances que le corps universitaire se proposait d'offrir à la reine touchant sa longue stérilité. « Bourdeaux, ce qu'on te reprochoit, qu'un si saint et si sacré » mariage contracté dans l'enceinte de tes murailles demeurât » si longtemps privé d'une bénédiction qui estoit si nécessaire, » il semble qu'on te le fist connaître, lorsque sept ans avant la » naissance de ton Roy, on deffendit à ton Université de faire » des vœux pour un Dauphin, dans les devoirs qu'elle rendroit » à nostre Reyne, qui estoit pour lors en cette ville : un tel » souhait en ce temps ne passant point pour un souhait, mais » pour une mocquerie[2]. »

Dix-sept ans plus tard, un nouveau deuil attristait la France : Marie-Thérèse expirait à Versailles. Penché sur le corps inanimé de son épouse, il faudrait dire de sa victime, Louis XIV ouvrait par un éloquent aveu la longue

---

1. Le mariage de Louis XIII avec Anne d'Autriche fut célébré en l'église Saint-André de Bordeaux, en la chapelle de la Nef, le 25 novembre 1615, par l'évêque de Saintes, en l'absence du cardinal de Sourdis. (Voir, pour les détails de la cérémonie, Dom Devienne, éd. Lacaze, *Histoire de Bordeaux*, 1re partie, p. 194.)

2. Lopès, Oraison funèbre de la reine-mère Anne d'Autriche, t. I, p. 489.

série d'oraisons funèbres dont Marie-Thérèse a fourni le sujet :
« Depuis vingt-trois ans que nous sommes ensemble, s'écria le
» roi, c'est le premier chagrin qu'elle me cause ! »

Des services funèbres eurent lieu dans tout le royaume ; les orateurs les plus illustres s'y firent entendre : Bossuet fut du nombre. L'archevêque de Bordeaux, Mgr d'Anglure de Bourlemont, ordonna par mandement spécial une cérémonie à la cathédrale. Le Chapitre se mit en frais de tentures mortuaires.
« Advenant le jeudy deuxième septembre, apprès que tout
» l'ordre séculier et régulier de la ville et faux-bourgs se sont
» rendus processionnellement en ceste église, ensemble l'Uni-
» versité, le Présidial et les Jurats, avecq le corps de la
» bourgeoisie, et M. l'Intendant s'estant mis à la teste du
» Présidial en robe rouge, Mgr l'Archevêque, accompagné de
» nombre de Messieurs du Chapitre, se rendit en la dite église
» par la porte royale, où s'estant mis sur son thrône il com-
» mença la messe qui fut chantée à trois chœurs de musique.
» L'autel qui avoit esté dressé, comme tout le reste, aux dépens
» de la ville, devant la grande porte du chœur, proche duquel,
» sur des bancs garnis de draps noirs, estoient placés le Chapitre
» de Saint-André à la droite et le Chapitre de Saint-Seurin à
» la gauche, avecq des barrières des deux costés quy estoient
» continuées jusques et vis-à-vis la porte royale. Plus bas et
» du costé du Chapitre Saint-Seurin, estoit placée l'Université ;
» la place du Présidial estoit du costé droit après le Chapitre.
» Messieurs les Jurats tenoient les deux costés de devant de la
» chapelle ardante des mieux éclairées et toute garnie d'écussons
» de la reyne défunte. Le peuple quy y avoit accouru en foule
» remplissoit tout le reste de la nef. Les deux chapitres furent à
» l'offrande, Messieurs les chanoines de Saint-Seurin après tous
» les chanoines de ceste église conformément à la tradition[1]. »

Le Théologal paya de sa personne en cette circonstance : il prononça l'éloge de la reine, dit la chronique, « avec un applaudissement général de toute l'assemblée. » Le panégyrique

---

1. *A tes capitulaires,* septembre 1683. Il existe un récit plus détaillé de cette cérémonie. Nous avons le regret de ne pas l'avoir entre nos mains.

de Marie-Thérèse existe encore : c'est une page officielle. La réserve de l'orateur y va jusqu'à l'étiquette; pas une allusion aux tristesses que la femme de Louis XIV avait dévorées sans murmure. Il est vrai, la douleur du Prince au moment de la catastrophe avait déjà désarmé la conscience publique. Mais était-ce bien le lieu d'aller jusqu'à la flatterie et de retracer, comme le fit Lopès, à propos de cette union douloureuse, l'idéal du mariage chrétien[1]? Nous ne l'ignorons pas, on n'était plus au temps de la Ligue ou de la Fronde : la chaire évitait les moindres écarts; Louis XIV n'était pas homme à les tolérer, Bordeaux le savait par expérience; le roi s'était montré d'une rigueur inouïe envers les émeutiers de 1675. Les cloches qui avaient sonné le tocsin transportées au fort Trompette, l'ordre d'abattre incontinent les portes de Sainte-Croix, de Saint-Germain et la tour Saint-Michel[2], trois hommes brûlés vifs sur la place Canteloup, neuf autres, ainsi qu'une femme, pendus sans miséricorde dans divers quartiers de la ville, dix-huit régiments disséminés dans les faubourgs et les communes voisines, telles furent les preuves de fermeté

---

1. Voir *Discours panégyrique à la mort de la reyne Marie-Thérèse d'Autriche*, prononcé par V. M. Me Hierôme Lopès, chanoine théologal de l'église de Bordeaux, professeur en théologie et vicaire général de Monseigneur l'Archevêque, le 2 septembre 1683; à Bordeaux, chez la veuve de Guillaume de La Court, imprimeur du Roy, de Monseigneur l'Archevêque et de l'Université. — 1683, in-4°.
La *Gazette de France* mentionne cette oraison funèbre dans son numéro du 2 octobre 1683.

2. Voici la lettre de Louis XIV au maréchal d'Albret ordonnant la démolition de la tour de Saint-Michel :
« Mon cousin, ayant estimé à propos pour des considérations impor-
» tantes à mon service, outre les choses portées par l'instruction que je
» vous ay envoyée du XVI de ce mois concernant la ville de Bourdeaux.
» de faire démolir entièrement le clocher de la paroisse Saint-Michel,
» je vous fais cette lettre pour vous dire qu'incontinent après l'avoir
» reçue vous ayés à faire travailler à ladite démolition, en sorte que mon
» intention soit en cela ponctuellement accomplie, aussy bien que sur
» tout le contenu en la dite instruction ; de quoy vous donnerés avis
» au sieur marquis de Chasteauneuf, secrétaire d'Estat, pour m'en rendre
» compte; et n'estant la présente sur autre sujet, je prieray Dieu qu'il
» vous ayt, mon cousin, en sa sainte garde.
» Escript à Saint-Germain-en-Laye, le XXIIIe jour de novembre mil six
» cents septente-cinq. » (*Archives hist.*, t. XVIII, p. 319.)
Le maréchal d'Albret transmit l'ordre royal aux jurats. (*Ibid.*) Heureusement il ne fut pas exécuté.

données par le roi de France à la population bordelaise contre laquelle il nourrissait, paraît-il, d'anciennes préventions [1].

En eût-il fallu davantage pour maintenir, dans les limites d'une prudence craintive, le plus fougueux des prédicateurs? Une circonstance particulière expliquerait au besoin la retenue de Lopès. En 1676, lorsqu'il fut question de régler l'impôt de guerre, avec les diverses « compagnies » de la cité convoquées au fort Trompette, c'est lui que le Chapitre avait délégué, « pour rechercher sur quelles denrées pourrait être appliqué » le dit impôt [2]. »

IV

Les chanoines de Saint-André s'intitulèrent jusqu'à la fin du dernier siècle les « curés primitifs et uniques de la ville [3] »; à leurs yeux, les diverses paroisses n'étaient que l'extension de l'église-mère, « des branches qui rappellent nécessairement le » tronc dont elles n'ont été jamais séparées, des veines d'eau qui » indiquent par elles-mêmes la source dont elles émanent [4]. » Aussi, la cathédrale avait-elle gardé le monopole du baptême et, dans une certaine mesure, celui de la prédication. Le Chapitre désignait les prédicateurs des paroisses et se réservait le droit de les bénir au commencement de chaque sermon.

---

1. Le trait suivant, consigné dans les Mémoires du comte de Brienne, nous permet de le supposer : « En 1650, Louis XIV se trouvait à Bourg avec la reine-mère. Les députés de Bordeaux vinrent dans cette ville négocier une amnistie. Le jeune prince, encore mineur assistait à l'audience : « On ne me regardera pas toujours comme un enfant! s'écria-t-il, » et le jour viendra où je pourrai me venger de ces rebelles! » (V. Bernadau, *Histoire de Bordeaux*, p. 42.)

2. Voir les *Actes capitulaires* du 7 janvier 1677. — Cette longue pièce mentionne parmi les produits que le Chapitre est d'avis qu'on impose : les sucres, le miel, les prunes, les étoffes d'or, d'argent, de soie, les dentelles et les cartes à jouer; au reste « le Chapitre ne juge point à propos qu'on » fasse aucune imposition nouvelle ny sur le bled, ny sur le vin, ni sur » le sel, veu l'état misérable des affaires en ce moment. »

3. *Mémoire expositif ou idée succincte des droits et de la juridiction du Chapitre Saint-André de Bordeaux, etc., etc., contre les prétentions de Messieurs les Curés de la ville.* (Ce Mémoire, et la réponse qu'il provoqua de la part des curés, trouveront place dans les suppléments à la nouvelle édition de Lopès.)

4. *Ibid.*, p. 12.

Le curé de Sainte-Colombe, ayant un jour, par mégarde, donné la bénédiction à son prédicateur, sous les yeux d'un chanoine qui se trouvait dans l'assistance en costume de ville, fut l'objet de sévères poursuites [1].

On avait soin de ne confier la charge de théologal qu'à des hommes habiles dans l'art de la parole : Lopès était de ceux-là. A la mort de dom Martial [2], et du fameux curé Bonnet [3], qui s'étaient fait un nom à Bordeaux par leur éloquence, Jérôme Lopès occupa le premier rang. Le Chapitre était fier de l'envoyer, en son nom, dans les églises paroissiales où il entretenait des vicaires perpétuels.

La première chaire où nous le rencontrons est celle de Saint-Remy-sur-la-Mousque. « En suivant vers l'est la ligne » des murs antiques, dit M. Leo Drouyn, nous arrivons à » l'église Saint-Remy, mélange de toutes les époques, dont les » fondations sont romaines et les combles modernes [4]. » Bâtie sur l'emplacement d'un édifice païen, comme l'attestent les mosaïques romaines découvertes récemment à quelques centimètres de profondeur, cette église était l'une des plus fréquentées de Bordeaux. Son territoire, limité par la Garonne au levant, ne descendait pas même jusqu'à la Devise, dans la direction du midi ; mais, en revanche, il s'étendait vers le nord jusqu'à l'extrémité du faubourg des Chartreux. Le clergé de Saint-Remy ne négligeait rien pour attirer la foule à son église longtemps introuvable; afin d'en rendre l'accès plus facile aux habitants de la première enceinte, ils demandèrent aux jurats la permission d'établir un pont sur le « fossé de la Mousque, » vis-à-vis de la porte Entre-deux-Murs [5] ». Ses prédicateurs allaient de pair avec ceux de la cathédrale qu'ils imitaient parfois servilement. Le public en eut la preuve pendant le

---

1. Voir le dossier de cette grosse affaire. (Archives départementales.)
2. C'est lui qui prêcha l'oraison funèbre du maréchal d'Ornano. « Le » Père dom Martial, relligieux de l'Ordre des Feuillants, fist l'Oraison » funèbre qui dura deus grosses heures à cause de ses redites; autre- » ment fut assez bien. » (*Chronique de du Cruseau*, t. II, p. 73.)
3. Voir, sur le célèbre Bonnet, *Un Curé bordelais*, réédité par M. Jules Delpit, Sauveterre-de-Guyenne, 1881.
4. Leo Drouyn, *Bordeaux vers 1450*, p. 17.
5. Baurein, *Variétés bordelaises*, t. IV, p. 161.

Carême de 1637 : le même sermon fut prêché, le même jour, à quelques heures d'intervalle, par deux orateurs différents, le matin sur les rives du Peugue et le soir au pont de la Mousque. M. de Gauffreteau, de joviale mémoire, raconte ainsi le fait : « En cette année, les deux prédicateurs, qui
» preschèrent la Passion, estoyent l'un à Sainct-André et
» l'autre à Sainct-Rémy, à Bourdeaux. Celui de Sainct-André
» ayant presché le matin, et celuy de Sainct-Remy à vespres,
» se trouvèrent estre si conformes en leurs préambules, exordes
» et saluts, que mesmes choses et mesmes paroles furent dictes
» par eux : ce qui fust très bien remarqué par les doctes[1]. »
Lopès n'était ni l'un ni l'autre de ces deux plagiaires.

A la suite de l'Avent prêché dans son église avec un succès remarquable, M. de Cruseau, curé de Saint-Rémy, redemanda le Théologal. C'était le jour où la confrérie des jeunes personnes enrôlées sous la bannière de sainte Agnès célébrait sa fête patronale. Lopès commenta devant elles la parabole des Vierges Sages ; il fut éloquent, lorsqu'il parla « de ces lampes » qui ne s'éteignent point au milieu des ténèbres d'un monde impie, et se raniment plus que jamais au souffle de la persécution. « C'est alors, dit-il, que les lampes brûlent mieux,
» et que la foi des martyrs se trouve plus vive ; ils sont plus
» prêts à donner leur sang s'il est nécessaire, afin de la soutenir,
» sachant qu'alors leur époux est plus proche et qu'il ne man-
» quera pas de leur faire part de sa gloire[2]. »

Non loin de Saint-Rémy, s'élevait, à l'embouchure de la Devise, un monument gothique dont les jurats avaient reconstruit l'abside au xive siècle. C'était l'église de Saint-Pierre. Lopès y prononça plusieurs discours mémorables ; nous en avons cité quelques passages au commencement de ce travail, quand il s'est agi d'établir l'orthodoxie du Théologal.

En longeant la Devise jusqu'à la rue Sainte-Catherine, véritable *Corso* du xve siècle, qui reliait la porte de la *Cadène* à la porte du *Médoc*, nous arrivons à *Saint-Maixent*, petite

---

1. De Gauffreteau, *Chronique*, t. II, p. 242.
2. Lopès, Panégyrique de sainte Agnès prêché à Saint-Remy, t. II, p. 293.

église qui relevait du Chapitre de Saint-Seurin. Pendant les guerres de religion, la vieille basilique, isolée et sans défense au pied du Mont-Judaïque, y transporta ses reliques menacées per les Huguenots. Le cours d'eau qui baignait les murs de Saint-Maixent servait de limite à la paroisse; l'aspect de cet édifice avait je ne sais quoi de vénitien les jours où les bateaux pêcheurs, remontant la Devise, venaient déposer, à l'ombre de son portique, des amas de coquillages appelés *moules*. Peu sensibles au coup d'œil pittoresque de ces gondoles mouillées en pleine ville, les dames du marché donnèrent à leur église le sobriquet patois de Saint-Maixent « *lou Muscley* ».

Plus que jamais, ce point de la ville est un centre de négoce et d'activité; les véhicules de tous genres y remplacent les barques du bon vieux temps; quant à l'église, elle a disparu sous le palais étincelant du *Magasin universel*. C'est là, pourtant, qu'un ami sérieux de l'enfance fit entendre du haut de la chaire, aux pères de famille, les plus charmantes vérités qu'on ait jamais dites sur l'éducation. Nous ne résistons pas au plaisir de citer quelques passages du discours de Lopès :
« Il n'est rien qui doive être plus cher à des pères que la bonne
» éducation de leurs enfants : c'est beaucoup de leur donner
» la vie, ce n'est pas moins de leur donner une bonne vie.
» La première vient de la nature, la deuxième d'une bonne
» éducation. Que fait la nature? Elle forme, à la vérité, des
» pierres de diamant, mais des pierres brutes, obscures et sans
» éclat. Que fait la bonne éducation? Elle polit ces pierres,
» s'il faut ainsi dire; elle fait paroistre et briller la belle eau
» de ces diamants, qui ne se voyoit point avant qu'on ne les
» polît. C'est un chaos, une confusion d'éléments brouillés
» ensemble, qu'un enfant dans ses premières années; un
» mélange sans ordre, de plaisirs, de douleurs, de passions
» bouillantes, toutes déréglées. Que fera la bonne éducation,
» cette voix de Dieu qui débrouilla le chaos et la confusion
» au commencement du monde, qui mit toutes choses à leur
» jour, qui leur assigna le rang et la place que chacune
» méritoit? La bonne éducation est la voix de Dieu qui forme
» la raison des enfants comme une lumière pour distinguer

» entre le jour et la nuit, entre le bien et le mal, et qui,
» dissipant les passions qui flottoient comme une mer sur
» la beauté de leur âme, fait paroistre cette bonne terre et
» luy faict produire les fruicts de toutes les vertus. C'est la
» bonne éducation que saint Paul recommande aux pères à
» l'endroict de leurs enfants : *Élevez-les dans la discipline*
» *et selon la doctrine du Seigneur*[1]. Quiconque les aime,
» dit le Sage, *prend soin de les instruire avec assiduité*[2], ou
» comme parle la langue sainte, *quiconque les aime, cherche*
» *leur instruction de bonne heure, comme une aurore qui les*
» *doit éclairer à la pointe du jour, à l'entrée de leur vie*[3].
» Tendres comme ils sont, ils prennent facilement le ply
» qu'on leur veut donner ou pour la vertu ou pour le vice.
» Ce sont des toiles à peindre : il importe de bien choisir les
» couleurs de bonne heure, afin de les imprimer. Elles s'imbi-
» bent en telle sorte que, dans la suite, il est bien difficile de
» les effacer. Il faut donc prendre garde qu'elles soient bonnes :
» en un mot, faire naistre au cœur de ses enfants la belle
» aurore d'une sainte discipline[4]. »

Sainte-Colombe, la paroisse des œuvres et des confréries, est encore une de celles que Lopès évangélisa. Les Colombins formaient sur la rive droite du Peugue une colonie de fervents Machabées. Nulle part ailleurs l'esprit paroissial n'était plus vivace; ils n'aimaient rien tant que leur église; jaloux de l'administrer eux-mêmes, ils n'écoutaient ni fabriciens, ni curé, ni parlement, ni jurade, quand il s'agissait d'en défendre les droits et les coutumes. Prêchant devant eux le jour de la fête de saint Michel, patron de l'une des confréries paroissiales, Lopès exhorta les Colombins à rester par-dessus tout des hommes de religion, fidèles à leur devise : *Qui est comme Dieu*[5]? Vers la fin du dernier siècle, les habitants de Sainte-Colombe oublièrent les traditions qui, jusqu'à ce jour, avaient fait la gloire et l'originalité de leur modeste paroisse. Dieu ne

---

1. *Educate illos in disciplinâ et correptione Domini.* (Éph., VI, 4.)
2. *Qui autem diligit illum instanter erudit.* (Prov., XIII, 24.)
3. *Qui diligit illum aurorat illi disciplinam.* (Ibid., juxt. text. hæbr.)
4. Sermon prêché à Saint-Maixent le 26 juin 1672, t. II, p. 447-448.
5. *Quis ut Deus?*

leur suffisant plus, ils se jetèrent dans la politique. Au milieu de la petite place qui leur servit tant de fois de « forum », j'allais dire de champ de bataille, ils plantèrent, à la veille des mauvais jours, deux arbres de la liberté : ce fut le signal de leur décadence. Leur église, fermée l'une des premières, au nom de cette liberté dont ils cultivaient le symbole, ne se rouvrit jamais.

De Sainte-Colombe à Saint-Éloi, l'église officielle de l'Hôtel-de-Ville, il y avait à peine quelques pas. Cette église était située dans le voisinage des grands collèges, le collège de Guyenne et celui des Jésuites, — rivaux éternels, dont les bruyantes querelles incommodèrent plus d'une fois la *Recluse* de la rue Saint-James [1], — frères ennemis, toujours d'accord dès qu'il fallait organiser une espièglerie d'étudiants contre les bourgeois du quartier. La paroisse des collégiens devint naturellement le rendez-vous des libraires. Ces derniers, les Millanges à leur tête, formaient une compagnie célèbre sous le patronage de saint Jean Porte-Latine. En 1673, Jérôme Lopès eut l'honneur de prêcher à leur société réunie le sermon traditionnel, dans l'église Saint-Éloi. L'orateur dit peu de bien de la librairie en général : « Vous n'ignorez pas,
» Messieurs, que la véritable sagesse consiste dans la connais-
» sance de la parole de Dieu : tout le reste est peu de chose.
» Otez des bibliothèques les livres qui traitent de cette
» connaissance, vous n'y laisserez presque que des mensonges,
» des fables et des erreurs [2]. »

---

[1] « Par ce mot de *recluse* on entendait une fille, religieuse ou non,
» qui, pour servir Dieu avec plus de tranquillité, et ne s'occuper que de
» son salut, s'enfermait, après des épreuves suffisantes et ayant obtenu
» la permission de son évêque, dans une cellule, où elle demeurait jusqu'à
» la mort. »

Il y avait plusieurs recluses dans Bordeaux : la plus célèbre était celle de Saint-Lazare, paroisse de Saint-Seurin. « Il est fait mention d'une qui était établie dans la paroisse Saint-Éloi, dont la demeure bordait la rue Saint-James ».

Elles étaient en grande vénération au moyen âge, et des personnes de distinction leur léguèrent en mourant des sommes relativement considérables.

Voir Baurein, *Variétés bordelaises*, t. II, p. 218, éd. Féret.

[2] Sermon prêché à Saint-Éloi pour la confrérie des libraires le 6 mai 1673, fête de saint Jean Porte-Latine, t. II, p. 397.

V

A côté des paroisses, Bordeaux comptait de nombreux couvents. C'est dans ces milieux recueillis que l'éloquence de Lopès était surtout goûtée. Nature pieuse et mystique, nourri de la sève de saint Bernard, il semblait être l'apôtre prédestiné des maisons religieuses; aussi le voyons-nous, durant de longues années, porter de l'une à l'autre des paroles d'édification. Depuis l'*Annonciade*, dont il fut le conseiller perpétuel et le père, jusqu'à la grande abbaye de Sainte-Croix qui régnait sur le faubourg méridional de la ville, tous nos cloîtres se le disputaient.

Les communautés d'hommes et de femmes cherchent le silence et la solitude. Afin de se dérober à de gênants voisinages, elles avaient émigré pour la plupart au delà des murs. Vers le milieu du xviie siècle, il ne restait plus dans la première et la deuxième enceinte que la *Commanderie du Temple*, les *Frères Sachets* de la Porte-Dijeaux, et les *Frères de la Merci*. La vie monastique s'était réfugiée, au nord, dans les quartiers de *Tropeyte* et de *Campaure;* au midi, dans l'espace compris entre le château du Hâ, Sainte-Eulalie et Saint-Michel. Les Feuillants, où le Théologal prêcha le panégyrique de saint Bernard en 1672, se trouvaient eux-mêmes dans le

DÉMOLITION DE LA CHAPELLE DES FEUILLANTS.

premier accroissement de la ville. Ils eurent leurs tribulations : M. de Gauffreteau, qui toute sa vie affecta de se donner comme leur victime, les accablait de traits malins, leur intentait procès sur procès, les troublait dans leurs pieux exercices par le bruit de son jeu de paume. Tantôt il leur reprochait de faire de la réclame au profit de leur chapelle : « Les Feuillants, dit-il, pour rendre leur église plus fréquentée, » forment un chant ionique et folastre en leurs offices, ce qui » faict un grand abord de peuple en leur couvent aux » heures des dicts offices, notamment aux Complies et au » Salut; ce qui estant venu aux oreilles du Pape, Sa Sainteté » les remit au chant dorique [1]; » tantôt il critiquait l'orientation de la dite église, ou déclarait à qui voulait l'entendre qu'ils étaient les pires des voisins [2].

Malgré les épigrammes du vieux magistrat, le couvent de la rue Saint-Antoine resta populaire à Bordeaux, tandis que sa chapelle devenait la nécropole [3] des notables de la ville.

1. M. de Gauffreteau, *Chronique bordelaise*, t. II, p. 42.
2. « Le proverbe dit qu'une rivière, un bon advocat..., une mauvaise » femme, sont trois mauvaises voisines *(sic)*; mais certes, on peut ajouter » les moynes pour quatrième, à cause de quoy ceux-là ne sont pas » sages, ni prudents, qui laissent bastir un monastère à leur porte. » (De Gauffreteau, *Chronique*, t. II, p. 42.)
3. Les tombeaux que renfermait l'église des Feuillants n'existant plus, nous croyons devoir en donner la nomenclature à cette place. Nous l'empruntons à un mémoire rédigé par M. Lamothe; il est tiré du rapport de la *Commission des Monuments historiques*, années 1845-1846 :
« *Première chapelle à gauche.* — Tombeau en pierre de Michel Mon» taigne; il est représenté en costume guerrier étendu sur le mausolée. » Les armes de Michel Montaigne sculptées sur son tombeau : d'azur » semé de trèfle d'or, à une patte de lion du même, armé de gueules, » mise en face. Sur les faces de ce mausolée, deux inscriptions que » dom Devienne a reproduites dans son *Histoire de Bordeaux*. — Res» tauration en 1803.
» *Deuxième chapelle à gauche.* — Concession à messire d'Ornano, » maréchal de France et lieutenant du roi; et, après la renonciation de » celui-ci, nouvelle concession à la famille Le Blanc.
» *Troisième chapelle.* — Première concession à Antoine de Roquelaure, » chevalier de deux ordres du roi, et postérieurement à Léon Guitard de » Lescure, conseiller au Parlement de Bordeaux.
» *Quatrième chapelle.* — Concession au baron de La Tresne et au sieur » de Beyssac.
» *Première chapelle à droite.* — Concession faite à Paul Leclerc, avocat » au Parlement de Bordeaux.
» *Deuxième chapelle à droite.* — Concession faite à Jean de Briet, » conseiller au Parlement de Bordeaux.

M. de Gauffreteau[1] lui-même demanda la faveur d'y reposer après sa mort; les Feuillants consentirent de bonne grâce à recevoir la dépouille de leur ennemi : ce fut toute leur vengeance. Quelques années auparavant, un Bordelais plus illustre était venu dormir sous les mêmes dalles. Les restes de Montaigne, ensevelis d'abord dans un caveau de l'antique chapelle de la Commanderie de Saint-Antoine[2], furent transportés le 1ᵉʳ mai 1614 dans la nouvelle église des Feuillants, « du côté du midi dans la chapelle dédiée à saint Bernard[3]. »

Le 20 août 1672, Jérôme Lopès monta dans la chaire des Feuillants, c'était la fête de l'abbé de Clairvaux. Il loua ce pieux génie avec un rare bonheur. Nous l'avons déjà remarqué, parmi les Pères de l'Église qu'il possède et qu'il affectionne, saint Bernard est l'auteur préféré de l'éloquent théologal. Lopès résume en trois mots l'existence de l'homme prodigieux qui fut l'oracle et l'arbitre du xIIᵉ siècle : Bernard avait reçu d'en haut « l'intelligence, la douceur, le courage. Avec son » intelligence, il éclaircissait tout ; avec sa douceur, il fléchissait » tout; avec son courage, il surmontait tout[4]. » Le nom de saint Bernard sera toujours sympathique à Bordeaux. Sans parler de la bonne harmonie qu'il sut rétablir après cinq années de lutte entre l'archevêque et le chapitre, les catholiques lui savent gré d'avoir écarté de cette ville les dangers de l'hérésie albigeoise et porté le dernier coup au schisme de Pierre de Léon dans la province d'Aquitaine.

Un souvenir d'une autre nature et quasi personnel vint certainement à l'esprit de Lopès, lorsqu'il aperçut le tombeau

---

» *Troisième chapelle.* — Concession faite à la dame Jeanne Darrerac, » veuve d'Antoine Dusolier, avocat au Parlement.
» *Quatrième chapelle.* — Concession faite à la dame de Briand, veuve » Lestonnac-Duparc. »

1. « Le 8 décembre 1625, les Feuillants permettent l'inhumation dans l'église de leur couvent, du corps de M. Gauffreteau, avocat. » (*Arch. dép.*, H, n° 276, folio 108.)
2. Arrivés à Bordeaux en 1589 les Feuillants furent établis le 24 juillet 1591 par Mᵍʳ Prévost de Sansac dans la commanderie de Saint-Antoine. La chapelle de la dite commanderie fut leur première église.
3. Voir Malvezin, *Michel de Montaigne*. (Comptes rendus de l'Académie de Bordeaux, p. 178.)
4. Lopès, Sermon prêché aux Feuillants, 1672, le jour de la fête de saint Bernard, t. II, p. 661.

de Montaigne, au pied et comme à l'abri de l'autel de saint Bernard. Montaigne et saint Bernard, quel rapprochement, aux yeux d'un prédicateur issu d'une race longtemps fidèle au Judaïsme! Montaigne qui, dans son livre immortel [1], fait un tableau si dramatique de l'émigration forcée des Juifs d'Espagne, auxquels il se rattachait par sa mère Antoinette de Loupes ou de Lopès; saint Bernard qui, dans un siècle où la guerre aux enfants d'Israël était regardée par un grand nombre comme la plus méritoire des croisades, se constitua leur défenseur et ne craignit pas d'écrire à ceux qui parlaient d'exterminer les Juifs : « Il convient à la piété chrétienne, si
» elle abaisse les superbes, d'épargner les vaincus, et ceux-là
» surtout de qui nos aïeux descendent, et de la race desquels
» était, selon la chair, le Christ béni dans tous les siècles [2]. »

Le monastère des Feuillants était proche des Visitandines, autre maison bien connue du Théologal; il prêcha quatorze fois [3] au moins, dans ce nouveau sanctuaire ouvert à la piété bordelaise par la baronne de Saucats [4]. Les homélies que Lopès avait coutume de faire à la Visitation, pendant le Carême, attiraient beaucoup de monde à la petite chapelle. Un jour, c'était le troisième vendredi, les places étaient envahies de bonne heure; on attendait le sermon sur la Samaritaine. Lopès fut empêché; quinze jours plus tard, il paya sa dette. Au lieu de la femme de Samarie, il raconta la conversion plus émouvante peut-être de Marie-Madeleine. La Madeleine de Lopès est une page qu'on admire encore, en quittant les chefs-d'œuvre que la pécheresse inspirait, vers la même époque, aux grands orateurs du Louvre et de Versailles. « Madeleine courut, elle rougit, elle pleura [5] : » c'est ainsi que Lopès nous représente ce type, divinement beau, du repentir né de l'amour.

---

1. Voir Montaigne, *Essais*, liv. I, chap. xl. — L'auteur des *Juifs à Bordeaux*, p. 73, a reproduit ce chapitre d'après le texte original qui se conserve à la Bibliothèque de la ville.
2. Saint Bernard, lettre cccLxiv®.
3. Il reste, en effet, quatorze sermons imprimés qui furent prêchés par Lopès à la Visitation.
4. Dom Devienne, *Histoire de Bordeaux*, t. II, 2º partie, p. 239.
5. Lopès, Sermon prêché à la Visitation le jeudi de la cinquième semaine de Carême, t. I, p. 305.

La fondatrice de la Visitation n'était pas une étrangère pour le Chapitre de Saint-André dont relevait alors la paroisse de Saucats. Le doyen était le vrai titulaire de cette cure[1]; aussi la baronne, se prévalant de son titre de paroissienne de messieurs les chanoines, utilisait volontiers leur zèle en faveur de son cher couvent. Le Théologal se prêtait sans murmure aux exigences de la communauté; sermons de retraite, discours d'anniversaires, homélies de circonstance, il accordait tout. Les sœurs goûtaient chacune de ses paroles « comme un rayon » de miel[2] ».

En 1662, lors de la béatification de l'évêque de Genève, un incident faillit allumer le feu de la discorde entre le Chapitre et les Visitandines. L'archevêque Henri de Béthune ordonna de célébrer des fêtes en l'honneur du Bienheureux. Le Chapitre pensait qu'elles auraient lieu, suivant l'usage, dans l'église métropolitaine; mais les filles de la Visitation revendiquèrent la préférence pour leur chapelle, François de Sales étant le fondateur de leur Ordre. L'archevêque se rendit au désir des Visitandines; les chanoines en furent blessés; heureusement les rapports de Henri de Béthune avec son Chapitre étaient moins tendus que sous le pontificat du cardinal de Sourdis, sans quoi la guerre sainte allait éclater une fois encore, et l'on eût vu, chose étrange, celui que l'histoire a proclamé le plus pacifique des hommes devenir l'occasion d'un scandaleux conflit. Le Chapitre se contenta de protester noblement. Sa lettre ferme et respectueuse à l'archevêque Henri de Béthune fut inscrite au procès-verbal de l'assemblée capitulaire en date du 21 août 1662.

Elle est ainsi conçue :

« Monseigneur,

» La joie que nous avoient donnée les nouvelles de la béatification de Monseigneur l'évêque de Genève et celle que nous attendions

---

1. La cure de Saucats, dit Baurein, est unie à la dignité de doyen du Chapitre de Saint-André de Bordeaux, d'où il suit que le curé desservant n'est que vicaire perpétuel et que M. le doyen est gros décimateur dans la paroisse. (Baurein, *Variétés bordeloises*, t. IV, p. 32.)

2. Lopès, Sermon, prêché à la Visitation le 25º dimanche après la Pentecôte, t. I, p. 445.

des ordres qui seroient donnés en cette ville pour cette célébrité, a esté extrêmement troublée par les ordres qui ont paru soubs les noms de vos vicaires généraux, et par la proposition qu'un d'eux nous a faicte en chapitre. Nous avons été surprins que, contre l'intention du Pape et au préjudice de la gloire de ce grand saint, ils ayent voulu que cette solempnité se fist seulement au couvent des religieuses de la Visitation; que la cathédrale de ce diocèse fust privée d'un advantage quy luy appartient de droit et qui avoit esté accordé à toutes celles du Royaume. Nous n'avons pas cru, aux termes du bref qui nous a esté présenté, qu'on pust faire dans notre église l'office de ce sainct comme ils le désiroient, sans y faire en mesme temps la solempnité ou la déclaration de la béatification, ny qu'ils pussent séparer ce que sa Saincteté avoit jugé inséparable.

» La considération que nous avons toujours eue pour vostre Grandeur, nous a empêché de faire esclatter nostre douleur et de porter nos plainctes contre les ordres de vos vicquaires généraux, ailheurs que devant vous; et nous a fait nous contenter de vous marquer, combien ceste compaignie estoit sensiblement blessée par une entreprise sy contraire à nos droicts, et une résolution sy différente de celles quy ont été prinses et exécutées dans tous les diocèses de ce royaume. Nous nous assurons, Monseigneur, que vous fairez les réflexions nécessaires sur ce subject, et que vous nous rendrez, sur nos plainctes, une justice d'autant plus exacte, que nostre scillence et le peu d'empeschement, d'obstacles que nous avons apporté à l'exécution de cette résolution, est une preuve évidente du dessaing que nous avons faict de vivre unis avec vostre Grandeur, et un pur effect de l'attachement en lequel nous sommes,

» Monseigneur,

» Vos très humbles, très obéissants serviteurs et confrères, les Doyen, Chanoines et Chapitre de l'Église de Bourdeaux.

» Du xxi avril 1662[1]. »

Enfin, le jour de la suprême glorification arriva. Le 19 avril 1665, le Bienheureux François de Sales fut canonisé par le pape Alexandre VII. Des solennités, qui devaient se prolonger huit jours, commencèrent, à Bordeaux, le dimanche 4 septembre 1667. Elles se firent comme précédemment dans la chapelle de la Visitation; le Chapitre n'y mit point d'obstacle. Henri de Béthune s'était réservé le sermon d'ouverture, mais les fatigues de la journée ne permirent pas à l'auguste

---

1. Cette pièce se trouve classée, par erreur, aux *Actes capitulaires*, entre les folios 623 et 624, aux dates de juillet 1679.

vieillard de tenir sa promesse, il eut recours à Lopès; celui-ci, désigné dans le programme pour clore les sermons de l'octave, se résigna, par obéissance, à parler le premier : « Monseigneur,
» l'archevêque, dit-il, avoit proposé de faire l'ouverture;
» mais la peine qu'il a prise aujourd'hui, et ses incom-
» modités, l'ont obligé de remettre à la fin ce qu'il avoit
» préparé pour le commencement de ce triomphe. Je devois
» finir, il a voulu que je commence. La parole de Dieu est
» semblable à Dieu mesme qui nous l'inspire, le centre en est
» en tous lieux; à la fin, au commencement, le discours de
» nostre illustre prélat paroistra toujours une couronne royale
» sur la teste de ce saint : « *Caput ejus aurum optimum ;* » et
» je ne doute pas que le mien ne vous porte à l'amour du
» Bienheureux, avec la mesme efficace, à l'entrée, comme il
» eut fait, à la fin de la solennité. L'honneur qu'il m'a fait de
» me substituer à sa place, et l'obéissance que je luy dois, me
» font oublier la peine qu'il m'a fallu prendre dans ce change-
» ment inopiné[1]. »

Quelques lignes plus bas, Lopès se donne un rôle modeste dans le tournoi d'éloquence qu'il venait d'ouvrir : « Agréez
» donc, Messieurs (je parle à ceux qui auront le même honneur
» que moy, de monter dans cette chaire), agréez que j'échauffe
» un peu la terre qui doit recevoir la riche semence que vous
» y allez jeter[2]. »

Ce panégyrique est mieux qu'un rayon de soleil, c'est une page étudiée, où revit l'aimable saint. Le choix seul du texte que l'orateur y développe, « *Totus desiderabilis,* » suffirait à prouver que le Théologal avait admirablement saisi le trait caractéristique de l'Évêque de Genève.

A l'ombre de l'église de Sainte-Eulalie, s'élevait le monastère de l'Annonciade[3], objet des prédilections de Lopès. Il en était

---

1. Lopès, Sermon prêché à la Visitation, le jour de la canonisation de saint François de Sales, t. II, p. 183.
2. Panégyrique de saint François de Sales prêché aux religieuses de la Visitation le 4 septembre 1667, t. II, p. 184-185.
3. « En 1521, dit l'abbé Bellet, chanoine de la collégiale de Saint-
» Blaise à Cadillac-sur-Garonne, Jacquette d'Andron, dame de Lansac,
» femme d'Alexandre de Saint-Gelais fonda le couvent de l'*Annonciade*
» et le dota d'un grand revenu. Les religieuses suivent la règle que leur

non seulement le prédicateur et le guide spirituel, mais encore l'intendant bénévole; on conserve, aux Archives départementales de la Gironde, deux registres écrits de la main du chanoine, où sont consignés les titres de propriété des sœurs Annonciades[1]. C'est lui qui prêchait les sermons de vêture[2]. L'an 1669, il prononça devant Mgr Henri de Béthune le panégyrique de sainte Jeanne, reine de France; l'orateur y considère avec admiration comment la main de Dieu façonna cette âme, la soutint au milieu des plus rudes épreuves, et lui donna, dans la personne de ses filles, une couronne plus belle que le diadème tombé de son front[3].

Il y avait, en ce temps-là, deux Carmels d'hommes à Bordeaux : l'un, celui des *Grands-Carmes*, était situé sur les fossés du même nom; l'autre, au quartier des anciens *Chartreux*. Le premier fêta magnifiquement la canonisation de sainte Madeleine de Pazzi. Messieurs du Chapitre eurent à cœur de s'unir à la joie du Carmel; sur la demande du Théologal, ils accordèrent la musique de l'église primatiale[4] si renommée dans tous les temps. Il va sans dire que Lopès fut chargé du panégyrique de la Sainte[5].

Les Grands-Carmes perdirent leur vogue au xviie siècle.

» donna sainte Jeanne, reine de France. Elle est tirée de celle des reli-
» gieux de saint François, et elles ont vécu longtemps sous la direction
» de ces religieux. Aujourd'hui elles sont sujettes à la juridiction des
» archevêques. Elles disent le Bréviaire Romain, sont vêtues de gris
» avec le scapulaire rouge et un manteau blanc fort long qu'elles portent
» les jours de fêtes et à la communion. Depuis quelque temps, elles
» portent au col une médaille d'argent avec la figure de la Sainte Vierge,
» attachée par un ruban bleu large, aux deux épaules. Elles disent que
» c'est pour marquer la royauté de leur Ordre. » (*Biblioth. de la Ville*, Mss.)

1. L'un de ces registres porte sur la première page, l'inscription suivante : « *Quæ sunt Cæsaris Cæsari... quæ sunt Dei Deo.* »
L'autre, cette parole si bien adaptée par Lopès à un livre de comptabilité monastique : « *Sic transeamus per bona temporalia, ut non amittamus æterna.* »

2. Voir, en particulier, les *Sermons* de Lopès, t. I, p. 298, 299 et 338.

3. Lopès, Panégyrique de sainte Jeanne prêché à l'Annonciade le 4 février 1669, t. II, p. 309.

4. *Actes capitulaires*, mardi 7 juillet 1671. La musique de la Primatiale occupait un rang distingué dans la corporation des musiciens de cette ville, dont M. Ducaunnès-Duval a retrouvé les statuts qu'il a publiés dans les *Archives historiques de la Gironde*, t. XVIII, p. 539.

5. Panégyrique de sainte Madeleine de Pazzi prononcé au couvent des Carmes le 1er juillet 1671, 8e dimanche après la Pentecôte, t. II, p. 246.

Le mouvement religieux se portait de préférence vers le nouveau Carmel de fondation récente [1]. Lopès y fut invité pour la fête des *Quarante-Heures*, il ne ménagea pas la couleur locale; parlant aux bords du fleuve, devant un public de gens d'affaires, qui venaient goûter un moment de repos à l'ombre du tabernacle, il compara l'âme recueillie à ces navires ballottés la veille par les vagues de la mer, et maintenant immobiles, dans notre magnifique port :

« Vous sçavez qu'il y a des ports sur la mer où les vaisseaux » se retirent, pour s'y mettre à couvert de la tempeste, et y » prendre les vivres et les rafraichissements qui leur manquent, » et continuent ainsi leur navigation. Saint Chrysostôme s'est » autrefois servi de cette comparaison… : quels sont les ports » où les vaisseaux se retirent, où nous nous couvrirons de la » tempeste, où nous prendrons les vivres et les rafraichissements » qui nous manquent? Le saint autel de l'Église catholique, où » repose le Sacrement du Corps et du Sang du Fils de Dieu [2]. »

Nous ne suivrons pas Lopès aux Carmélites de Notre-Dame de Puy-Paulin [3]. Nous n'irons pas davantage distraire les promeneurs de luxe qui sillonnent chaque soir les allées de Tourny pour les entretenir des sœurs Catherinettes, dont le couvent primitif était situé près de là. Quelques-uns, cependant, seraient touchés d'apprendre qu'au plus fort des guerres de la Fronde vivaient, en cet endroit, de vaillantes religieuses, que le canon du Château-Trompette n'effraya point, jusqu'au jour où l'une d'elles fut blessée, d'après les uns, tuée, suivant les autres, par un boulet perdu [4]. Ce

---

1. C'était le couvent des Carmes *déchaussés*; il ne remontait qu'à l'épiscopat du cardinal de Sourdis. Voir, pour le récit de son inauguration, dom Devienne, *Histoire de Bordeaux*, t. II, p. 132. — Voir, sur l'emplacement des « Carmes biels » ou des Grands-Carmes, les articles du chanoine Corbin et ceux de M. Henry Ribadieu, publiés dans la *Revue catholique* de Bordeaux.

2. Lopès, Sermon prêché aux Carmes déchaussés à l'oraison des Quarante-Heures, t. I, p. 283

3. Lopès, Panégyrique de sainte Thérèse prêché aux Carmélites du grand couvent le 15 octobre 1668, t. II, p. 677.

4. Dom Devienne, *Histoire de Bordeaux*, t. II, p. 134. — Dom Devienne dit ailleurs qu'elle ne fut que blessée :

« C'était pendant la lutte entre le Parlement de Bordeaux et le duc d'Epernon. Du Haumont, commandant du château Trompette, dit Dom

tragique événement aurait dû les mettre en fuite, il n'en fut rien [1]. Quinze ans plus tard l'émigration à distance n'avait pas encore eu lieu, mais elle était proche.

Le 28 août 1664, la Supérieure et la « Soubsprieure » reçurent ordre de lire à la communauté une lettre de Mgr Henri de Béthune, qui en donnait le signal. Le lendemain avant l'aube « des carrosses fermés et clos » partirent du vieux monastère, emportant « les religieuses du dit ordre Sainte-Catherine de Sienne », en compagnie « des sieurs Métivier, » prebstre, Dublineau leur confesseur, et Sandreau leur » chapelain, comme aussy d'honnestes dames de piété [2]. » Ils s'acheminèrent vers le faubourg Saint-Seurin, où s'élevaient dans le quartier que traverse aujourd'hui la rue Thiac, autrefois des *Religieuses,* les bâtiments encore inachevés de leur future maison. L'installation fut assez difficile durant les premiers jours, et l'Archevêque se vit contraint d'autoriser « les maistre architecte, massons et manœuvres et autres » ouvriers d'entrer dans la closture » jusqu'à ce que tous les » bastiments fussent en perfection ». La chapelle n'étant pas terminée on affecta provisoirement une chambre marquée

Devienne (1re partie, p. 333), était resté jusqu'alors assez tranquille. Le canon de cette place était pointé contre la ville, mais il n'avait pas encore tiré. Il reçut enfin des ordres du duc d'Épernon de faire à la ville tout le mal qu'il lui serait possible. Dès le 22 août, il commença à tirer et ne discontinua pas, tant la nuit que le jour. Il ruina quantité de maisons et d'édifices publics, entr'autres l'église des Jacobins et le *couvent de Sainte-Catherine dont une religieuse fut blessée d'un boulet de canon.* »

1. Pour être plus exact, nous dirons avec Dom Devienne (IIe partie, p. 134), « qu'après le coup de canon, les Catherinettes s'éloignèrent un peu du Château, elles furent obligées, pendant quelque temps, de se retirer dans une maison particulière. Dans cet intervalle elles acquirent la maison de M. de Blanc, dans la place de Londres, proche le *Chapelet ;* mais des difficultés étant survenues pour le payement, elles firent une autre acquisition dans le faubourg Saint-Seurin, où elles bâtirent un nouveau monastère dans lequel elles entrèrent en 1664. »

« Ce couvent, écrivait en 1879 notre savant ami, M. l'abbé Castaing, dans l'une des notes dont il a enrichi la réimpression de la *Vie de Marie Deymes,* fut donné en 1791 aux sourds-muets de Bordeaux. Il a été depuis transformé par M. Thiac, architecte du nouvel établissement des sourdes-muettes. C'est pour cela qu'on a donné à l'ancienne *rue des Religieuses,* le nom de *rue Thiac.* »

2. Lettre de H. de Béthune (archives de l'archevêché), citée par M. de Lantenay. (*Revue cath. de Bordeaux*, 1er avril 1882.)

par le « Grand Vicaire aux exercices du culte ». Quand le confesseur voulait « ouyr les religieuses ou leur donner la sainte Communion, on appliquait une porte amovible trouée et percée au milieu ».

Les travaux de la chapelle avaient pris fin avant le 4 mai 1670, car, à cette date, le couvent de Sainte-Catherine célébrait avec une grande pompe la fête de sa patronne. Lopès y prêcha le panégyrique de « la fiancée du Christ », qu'un historien appelait naguère la « Jeanne d'Arc de la Papauté. » Ce discours fut prononcé, non point dans la chambre dont on a parlé plus haut, mais bien dans l'église, Lopès le dit formellement.

A quelque distance de l'église actuelle de Notre-Dame se trouvait la chapelle gothique des fils de saint Dominique. Le 26 août 1668, les fidèles accouraient en foule au bruit des cloches du monastère; les Dominicains fêtaient leur grande sainte d'outre-mer, la vierge péruvienne, sainte Rose de Lima, surnommée dans notre belle liturgie « la primevère d'Amérique ». Un discours de Lopès était depuis de longues années le couronnement obligé des solennités religieuses, ce fut donc lui qui porta la parole; il développa le mot de l'Apôtre à l'Église de Corinthe : « Nous sommes la bonne odeur de
» Jésus-Christ. » — « Cette odeur n'a point de bornes, elle
» se répand partout et l'odeur de notre Rose pénétrant cette
» vaste étendue de terre et de mer, nous est venue, embaumée
» de l'exemple de ses rares perfections. Jamais ces terres
» fameuses, où le soleil ne se lève point sans y produire de
» l'or, ces terres où les montagnes et les rivières portent à
» l'envi l'or, l'argent, les pierreries, tout ce qui fait l'avarice
» des mortels, jamais ces terres, depuis leur découverte, il y a
» cent trente-cinq ans, ne nous envoyèrent un joyau de si
» grand prix. Elle vaut à elle seule plus que toutes les
» perles de ce monde. C'était aussi le prix de la « femme
» forte [1]. »

La « femme forte » se cachait, en ce temps-là, dans maintes

---

1. Panégyrique de sainte Rose de Lima aux religieux de Saint-Dominique le 26 août 1668, t. II, p. 203.

solitudes. Il y avait en particulier, dans le faubourg Sainte-Croix, un petit couvent de Bénédictines où s'était réfugiée l'élite de la noblesse et de la piété bordelaise. C'est là, si je ne me trompe, qu'à l'occasion de la prise d'habit d'une personne de qualité (de Cécile de Pontac[1] peut-être), le Théologal prêcha sa plus charmante homélie[2].

Je laisse à regret l'hôpital de la Manufacture, où Lopès plaida souvent la cause des pauvres[3].

Devant mes yeux se dresse la façade admirable de l'église Sainte-Croix[4]. A droite de ce monument s'étendent les constructions et les vastes domaines de l'abbaye des Bénédictins. Le 21 mars 1671, jour de la fête de saint Benoît, Lopès eut l'honneur de parler devant cet aréopage dont la science ne fut jamais dépassée. C'était la veille des Rameaux, l'orateur ne craignit pas de rapprocher du triomphe de Jésus-Christ à pareil jour, les exploits du patriarche des moines d'Occident qui mirent un terme à la barbarie, et créèrent, presque en même temps, sur tous les points de l'Europe, la vraie civilisation. « Béni soit, s'écria-t-il, celui qui vient au nom du » Seigneur! » Lopès avait dans l'âme trop d'amour de la science

---

1. Dom Devienne, *Histoire de Bordeaux*, t. II, p. 138. Cécile de Pontac fut la seconde supérieure des religieuses Bénédictines. Cette maison avait été fondée, en 1633, par le procureur général Jean de Pontac et Jeanne de Pichon, sa femme. Deux des filles de M. de Pontac prirent le voile dans ce couvent; l'une d'elles était la Sœur Cécile.

2. Ce sermon de vêture est une explication de l'évangile des Noces de Cana. (Sermon prêché aux Dames de Saint-Benoît pour la vesture d'une religieuse, t. I, p. 214.)

3. L'hospice de la Manufacture, qui est à la veille de disparaître, fut fondé en 1639 par la dame de Brezets, sous l'épiscopat de Henri de Sourdis.

On y fabriquait de superbes dentelles. Le sermon de charité qui se donnait dans la chapelle monumentale encore existante attirait les grandes dames de Bordeaux. Lopès leur reproche d'y venir étaler un luxe dont le spectacle pouvait contrister les regards des pauvres : « *Y a-t-il de la compassion dans ces personnes qui viennent aux hôpitaux avec tant de pompe et de magnificence dans leur train, dans leurs habits, tant de bagatelles qui ne respirent que le luxe, l'orgueil et la vanité? Riche, est-ce compatir à la misère des pauvres que de se présenter à eux dans un estat capable de leur causer du dépit et d'accroistre leurs douleurs?* » (Lopès, *Sermons*, t. I, p. 173.)

4. Voir Leo Drouyn et de Lamothe, *Choix des types les plus remarquables de l'architecture au moyen âge dans le département de la Gironde* (in-f°, Bordeaux, 1846).

et trop de poésie pour n'être pas ravi jusqu'à l'enthousiasme devant l'œuvre de saint Benoît. Le sujet l'inspire, l'exalte et le touche; sur le point de quitter la chaire, il raconta le trait suivant qui lui servit d'adieu : « Il me souvient d'avoir leu
» qu'un voyageur qui trouvant sur son chemin un bel arbre
» tout chargé de fruits, au pied duquel couloit une agréable
» fontaine, il s'y mit à l'ombre pour se reposer. Il goûta de ces
» fruits, il but de cette eau, il se rafraîchit à l'ombre de ce
» bel arbre, et voulant continuer son voyage, il se mit à penser
» quelle bénédiction il donneroit à cet arbre, sous l'ombre
» duquel il avoit reçu une si grande consolation. Quelle sera,
» dit-il, la bénédiction que je te donneray? Sera-ce que tu
» estendes tes branches verdoyantes, pour donner de l'ombre à
» tous ceux qui passent? Non. — Sera-ce pour la douceur de
» tes fruits? Non. — Sera-ce que les eaux et les fontaines
» humectent les racines qui te soutiennent? Non. — Tu as desjà
» tous ces avantages. Quoy donc? Que de toutes les graines
» qu'on tirera de tes fruits, que de toutes les branches qu'on
» prendra sur toy, pour les planter et les cultiver ailleurs, il
» s'en forme des arbres tous comme toy : tous avec la beauté
» et la frécheur de ton ombre, tous avec la douceur de tes
» beaux fruits, tous avec une fontaine à leur pied qui les
» arrose. Ce fut là bénédiction de ce voyageur. Le bel arbre
» qu'un juste, comme saint Benoist, planté dans le jardin de
» l'Église! « *Arbor grandis et fructifera,* » l'appelle le dévot
» saint Bernard. Qu'avons-nous fait, écoutant et preschant les
» louanges de ce Saint? Nous nous sommes délassés un peu
» sous l'ombre de cet arbre, nous avons goûté la douceur de
» ses fruits, les exemples de ses rares vertus qu'il a pratiquées.
» Quelle bénédiction donnerons-nous à cet arbre, sur le point
» que nous sommes de finir? Quel souhait ferons-nous en sa
» faveur? Que Dieu le comble de ses grâces? Non. — Il en est
» déjà tout plein. Quoy donc? — Que vous et que tous ceux
» qui comme vous estes tirés de cet arbre, que vous puissiez
» être comme luy, saints comme luy, humbles comme luy,
» détachez des affections de la terre comme luy, éclairez dans
» les mystères du Ciel comme luy, en un mot remplis de toutes

» sortes de grâces comme luy, pour les verser, comme luy, à
» l'édification de toute l'Église[1]. »

Ce discours fut presque le chant du cygne pour Jérôme Lopès. Éloigné de la chaire qu'il n'abordera plus que dans les occasions solennelles et douloureuses, par exemple à la mort de l'archevêque Henri de Béthune, il s'occupa de recueillir et de mettre en ordre ses œuvres oratoires[2]. Il en fit hommage en ces termes à son illustre ami :

« Je remets entre les mains de Vostre Grandeur quelques
» fruicts du ministère que j'ai l'honneur de remplir sous Vostre
» Bénédiction. Vos lèvres sont, aux termes de l'Écriture, les
» dépositaires de la parole de Dieu. C'est une pâture spirituelle,
» que vous ne cessez de donner à vostre peuple avec beaucoup
» de zèle et de succez, depuis vingt-sept ans que le Ciel vous
» a establi pour le gouvernement de ce Diocèze. Vous la distri-
» buez, Monseigneur, comme en ayant le pouvoir : nous ne le
» faisons que sous vos ordres, et sommes obligez de faire
» remonter à vous, comme à la source, les ruisseaux de la
» doctrine que vous nous permettez de faire couler pour
» l'instruction de votre troupeau. J'espère que vous recevrez ce
» témoignage de mon devoir, avec la mesme bonté qu'il vous a
» pleu honorer une partie de ces prédications de votre présence.
» Quelle gloire pour moy, si je puis avoir la protection d'un
» grand prelat, comme vous estes, Monseigneur, grand et par
» vous-mesmes et par vos ancestres; un prelat qu'une vie sans
» reproche, accompagnée d'une grande érudition, ne nous
» rend pas moins vénérable dans l'éminence de son employ,
» que le sang illustre de ses augustes prédécesseurs! Cette
» grandeur, qui inspire du respect à tout le monde, m'a donné
» la confiance de chercher auprès d'elle un azile asseuré pour

1. Panégyrique de saint Benoît prêché à l'abbaye de Sainte-Croix le 21 mars 1671, la veille des Rameaux, t. II, p. 348, 349.
2. Les sermons de Lopès forment deux volumes in-12 de plus de six cents pages. Il faut y joindre le panégyrique de Mgr Henri de Béthune et celui de la reine Marie-Thérèse qui furent imprimés à part. Un grand nombre de ces sermons portent en marge l'indication du jour et du lieu où ils furent prononcés.

» ce petit ouvrage que je luy présente. Je vous supplie le
» vouloir agréer, c'est une grâce singulière que vous ferez à
» celui qui a l'honneur d'estre,

» Monseigneur,

» Vostre très humble, très obéissant et très obligé serviteur,

» Lopes[1]. »

VI

Pendant les dernières années de sa longue vieillesse, le Théologal se renferma de plus en plus dans ses fonctions de chanoine. Il fut le conseil et l'âme du Chapitre. Quoiqu'il n'ait jamais été revêtu de la dignité de doyen, il avait, dans les réunions capitulaires, l'autorité que donne le talent joint à la modestie; ses confrères lui réservaient toujours les missions délicates et les emplois de confiance : c'est lui, comme on l'a vu, qui traita de la rançon de la ville, au lendemain de la Fronde, avec le gouverneur du Château-Trompette. Le mercredi 2 mai, l'assemblée capitulaire le déléguait avec le doyen, pour aller à Paris défendre auprès de Sa Majesté les intérêts du Chapitre[2]. Tour à tour promoteur[3], official[4], fabriqueur[5], chargé de la grande recette, gardien des clefs des ornements pontificaux, directeur de la chapelle de Notre-Dame de la Nef, il s'acquitta de ces fonctions diverses avec tant de zèle et de sagesse, que ses collègues le suppliaient de rester en charge à l'expiration de son mandat.

Jérôme Lopès avait pour l'enfance la tendresse du pieux Gerson. La maîtrise de la cathédrale n'était pas seulement

---

1. Dédicace des Sermons de Lopès à Mgr Henri de Béthune, archevêque de Bordeaux, t. I, p. 1.
2. *Actes capitulaires*, 2 mai 1663. — Une députation des Chapitres de province devait se rendre à Paris, afin de délibérer « de quelle manière » ils devaient se pourvoir contre les innovations introduites depuis peu » dans les signateurs de la Cour de Rome, au préjudice des Chapitres » principaux de ce royaume. »
Lopès fut encore député du clergé en 1666. (*Actes capitulaires.*)
3. *Actes capitulaires*, 1647.
4. *Actes capitulaires*, 4 novembre 1650.
5. *Idem.*

une pépinière de futurs artistes, mais une excellente école où florissaient les études classiques. On y cultivait le grammairien Despautère et le rudiment grec [1].

L'éminent chanoine suivait d'un regard attentif les progrès de la tribu choisie. Pendant que François Lopès entourait sa jeune clientèle d'une touchante sollicitude [2] en qualité de médecin, le Théologal se préoccupait de procurer à la Psallette des maîtres distingués [3].

Les rubriques, la tenue dans le chœur, la ponctualité des chanoines, des prébendiers et des choristes étaient pour lui chose sacrée. Sa fermeté dans l'application du règlement lui causa bien quelques ennuis, d'ailleurs inévitables, car le Chapitre admettait dans ses rangs certaines catégories de personnes, qui ne se pliaient qu'avec peine aux exigences de la discipline ecclésiastique.

La dignité de chanoine n'était pas incompatible alors avec la vie du monde. Plusieurs cumulaient les fonctions capitulaires avec les charges du Parlement [4] ou de l'Université; d'autres,

---

1. Nous trouvons aux *Actes capitulaires*, en l'an 1611, un relevé des livres que devaient avoir les enfants de chœur : « 1 bréviaire, 2 diurnels, 4 paires » d'heures, 4 Despautères, 1 grammaire grecque et 2 rudiments grecs. »

2. François de Lopès, et son fils après lui, furent les médecins du Chapitre et de la Psallette de Saint-André. On lit aux *Actes capitulaires*, à la date du 27 mai 1621, que M. de Lopès donne un certificat de maladie au chanoine Delurbe, pour le dispenser momentanément de suivre les offices du chœur.

Le 5 octobre 1649, le Chapitre députe MM. de La Rivière et Moreau, chanoines, pour remercier MM. de Lopès père et fils des soins dévoués qu'ils prodiguent aux enfants de la maîtrise.

Enfin, le 14 juillet 1665 (François de Lopès n'était plus), le Chapitre adresse au docteur son fils des remerciements de même nature. (*Actes capitulaires de Saint-André.*)

3. Bien que la charge d'*Écolâtre* eût été supprimée le 6 février 1620 (*Actes capitulaires*, 1244), Lopès ne laissait pas d'en remplir les fonctions. Le mardi 4 septembre 1663, le Chapitre approuvait le changement du maître de grammaire proposé par le Théologal et acceptait le nouveau professeur que Lopès avait choisi. (*Actes capitulaires de Bordeaux.*)

4. M. Etienne de Mulet, sieur de Voluzan, conseiller du Roi en la Cour du Parlement à Bourdeaux, clerc tonsuré du présent diocèse, est nommé doyen du Chapitre en remplacement du vénérable M. d'Arche (*Actes capitulaires*). Il s'excuse, le 7 novembre 1656, de n'être pas encore ordonné « prebstre ».

M. l'Archidiacre de Cernès l'avait adjuré « comme estant le premier » parmi eux, de servir de règle et d'exemple. Le Chapitre attend de sa » vertu et de sa piété les meilleurs fruits. » (*Actes capitulaires*, 13 juillet

simples cadets de famille, ne voyaient dans la chanoinie qu'une prébende à recueillir.

La présence de ces jeunes clercs, à peine tonsurés [1], dans une compagnie si vénérable, rendait nécessaire, en plus d'un cas, l'intervention du promoteur. Les procès-verbaux du Chapitre, au temps de Lopès, n'en fournissent que trop de preuves; par exemple, l'insubordination du prébendier Doultreleau, refusant de s'agenouiller sous la main du célébrant au moment de la bénédiction qui suit l'*Ite Missa est* [2]; la mise recherchée du sous-doyen de Fontenel, qui « assista le » jour d'hier à la procession générale avec indécence, ayant » une longue cheveleure, et fust requis, par M. le Promoteur, » d'avoir à se comporter modestement tant en la dicte cheve- » leure qu'en ses actions [3]; » par exemple encore, le rapport officiel de M. le Promoteur « représentant que diverses person- » nes s'esmancipant de pourter dans la ville et presque dans » l'église des manteaux courts, sous prétexte de justauxcorps » qu'ils veulent faire passer pour soutanelles : dont il résulte » divers abus, auxquels il est important de pourvoir par le » maintien de la discipline ecclésiastique. »

» Le Chapitre défend de tels abus sous peine de 10 livres » d'aumosnes pour la première foys, et plus grande, si le cas se » renouveloit [4]. » Des faits autrement graves contraignirent, en ce temps-là, M. le Promoteur à sévir contre ses collègues.

1655.) L'attente du Chapitre ne fut point trompée. M. de Voluzan fut un de ses plus illustres doyens. Il avait été marié; les *Actes capitulaires* (jeudy, 17 février 1689) relatent que « le Chapitre donne pouvoir à » MM. de Lopès et Dussault, pour recevoir de M. de Voluzan, conseiller » du Roy et président du parlement de Guyenne, comme fils et héritier » de feu M. de Voluzan, conseiller du Roy en la cour et grand chantre » d'icelle, et *doyen du dit Chapitre*, etc. »

1. Le lundi 20 juin 1663, M. de Lopès, promoteur, admoneste de nouveau MM. de Sainctou et de Cortade le Jeune « de ce qu'ils négligent » de se faire pourvoir aux ordres sacrés et continuent à aller en habits » courts et indécents. » (*Actes capitulaires.*)

2. *Actes capitulaires,* 12 mars 1647.

3. *Actes capitulaires,* 12 juin 1648.

4. *Actes capitulaires,* 11 mars 1673. — La question du costume a fait dans tous les temps le désespoir des promoteurs. Vers la fin du XVIe siècle, le chapitre décréta qu'aucun chanoine, demi-chanoine, chantre de chappe, prébendier, choriste, portier, ne portera *de chemises fraisées, des habits ou souliers décorés, des manches pendantes, des accoutrements*

Le prébendier Drouillard s'étant permis de grossières injures dans l'église même, envers M. de Lopès, « qui lui faisait de » justes réprimandes, » fut condamné par le Chapitre à vingt-quatre heures de prison [1].

Enfin, le dirons-nous? le Chapitre comptait parmi ses membres deux jeunes clercs, gentilshommes d'humeur frivole, qui mirent souvent à l'épreuve la patience du promoteur. C'étaient MM. de Sainctout et de Cortade le June (sic). Vainement M. de Lopès les pressait-il l'un et l'autre d'entrer dans les ordres, ils différaient toujours, et peut-être avaient-ils raison de le faire, l'heure de la maturité n'ayant pas encore sonné pour eux; car on les vit, le jour de la Pentecôte de l'an 1662, « condamnés à entendre la grand'messe à genoux devant le grand autel, » en expiation d'un acte incroyable de légèreté qu'ils avaient commis [2]. La punition porta ses fruits, les deux pénitents furent, dans la suite, d'excellents et dignes prêtres. Quant à M. de Sainctout en particulier, il se tourna de plus en plus vers les choses d'église, et devint tout à fait chanoine, presque chanoine régulier, car, « le mardy, 31 août 1666, il » prioit le Chapitre *de lui laisser prendre, pour enrichir sa » collection, une figueure de pierre taillée, représentant saint » Antoine, et qui se treuve dans la chapelle Saint-Martin.* » Le Chapitre la lui accorda gracieusement.

Animé d'une tendre dévotion envers le glorieux saint Macaire, le Théologal n'eut point de repos jusqu'au jour où les reliques de ce patron du diocèse furent enfermées dans une châsse d'or [3].

---

dissolus, des baguettes (petits anneaux) aux oreilles. Le port des moustaches, des anneaux aux doigts est interdit sous peine d'exclusion du chœur. (*Actes capitulaires*, 1579.) Malgré ces défenses, douze ans plus tard, le chanoine Majour se permit *de venir dans l'assemblée du Chapitre, au grand scandale du peuple, avec un pourpoint blanc découpé et un chapeau, alors que tous ses collègues avaient la robe et le bonnet.* (*Actes capitulaires*, 1591.)

1. *Actes capitulaires*, 5 février 1671.
2. *Actes capitulaires.*
3. On lit dans les *Actes capitulaires* de l'année 1666 :

« *Jeudy, 23 septembre 1666.* — MM. de Lopès et Dussault, ayant porté » sur le bureau du Chapitre, la figueure et plan faits par Sermens au » maître orphèbre (sic), pour construire la quaysse des reliques de saint » Maquaire, le Chapitre leur donne pouvoir de faire marché à raison de

Les cérémonies capitulaires avaient une pompe incomparable. Le chœur de l'église Saint-André n'était pas, comme aujourd'hui, coupé en deux par le maître-autel, il occupait toute la haute nef depuis l'entrée du sanctuaire. Nos chanoines s'y mouvaient à l'aise et ne couraient pas risque de se heurter à chaque pas, dans leurs évolutions, aux officiers du lutrin ou de la maîtrise. Afin de conserver dans leur intégrité les traditions du cérémonial, le doyen chargea M. de Lopès d'imprimer un petit manuel pratique à l'usage de messieurs les chanoines[1]. En travaillant de la sorte à rehausser la splendeur du culte, Lopès suivait l'exemple de Gilbert Grimaud, son prédécesseur. Gilbert Grimaud, le lecteur s'en souvient, composa sur la liturgie sacrée un livre magistral et d'où l'érudition n'a point banni la poésie; l'auteur essaie même, en quelques endroits, d'y parler la langue des muses. Les quatrains suivants, imités de Fortunat, reproduisent assez bien la physionomie d'un chœur de chanoines et ce mélange harmonieux que forment les voix de l'enfance et de la vieillesse, reliées entre elles, durant la psalmodie, par les modulations de l'orgue :

> D'un tuyau mince icy, le jeune enfant résonne,
> Adjustant l'orgue à l'air d'une charmante voix :
> Là, le vieillard donnant à son ton plus de poids,
> D'une basse profonde, un chant plus gros entonne.

> Des cymbales icy, la confuse harmonie
> Fait retentir les airs de ses tons éclatants :
> La fluste, en cet endroit, mêlant ses doux accents
> Inspire dans les cœurs une joye infinie.

» neuf livres, pour la façon de chaque marc d'argent qui s'y emploiera,
» ensamble pour y faire faire telles figueures qu'ils adviseront. »
« *Mardy, 28 septembre 1666*. — Feu M. Sauvestre, vicaire général,
» lègue cinq cents livres pour la châsse de saint Maquaire. »
« *27 décembre 1666*. — La Reine fait passer six cents livres pour la
» chapelle de saint Maquaire. »
Lopès, on s'en souvient, fait allusion à cette générosité d'Anne d'Autriche dans l'oraison funèbre de la reine-mère.
1. Cet opuscule que nous avons retrouvé a pour titre : *Cérémonies qui se doivent observer au chœur de l'église métropolitaine et primatiale de Saint-André de Bordeaux*. Il fera partie des nombreux suppléments qui doivent trouver place dans la nouvelle édition de Lopès.

Ailleurs, l'aimable chant de la douce musette
Addoucit des vieillards le rauque et rude son,
Et la parole jointe à l'air de leur chanson
Répare le défaut de la lyre muette [1].

Les trois années 1660, 1661 et 1662 sont mémorables dans les fastes de Saint-André. Le vénérable Chapitre y prépare et livre à l'impression le nouvel Antiphonaire et le Processionnal [2] à l'*usage de l'église métropolitaine et primatiale de Bordeaux*. L'exécution d'une œuvre aussi considérable en ce

1. *Hinc puer, exiguis attemperat organa cannis :*
Inde senex, largam ructat ab ore tubam.

Cymbalicæ voces calamis miscentur acutis,
Disparibusque tropis, fistula dulce sonat.

Tympana rauca senum, puerorum fistula mulcet.
Atque hominum, reparant verba canora, lyram.

2. Une lacune qui se trouve dans les *Actes capitulaires* nous prive de la première délibération relative à la réimpression du processionnal. Nous donnerons ici toutes celles que nous avons pu découvrir, sans rien changer à leur orthographe. Le lecteur verra dans quelles conditions de bon marché, mais avec quelle lenteur s'effectuaient alors à Bordeaux les opérations d'imprimerie et de reliure :
« *Du mardy, 7e décembre 1660.* — Le Chappitre ordonne que Mr le
» fabriqueur remboursera à Mr De Loppes, théologal, douze livres qu'il
» a advancé pour le travailh du proporsioniel *(sic)* qui seront allouées
» au compte du dict sieur fabriqueur. »
« *A la date du 8 septembre 1660.* — Le Chappitre ordonne que Mr de
» Loppes, théologal, continuera par parachever l'antiphonaire. »
« *Du samedy, 11e juin 1661.* — Mr de Loppes est commis pour pro
» pozer à Lacour, imprimeur, l'impression des propossionneaux *(sic)*
» dressés pour l'usage du Chapitre et sçavoir du dict Lacour ce qu'il
» prandroit pour faire la despance nécessaire. »
« *Du judy, 1er septembre mil six cens soixante-un.* — Le Chappitre
» donne pouvoir à Mr de Loppes, théologal, de faire imprimer le proces
» sionel qui a esté dressé et pour cest effect faire marché avec un
» imprimeur, au plus juste prix qu'il le pourra. »
« *Du jeudy, 3e novembre 1661, premier chappitre général.* — Messieurs
» l'archidiacre de Cernès et Loppes, théologal, sont commis pour passer
» contrat, avecq Lacourt, imprimeur, pour l'impression d'un processionnel,
» a trois livres dix solz par payer à raison de cent exemplaires. »
« *Du mardy, 8e novembre mil six cens soixante-un.* — Le Chappitre
» donne pouvoir comme cy-devant à Messieurs l'archidiacre de Cernès
» et de Loppes de passer contract avec Lacourt, imprimeur, pour l'im
» pression d'un processionel, et à ces fins ordonne que M. le Receveur
» leur délivrera cent livres pour les advencer au dit Lacourt sur le
» passement du dit contrat, lesquelles luy seront allouées en son
» compte. »
« *Du judy, 5e de janvier 1662.* — Le Chappitre ordonne que M. le
» receveur bailhera aux garçons de la boutique du sieur Lecourt, impri

temps-là, si l'on en juge par le nombre des séances capitulaires où elle reparaît à l'ordre du jour, fut remise à M. de Lopès. L'habileté dont le Théologal fit preuve dans cette circonstance le désignait pour une autre publication que le Chapitre lui confia dans la suite. Nous voulons parler du grand ouvrage historique auquel Jérôme Lopès attachera son nom en 1668.

Les chanoines visitaient fréquemment les différentes paroisses de leur bonne ville de Bordeaux, et, dans ce cas, MM. les Curés se faisaient scrupule de les recevoir au seuil de leur église avec les honneurs dus à leur rang. Les actes capitulaires nous montrent Jérôme Lopès allant présider, au nom du Chapitre, les fêtes patronales, à Sainte-Eulalie, à Saint-Pierre, à Saint-Éloi. Jamais il n'avait eu qu'à se louer de l'attitude bienveillante et respectueuse du clergé paroissial. Il n'en fut pas ainsi dans l'église de Saint-Paul. M. Gilles Dubourdieu, prieur du séminaire Saint-Raphaël, se permit à l'égard du vénérable chanoine une grossièreté dont le Chapitre s'émut. Le fait est consigné dans les *Actes capitulaires* à la date du 28 juin 1650 : « M. de Lopès, Théologal, a rapourté qu'ayant
» esté commis pour faire l'office en l'église Saint-Paul, le jour
» et la feste de saint Paul, il seroit allé sur les dix heures, en
» la dicte église où M. Gilles Dubourdieu, prieur du Sémi-
» naire, lui auroit refusé les ornements nécessaires pour la
» grand'messe, et dict qu'il n'avoit chez lui ni diacre ni soubs-
» diacre pour l'assister, quoyque toutes les autres années le
» dict Dubourdieu aye faict le chapier à la grand'messe.

» meur, trante-solz pour leurs estrennes en considération du travailh du
» processionel qui seront alloués en son compte. »

« *Du mardy, 27ᵉ juin 1662.* — Le Chappitre ordonna que Messieurs
» D'Alaire, archidiacre de Cernès, et de Lopès, théologal, « fassent achever
» le processionnel et ralier trante six exemplères d'icelluy. »

« *Du mardy, 18ᵉ juillet 1662.* — Le Chappitre ordonne qu'il sera rallié
» un processionnel pour chacun de messieurs qui servent, qui sera
» couvert de bassanne, et qui sera mis au cœur, le nombre de douze,
» couvertz de parchemin, pour le service ordinaire de l'Église. »

« *Du mardy, 1ᵉʳ août 1662.* — Le Chappitre ordonne que Monsieur le
» recepveur payera la somme de quarante huit livres quinze solz au
» sieur Lacourt, imprimeur, pour final paiement du processionnel en-
» semble trente solz à ses garçons, quy seront alloués en son comte. »
(*Reg. cap.*, 1660, fᵒ 26, etc.)

» Parquoy le dict sieur Théologal estant revenu en ceste église,
» auroit prié le Chapitre de s'assembler extraordinairement à
» l'issue de la grand'messe, où il auroit été résolu que le sieur
» Théologal feroit pourter les ornements de ceste église en la
» dicte église Saint-Paul, et qu'il mèneroit, en plus grand
» nombre qu'il pourroit, des assistants du bas-chœur pour le
» servir à la messe, pour éviter le scandale. Ce que le dict sieur
» auroit fait incontinent.

» Et s'estant transpourté avec la musicque en l'église Saint-
» Paul; il auroit célébré la grand'messe, assisté de M. Hugla,
» prébandier, pour diacre, et de Palain, coriste, pour soubs-
» diacre, mais que le dict sieur Dubourdieu, continuant dans
» le mépris du Chapitre, seroit allé, durant la grand'messe
» célébrer à unq petit autel, quoy qu'il ne le peut faire sans
» grande distraction, le corps de musique estant placé tout
» contre le petit autel où il celébroit la Messe[1]. »

Est-il besoin de le dire, le prieur du Séminaire n'était pas un curé. La paroisse de Saint-Paul n'existait plus[2], son église était devenue la chapelle de l'établissement Saint-Raphaël situé dans le voisinage. Sans doute, depuis quelques années, les curés de Bordeaux, peu flattés de vivre en tutelle, cherchaient l'occasion d'affirmer leur indépendance; ils n'attendirent pas la grande levée de boucliers de 1787[3]. Lorsque Louis XIV arriva dans nos murs, au lendemain de la paix de Bourg qui termina la Fronde, les curés de Bordeaux, à l'instigation de l'archevêque, formèrent le dessein hardi de haranguer Sa Majesté, contrairement à l'usage, les honneurs de ce genre étant le privilège exclusif

---

1. *Actes capitulaires*, 28 juin 1650.
2. C'est en l'année 1606 que le cardinal de Sourdis annexa la paroisse Saint-Paul à celle de Saint-Christoly, tandis que l'église Saint-Paul devenait la chapelle du Séminaire de Saint-Raphaël, fondé sous le nom de *Collège Saint-Raphaël* par le bienheureux Pey-Berland. — Le saint prélat avait fini ses jours dans ce séminaire le 17 janvier 1457.
3. En 1787, les curés de la ville, revendiquant le droit d'avoir des fonts baptismaux dans leurs églises, se mirent en insurrection contre le Chapitre. Nous avons retrouvé les Mémoires écrits de part et d'autre durant le cours de la querelle : ils sont vifs, d'un bon style et fort curieux. Nous en donnerons plusieurs passages dans notre réédition de Lopès.

du Chapitre[1] ; mais ce timide essai d'émancipation, qui se borne à chercher le moyen de placer un petit mot dans une cérémonie d'apparat, n'avait rien de commun avec le procédé brutal et révolutionnaire du prieur de Saint-Raphaël.

Les curés se gardaient bien d'attaquer de front Messieurs du Chapitre : ils ne songeaient qu'avec terreur à l'étrange pénalité que celui-ci leur infligeait en certains cas[2] ; elle consistait à traverser le Peugue[3], non point sur le *pont des Palanques,* mais « à petit bruit » en marchant dans l'eau.

Cependant la mort faisait des vides dans la vaste maison de famille qu'habitait Jérôme Lopès, rue des Trois-Conils (paroisse Saint-Projet). Il perdit, à quelques années d'intervalle, le docteur son père[4], et Pierre Lopès, son frère aîné.

Celui-ci rend témoignage à la bonne amitié du Théologal. On lit en effet dans le testament de Pierre Lopès : « Je prie

---

[1]. Lopès eut vent du complot et le déjoua ; les curés durent cette fois encore se résigner à passer inaperçus. Le trait est rapporté dans les termes suivants aux *Actes capitulaires* :

« Le sieur archidiacre de Cernès et soubs chantres et Lopès, députés
» pour voir le dit sr archev., ayant rapourté que le dessaing du Roy et
» de la Reyne regente sa mère estoit de ne venir à l'église que le lendemain
» de leur arrivée, où ils assisteroient au *Te Deom* (sic) et qu'entretenant
» le Seigneur archevesque, ils avoient recogneu qu'il vouloit porter les
» vicaires perpétuels de la ville pour arranguer Sa Majesté le Roy.

« Ouy sur ce, M. le Promoteur, quy a représenté que c'est une chose
» inouïe et non practiquée. Et partant requis que le Chapitre empêche
» cette *députation prétandue* des dits vicaires perpétuels. »

[2]. Voir *Mémoire expositif du Chapitre... sur les curés de sa dépendance*, p. 39-40.

[3]. Cette pensée révoltait à bon droit les curés de la ville ; dans leur *Réponse au Mémoire du Chapitre*, ils s'indignent contre les chanoines qui, non contents de les *condamner à des amendes* et à *la prison*, leur font craindre « le prétendu droit qu'ils ont de les plonger malgré eux dans une eau bourbeuse, dégoûtante et infecte, lorsque leurs occupations, si nécessaires au salut des fidèles et au bien spirituel ou temporel de leurs paroissiens, les empêchent de se rendre à Saint-André à l'heure qui leur a été indiquée par le Chapitre. » (*Réponse au Mémoire du Chapitre Saint-André*, p. 33.)

[4]. Nous ignorons la date précise de la mort de son père ; il est vrai qu'en 1632, François Lopès étant gravement malade avait dicté son testament, mais il revint à la santé, si bien que cette même année, le cardinal de Richelieu, de passage à Bordeaux, le fit appeler pour lui donner des soins. « Comme il avoit justement acquis la réputation d'un
» des premiers médecins du Royaume, François de Lopès fut mandé par
» le cardinal retenu dans son lit. » (Baurein, *Var. bor.*, I, 404.)

Nous retrouvons le nom du docteur Lopès dans des actes notariés jusqu'en 1653. Il mourut probablement entre les années 1655 et 1659.

» mon frère Hiérosme Lopès..... de vouloir assister ma dicte
» chère espouse de toute l'amitié qu'il m'a toujours témoignée
» et me la continuer en la personne d'ycelle, et de vouloir avoir
» la bonté d'estre mon exécuteur testamentaire, ainsy que je l'en
» prié et le nomme. En considération de quoy je le prie d'agréer
» que je luy donne et lègue ma cuillère et fourchette d'or... »

Jeanne de Cruzeau[1] suivit de près son époux dans la tombe. Cette pieuse dame possédait sur la colline de Cenon « la » maison de *Bar* et *Grangeneuve*[2] » dominant la forêt célèbre appelée Cypressat[3]. Elle avait obtenu de l'archevêque de Bordeaux l'autorisation d'y bâtir une chapelle où le chanoine son beau-frère lui procurait souvent le bonheur d'assister au Saint-Sacrifice[4].

1. Jeanne de Cruzeau, femme de Pierre Lopès et belle-sœur du chanoine, était fille de messire Pierre de Cruzeau, écuyer, avocat en la cour du Parlement de Bordeaux et capitaine de la ville, et de Suzanne de Sossiondo.

2. On lit dans le testament de Pierre Lopès : « Je déclare..... qu'il ne » me reste en biens fonds que la culture et améliorations de la maison » de campague de *Bar* et de *Grangenefve* venant du chef de ma dicte » femme et chère épouse. » (Extrait du testament de Pierre Lopès, professeur royal à la Faculté de médecine de Bordeaux : *Arch. dép.*, série E, Notaires : de Ferrand, notaire à Bordeaux, n° 139, liasse 25, f° 890, communiqué par M. Roborel de Climens.)

3. Le *Cypressat*, le nom l'indique, était un bois de cyprès, situé sur le coteau de la rive droite, en face de Bordeaux.

Les marins étrangers allaient y prendre, avant de partir, des branches de cyprès. « On n'ignore pas, dit Baurein, que c'étoit un ancien usage » pratiqué par les maîtres des vaisseaux étrangers qui venoient dans » ce port : ils avoient soin de se munir de branches de cyprès » qu'ils prenoient sur le coteau. C'étoit une preuve, à leur retour, comme » le remarque Darnal dans sa *Chronique* (p. 2 v°, édit. 1620), que les » vins qu'ils avoient chargés dans leurs vaisseaux étoient des vins de » graves et du crû de Bordeaux; c'étoit de plus un droit que prélevoient » les seigneurs de Rauzan. » (Baurein, *Var. bord.*, t. IV, p. 30.)

4. Durant les troubles de la Fronde, les gens de guerre pillèrent la maison noble de Bar située sur la paroisse de Saint-Romain de Cenon. Les titres en vertu desquels la dame de Cruzeau était autorisée à avoir une chapelle furent égarés. Après la mort de l'archevêque Henri de Béthune, MM. de Voluzan, Combabessouse et Hierosme Lopès étant vicaires capitulaires pendant la vacance du siège, Jeanne de Cruzeau demanda que sa permission fût renouvelée; une pièce qui se trouve dans le *Fonds de l'Archevêché* (*Arch. dép.*, G., xvii), et datée du 20 avril 1681, porte que les vicaires, ayant égard à la piété singulière de la dite demoiselle de Cruzeau, lui permettent de continuer à faire dire la messe dans sa chapelle, de s'y confesser et communier « lorsque sa dévotion luy suggérera ». Notons en passant que Jérôme Lopès, beau-frère de la suppliante, ne signa pas la dite autorisation.

Henri de Béthune administrait le diocèse depuis déjà trente-quatre ans; le peuple l'entourait d'une vénération filiale. Il célébrait les divins mystères avec l'esprit de foi de Vincent de Paul. Des hérétiques se convertirent en le voyant à l'autel. Le saint vieillard s'éteignit le 1er mai 1680, laissant le Chapitre son héritier. L'exécuteur testamentaire fut M. de Lopès. Ce fut encore lui qui loua ce grand pontife dans la chaire de Saint-André [1].

La vieillesse du Théologal se prolongea longtemps encore sous l'épiscopat de Louis d'Anglure de Bourlémont. Il continua de se rendre fidèlement au Chapitre; mais, à partir de l'an 1692, ses apparitions deviennent plus rares : l'âge et les infirmités, qui furent sans doute les compagnes de ses derniers jours, le retenaient loin de ses collègues. Pendant cette retraite que la Providence lui ménageait pour se préparer à la mort, il continua de louer Dieu dans le silence d'une âme résignée : « Un corps plein de santé, » disait-il autrefois, dans la chaire de la Primatiale [2], « est comme un instrument de musique
» entre les mains du juste, sur lequel il touche, s'il faut ainsi
» dire, les louanges de son Dieu. Et comme l'instrument estant
» déconcerté, hors d'estat de rendre son harmonie ordinaire,
» un excellent musicien ne laisse pas de s'entretenir avec sa
» voix, ne le pouvant faire avec les mains; aussi, le juste qui
» se trouve avec un corps comme déconcerté et rompu par une
» fâcheuse maladie, ne laisse pas de s'entretenir avec l'harmonie
» ou la paix d'une bonne conscience, avec les consolations de
» la Sainte-Écriture, avec le souvenir de la Croix de Jésus,
» avec l'usage des Sacrements, étant toujours soumis à Dieu,

---

1. « Je m'assure que si à la vue de ce tombeau il se trouve quelqu'un
» qui fasse la demande que l'on fit autrefois au quatrième des Roys :
» *Quis est titulus ille quem video?* A qui est ce tombeau? qui est enseveli
» sous ce marbre? je m'assure qu'on lui fera la même réponse qu'on fit
» à cette demande : *Sepulchrum est hominis Dei...* Ce tombeau, c'est le
» tombeau d'un homme de Dieu. » (*Oraison funèbre de Henri de Béthune*, par Jérôme Lopès.) L'Oraison funèbre de feu Mgr messire Henry de Béthune, archevêque de Bordeaux, primat d'Aquitaine, se trouve à la Bibliothèque de la ville; elle a pour texte : *« Memoria justi cum laudibus. »* Nous la donnerons tout entière à la suite de la biographie de ce prélat par H. Lopès.

2. *Oraison funèbre de la Reine-Mère Anne d'Autriche*, par Jérôme Lopès, t. I, p. 487.

» et dans les sentiments de l'Apôtre : « Pourveu que mon
» Sauveur soit servi, qu'importe, qu'il fasse du corps ce qu'il
» lui plaira. Je ne crains point la mort, je n'estime point la vie,
» j'estimeray seulement que Dieu soit honoré dans mon corps
» à ma mort, ou à ma vie[1]. »

De tels sentiments lui permettaient d'envisager sans crainte le terme qu'il savait proche. En 1692, il écrivit ses dernières volontés[2]. « Au nom de Dieu soit. Je, Mᵉ Hiérosme
» Lopès, docteur et professeur en théologie, chanoine théologal
» de l'église de Bourdeaux, estant en bonne santé, bon sens,
» mémoire et entendement, considérant l'incertitude de cette
» vie, et qu'il n'y a rien en ce monde plus certain que la mort,
» ny plus incertain que l'heure d'icelle, ne voulant en estre
» surpris sans avoir au préalable pourveu au salut de mon
» âme, et à la disposition des biens qu'il a pleu à la bonté de
» Dieu me donner en ce monde, j'ai voulu faire celuy-ci mon
» testament solennel et disposition de ma dernière volonté à
» la manière et forme qui s'ensuit. Premièrement, je laisse
» mon âme entre les mains de la miséricorde de mon Dieu,
» mon créateur et mon rédempteur ; il me l'a donnée, il y a
» meslé bien des grâces que je n'ai pas assez bien emploïées
» selon ses desseins, je luy en demande humblement pardon et
» le supplie de n'avoir pas égard à mes deffaults, luy disant de
» tout mon cœur après le Prophète-Roy : *Delicta juventutis*
» *meæ et ignorantias meas ne memineris, Domine;* Seigneur,
» ne vous souvenez pas des fautes de ma jeunesse, ny de mes
» ignorances..... »

Le Théologal n'oublie personne dans ses pieuses libéralités : les pauvres de l'hôpital Saint-André, de Saint-Projet, sa

1. *Magnificabitur Christus in corpore meo sive per vitam sive per mortem.* (Philip., I, 20.)

2. Le testament de Jérôme Lopès est tiré des *Archives départementales de la Gironde,* série E, Notaires : Grégoire, notaire à Bordeaux (nº 300, liasse 21, fº 494). Il a été retrouvé et transcrit par M. Roborel de Climens qui a bien voulu nous le communiquer. Écrit en entier de la main de Lopès, il est daté du 4 février 1692 ; il fut remis au notaire Grégoire, le 31 juillet de la même année, clos d'un ruban bleu et scellé de quatorze cachets à la cire ardente (rouge). Le 29 avril 1694, jour même de la mort de Lopès, il fut ouvert devant le lieutenant général.

paroisse, tous ses domestiques, en particulier Jean, son « fidèle valet » qui le servait depuis longtemps à son *bourdieu* de Fosse-Léon en Graves [1], figurent dans le testament pour des legs plus ou moins considérables. Les maisons religieuses; les Cordeliers de Libourne [2], où reposait le corps de Pierre-François Lopès, son grand-père; les Grands-Carmes de Bordeaux, « où sa mère Isabeau Mendes avait sa sépulture; » l'Annonciale [3], où était le tombeau de Pierre Lopès et de la demoiselle Jeanne de Cruzeau, son épouse, et le couvent des Ursulines, dont il était le supérieur, y sont également nommés.

La famille Lopès avait eu ses jours d'épreuves. Pierre, le fils aîné, l'insinue dans les lignes suivantes : « Je n'ay eu et
» receu de mes père et mère que la somme de vingt mille
» livres, lesquelles s'en sont allées et emploiées en affaires et
» négoces, en sorte qu'ils se sont entièrement perdus et con-

---

1. Lopès avait acheté ce *bourdieu*, en 1652, à Martial Montalier, chevalier, pour la somme de 6,000 livres.

2. Nous avons dit plus haut que le grand-père de Lopès avait exercé la médecine à Libourne; depuis lors, cette ville était restée chère à tous les membres de la famille Lopès et de ses alliés. Charles de Cruzeau, curé de Saint-Remy de Bordeaux, eut à cœur d'établir à Libourne, en faveur des jeunes filles pauvres nouvellement converties, une œuvre qui honore sa mémoire. Un acte passé dans la maison de Pierre Lopès, en présence du théologal M. Me Hiérosme Lopès, contient les dispositions suivantes :
« Messire Charles de Cruzeau, escuyer, prestre docteur en théologie,
» curé de Saint-Remy de Bourdeaux, faisant tant pour luy que pour noble
» et vénérable messire Gabriel de Cruzeau, escuyer, Sr de Tirepeau, aussi
» prestre docteur en théologie et curé dudit Saint-Remy, son frère,
» voulant contribuer à l'établissement et fondation d'un séminaire à
» l'honneur de Dieu et de son Église, dans la ville de Libourne, pour y
» estre reçues gratuitement les pauvres jeunes filles nouvellement conver-
» ties à la foi et instruites dans les mystères et dogmes de la religion
» catholique, et pareillement les pauvres filles orphelines et autres de
» toutes conditions, non seulement pour estre instruites dans la parfaite
» connaissance de la foi, mais même dans le travail et les ouvrages en
» drap, linge et aultres qui puissent leur donner le moyen de gaigner
» honestement leur vie….;
» A, par ce contrat du 28 décembre 1675, donné la somme de 6,000
» livres pour ledit établissement du séminaire. » (Actes notariés de Ferrand, 1690-129-28.)

3. Le couvent de l'*Annonciade* priait depuis longtemps pour les membres de la famille Lopès en vertu de fondations établies probablement par le Théologal lui-même.
On lit, en effet, dans l'*Inventaire des tiltres et documents du monas-*

» sommés par divers accidents et mauvaises rencontres qui me
» sont survenues en mesdits afaires et négoces, sur mer et
» autrement par diverses infortunes[1]... »

Dans le nombre des amis qui lui restèrent fidèles dans le malheur, nous signalerons M. Païen, ingénieur du roi à la Martinique. M. Païen était mort quelques années auparavant. Jérôme Lopès se préoccupa du sort de la « demoiselle Antoinette de Rodanes, sa veuve. » En souvenir « des bons offices qu'il avait reçus lui et les siens » de la part du mari de cette dame, il légua par testament à la veuve Païen « la jouissance,
» sa vie durant, de la maison qui m'appartient, » dit-il, « sur
» le bord de l'eau, appelée Gandolfe en Queyries (paroisse de
» Lormont)[2], avec le jardin, appartenances et dépendances,
» comme le lieu se trouvera au temps de mon décès, la priant
» néantmoins de l'entretenir le mieux qu'elle pourra. » Il ajoute : « et pour les mêmes considérations, je lui lègue la

---

tère des religieuses de la Nonciade de la ville de Bourdeaux, page 45 (ce livre est écrit, comme on l'a vu plus haut, de la main de Lopès, mais la pièce ci-dessous, qui est d'une main de femme, a été collée postérieurement sur la feuille 47 du Registre) : « *Contrat de fondation d'un anniversaire pour M. Jérôme de Lopès et demoiselle Jeanne de Cruzeau du 19 juillet 1677* :

» Nous avons une obligation expresse de faire trois services tous les ans et faire dire trente messes basses à perpétuité.

» Le premier service, avec dix messes basses, le plus prochain jour de Notre-Dame d'août.

» Le second, avec dix messes basses, le plus prochain jour de saint Bernardin de Sienne.

» Le troisième, le plus prochain jour de sainte Marguerite au mois de juillet, avec les dix messes basses.

» Toutes ces différentes obligations sont pour des femmes.

» Nous sommes obligées de chanter, à chacune des dittes trois grandes messes, la prose entière et le grand *libera*.

» Celles qui viendront après nous, seront tenues de remplir ces obligations comme nous avons fait. Pour éviter tout oubli, cela est écrit sur ce *livre et une petite tablette au grand chœur*. »

1. Extrait du testament de Pierre Lopès.
2. Lopès tenait ce domaine de sa belle-sœur Jeanne de Cruzeau, qui l'avait elle-même reçu par testament de messire Charles de Cruzeau, escuyer, presbtre et curé de Saint-Remy de Bourdeaux, et oncle de ladite dame. On lit dans le testament de Cruzeau (actes notariés de Ferrand, 1690-139-38) : « Je veux aussi qu'il (Jérôme Lopès) ayt la pleine propriété
» de la petite maison appelée de *Gandolphe* située sur la rivière de
» Garonne au-dessus de Lormont. » La propriété de Gandolphe, comme celle de Bar, avait un sanctuaire domestique, dont le pieux Charles de Cruzeau avait demandé lui-même l'érection. « Désirant, » dit-il dans son

» jouissance de la maison qu'elle habite en ville et qui m'appar-
» tient, durant l'espace de quatre années, sans que mon
» héritier ny autre luy puissent rien demander pour le louage
» pendant ce temps [1]. »

Le chanoine que Lopès désignait pour exécuter après lui ses dernières volontés était M. Gabriel de Bentzmann. Il pria son héritier de lui remettre quand il ne serait plus « un bréviaire » en quatre tomes de l'imprimerie du Louvre, couvert de » maroquin rouge, que j'ay dans mon coffre à Saint-André, et » un tableau de miniature sur du cuivre, représentant saint » François de Sales avec une cornière de bois de violette, que » je luy donne comme un témoignage de mon amitié [2]. »
M. de Lopès avait un autre ami dans le clergé de Bordeaux, M. l'abbé de Maniban : il pria ce confrère d'agréer à titre de souvenir « une Bible en trois volumes, impression d'Anvers (1610) [3]. »

Le 29 avril 1694 [4], le Chapitre ordonna d'ouvrir une fosse au milieu de la cathédrale, vis-à-vis la chaire [5]; Lopès

testament, année 1690 (actes notariés de Ferrand, 139-38), « employer une
» partie du bien que Dieu m'a donné pour son service, je veux et ordonne
» qu'il soit basty et orné aux dépens de mon hérédité, et avec la permis-
» sion de Mgr l'archevêque, une chapelle dans le fonds de mon bourdieu
» de la palu de Bourdeaux.
» Il y sera célébré une messe à perpétuité chaque jour, et, pour cela, il
» soit nommé et gagé un prestre par mon héritière et, après sa mort,
» par M. le curé de Saint-Remy. »
Le sentiment de la reconnaissance envers Mlle de Rodanès, femme de son ancien bienfaiteur, était de tradition dans la famille Lopès. La veuve Païen, née Rodanès, à qui le Théologal abandonnait sa terre de Gandolphe, figurait déjà dans le testament de M. de Cruzeau, curé de Saint-Remy, et dans celui de Jeanne de Cruzeau, sa nièce. (Voir les testaments de Jeanne et de Charles de Cruzeau.)
1. Testament de Jérôme Lopès, communiqué par M. Roborel de Climens.
2. *Ibid.*
3. *Ibid.*
4. *Registres Capitulaires de Saint-André.*
5. « Pour mon corps, » dit Jérôme Lopès dans son testament, « je prie
» Messieurs du Chapitre Saint-André de cette ville, mes chers confrères,
» parmi lesquels j'ay receu tant d'honneur durant ma vie, de souffrir
» qu'il soit enterré au pied de la grand chaire de la nef de leur église,
» et pour cela, outre la somme de six cents livres que j'ay déjà données
» à la fabrique de cette église, je luy lègue encore la somme de cent
» livres, une fois payée... » (Testament de Jérôme Lopès.) Suivant son désir, Lopès fut enseveli au pied de la chaire de Saint-André le 30 avril 1694. On lit, en effet, dans les registres des baptêmes, mariages et sépultures

venait de mourir[1]. Conformément aux vœux du défunt ses obsèques eurent lieu sans pompe[2].

Le 18 mai suivant, M. Lopès, « advocat au Parlement de Paris, » demandait au Chapitre l'autorisation de placer sur la tombe du Théologal, son oncle, une pierre de marbre portant ces mots gravés :

HIC

SILEAT IN PACE

M. HIERONYMUS LOPES

ECCLESIASTES BURDIGALENSIS

OBIIT, etc.

Qu'est devenue cette pierre? Jérôme Lopès s'apitoie, dans son livre, sur le tombeau légendaire de Lucile[3] dont « les » sabots des paysans » avaient presque effacé l'épitaphe.

Le temps et les hommes ont-ils davantage épargné la sienne?

Aucun signe ne rappelle plus au visiteur le nom du prêtre qui sauva de l'oubli les origines et les gloires de notre église primatiale...

---

de la paroisse Saint-André de Bordeaux dudit jour : « Vendredi 30 avril 1694, M. Hiérosme Lopès, Théologal de ceste église, a été enseveli devant la chaire. M. Fournier a fait l'office. »

1. Un historien, trop connu pour sa légèreté fantaisiste, dit avoir recueilli certaines rumeurs qui n'obtinrent crédit nulle part à Bordeaux, pas même dans la société juive. Il prétend, dans une note restée manuscrite, que « Lopès, issu de race juive, refusa au lit de mort les sacrements » de l'Église, en déclarant qu'il mourait dans la religion de Moyse qu'il » avait professée secrètement, et que les chanoines, ses confrères, publièrent » qu'il était fou; » il ajoute : « La volonté de l'homme est bien ambu- » latoire. » (Bernadau, *Manuscrits*, t. III; Bibliothèque de la ville.) Ce commérage inepte, où l'odieux le dispute à l'invraisemblable, ne mérite ni réfutation, ni commentaire : nous le livrons au public, il en fera justice.

2. « Pour mes funérailles, » ajoute Lopès, « elles se feront sans pompe, » de la façon qui s'observe communément aux funérailles de Messieurs » les Chanoines. On y appellera seulement jusqu'à vingt-cinq pauvres » de l'hospital de la Manufacture, pour raison de laquelle assistance je » lègue audit hospital la somme de cent livres, une fois païée par mon » héritier bas nommé. » (Testament de Lopès.)

3. Le tombeau de Lucile se trouvait au milieu de la nef de Saint-André. L'épitaphe en question, écrite en caractères grecs, eut le privilège d'inspirer la muse des lettrés de la Renaissance, qui la traduisirent en vers latins. Lopès rapporte minutieusement les variantes de ces traductions, il y ajoute une version qu'il avait composée lui-même. (Voir Lopès, anc. édit., p. 59 et suiv.)

A quelques pas de la tombe légendaire de Lucile, on remarque une grande pierre nue, dont les angles gardent la trace d'anciennes mutilations[1]. Est-ce là que repose Jérôme Lopès ? Des fouilles, qui probablement n'auront jamais lieu, pourraient seules nous l'apprendre.

VII

Le mardi 3 novembre 1665, le Chapitre avait décidé que « l'histoire de l'Église métropolitaine et primatiale de Sainct-» André » serait écrite en son nom[2]. Une commission de trois membres fut constituée à cet effet. Lopès en faisait partie. MM. d'Allaire et du Sault s'étant retirés, nous ne savons pour quel motif, M. de Lopès demeura seul chargé du travail. Lorsqu'il fut terminé, c'est-à-dire le 1er février 1667, MM. d'Allaire et du Sault, qui avaient reçu mission de l'examiner, l'approuvèrent[3] avec de grands éloges, en ajoutant :

1. Cette pierre, qui est évidemment une pierre tombale, nous intrigue depuis de longs mois. Nous nous demandons si lors du remaniement du pavé de la cathédrale sous la direction de M. Combes, en 1804, on eut soin de la laisser à sa place primitive, et si, pour obtenir une surface plus unie les ouvriers ne l'auraient pas tout simplement retournée. Dans ce cas l'épitaphe de Lopès se trouverait au-dessous.

2. « *Du mardy 3 novembre 1665. — Premier Chapitre général.*

» Estans capitulairement assemblés, Vénérables Messieurs Dalaire, archi-» diacre de Cernès ; Lacrompe, chantre ; Martiny, sacriste ; de Sauvestre, » archidiacre de Fronsac ; Dusault, Moreau, Duteil, Loppes, Mosnier, » Massiot, Deschampz, Boucaud, Gourbaud, Boursiquot et Combabes-» souze.....
» Sur ce quy a esté représenté que, pour l'honneur et l'utilité de ceste Eglise, il seroit à désirer qu'il feust faict un recueilh et histoire sommaire de l'antiquité, privilèges et prérogatives de ceste Eglise : eue délibération : le Chappitre a commis et depputé Messieurs Dallaire, archidiacre de Cernès, Dusault et Loppes, théologal, pour travailher au dict recueilh pour en suitte, après avoir été veu et examiné par le Chappitre, en ordonner pour l'impression ce qu'il appartiendra. »

3. « *Du mardy premier fevrier 1667.*

» Estans en Chappitre, etc.....
» Messieurs Dallaire, archidiacre de Cernès, et Dusault ayant raporté que, suivant l'ordre du Chappitre, ils ont veu et examiné le livre que Monsieur de Lopes, théologal, a compozé concernant *la dignité, l'antiquité, prééminences, droitz et privilèges de cette Eglise*, lequel ilz ont trouvé conforme au dessain (*sic*) que le Chappitre le deziroit, le Chappitre a remercié ledit sieur Lopes dudit travail qu'il a faict pour le Chappitre

« Nous estimons qu'on le doit donner promptement au public. » Le Chapitre vota l'impression et s'engagea le jour même à en supporter les frais, qui s'élevèrent à 250 livres. M. de Lopès en fit les avances. La dite somme lui fut remboursée en deux annuités par M. de Martiny, receveur-trésorier métropolitain [1]. L'ouvrage parut en 1668, à Bordeaux, chez *Lacourt, imprimeur ordinaire du Roy, de Monseigneur l'Archevêque et de l'Université*. Tout porte à croire qu'il ne fut pas mis en vente, car une délibération capitulaire du 24 mai 1668 statua « que les » imprimés du dit livre fournis par le dit sieur Lacourt, seroient » remis aux archives pour y estre conservés. » Le tirage avait-il été considérable? Impossible de le dire au juste, les minutes du notaire du Chapitre n'ayant pu être retrouvées. Mais, vu la modicité relative de la dépense qu'elle entraîna, cette première édition de Lopès, était, croyons-nous, d'un très petit nombre d'exemplaires et n'encombrait pas les nouvelles archives bâties, comme on le sait, du vivant même de Lopès, dans la partie occidentale du cloître, à côté de la salle du Chapitre et des bâtiments de la psallette [2].

Vainement nos pères dans la foi multiplièrent-ils les sauve-

---

et luy donne pouvoir de faire imprimer ledit livre aux despens dudit Chappitre; et pour cet effet, agir en tout ainsi que ledit sieur de Lopes verra bon estre, conjoinctement avec ledit sieur Dusault. »

1. « *Du vendredy 25 février 1667.*

» Estans en Chappitre, etc.....

» Le Chapitre ordonne que Monsieur de Martiny, recepveur, rem boursera à Monsieur de Lopes, cent vingt-cinq livres pour la moytié des deux cens cinquante livres du prix de l'impression, qu'il a payé, à l'imprimeur qui a mis soubz la presse le livre contenant les antiquités de cette Eglise, laquelle somme sera allouée audit sieur recepveur. »

« *Du judy XXIIII may 1668.*

» Estans en Chappitre, etc.....

» Le Chapitre ordonne que Monsieur le recepveur remboursera à Monsieur le Théologal la some de 150 livres qu'il a payé au sieur Lacour, imprimeur, pour la fin de son payement pour le livre qu'il a imprimé touchant les prééminences de cette Eglise, et ordonné que les imprimés dudit livre fournis par ledit sieur Lacour seront remis aux archives pour y estre conservés et ladite somme de 150 livres sera allouée au conte dudit sieur recepveur. » (Communiqué par M. Roborel de Climens.)

2. « Du côté du couchant (dans le cloître) est la psalette, comme aussi le lieu où le Chapitre tient ses assemblées et *garde ses archives*, basti depuis quelques années. » (Lopès, anc. édit., p. 28.)

gardes autour du Saint des saints où dormaient sous « une triple clef » nos annales sacrées; nous voyons, en effet, dans les Actes capitulaires, qu'en 1762, on munit de croisées neuves la salle des archives, que la petite porte, située près de là, fut interdite, et qu'afin de conjurer tout danger d'incendie, il fut strictement défendu de laisser du bois dans la salle voisine; — vainement, à l'approche des mauvais jours, le Chapitre nomma-t-il à la fonction d'archiviste un homme qui avait le culte de tous les souvenirs bordelais, le savant abbé Baurein, et lui fit-il promettre avec serment « de tenir secrets tous les titres et papiers, et de n'en tirer aucune pièce originale ni même aucun extrait[1], » la Révolution, bientôt maîtresse de l'église cathédrale, envahit le cloître et força la porte des archives! Baurein, mort le 23 mai 1790, n'eut pas la douleur de voir cette profanation.

Les documents précieux, accumulés depuis des siècles à l'abri de nos cloîtres, furent jetés au vent. La tourmente apaisée, quelques-uns trouvèrent asile dans les collections particulières, le plus grand nombre, recueilli par l'État, forme aujourd'hui l'un des fonds les plus intéressants de nos archives publiques.

Les exemplaires du livre de Lopès, soit que l'ancien Chapitre en eût déjà distribué la plus grande partie à titre d'hommages, soit que, tombés entre les mains d'amateurs jaloux, ils demeurassent cachés au fond des bibliothèques, devenaient de plus en plus rares. Dans ces conjonctures, la pensée nous vint, il il y a quelques années, de le remettre en lumière.

Nous prîmes l'avis des hommes les plus compétents; ils jugèrent l'entreprise bonne, opportune et patriotique.

Une seule considération pouvait nous retenir et nous retint longtemps : celle de notre insuffisance. Tant d'autres, plus habitués que nous aux recherches paléographiques, semblaient désignés pour une pareille tâche. Heureusement le concours des érudits ne nous a pas fait défaut : plusieurs nous ont communiqué spontanément le fruit de leurs recherches, désireux

---

1. *Actes capitulaires*, 1771.

qu'ils étaient, d'apporter une pierre à l'édifice que notre piété filiale s'efforçait d'élever à l'église mère de ce grand diocèse.

Des artistes qu'il suffit de nommer, MM. Maxime Lalanne, Leo Drouyn, Jules de Verneilh, sont aussi venus à nous. C'est à leur burin que la nouvelle édition de Lopès devra la faveur — qui déjà s'annonce — et son cachet monumental.

L'éminent pontife, dont l'épiscopat servira de couronnement à l'histoire des archevêques ses prédécesseurs, a daigné revendiquer l'initiative de cette publication, et la recommander lui-même à la bienveillance de tous les évêques de la province ecclésiastique de Bordeaux.

Mgr l'Archevêque de Perga, dans une lettre aussi bonne que magistrale, a écrit par avance la préface du nouveau Lopès.

M. Gouget, archiviste départemental, qui reçut la première confidence de notre laborieux projet, nous a maintes fois servi de guide dans le pays inconnu où nous entrions.

M. Ducaunnès-Duval, sous-archiviste, et M. Roborel de Climens, nous ont préservé de plus d'une erreur, et nous ont mis sur la trace de textes inédits qui présentent le caractère de véritables curiosités.

Nous sera-t-il permis de le dire, en terminant : ce travail, dont M. Augustin Charbonnel, notre ami, s'est fait le collaborateur et a partagé les fatigues, nous a valu de bien douces consolations; nos frères dans le sacerdoce ont répondu à notre appel, avec un empressement qui nous a touché le cœur, et nous a fait sentir davantage l'importance et le prix de l'œuvre de Lopès.

Nous sommes heureux de leur en exprimer ici notre vive reconnaissance.

J. CALLEN.

Bordeaux, 1er mai 1882.

PIÈCES JUSTIFICATIVES[1]

I

Aujourd'huy septième juillet 1660, après midy, pardevant moy notaire royal à Bourdeaux et en Guyenne, soubsigné, présents les tesmoins bas nommés, a esté present en sa personne le père François Duget, religieux et syndic du collège de la Compagnie de Jésus, establie en ceste ville de Bourdeaux. Lequel a dict et déclaré que le père Gary, l'un des professeurs de philosophie dans le dit collège, ayant achevé présentement son cours de deux ans, se seroit mis en devoir de disposer ses escoliers à faire leurs actes de tentative, pour prendre le degré de maitres ès arts, après avoir soustenu des thèses publiques imprimées à cest effect et dédiées à Mgr. l'Archevesque de ceste ville, et d'autant que le dit collège des Pères Jésuites dès le commencement de son institution, a

---

[1]. Ces pièces ont trait à la double affaire des *Provinciales* et du *Gallicanisme*. La question des *Provinciales* qui se mêle à la vie de Lopès nous a créé de l'embarras. L'attitude du Théologal en cette occurrence laisse évidemment à désirer; mais il nous était pénible de ne pas lui tenir compte d'une bonne foi, que nul ne songe à révoquer en doute. D'autre part, les seuls documents connus de nous, sur l'affaire, au moins jusqu'à ce jour, trahissent de la part des Jésuites je ne sais quelle disposition peu bienveillante à l'égard de l'Université de Bordeaux. Au lendemain d'expulsions et de fermetures de collèges qui nous avaient profondément attristé, nous n'avions pas le cœur à relever les griefs réels ou chimériques des partisans de *Wendrock* contre la Compagnie de Jésus. Toutefois, l'épisode en question appartenant à l'histoire, il n'était guère possible de laisser dans l'ombre les pièces du débat; aussi les rapportons-nous sans commentaires.
L'approbation des *Provinciales* n'allait pas sans un petit brin de Jansénisme, sinon en droit du moins en fait. On en jugera par le titre d'un ouvrage que publia l'Université de Bordeaux, en 1661.
A la suite des documents sur Wendrock, nous publions *l'article VIe des propositions de 1663*, tristes préliminaires de la *Déclaration de 1682*. Lopès le signa, ainsi que ses collègues à l'exception du P. Camain. Inutile d'ajouter que, dans cette circonstance, le Théologal commit une erreur, peut-être une faiblesse, mais point une hérésie formelle, l'Église n'ayant défini que deux siècles plus tard le dogme de l'Infaillibilité.
Les neuf premières pièces se trouvent aux *Archives départementales de la Gironde*: série C, Intendance de Bordeaux, 3295.

esté uny et incorporé à l'Université de ceste ville pour jouir de toutes les grâces, privilèges et prérogatives d'icelle, et que ceste incorporation a esté confirmée par diverses patentes de nos roys successivement, et plusieurs décrets de la dite Université; de tous lesquels droits et privilèges les dits pères Jésuites sont en possession et jouissance immémoriale.

Et particulièrement de faire les actes et tentatives de leurs escoliers, pour les degrés de maitres ès arts et de docteur en théologie dans leur collège, en présence des docteurs de toutes les facultés de la dite Université, qui se rendent dans le dit collège, en corps, pour impugner les thèses, et porter leur jugement, sur la capacité des dits escoliers, et ensuite leur donner les degrés suyvant les formes accoustumées. Le dit père Gary, en qualité de professeur susdit, se seroit adressé, le 5 du moys de juillet, à M. Mᵉ François Brassier, advocat au Parlement, a présent recteur de la dite Université, pour luy répresenter la disposition de ses escoliers, et convenir du jour pour les disputes, actes et tentatives, tous les préparatifs nécessaires estant faicts; sur quoy, le dit sieur Brassier luy auroit marqué verbalement, que l'Université ne pouvoit plus assister à ces actes, et se rendre audit collège pour procéder dans icelluy, aux examens des escoliers, aux fins de leur promotion aux degrés, sans que néanmoins l'on scache avoir donné subject à Messieurs de l'Université de changer l'ordre incessamment pratiqué jusques au jour présent.

Au moyen de quoy, le dit syndic prie et requiert, et partant que besoin seroit, somme et interpelle le dit sieur Brassier et en sa personne tous Messieurs de l'Université, de vouloir donner et establir jour certain pour, dans le collège, procéder à l'examen des susdits escoliers et les admettre au degré de maitres ès arts en cas qu'ils en soient jugés capables, protestant, à faute de ce faire, ou de faire response au présent acte, prendre ce silence pour refus et se pourvoir pour le dit refus comme le dit syndic avisera.

II

Aujourd'hui 8 juin 1660, après midy, par devant moy, notaire royal à Bourdeaux et en Guyenne, soubsigné, présents les témoins bas nommés, a esté présent en sa personne le P. François Duget, religieux et syndic du collège de la Compagnie de Jésus, establie en ceste ville. Lequel a dit et déclaré que par arrest du 3ᵉ de may dernier, rendu à la requeste et poursuite de M. le Procureur général, la Grand Chambre de Tournelle assemblée, avoit esté ordonné, qu'à la diligence du dit seigneur Procureur général, certain livre intitulé : *Ludovici Montaltii litteræ provinciales de morali et politicâ Jesuitarum disciplinâ a Willelmo Wendrokio ex gallicâ linguâ in latinam translata et Pauli Irenæi desquisitiones*, etc., seroit porté de rechef par devers les professeurs de théologie dans l'Université de ceste ville, pour examiner la bonne ou mauvaise doctrine d'ycelui et donner leur advis sur le crime d'hérésie prétendu par le dit sieur Procureur général, pour, leur advis rendu et à la Cour rapporté, estre ordonné ce que de raison, aux termes duquel arrest, ordonne que, tous les docteurs et professeurs de théologie dans la dite Université, doibvent nécessairement devenir juges; néantmoins le dit P. François Duget demeure adverti par le P. Camain, religieux de la dite Compagnie de Jésus et l'un des plus anciens docteurs de la dite Compagnie et Université susdite, que la dite Université entend l'exclure d'assister à l'examen du susdit livre à raison du titre d'icelui, encore bien qu'aux termes de l'arrest, il ne soit pas question d'examiner, si cest autheur s'est eschappé par paroles, contre les religieux de la dite Compagnie de Jésus ou religieux d'autre ordre et congrégation, mais seulement, si cest autheur avance quelques propositions hérétiques et contre la foy, pour quoi décider, comme tous les docteurs et professeurs en théologie se trouvent également interessés, il n'y a aussi aucun d'entr'eux, qui puisse être présumé suspect dans ce rencontre, à moins de faire tort non seulement aux particuliers, mais encore à l'Université mesme et encore tant au P. Camain, l'un des plus anciens docteurs en la dite Université et qui depuis trente ans a professé la lecture de la théologie, qu'au dit sindic et collège, puisque le dit collège des religieux de la dite Compagnie, depuis le commencement de son institution, a esté incorporé à la dite Université, et ceste incorporation confirmée tant par diverses patantes de nos Roys successivement que divers décrets de la dite Université, au moyen de quoy la dite Université déclareroit que, dans l'exécution de l'arrest dont il s'agit, il y auroit lieu d'exclure le dit P. Camain, en procédant à l'examen du susdit livre et jugement qui doit estre pris sur icelluy, sans appeler le dit P. Camain et à son exclusion, déclare ledit P. Duget pour l'intérest du dit collège, qu'il s'oppose à ce que dessus, proteste de nullité et cassation de tout ce qui pourroit estre faict, et en demande réparation, par tout et contre qui il appartiendra, desquelles opposition et protestation le dit P. Duget m'a requis acte, et iceluy vouloir notifier au Recteur de l'Université (etc.).

Du 3ᵉ de may 1660.

Ce jour, la Cour, la Grand Chambre de Tournelle assemblées, délibérant sur la condamnation du livre intulé : *Ludovici Montaltii litteræ provinciales,* etc., poursuivie par le Procureur général du Roy. Après avoir veu et leu tous les passages du dit livre, cotés par ledit Procureur général, et sur les bulles des papes Innocent dixiesme et Alexandre septiesme, ensemble la production et conclusion du dit Procureur général, signées De La Vie : a ordonné et ordonne, qu'à la diligence dudit Procureur général ledit livre sera remis devers les professeurs de théologie dans l'Université de ceste ville, pour examiner la bonne ou mauvaise doctrine d'iceluy, et donner leur advis sur le crime d'hérésie prétendu par le dit Procureur général, pour leur décret rendu, à la cour raporté, estre ordonné ce que raison.

III

Amplissimo domino Rectori,
et clarissimis professoribus Universitatis studii Cadurcensis

Rector et professores Universitatis studii Burdegalensis.

Cùm litterarias hujus Regni universitates eâ necessitudine ac societate devinctas esse conveniat, ut mutuis sese possint tueri auxiliis, si quandò in unius discrimine, aliarum jura periclitari videantur, necessarium duximus, per litteras, vobis exponere, quantùm acerbitatis et injuriæ Burdigalensis academia patiatur.

Hæc, ante annos ducentos ab Eugenio IV° summo pontifice, ad typum et formam Tolozanæ universitatis instituta, et postmodùm Ludovici undecimi Galliarum Regis diplomate' iisdem, quibus Tolozana juribus et privilegiis aucta et decorata, sacram theologiam cæterasque scientias ab eâ temporis vetustate publicè docuit. Sed cum progressu temporis mos ille Theologiæ palàm docendæ interquievisset, quod ejus scientiæ professores cathedras haberent indotatas, nullisque stipendiis fruerentur, Academia nostra viam invenit, quâ, interruptum Theologiæ professionis usum instauraret, beneficio levissimi supplementi ex scholasticorum graduum collatione percipiendi, unde annuum aliquod subsidium theologicis nostris professoribus conficeretur, donec a Regiâ liberalitate stipendia quædam impetrassent. Hoc illi auctoramento sublevati, quod, et per se legitimum, et decreto amplissimi Senatûs Burdegalensis comprobatum est, theologiam ab aliquot annis, in scholâ publicâ docuerunt, tanto studiosæ juventutis concursu atque frequentiâ, ut indè, et fructus uberes christiana respublica, et egregiam schola nostra nominis famam consequuta sit. — Sed hoc præclarum nobis decus invidit suborta nuper livoris et odii malignitas, quæ numerosam juventutem, in academiæ nostræ scholâ studio feliciter decurrentem, remorata est. *Scholæ nostræ celebritas Jesuitis displicuit, eorumque sic animos concitavit, ut primariam nostræ universitatis facultatem delere, et ad perpetuum silentium deducere moliantur. Illi igitur, in propriam armati parentem, hoc est, in eam academiam in cujus gremium, a majoribus nostris jure quodam honorario, ad tempus, et sub certis, quibus nondum paruére, conditionibus admissi sunt,* ad supremum Augustissimi nostri Regis consilium detulerunt; quosdam academiæ Burdigalensis theologos, inconsulto Principe, novam theologiæ scholam aperuisse, professorum regiorum in actis publicis nomen et titulum sibi usurpasse; nova quædam onera, sine principis veniâ, studiosis ad litterarios honores contendentibus, imposuisse; ad hæc, librum quemdam, hæreticâ pravitate maculatum, comprobasse. Hi, illis artibus summo christianissimi Regis consilio obrepentes, decretum ab eo elicuerunt, quo doctores nostræ theologiæ à docendâ theologiâ, sive in scholis academicis sive alio loco, jubentur abstinere, sed et Regiorum professorum sibi nomen assumere prohibentur, et a graduum litterariorum candidatis quicquam, præter antiquas rogationes, exigere. Hujus modi decretum, nobis insciis et inauditis, per veri suppressionem et falsi suggestionem, ab adversariis nostris, in theologiæ nostræ perniciem, impetratum fuisse manifestum est. Objiciunt, injussu principis novam theologiæ scholam aperuisse : an vero hæc nova schola dicenda est, quæ a duobus retro sæculis, sacram illam scientiam docuit? Regiorum professorum titulum nobis in crimen obtendunt : an non academia Burdegalensis Regiis natalibus gloriatur? An non et Pontificiâ authoritate et Regio privilegio gradus et codicillos litterarios concedit? Unde vero illud jus purpuræ et regalis dibaphæ, quâ rectoris nostri academici toga præfulget, nisi à Regiâ majestate mutuatur? At enim levia quædam erogationum auxilia, theologiam profitentibus et publicè docentibus exprobrant : verùm quis propriis stipendiis meruit, aut militavit unquam? hoc quicquid est objectionis, quod certè perexiguum est, senatus Burdigalensis usque adeò æquum judicavit, ut illud, causâ cognitâ, et laudaverit, et confirmaverit : nimirùm, prudentissimè, Senatus prospexit, quantæ ex illo tenui reditu utilitates in publicum essent profecturæ : Jam verò, calumniosum est atque ex odii fomite procedens, quod illi ingerunt, librum hæreticum, à professoribus nostris approbatum fuisse (librum indigitant *Ludovici Montaltii de morali et politicâ Jesuitarum disciplinâ*), quem ad senatus Burdegalensis tribunal delatum, cum amplissimus ordo, ad academiæ nostræ Rectores theologos remisisset, ut si quæ in eo contineretur hæresis, suam proferrent sententiam, illi, nullam se in eo hæresim reperisse declarârunt. Atqui hæc illorum mens et sententia, ante sex menses prolata, nequaquàm præ se fert comprobationem illius libri, quem tunc temporis, ab omni censurâ integrum, et intactum, Summus ipse Pontifex, ad cujus judicium liber ille jam anteà pervenerat, nullâ hæreseos notâ inussit. Nunc satis vobis constare existimamus, viri clarissimi, quibus machinis oppugnemur, et quanta in nos structa sit moles invidiæ, nostrum est, discussis adversariorum calumniis, circumventam Regis consilii religionem ostendere, quod nos propediem effecturos, speramus, si vestrum in hanc gravissimam causam auxilium advocare nobis liceat, idque conferre non abnuatis, quippe, sociatis viribus, fortiùs obsistemus potentibus adversariis, qui capite minutam et præcipuâ facultate truncam ac mutilam videre cupiunt Burdigalensem academiam, ut in amplissimâ civitate, soli theologiam doceant, occupentque, quem ambiunt scientiarum principatum. Quàmobrem, viri clarissimi, cum causa nostra omnes academias respiciat, et ea quâ preminur injuria, in ordinem vestrum redundet, rogamus vos et quantùm in nobis est, impensè obstestamur, ut defensioni nostræ accedere velitis. Suffragante nobis, et subveniente inclytâ vestrâ academiâ, brevi eventurum speramus, ut schola Theologica Burdigalensis academiæ in integrum restituatur.

Valete.

Burdigalæ, idus decembris 1660.

Signé : BRASSIER,
Prorector Academiæ Burdigalensis.

IV

Pax Chr^{ti}.

M. R. P.

J'ay reçeu le factum que V^e R^e m'a envoyé, il est fort bon, et ie m'en serviray icy utilement. Je donné la sepmaine passée au P. Barrade la lettre de vos Professeurs à M^{rs} de l'Université de Caörs, pour l'envoyer à V^e R^e. Celle qu'ils avoient envoyée à cette Université est la mesme; excepté qu'on avoit escrit au Recteur de l'Université, que celles de Caën et de Bourges s'estoient jointes à eux contre nous; mais le P. Moret m'a escrit de Paris que cela n'estoit pas véritable, et on en est icy désabusé. Je n'ay peu scavoir au vray ce que le Recteur de cette Université a respondu à vos docteurs : mais ie scay bien, qu'il avoit ordre d'escrire que cette Université se ioindroit à eux, si celle de Paris commençoit, et ie crois que M. le Recteur, par un emportement de zèle pour soustenir, a ce qu'il dit, les droits des Universités contre les Jesuites, a escrit à Paris, pour solliciter la Sorbonne de se ioindre à vos parties; je n'ay point apris qu'il ait receu aucune response : Les PP. Dominicains agissent icy avec ardeur pour faire déclarer l'Université, mais on n'en fera rien, si autre chose n'arrive. S'il se passe icy rien dont V^e R^e doive estre advertie, je la prie de croire, que ie ne manqueray pas de le lui faire scavoir. Je me recommande à ses ss. sacrifices

de V^e R^e
très humble et très obeissant serviteur en N. S.
B. FERRIÈRES.

De Tolose, le 24 février 1661.

Lettre envoyée au R. P. Foresterie de la Compagnie de Jesus à Bourdeaux.

V

Aujourd'huy trentiesme du mois d'aoust 1660, par devant moy, notaire royal à Bourdeaux et en Guyenne, soubsigné, présents les tesmoins bas nommés, a esté présent en sa personne le Père François Duget, religieux et sindiq du collège de la Compagnie de Jésus, establie en cette ville, lequel a dit et déclaré que quoyque le dit collège dès le commencement de son institution ait esté uni et incorporé à l'Université de ceste ville de Bourdeaux, pour iouir de toutes les graces, droits et privilèges d'icelle, et que ceste incorporation a esté confirmée par diverses patentes de nos Rois successivement et plusieurs décrets de la dite Université, de tous lesquels droits et privilèges les Pères Jesuytes sont en possession de jouissance immémoriale, et particulièrement de faire les actes et tentatives de leurs escoliers pour les degrés de maistre ès arts et de bachelier en théologie dans leur collège, en présence des docteurs de toutes les facultés de la dite Université qui se rendent dans le dit collège en corps pour impugner les thèses et porter leur jugement de la capacité des dits escoliers, et ensuite leur donner les degrés suyvant les formes acoustumées. Néantmoins, le 13 du mois de juillet dernier, iour convenu et arresté entre MM. François Brassier, recteur de la dite Université, et les dits Pères Jésuytes, pour l'acte général de dernière tentative des dits escoliers de phylosophie du dit collège en promotion au degré de maistre ès arts, toutes choses ayant esté disposées à cest effect, ensuite de la promesse donnée de part et d'autre, et Mgr l'Archevêque de la présente ville, auquel les thèses estoit dédiées, s'estant rendu pour ce subject dans ledit collège, avec quantité de personnes de condition, ecclesiastiques, religieux et autres, et toute l'assemblée se promettant que les docteurs de la dite Université qui s'estoient rendus aussi au dit lieu avec leurs officiers, ouvriroient la dispute ainsi que de tout temps ils avoient pratiqué, aucun d'eux ne voulut faire sa charge et fonction, tellement qu'à leur défaut et présence, quelques uns des assistants qui n'estoient point de leur académie auroient commencé les disputes et examens des dits escoliers. Et le lendemain 14, jour du dit mois de juillet, estant question de donner les degrés et se transporter en corps dans le dit collège, pour de là, conduire les dits escoliers dans l'eglise cathédrale de S. André de la présente ville, et y faire la dernière cérémonie suyvant l'usage de tout temps observé, ils auroient refusé de procéder à ceste promotion d'une manière toute particulière, dont encore l'on n'avoit veu aucun exemple, prétendant, par ceste innovation, troubler les dits Pères Jésuytes en leur possession, et se descharger de l'obligation qu'ils ont d'assister aux actes et disputes qui se doibvent faire dans ledit collège, tant de phylosophie que de théologie, ce quy se justifie d'ailleurs, en ce que le dit père syndiq a esté adverti de nouveau que M. Jean Gilis, escolier du séminaire du présent diocèse de Bourdeaux, ayant achevé ses estudes de théologie dans le dit collège et estant en estat de faire son acte et tentative pour le degré de bachelier, se seroit adressé au sieur Brassier, recteur, pour le supplier de se rendre avec la dite Université, le 30 du dit mois, dans le dit collège pour procéder à sa promotion du degré de bachelier auquel il estoit disposé, ayant, à ces fins, dédié ses thèses à Monseigneur l'Archevesque, qui avoit assigné le dit jour trentiesme d'aoust, à deux heures après midy. Lequel sieur Brassier auroit respondu au dit Gilis, que l'Université avoit résolu, par un décret nouvellement arresté, de n'assister désormais à tels actes et assemblées qui se fairont dans le dit collège des PP. Jésuytes, sans que toutefois le dit syndiq scache avoir donné subject à Messieurs de l'Université de changer l'ordre incessamment pratiqué. Au moyen de quoy, le dit sindiq prie et requiert et partant que besoing seroit, somme et interpelle le dit Brassier, et en sa personne tous ces Messieurs de l'Université, de vouloir se rendre à deux heures de relevée dans le dit collège, pour procéder à l'examen et à l'acte du dit Gilis et l'admettre au degré de bachelier, au cas qu'il en soit jugé capable, protestant, à faute de ce faire et de faire response au présent acte, de prendre leur silence pour refus, et de se pourvoir pour le dit refus et autre procédure faite par la dite Université, contre le dit collège, comme le dit syndic advisera, dont le dit Père syndic m'a requis acte et le vouloir notifier tant au dit sieur Brassier, recteur de la dite Université qu'à M. Mᵉ Lopès, sindic de la dite Université, aux fins qu'il en soit notoire.

Fait à Bourdeaux dans le dit collège, et en présence de Jacques Plumentad et Pierre Fricose, habitants de Bourdeaux, tesmoins a ce requis, qui ont signé avec ledit P. syndic et moy.

VI

Pax X^{ti}. A Paris, ce 25e may 1661.

M. R. P.

J'ay reçeu la letre de V. R. du 16 may avec le petit mémoire touchant nos pretentions, je lui ay mandé aussy avoir reçeu les reflexions sur le mémoire du P. Gonet. Les lettres venues de Bordeaux ont donné nouveau courage au député de l'Université pour agir, et tandis que son argent durera, il nous donnera exercice, mais le fonds de ses finances n'estant pas infiny, sa ferveur se diminuera avec son fonds. Comme son principal but est le restablissement de la théologie pour lequel on accordera tout le reste de nos prétentions, notre principal but aussy est de l'empescher.

J'envoye à V. R. un mémoire en forme d'advis pour M^r le Chancelier et pour M^r le Raporteur de cet afaire, afin de les en esclaircir. V. R. verra s'il y faudroit rien adiouter; on n'a pas iugé a propos d'y faire aucune mention de notre collège ny de notre théologie, pour ce qu'il n'en est pas encore question, et pour n'y paroistre interessés, il faut se tenir, pour encore, dans les termes de l'arrest, et faire voir seulement que ceste nouvelle escole, en la forme quelle a esté establie, ne peut subsister. Nous sommes bien aises de n'avoir point porté plus avant l'instance de nos contestations particulières avec l'Université, car il y eust eu danger dans un accomodement, qu'on ne voulut faire une cotte mal taillée, en nous accordant nos prétentions, et leur accordant aussy la continuation de leur nouvelle escole, ce que nous devons par toutes sortes de moyens éviter, comme estant la chose qui nous seroit la plus désavantageuse.

Agréez, M. R. P., etc.

A. VERNEUIL.

Cette lettre est adressée au T. R. P. Foresterie de la Compagnie de Jésus à Bordeaux.

VII

Advis au R. P. Annat, de ce qui s'est passé de nouveau dans l'Université de Bourdeaux, sur le subjet de l'establissement de trois professeurs pour la Faculté de théologie.

Le R. P. Annat est très humblement suplié de considerer, que quoyque par arrest du Conseil du 5 novembre 1660, il ait esté ordonné que le nommé *Lopès,* docteur de l'Université de Bourdeaux, sera assigné en personne au dit Conseil, pour représenter les lettres et les titres en vertu desquels les docteurs de théologie de la dite Université, ont ouvert une nouvelle eschole, ont pris dans des actes publics la qualité de professeurs royaulx, ont imposé, sans la permission de Sa Majesté, des taxes sur tous ceux qui voudront prendre les degrés dans la dite Université, et pour rendre raison de l'aprobation d'un livre, lequel ayant esté déclaré hérétique et difamatoire, a esté brulé par main de bourreau, en vertu de l'arrest du dit Conseil.

De plus, il plaira au R. P. Annat, de faire réflexion qu'à raison de toutes ces choses, dont les dits docteurs sont chargés et convaincus, Sa Majesté estant en son conseil, leur a fait très expresses inhibitions et deffenses de faire aucune lecture publique de théologie dans la dite Université ni ailleurs, et leur a enjoint de ne continuer dans ces nouveautés et entreprises qu'ils ont introduites dans la dite Université, jusque à ce que par Sa Majesté, en ait esté autrement ordonné, sans préjudice de faire procéder contr'eux, ainsi qu'il appartiendra, pour raison de l'approbation donnée à un livre déclaré hérétique.

Les susdits docteurs, sans avoir égard aux dites deffenses et interdiction des lectures publiques, ont commis de nouveau un attentat sans exemple, par une contravention manifeste aux ordres du Roy, et au mespris du dit arrest du Conseil, en ce que sans s'estre purgés et justifiés sur les dites choses dont ils ont esté accusés, ils ont, de leur authorité privée, fait afficher dans les carrefours et autres lieux publics de la ville de Bourdeaux, le deuxième de novembre de la présente année 1661, divers placards pour advertir les escoliers du restablissement des lectures publiques de théologie, à commencer le troisième du mesme mois de novembre. Et pour cet effect, ont nommé de nouveau trois docteurs, qui ne sont du corps de la dite Université, pour lire publiquement en la dite Faculté de théologie, dans les escoles de l'Académie, ayant procédé à l'eslection de ces trois professeurs contre toutes les formes pratiquées dans les autres Universités du royaume, et, particulièrement, contre ce qui est porté par l'ordonnance de Môlins qui enjoint que, advenant vacation d'une place de professeur en quelque science que ce soit, on le faira scavoir par toutes les autres Universités fameuses et autres lieux; et ceux qui se voudront présenter et soubmettre à la dispute et lecture de la profession, ainsi qui leur sera proposé par le doyen, et les autres professeurs, y seront reçus.

Or, en ce fait ici, l'on a dérogé entièrement à la dite ordonnance, attendu qu'on a choisi les trois professeurs sans aucune dispute publique préalable, ni observé aucun examen dans le conclave de l'Académie ni ailleurs, ce qui estoit nécessaire, et principalement envers des personnes qu'on n'a point veu dans l'exercice de la théologie, et ce qui est bien remarquable, tous les professeurs de la Faculté de théologie, n'ont pas esté appelés à ceste élection, quoique présants et résidants sur les lieux; ce qui fait voir que l'Académie a affecté de substituer aux docteurs interdits pour leur mauvaise doctrine, des regents dont on ne cognoit la capacité et l'on ne scait quelle doctrine ils suivent, ce qui les rend suspects.

Pour toutes ces raisons qui font voir que les docteurs interdits, accusés de jansénisme, veulent maintenir et continuer leur mauvaise doctrine dans la dite Université, y ayant mis des successeurs à leur discrétion; plaira au R. P. Annat employer son zèle ordinaire pour empêcher ce désordre.

VIII

Copie du mémoire du R. P. Annat, délivré à M. de La Vrillière, concernant la Théologie de Bourdeaux.

En l'année 1655, les religieux de Bourdeaux, qui sont unis à l'Université, obtindrent un arrest du Parlement, pour faire une escole publique de théologie, et avoir permission de taxer les escoliers qui prendront leurs degrés; afin que ceste imposition servit à la subsistance et aux gages de quatre professeurs publics, qui furent les mesmes qui dejà composoient la Faculté de théologie de la dite Université, mais qui n'en faisoient point de lectures publiques. Le Parlement, par son arrest, permit ceste imposition seulement pour six mois, et par provision; il ordonna qu'ils se pourvoirroyent devers le Roy pour avoir un establissement plus ferme.

Le sieur Moris, doyen de l'Université, s'opposa par divers actes, à l'exécution de cest arrest, comme estant prejudiciable à la dite Université pour les raisons deduites dans les susdits actes.

Bientost après, il y eust arrest du Conseil qui fit deffense aux dits professeurs de passer outre, et déclara que le Parlement de Bourdeaux n'avoit pu permettre ceste imposition, quoiquelle ne fust que pour six mois. Cest arrest fut signifié aux dits professeurs qui refusèrent d'y obeir et continuèrent leurs leçons et leurs taxes jusques à l'année 1660, lorsqu'ayant pris la qualité de professeurs royaulx, et approuvé un livre qui soutient ouvertement une doctrine hérétique, et qui a esté bruslé pour cela dans Paris, par main de bourreau, après le jugement de quatre prélats docteurs en Sorbonne, et neuf autres docteurs de la mesme faculté. Le Roy donna un autre arrest reitérant les deffenses qui leur avoient esté faites, jusques à ce qu'ils eussent montré les titres, en vertu desquels, ils avoient ouvert ceste nouvelle escole et pris la qualité de professeurs royaulx, et qu'ils eussent rendu compte de l'aprobation d'un livre hérétique. Les dits professeurs n'ont satisfait à aucune de ces trois choses, et cependant, par une *resistance* manifeste à la volonté du Roy, ils ont continué la mesme lecture dans la nouvelle escole, en mettant d'autres professeurs que ceux qui avoient été nommément interdits, ce qui a donné lieu au dernier arrest du 13 de febvrier dernier de l'année 1662, qui interdit ces derniers de ce que dessous il est constant : 1º que l'ouverture de cette escole est une nouveauté dans l'Université de Bourdeaux, et qu'il est d'ailleurs de notoriété publique qu'avant l'année 1655, il n'y avoit aucun vestige de ceste escole ; 2º que les dits professeurs ont mesprisé les arrests du conseil du Roy, continuant ceste lecture après des deffenses très expresses faictes par les dits arrests et dûment signifiés ; 3º que leur excuse est illusoire, quand ils disent, que pour obeir à l'arrest du Conseil de l'année 1660, les professeurs qui ont esté nommément interdits se sont abstenus, et se sont contentés d'en subroger d'autres, puisqu'il est manifeste qu'avant de pouvoir en subroger d'aultres, ils debvoient justifier leur établissement, et qu'ils n'ont pas un droit de substitution n'ayant pas eux mesmes d'institution ; 4º et d'autant qu'ils veulent se prévaloir de ce qui est porté par la bulle qui establit l'Université de Bourdeaux à l'instar de celle de Tolose, où il y a une escole publique et des professeurs destinés pour y lire la théologie. Cest exemple ruine leur prétention, car à Tolose il y a distinction de docteurs en théologie ; il y a ceux qu'on appelle conventuels, c'est à dire docteurs de divers couvents, scavoir un jacobin, un carme, un augustin, un bernardin, il y avoit aussi un cordelier observantin, si les observantins n'eussent point renoncé à leur privilège.

Chacun de ces ordres nomme et propose celui qui doit avoir le titre de docteur et professeur de l'Université, et peut lire dans son couvent et non ailleurs, tels estoient les docteurs de l'Université de Bourdeaux jusqu'en l'année 1655.

Outre ceux là, il y a trois chaires de fondation royale, qui ont un revenu establi qui a esté donné par les Roys, pour la subsistance et les gages des trois professeurs qui, pour cela, s'appellent professeurs royaulx, et ceux-là lisent dans une escole publique à l'exclusion des docteurs conventuels, sinon que par quelque empêchement qui davantûre leur survient, ils prient quelque conventuel de suppléer pour eux pour quelque peu de temps.

Et les chaires de ces docteurs vacantes se mettent au concours de la dispute, en telle sorte que mesme les docteurs qu'on appelle conventuels n'y peuvent point prétendre, que par la voye de la dispute, d'où il arrive assez souvent, par le succès de ceste dispute, que les séculiers sont préférés aux religieux et les étrangers aux domestiques, c'est-à-dire aux conventuels qui estoient desjà du corps de l'Université; c'est ce qui n'a pas esté encore introduit dans l'Université de Bourdeaux à l'esgard des professeurs de théologie, et pour l'introduire il faudroit: premièrement, trouver un fonds stable pour la subsistance et les gages du nombre des professeurs qui sont jugés nécessaires; secondement, il faudroit appeler au concours de la dispute tous ceux qui voudront y prétendre, séculiers ou réguliers, de quelque province que ce fut; troisièmement, il faudroit les establir suivant la cognoissance qu'on en auroit en suite de ceste dispute, de leur capacité suffisante. Cela estant, il n'y auroit rien à dire, et la théologie de l'Université de Bourdeaux, seroit à l'instar de celle de Tolose. Mais au lieu de suivre cette méthode, des docteurs purement conventuels, c'est à dire, qui ayant le droit de lire dans leur couvent à leurs religieux, se sont faits d'eux mesmes docteurs royaulx dans l'Université, et de particuliers et domestiques de maisons religieuses, ils se sont faits et poussés d'eux mêmes docteurs publics, et pour comble de témérité et d'audace, pour récompense de leur peine et vacation, ils ont imposé une espèce de mâle tote sur les escoliers qui voudront prendre leurs degrés au dessus des droits qu'on avoit acoustumé d'exiger, ce qui ne s'est jamais fait dans l'Université de Tolose, et ne se peut faire sans une authorité supérieure qui ay droict d'establir et régler les Universités. Je laisse à part l'intérêt de la foy et de l'authorité de l'Église, qui a droit de prendre des assurances plus certaines de la bonne doctrine de ceux qui lisent la théologie, que ces docteurs n'en ont pas donné, ayant approuvé le livre de Vindrokius, que les évesques et docteurs de Sorbonne en nombre de treize choisis par le Roi, pour l'examiner, ont déclaré, comme une chose manifeste, contenir une doctrine hérétique.

IX

Les causes du changement arrivé de nouveau dans l'Université de Bourdeaux et de la suspension des docteurs de la Faculté de théologie, en vertu de l'arrest du Conseil privé, du 5 novembre 1660.

Le Roy estant à Bourdeaux au mois de septembre 1659, Sa Majesté reçut diverses plaintes de plusieurs personnes de condition, qu'on débitoit, en ce pays là, un certain livre qui portoit pour titre : *Ludovici Montaltii litteræ provinciales* (etc.) et que cest ouvrage estoit un recueil des erreurs et de la doctrine pernicieuse du temps, exposé au public par la cabale des Jansenistes. Sa Majesté, portée de son zèle ordinaire à toutes les actions de piété, et principalement à destruire les nouveautés qui tendent à establir l'hérésie, commanda par escrit et de vive voix à Messieurs ses Advocats et Procureurs généraux du Parlement de Bourdeaux, de poursuivre la condamnation de cest auteur qui passe, soubs un nom emprunté, pour un libelle diffamatoire, injurieux à la dignité-des personnes sacrées.

Le Parlement de Bourdeaux ayant esté informé des intentions de Sa Majesté, se mit en debvoir de travailler incessamment à l'exécution de ses ordres ; à cest effect, M. le Procureur général, la Grand Chambre de Tournelle assemblée, demanda la condamnation de ce livre, concluant à ce qu'il fust bruslé comme hérétique, diffamatoire, scandaleux et factieux contre l'Estat. L'affaire ayant été mise en délibération, toutes les voix conclurent à *le brusler ou lacérer, sur quoy y ayant eu partage, et le Parlement estant sur le point de finir entièrement ses séances, il n'y peut intervenir arrest, tellement que l'affaire demeura indécise, les vacations ayant interrompu la résolution que la Cour avoit commencé de prendre sur ce subject.*

Toutes ces circonstances ayant empesché un jugement définitif, le Roy se disposant pour son voyage de Bourdeaux à Tolose, le 10 d'octobre de la mesme année 1659, Sa Majesté à son départ auroit de reschef ordonné aux susdits advocats et procureurs généraux, de poursuivre au dit Parlement, la réparation d'un tel scandale et la condamnation d'un ouvrage si pernicieux.

Sa Majesté ayant séjournée quelque temps dans la ville de Toloze, et craignant que la tolérance et dissimulation des erreurs contenues dans Vindrokius, ne donna créance à ceste mauvaise doctrine, considérant d'ailleurs que les vacations finiront bientost, donna des nouveaux ordres aux officiers du dit Parlement, par ses lettres de cachet datées à Toloze du 7 novembre de la dite année 1659, signées Phelipeaux ; leur enjoignant très expressement, de faire toutes les poursuites, réquisition et diligences nécessaires, selon le debvoir de leurs charges, afin que la Compagnie usast de toute la securité convenable pour la condamnation du dit livre.

Et d'autant que le jugement de ceste affaire avoit esté retardé, Sa Majesté en continuant ses soins et faisant toujours paroistre des nouveaux tesmoignages de son zèle contre la doctrine de Windrokius, pour faire voir combien elle avoit à cœur la poursuite de la condamnation de cest autheur, elle donna des ordres exprès à M. le Premier Président du Parlement de Bourdeaux, par ses lettres de cachet datées de Montpellier le 6 avril 1660, signées Phelippeaux; et par icelles, Sa Majesté fait entendre le désir qu'elle a, que ses intentions soient accomplies sans plus de retardement, et qu'on donne un dernier jugement sur ceste affaire, selon la rigueur des lois et de ses ordonnances.

Le Parlement de Bourdeaux rendant ses respects et obéissances aux commandements de Sa Majesté, auroit ordonné par arrest du 3 may 1660, rendu à la requeste et poursuites de M. le Procureur général, la Grand Chambre de Tournelle assemblée, qu'à la diligence du dit Procureur général, le livre intitulé : *Ludovici Montaltii litteræ provinciales* (ete.), seroit porté de rechef par devant les professeurs de théologie dans l'Université du dit Bourdeanx, pour examiner la bonne ou mauvaise doctrine d'iceluy, et donner leur advis sur le crime d'hérésie prétendu par le sieur Procureur général pour, leur dire veu et à la cour rapporté, estre ordonné ce que de raison.

Les docteurs de la Faculté de théologie de la dite Université, se voyant députés en vertu du susdit arrest pour examiner la bonne ou mauvaise doctrine de Windrokius, et donner leur advis sur le crime d'hérésie, *le sieur Lopès,* théologal de l'église cathédrale de S. André, le P. François Arnald, de l'ordre des Augustins, et le P. Jean-Baptiste Gonet, de l'ordre des Frères prescheurs, prenant tous les trois la qualité de professeurs royaux de l'Université de Bourdeaux, ou depuis 5 ou 6 ans l'on a ouvert une nouvelle eschole de théologie, sans aucunes lettres du Roy, et imposé sans sa permission, pour les gages de ces nouveaux docteurs, des taxes sur tous ceux qui voudront prendre les degrés; les dits professeurs, procédant contre toutes les formes, auroient exclus le P. Michel Camain, jesuiste, quoyque doyen de la Faculté de théologie en la dite Université et professeur en la dite théologie depuis 40 ans dans le collège des PP. Jesuistes. N'ayant aucune raison d'exclure le P. Camain d'assister à l'examen du susdit livre, sinon à cause que le titre d'iceluy est injurieux aux PP. Jesuistes, encore bien qu'aux termes de l'arrest, il ne soit pas question d'examiner autre chose, que de voir si cest autheur a avancé quelques propositions hérétiques et contre la foy, en quoy ces trois docteurs qui demeuroient juges, se trouvant également intéressés avec le Père Camain, car il parle contre tous, et, nonobstant ceste injure commune faite à tous, ils ne pouvoient estre censés suspects, et ainsi pour la mesme raison le Père Camain ne le pouvoit estre, et partant il n'estoit récusable.

Les Pères Jesuistes ayant représenté toutes ces raisons aux susdits professeurs en la personne de Mᵉ François Brassier, recteur de l'Université, et protesté de se pourvoir, en cas qu'ils procédassent au jugement du dit livre à l'exclusion du Père Camain, comme il conste par l'acte du mois de juin 1660, ils n'auroient pas laissé de passer outre, ce qui fait voir que c'est par cabale qu'ils ont voulu estre seuls juges pour favoriser et défendre la doctrine de Windrokius.

La preuve du dessein et intelligence secretes de ces trois professeurs colludants ensemble, résulte des propres termes du jugement qu'ils ont donné de Windrokius, en ce qu'ils protestent par un acte solennel du 6 de juin 1660, arresté dans une assemblée convoquée à ceste fin dans l'église des Carmes, qu'ayant invoqué le Père des Lumières, ils ont leu entièrement et avec soing et attention les ouvrages de Montalte, et eu diverses conférences sur sa doctrine, et qu'après avoir concerté ensemblement leurs suffrages et considéré le tout exactement, ils n'ont trouvé aucune hérésie dans cest autheur.

Cest advis et jugement qui est une approbation des ouvrages de Montalte, donnée par trois professeurs de la Faculté de théologie de l'Université de Bourdeaux, députés par arrest d'une Cour souveraine, a donné lieu à de nouvelles plaintes à Sa Majesté, sur ce que ce livre, tendant à soustenir une doctrine condamnée et estant outrageuse à la réputation du feu roy Louis XIII, de glorieuse mémoire, et à celle de ses principaux ministres, qui ont eu la direction de ses affaires, il pouvoit avoir des mauvaises suites estant approuvé par des docteurs qui prennent la qualité de professeurs royaux.

Sa Majesté, desirant pourvoir aux inconvénients et désordres qui peuvent arriver de ceste approbation, auroit ordonné, suyvant l'arrest de son Conseil, du 12 aoust 1660, que le dit livre intitulé : *Ludovici Montaltii, litteræ provinciales* (etc.), seroit remis par devant Me Balthazar, maistre des requestes ordinaires, en son hostel, commissaire à ce député, pour estre veu et examiné et avoir le sentiment de Messeigneurs les evesques de Reims, Rodez, Amyens et Soissons, ensemble des sieurs Grandin, Lestol, Morel, Bail, Chapelas, Ch. Millard du Saussey et des PP. Nicolas, de Gangi, docteurs en théologie de la Faculté de Sorbonne, commissaires à cest effect pour donner leur advis.

Ces Messieurs les deputés, après avoir examiné diligemment le dit livre de Montalte, déclarent par leur advis et jugement du 7 septembre 1660, que les hérésies de Jansénius sont soutenues et défendues, tant dans les dites lettres de Montalte et les notes de Guillaume Windroc, que dans les desquisitions adjoutés de Pol Irénée, que cela est si manifeste que si quelqu'un le nie, qu'il faut nécessairement ou qu'il n'ait pas leu ledit livre, ou qu'il ne l'ait pas entendu, ou ce qui pis est, qu'il ne croye point hérétique ce qui a esté connu hérétique, condamné par les Souverains Pontifes, par l'Église gallicane et par la sacrée Faculté de théologie de Paris, *que la détraction et petulance* est si familière à ces trois autheurs, qu'ils ne pardonnent à la condition de personne, non pas mesme au Souverain Pontife, aux Roys, aux Evesques et aux principaux ministres du royaume, à la sacrée Faculté de théologie de Paris ou aux familles religieuses, et que le dit livre, est digne de la peine ordonnée de droit pour les libelles diffamatoires et livres hérétiques.

Ensuite de ce jugement et advis, seroit intervenu arrest au privé Conseil du Roy, le 23 septembre 1660, par lequel il est ordonné, que le livre intitulé: *Ludovici Montaltii litteræ provinciales* (etc.), sera remis par devant le lieutenant civil au Chastelet de Paris, pour, à la diligence de Sa dite Majesté, le faire lacérer et bruler à la Croix du Tiroir par les mains de l'exécuteur de la haute justice, ce qui a esté mis à exécution comme il conste, par le procès verbal du 8 octobre 1660.

Le Roy ne s'estant pas contenté de laisser à la postérité un exemple digne de son zèle contre les hérésies naissantes, il a voulu encore prendre cognoissance de la procédure des professeurs de la Faculté de théologie de l'Université de Bourdeaux, qui ont donné leur approbation de la doctrine de Montalte; à cest effet, il a esté ordonné par arrest du privé Conseil, du 5 novembre 1660, *que le nommé Lopès*, l'un des docteurs qui a signé la dite approbation, sera assigné en personne au Conseil à deux mois, pour représenter les lettres et les titres en vertu desquels, ils ont fait l'establissement d'une nouvelle eschole de théologie, et imposition de certaines taxes sur ceux qui voudront prendre les degrés dans la dite Université, et pris la qualité de professeurs royaux ; et jusques à ce qu'ils ayent satisfait à ce qu'il ait esté autrement ordonné, Sa Majesté leur a fait à tous expresses inhibition et deffenses, de faire aucune leçon de théologie dans ladite Université ni ailleurs, ni d'exiger autres droits sur ceux qui prendront les degrés, que ceux qu'on prenoit devant le dit establissement, ni de prendre la qualité de professeurs royaulx, sans préjudice de faire procéder contre eux ainsi qu'il appartiendra pour raison de la dite approbation donnée à un livre hérétique.

Messieurs de l'Université de Bourdeaux s'estant cités eux mesmes par leur conduite particulière dans ces nouveaux changements qu'on voit aujourd'hui, par une suspension de lecture publique pour la Faculté de théologie qu'ils ont establie, de leur authorité, sans la permission du Roy et contre les deffenses des arrests du Conseil du 20 octobre 1659, leur enjoignant expressément de ne faire aucune leçons ni lectures publiques de théologie, ils ne doibvent point chercher autre cause de cest accident, que l'aprobation de Windrokius déclaré hérétique et diffamatoire par le jugement de plusieurs évesques et docteurs de théologie de la Faculté de Sorbonne, les dites personnes ayant pris cognoissance de tout ce qui s'est passé en cest affaire et prononcé la dessus, il n'est point question de former des plaintes contre les Jesuistes, et intéresser les autres Universités pour les rendre odieux au public.

Les Pères Jesuistes du collège de Bourdeaux, ont beaucoup de griefs à représenter au Roy et à son Conseil, pour faire voir les mauvais traitements qu'ils ont reçeu de la dite Université depuis quelques années, en ce que leur collège dès le commencement de son institution, ayant été uni et incorporé à la dite Université, pour jouir à l'advenir de tous les droits, privilèges, prérogatives et préséances d'icelle, tout ainsi que les autres collèges qui sont annexés aux Universités de ce royaume, ce qui résulte du décret sur ce conclu et arresté le xi de novembre 1572, signé de tous les docteurs, et qu'en suite de cette incorporation, Charles IXe, de glorieuse mémoire, ayant donné son consentement en faveur des dits Pères Jesuistes, par ses lettres patentes du mois de febvrier 1573, ordonnant par icelles, que l'association du dit collège des PP. Jesuistes avec la dite Université portera son plein et entier effect, laquelle il confirme d'abondant, ordonnant que le dit collège jouira des droits, prééminences, degrés, franchises et libertés concédées cy devant à la dite Université, tant par lui que ses prédécesseurs, lesquelles patentes ont esté vériffiées par arrest du Parlement de Bourdeaux du 9 janvier 1574, et les dits Pères Jesuistes mis en possession de l'authorité de six commissaires du Parlement à ce particulièrement députés.

En conséquence desquels privilèges, les Pères Jesuistes ont fait paisiblement toutes les fonctions, et exercé les charges attachées à la qualité de docteurs régents, l'espace de quatre vingts ans, tout ainsi que les autres religieux qui sont de la dite Université, et mesme leurs escoliers ont fait toujours les actes de tentative pour les degrés de maistres ès arts et de bacheliers dans leur collège, comme membres de l'Université, tous les docteurs y assistant en corps, sans aucune difficulté. Au préjudice de ceste possession immémoriale fondée en titres authentiques, la dite Université a prétendu troubler de nouveau les dits Pères Jésuistes sans aucun subject, et c'est de quoy ils ont raison de se plaindre.

Et partant, c'est mal à propos qu'on les charge d'invectives par des escrits publics qu'on envoye de part et d'autre, et qu'on les veult faire passer pour coupables, à cause des poursuites qui ont esté faites contre Windrokius, comme si c'estoit un crime de contribuer à la condamnation d'un livre hérétique.

X

Voir également sur la même question :

1° Le *Discours préliminaire* (82 pages) qui se lit en tête d'une édition des *Provinciales*, publiée en 1766. Ce discours est une histoire complète des *Lettres de Montalte ;* il renferme deux paragraphes très curieux (le VIe et le VIIe) sur la traduction de Nicole. En voici les titres :

§ VI. — *M. Nicole, sous le nom de Wendrock, traduit en latin les Provinciales, et y joint des notes.*

§ VII. — *Poursuite des Jésuites contre le livre de Wendrock au Parlement de Bordeaux et au Conseil d'État.*

Ce dernier paragraphe est rempli de détails piquants sur la pression qu'auraient exercée les Jésuites, s'il faut en croire l'historien janséniste, sur les membres du Parlement d'abord et ensuite sur la Faculté de théologie, afin d'obtenir la condamnation de Wendrock. Il y est dit : « Les Jésuites ne demeurèrent pas en repos, ils ne cessèrent point de faire tous leurs efforts pour ébranler la fermeté des examinateurs, par toutes sortes de moyens, et surtout par les menaces les plus terribles. Ils déclarèrent à M. Lopez, l'un de ces docteurs, homme d'un grand mérite, chanoine et théologal de l'église de Bordeaux, qu'il ne devait plus compter sur son bénéfice s'il renvoyait Wendrock absous. »

2° Deux écrits de Nicole en faveur des théologiens bordelais qui s'étaient dévoués pour sa mauvaise cause, et un troisième sans nom d'auteur, publié sous ce titre :

Motif pour faire voir que l'arrêt portant interdit de l'exercice de théologie à Bordeaux, a été donné par surprise.

3° *Défense des professeurs de théologie de l'Université de Bordeaux, contre un écrit intitulé:* « *Lettre d'un théologien à un officier du Parlement, touchant la question du livre intitulé : Ludovici Montaltii litteræ*, etc., » MDCLX, in-4°, 64 pages.

Cet écrit, dirigé contre les Jésuites, est daté de Bordeaux, le 16 juillet 1660 ; il fut provoqué par la publication latine des *Provinciales.*

La *Défense*, divisée en seize chapitres, se termine à la page 51. A la page 53 commence une *Seconde Défense des professeurs en théologie de l'Université de Bordeaux, contre divers écrits dictés par les Jésuites, où l'on fait voir l'absurdité de la prétention de ces Pères, que le fait de Jansénius est inséparablement joint à la foy.*

Cette *Seconde Défense* est datée du 4 août 1660.

XI

Texte, de l'article 6 de la déclaration gallicane de 1663, signée par l'Université de Bordeaux.

« 6° *Non esse doctrinam vel dogma Facultatis, quod Summus Pontifex, nullo accedente ecclesiæ consensu, sit infallibilis.*

» Reverendus Pater Michaël Camain, Societatis Jesu, noluit subscribere : subscripserunt verò : D. de Maures, Rector; Arnal; F. Joannes Baptista Gonet; F. Andreas Touton; Brassier, Juris utriusque professor; Delpech, Juris utriusque professor; Tanesse, Juris utriusque professor; Lopes, Iatrices professor; Cazauviel; Lopes, Academiæ syndicus; et ego,

» *De Mandato Universitatis,*

» Derocques, *scriba.* »

L'EGLISE

METROPOLITAINE ET PRIMATIALE

SAINCT ANDRE

DE BOURDEAUX

A

VENERABLES MESSIEURS

MESSIEURS LES DOYEN, CHANOINES

ET CHAPITRE

DE L'EGLISE METROPOLITAINE ET PRIMATIALE
S. ANDRÉ DE BOURDEAUX

ESSIEURS,

Je vous presente ce qui est à vous, vous presentant cest Ouvrage. Vous m'en avez inspiré le dessein, vous m'y avez assisté de vos bons avis, et m'avez éclairé de vos lumières, et pour tout dire en un mot, c'est par vostre moyen qu'il void le jour. Le sujet n'est pas moins à vous que l'Ouvrage, puis que ce sont les Préeminences de vostre Eglise que je publie, d'une Eglise dont vous soustenez la Dignité avec tant de gloire, et que vous sanctifiez tous les jours par la multiplication de vos Sacrifices et de vos Prieres. Ce sujet est auguste, et je ne promets point de le faire paroistre avec

des expressions qui égalent son merite : il suffira qu'elles soient fort sinceres et fort veritables. C'est ainsi qu'il les faut pour les grandes choses qui sont recommandables par elles mesmes. En les nommant seulement, on les loüe. Elles n'ont besoin que d'estre proposées, pour se faire admirer : et c'est en quoy elles sont plus à estimer, que leur prix excede tous les embellissemens de l'Eloquence. Vostre Eglise, MESSIEURS, a souffert bien des traverses depuis son premier establissement. Les premieres, et sans doubte les plus belles connoissances que nous en pouvions avoir, sont ensevelies soubs les cendres, où l'ont souvent reduite les Ennemis de la Religion et de l'Estat. Neantmoins elle est encores tres-Venerable avec les Ornemens qui luy restent de toutes les injures du temps, et merite encores d'estre, comme elle a tousjours esté, la premiere Eglise de la Province, et une des plus considerables de la France. Ces Ornemens sont les bien-faits de nos Roys, et les Graces des Souverains Pontifes. Ces Ornemens sont la pompe de son Edifice : La Saincteté des Archevesques ses Espous, qui l'ont gouvernée : Vous mesmes, MESSIEURS, en estes les illustres Ornemens, qui composez un Corps, lequel a donné deux Papes, et plusieurs Cardinaux à l'Eglise Universelle, et quantité de Prelats aux Dioceses les plus celebres de ce Royaume[1]. La dignité du sujet me fait esperer

---

1. Le Chapitre de l'église métropolitaine Saint-André de Bordeaux a donné à l'Église deux papes : Boniface IX et Clément V;

de vous un favorable accueil de l'Ouvrage que je vous presente. S'il n'a pas toute la perfection qui seroit à desirer, je vous prie de considerer que je suis le premier qui commence à traiter d'un si noble sujet, et qu'en toutes choses, les commencemens sont des apprentissages, non pas des Chef-d'œuvres. Je suis au moins asseuré, que si on ajouste quelque chose à la perfection de cét Ouvrage, on n'ajoustera rien à l'affection avec laquelle je m'y suis appliqué, ny au respect et à la soûmission qu'aura toute sa vie pour vous

MESSIEURS

Vostre tres-humble, tres-obeissant, et tres-affectionné serviteur et confrere.

LOPES

Chan. Theologal.

plusieurs cardinaux : Arnaud de Pellegrue, né à Bordeaux, créé cardinal-diacre du titre de *Sainte-Marie-in-porticu*, en 1305, légat contre les Vénitiens en 1309, mort à Avignon en 1335; Raymond de Fargues, créé en 1305 par le pape Clément V, son oncle; André, cardinal-diacre, du titre de *Sainte-Marie-la-Neuve*, légat en Italie, mort en 1310; Arnaud de Canteloup, né dans le village de ce nom; François Hugociano et André d'Espinay. Outre les trois derniers qui ont été archevêques de Bordeaux, le Chapitre a donné quelques autres prélats à ce siège, Géraud de Malemort, Boson de Salignac, Amanieu de La Mothe, David de Montferrand et le bienheureux Pierre Berland.

Un grand nombre d'évêques sortirent, depuis les premiers siècles jusqu'à nos jours, du Chapitre de Saint-André. La liste nous en paraît trop longue pour la donner ici.

APPROBATION

Nous *soubs-signez Prestres Docteurs en Theologie, certifions avoir leu le Livre intitulé,* l'Eglise Metropolitaine et Primatiale S. André de Bourdeaux, *composé par Venerable Monsieur Maistre* Hierosme Lopes, *Chanoine Theologal de cette Eglise, et n'y avoir rien trouvé de contraire à la Foy Catholique ny aux bonnes mœurs; et parce que la Doctrine de son Autheur en a rendu les lumieres si brillantes, qu'elles dissipent utilement et agreablement l'obscurité qui nous avoit caché jusqu'a ce temps l'Antiquité Ste, et la Dignité venerable de cette grande Eglise, l'une des premieres et des plus Illustres de ce Royaume, Nous estimons qu'on le doit donner promptement au public: en foy de quoy nous avons signé ces presentes. A Bourdeaux, le cinquiesme Fevrier, mil six cens soixante-sept.*

ALLAIRE,	DUSAULT,
Chanoine et Archid. de l'Eglise Primatiale de Bourdeaux.	Chanoine de l'Eglise Primatiale de Bourdeaux et Prieur de Comprian [1].

---

[1]. *Comprian*: église et prieuré dans Biganos. (V. Baurein, *Var. bord.*, t. III, p. 378.)

ORDRE ET DIVISION

DE CE LIVRE[1]

CE Livre de l'Eglise Metropolitaine et Primatiale S. André de Bourdeaux, sera divisé en trois Parties. La premiere sera de l'Eglise. La deuxiesme des Archevesques. La troisiesme du Chapitre. La 1. aura Unze Chapitres, la 2. Quatre, et la 3. Dix.

PREMIERE PARTIE

DE L'EGLISE DE BOURDEAUX.

LA Noblesse et Dignité de l'Eglise de Bourdeaux. Chapitre 1.
Le premier Establissement de l'Eglise de Bourdeaux. Ch. 2.
Les derniers Establissements de l'Eglise de Bourdeaux. Ch. 3.
L'Edifice de l'Eglise de Bourdeaux. Ch. 4.
La Consecration de l'Eglise de Bourdeaux. Ch. 5.
La Sainteté de l'Eglise de Bourdeaux et les particulieres Devotions qui s'y pratiquent. Ch. 6.
Les Monumens principaux et Sepultures de l'Eglise de Bourdeaux. Ch. 7.

---

1. Le livre de Lopès a deux tables, l'une en tête du volume (nous la donnons ci-après), l'autre à la fin. Cette dernière, qui se rapporte exclusivement à la deuxième partie de l'ouvrage, est une simple nomenclature des archevêques de Bordeaux avec la mention des conciles auxquels chacun d'eux assista. A ces deux tables, que notre édition reproduit textuellement, nous en joignons trois autres beaucoup plus détaillées, savoir : une table analytique à la fin de chaque volume et la grande table alphabétique dont nous sommes redevables à l'obligeance de M. le Mis de Castelnau-d'Essenault.

Lopès étant cité par un grand nombre d'historiens, nous avons dû nous préoccuper de faciliter aux lecteurs de cette édition les moyens d'y retrouver aisément les passages qu'ils auraient besoin de contrôler. Dans ce but, nous avons adopté la combinaison suivante : la table générale des matières indiquera parallèlement les deux paginations, l'ancienne et la nouvelle.

Les Preeminences de l'Eglise de Bourdeaux et premierement le Siege Archiepiscopal. Ch. 8.

Deuxiéme Preeminence de l'Eglise de Bourdeaux, le Siege Primatial. Ch. 9.

Troisiéme Preeminence de l'Eglise de Bourdeaux, pour les Ceremonies publiques. Ch. 10.

La quatriéme et cinquiéme Preeminence de l'Eglise de Bourdeaux pour les Baptesmes et les Sepultures. Ch. 11.

SECONDE PARTIE

DES ARCHEVESQUES DE BOURDEAUX.

L'Estenduë de l'Archevesché de Bourdeaux. Ch. 1.
L'Entrée des Archevesques de Bourdeaux dans la Ville Capitale de leur Dioceze. Chap. 2.
Quelques Graces particulieres accordées à l'Archevesque de Bourdeaux par les Papes et les Roys. Ch. 3.
L'Histoire des Archevesques de Bourdeaux, Ch. 4. où sont inserés les noms des Saints de cette Ville.

TROISIESME PARTIE

DU CHAPITRE DE L'EGLISE DE BOURDEAUX.

L'Establissement du venerable Chapitre de l'Eglise de Bourdeaux. Ch. 1.
La Reception des Chanoines et Aggregation au Corps du Chapitre. Ch. 2.
Les Dignitez et autres Benefices de l'Eglise de Bourdeaux, ses Officiers, et les Ecclesiastiques qui y rendent du service. Ch. 3.
L'Institut des Chanoines de l'Eglise de Bourdeaux. Ch. 4.
La Juridiction Ecclesiastique du Chapitre. Ch. 5.
Le Droict du Chapitre pour la Collation des Benefices qui en dependent. Ch. 6.

Les Droicts Honorifiques et autres qui sont comme naturels au Chapitre de l'Eglise de Bourdeaux. Ch. 7.

Les Droits Seigneuriaux du Chapitre de l'Eglise de Bourdeaux. Ch. 8.

Graces particulieres accordées au Chapitre de l'Eglise de Bourdeaux. Ch. 9.

L'Office Divin qui se fait par le Chapitre dans l'Eglise de Bourdeaux. Ch. 10. et Dernier de tout le Traité.

J'Ay mis à la fin des Chapitres, et de la vie de chaque Archevesque les preuves Latines en Original, qui estoient necessaires pour la justification de ce que j'avance, avec toute l'exactitude et fidelité possible [1]. Elles sont placées, suivant les nombres qui distinguent les Chapitres, et c'est ainsi qu'on a coustume de faire presentement, pour ne point faire à tous propos un meslange, qui n'est pas commode à tous ceux qui ont la curiosité de sçavoir l'Histoire de leur païs. Au reste en exposant les Droicts de l'Eglise que j'ay l'honneur de servir, je n'ay eü la pensée de fascher personne. J'ay rapporté les choses purement comme elles sont : j'ay escrit suivant les pieces autentiques que j'ay leues et examinées avec beaucoup de soing, et que j'ay tirées de nos Archives, ou qui m'ont esté fournies de dehors. Me soubsmettant volontiers à l'équité du favorable Lecteur, et au jugement de l'Eglise.

---

1. Nous avons contrôlé toutes les preuves latines de Lopès. Quand il y a lieu de signaler quelques variantes, nous les groupons toutes avec les indications nécessaires à la fin de chaque volume.

LA CATHÉDRALE SAINT-ANDRÉ PRISE DE L'ANGLE SUD DE LA PLACE ROHAN
dessin de Maxime LALANNE.

L'ÉGLISE
METROPOLITAINE ET PRIMATIALE
SAINCT ANDRE
DE BOURDEAUX

PREMIERE PARTIE
DE L'ÉGLISE DE BOURDEAUX

CHAPITRE I.

La Noblesse, et la Dignité de l'Eglise de Bourdeaux.

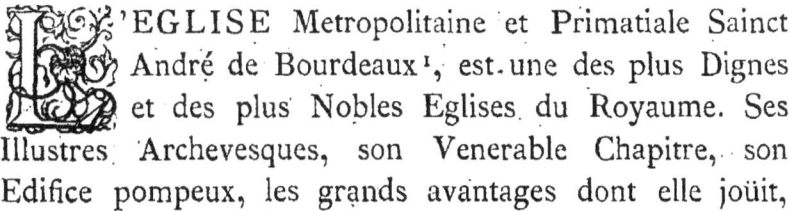'EGLISE Metropolitaine et Primatiale Sainct André de Bourdeaux[1], est une des plus Dignes et des plus Nobles Eglises du Royaume. Ses Illustres Archevesques, son Venerable Chapitre, son Edifice pompeux, les grands avantages dont elle joüit,

---

1. « La langue française, dit D. Devienne, ayant été substituée à la langue latine, il a fallu franciser le mot de *Burdegala*. D'abord on l'a nommée Bourdeaux, ensuite Bordeaux. Depuis quelque temps on a repris l'ancien terme, et la manière dont on doit l'écrire et le prononcer a donné lieu à bien des recherches. » (*Hist. de la ville de Bordeaux*, Dissertation préliminaire, p. xx, éd. Lacaze.)

et pour le Spirituel, et pour le Temporel, seront les preuves certaines de cette Dignité et Noblesse dans toutes les Parties de ce livre. Ce Chapitre n'en donnera qu'une idée en general, dans une brieve proposition que j'y feray des honneurs que luy ont rendus, et de l'estime particuliere qu'en ont fait les Papes et les Roys.

II. Pour les Papes, à commencer par Clement V. qui s'esleva à cette charge supreme, par les degrez de Chanoine de cette Eglise, puis d'Archevesque de Bourdeaux, et qui pour cette raison connoissoit mieux ce que valoit cette Eglise : ce Souverain Pontife dans une Bulle d'Indulgences, qu'il donna en sa faveur, datée de Poitiers du 12 fevrier l'an de grace 1308. et le 3e de son Pontificat, l'appelle, *une Eglise Venerable, joüissant de plusieurs avantages, qui la rendoient tres illustre* [a]. Il dit qu'elle estoit, *sa Fille bien-aimée, qu'elle reposoit au milieu de son cœur, et qu'il la portoit dans les entrailles de sa charité* [b]. C'est ainsi qu'il unissoit son affection a l'estime qu'il faisoit de cette Eglise.

III. Le Pape Urbain II. en avoit parlé aussi honorablement plus de deux cens ans avant Clement V. Il la nomme dans une Bulle du 3. may l'an 1099. et le 12e de son Pontificat, *sa fille qui luy avoit esté tousjours unie par un singulier privilege de son amour* [c]. Gregoire IX. apres Alexandre III. declara dans une Bulle datée de Perouse le 12. aoust l'an 1228. et le 2. de son Pontificat, *qu'il la prenoit soubs sa protection, et soubs celle de sainct Pierre* [d]. Les Papes qui suyvirent Clement V. l'estimerent comme ses predecesseurs. Eugene IV. dans une bulle datée de Florence le 12. janvier

---

[a] Ecclesia Venerabilis, multæ coruscans Privilegio dignitatis.
[b] In medio pectoris Apostolici, sicut filia prædilecta recumbens, in charitatis visceribus illam præ nimiâ dilectione portamus.
[c] Filiam nostram unico Privilegio Amoris nobis semper adjunctam.
[d] Sub beati Petri, et nostra protectione suscipimus.

l'an 1441. et le 11ᵉ de son Pontificat, dit que *c'estoit sa volonté, non seulement de conserver, mais encores d'augmenter la Dignité, l'Authorité, et la Prééminence de cette Eglise* ᵃ. Et Pie II. qui luy accorda la grace de l'exemption dont elle jouyt, marque dans une Bulle du 6. may, l'an 1463. et le 5ᵉ de son Pontificat, *qu'elle passoit pour une Eglise tres-belle, tres-ancienne et tres-illustre entre toutes les autres Eglises d'Aquitaine* ᵇ.

IV. Cette Eglise n'a pas esté moins cherie et honorée de nos Roys que du sainct Siege. Elle fut expressement designée dans le Testament de l'Empereur Charlemagne, rapporté par Eginhart, pour estre une des Eglises à qui cét Empereur leguoit une partie de ses biens. C'estoient les Eglises Metropolitaines de Rome, Ravenne, Milan, Frioul[1], Grado[2], Cologne, Mayence, Saltzbourg, Roüen, Treves, Sens, Bezançon, Lion, Reims, Arles, Vienne, Tarantaise, Ambrun, Bourdeaux, Tours, et Bourges. L'empereur Louis le Debonnaire son fils, tesmoigna autant d'affection et de consideration pour elle, que l'Empereur son pere, dans les Patantes qu'il donna pour son immunité, que je rapporteray tout au long dans la 3ᵉ Partie de ce Livre. Les Ducs ou Comtes de Gascogne, ou de Guyenne, qui vindrent quelque temps apres, luy rendirent des honneurs semblables, et la comblerent de pareilles libéralités, à l'imitation de ces Empereurs, *connoissant que les anciens Roys Charles, Louys, ou Pepin, ont eu une fort grande veneration pour cette Eglise, et l'ont*

---

a Dignitatem, Authoritatem et Præeminentiam Ecclesiæ vestræ, volumus non solum conservari, sed etiam augeri.

b Quæ inter cæteras Aquitaniæ Ecclesias insignis, vetusta, et decora admodum reputatur.

1. Frioul, *Cividade de Friuli*. L'archevêque d'Aquilée prenait aux vıııᵉ et ıxᵉ siècles le titre d'archevêque d'Aquilée et de Frioul.

2. Grado, ancien patriarchat d'Aquilée, transféré à Venise depuis l'année 1451.

puissamment enrichie de toute sorte de biens. C'est ainsi qu'ils en parlent dans le Titre de Donation qu'ils firent du droict de la Monnoye[1] au Chapitre de cette Eglise, et depuis, les Roys d'Angleterre Ducs de Guyenne, et apres eux, nos Roys ont déclaré qu'ils ne l'estimoient pas moins, dans les sauvegardes, immunités, franchises, et nouveaux Privileges qu'ils luy ont accordés, et dans les anciens qu'ils luy ont confirmés, comme il se verra à la suitte de cét ouvrage. Je diray seulement qu'il y a plus de 500. ans, que le Roy Louis VII. declara dans un Acte public, qu'il avoit conneu la Dignité de la Noble et celebre Eglise de Bourdeaux, tant par le rapport que luy en avoient fait des Vieillards, que par des Escrits tres anciens.

IV. Hac igitur intentione atque proposito omnem supellectilem, atque substantiam suam tam in auro, quam in argento, gemmisque, et ornatu Regio, quæ illa die in Camera ejus inveniri poterat, primo quidem trina divisione partitus est. Deinde easdem partes subdividendo, de duabus partibus xxi. partes fecit et tertiam integram reservavit, et duarum quidem partium in xxi. partes facta divisio tali ratione consistit, ut quia in regno illius Metropolitanæ Civitates xxi. esse noscuntur, unaquæque illarum partium ad unamquamque Metropolim per manus hæredum et amicorum suorum Eleemosinæ nomine perveniat, et Archiepiscopus, qui tunc illius Ecclesiæ rector extiterit, partem quæ ad suam Ecclesiam data est suscipiens, cum suis suffraganeis partiatur, eo scilicet modo, ut *pars tertia suæ Ecclesiæ sit,* duæ vero partes inter suffraganeos dividantur. Harum divisionum quæ ex duabus primis partibus factæ sunt, et juxta Metropoliticarum Civitatum numerum xxi. esse noscuntur, unaquæque ab alia sequestrata semotim in suo repositorio cum superscriptione Civitatis ad quam perferenda erat, condita jacet. Nomina vero Metropoliticarum Civitatum ad quas eadem Eleemosina vel largitio data est hæc sunt: Roma, Ravenna, Mediolanum, Forumjulii, Gradus, Colonia, Moguntiacum, Vivanum (Juvavum) quæ et Salzburgum, Rotomagus, Treveri, Senones, Vesuntium, Lugdunum, Remi, Arelatum, Vienna, Tarantasia, Ebrodunum, BURDIGALA, Turones, Bituriges. *(Eginhartus de vita et gestis Caroli Magni.)*

Quam ab antiquis Regibus, Carolo videlicet, ac Ludovico seu Pipino, cæterisque summa veneratione quondam habitam, omnibusque bonis potenter ditatam agnovimus. *(Extat tit. in Chartophyl. Eccl. Burdig.)*

Nos nobilis quondam et famosæ Burdigalensis Ecclesiæ, tam ex seniorum relatione, quam ex scripturarum antiquitate cognoscentes dignitatem. *(Extat instrumentum ibid. et referetur Cap. 4. 3 partis.)*

1. Le Chapitre métropolitain avait droit au tiers de la monnaie qui se frappait à Bordeaux. L'exercice d'un droit aussi considérable lui suscita de graves difficultés dont nous raconterons l'histoire, en son lieu, dans un article complémentaire.

CHAPITRE II

Le premier establissement de l'Eglise de Bourdeaux.

UNE des choses qui rend une Eglise plus Venerable, est son ancienneté, elle ne manque pas à l'Eglise de Bourdeaux. La tradition immemoriale que nous en avons, rapporte sa premiere fondation au mesme jour que Sainct André souffrit le martyre dans la Ville de Patras. Ce fut avant l'année 74. car c'est l'année que mourut Sainct Martial[1]. Cette tradition est énoncée dans une Bulle d'Innocent VIII. du 25. fevrier 1488. le 5ᵉ

---

[1]. Saint Martial est, d'après la tradition, l'enfant que le Sauveur bénit et au sujet duquel il dit ces paroles touchantes : « Laissez venir à moi les petits enfants. » C'est encore lui qui portait les cinq pains d'orge que Jésus multiplia dans le désert. Le jeune Martial s'attacha plus tard aux pas de saint Pierre qu'il suivit à Antioche, puis à Rome. De Rome, Pierre l'envoya prêcher en Gaule. Mgr Cirot de La Ville a tracé la carte de l'itinéraire de saint Martial. En voici les principales stations : Rome, Ravenne, Gracchianum (Colle en Toscane), Marseille, Bourges, Tours, Limoges, Angoulême, Saintes, Noviomagus (capitale du Médoc), Bordeaux. M. l'abbé Arbellot, Mgr Cirot et l'auteur de *l'Apostolat de sainte Véronique en Aquitaine,* ont raconté de nos jours l'histoire de saint Martial. Un carme du XVIIᵉ siècle, le R. P. Bonaventure de Saint-Amable avait traité déjà d'une façon magistrale toutes les questions relatives à l'évangélisation de l'Aquitaine au premier siècle. Natif de Bordeaux, baptisé dans l'église de Saint-André, le P. Bonaventure se fait un devoir de célébrer les gloires de notre église primatiale. Il veut surtout venger saint Martial des négations de Launoy, surnommé « le dénicheur de saints ». L'auteur apostrophe en ces termes, dans la préface de son grand ouvrage, l'apôtre de l'Aquitaine : « Je voy que quelques esprits » passionnez ou peu éclairez, ont comploté de vous enlever le

de son Pontificat, où le Pape declare que cette Eglise estoit la premiere dans le monde, fondée soubs le nom de Sainct André, et fondée le mesme jour que ce grand Apostre souffrit le martyre, suyvant la revelation qui en fut faite à Sainct Martial, preschant pour lors dans la Ville de Bourdeaux[1]. Avant mesme cette Bulle, le Chapitre declara que c'estoit son ancienne croyance, *que l'Eglise de*

» plus beau fleuron de votre couronne et en vous privant de
» l'honneur que Jésus-Christ vous a fait de vous choisir pour
» disciple, priver la Gaule de son apôtre. Après tant d'écrits qui
» ont fait gémir plus de personnes vouées à votre culte que de
» presses, après tant de raisons ou colorées de quelque apparence
» de vérité, ou qui n'ont pas été assez convaincues de mensonge,
» il est à propos de ne dissimuler plus. On a donné au public des
» dissertations qui vous sont injurieuses et personne ne les a
» refutées! On a concerté de chasser de ce royaume très chrétien
» le christianisme qui y fleurit au commencement de l'Église par
» vos soins, et de tant d'autres flambeaux qui y portèrent leur
» lumière, se joignant à vous, comme des étoiles à leur soleil,
» et on a négligé de repousser ces agresseurs ingrats aussi bien
» qu'injustes! Je feray donc ce que disait autrefois ce brave Simon
» Machabée : *Dans cette conjoncture où votre gloire court tant*
» *de hasard, je n'épargneray aucun travail pour maintenir votre*
» *dignité parmi cette nation qui est votre conquête.* »

Le B. Bonaventure a servi plus que personne la cause de l'école traditionnelle contre l'école prétendue historique. Il fut pour l'Aquitaine ce que M. l'abbé Faillon a été depuis pour la Provence. Toutefois, ses deux volumes in-folio renferment beaucoup de longueurs, et la critique y fait souvent défaut.

1. Le premier oratoire fondé à Bordeaux par saint Martial, apôtre de l'Aquitaine, fut dédié à saint Étienne. Il se trouvait en dehors des murs, à l'endroit où s'éleva plus tard l'église Saint-Seurin. Martial ayant fait quelques conversions dans l'enceinte même de la ville, y établit un second sanctuaire. Il se proposait de le dédier à saint Pierre dont il avait été le disciple : mais averti soudainement par une vision miraculeuse que l'apôtre saint André venait « de souffrir en croix » pour Jésus-Christ à Patras, en Achaïe, il érigea cette église sous le vocable de saint André. Le pape Innocent VIII consacre dans une bulle le fond de cette tradition. Il reconnaît que l'église de Bordeaux est la première qui ait été fondée dans tout l'univers sous le vocable de Saint-André.

Bourdeaux avoit esté fondée par des personnes Religieuses, du temps de Sainct Pierre[a], comme il est énoncé dans un Arrest du Parlement de Paris, donné en faveur de son Exemption, le 20. mars 1461.

II. Il semble que S. Gregoire de Tours a esté contraire à cette tradition, escrivant au Livre de l'Histoire de France Ch. 30. que c'est soubs le Consulat de Decius et Gratus, c'est à dire l'an 252. que sept Evesques furent envoyez dans les Gaules pour y annoncer la Foy, Gratian à Tours, Trophime à Arles, Paul à Narbonne, Saturnin à Toulouse, Denis à Paris, Stremonius à Clermont, et Martial à Limoges. Tellement que suivant cét Autheur, ce ne seroit pas S. Pierre, qui auroit envoyé S. Martial à Limoges, mais le Pape S. Fabian, qui vivoit cette année 252. apres laquelle année il faudroit assigner le premier establissement de l'Eglise de Bourdeaux. *Les Autheurs recens*[1], qui ont impugné avec ce tes-

---

[a] Quod Ecclesia Burdigalæ à primævo tempore S. Petri de personis Religiosis fundata extiterat.

1. Lopès désigne ici, par « les auteurs récents », l'école de Launoy. Ce docteur célèbre affectait d'avoir en tout des opinions singulières. « Il avait trouvé moyen, dit Bossuet, d'être tout ensemble semi-pélagien et janséniste, » ce qui n'empêcha pas Messieurs de Port-Royal de l'accuser, à la même époque, d'être le pensionnaire des Jésuites. Launoy se déclare l'ennemi de toutes les traditions qui faisaient remonter au 1ᵉʳ siècle l'établissement du christianisme dans les Gaules. (Voir en particulier son écrit intitulé : *Dispunctio epistolæ de tempore quo primùm in Galliis suscepta est Christi fides*. Paris, 1659. — Voir aussi les quatre ouvrages dans lesquels il combat les traditions de l'Église de Paris et celles de la Provence, concernant l'apostolat de saint Denis l'aréopagite, de saint Lazare, de sainte Madeleine et de sainte Marthe.)

« Le dénicheur de saints, dit Dom Bonaventure d'Argonne, était redoutable au ciel et à la terre. Il a plus détrôné de saints du paradis que dix Papes n'en ont canonisé. Tout lui faisait ombrage dans le Martyrologe. Le curé de Saint-Eustache de Paris disait : « Quand je rencontre le docteur de Launoy, je le » salue jusqu'à terre, et ne lui parle que le chapeau à la main, et

moignage, la venuë de S. Denis en France du temps de S. Pierre, l'ont aussi employé contre la Mission de S. Martial, faite par le mesme Apostre, et ont adjousté un passage de Severe, qui florissoit sur la fin du 4e siecle,

» avec bien de l'humilité, tant j'ai peur qu'il ne m'ôte mon
» Saint-Eustache *qui ne tient à rien.* »

Les théories de Launoy manquaient de fondement. Le texte de Grégoire de Tours et celui de Sulpice Sévère ne pouvaient arrêter longtemps le flot de la tradition ; il avait repris son cours dès le temps de Lopès. L'école traditionnelle fut toujours représentée par des savants de premier ordre; elle se glorifie de Mabillon, de Bellarmin, de Baronius, de Pagi, de Sponde, de Pierre de Marca, etc., et des nouveaux Bollandistes.

M. Paulin Paris, de l'Institut, qui s'est fait parmi nous le rééditeur et le continuateur de la grande œuvre bénédictine intitulée: *Histoire littéraire de la France*, n'a pas hésité à rétracter formellement son opinion précédente.

« Nous avouons, dit-il, avoir professé longtemps le sentiment de Tillemont sur les origines asiatiques du christianisme, mais les nouveaux arguments présentés par les soutiens de l'opinion contraire nous ont complètement amené à une conviction différente. Rome où le christianisme faisait chaque jour de nouveaux progrès depuis le règne de Néron, Rome avait des rapports trop immédiats, trop continuels avec la Gaule pour que les prêtres et les confesseurs n'eussent pas passé dans cette pépinière de rhéteurs, de philosophes, de grammairiens, qui ne cessaient d'aller ou de venir de Rome à Lyon, Arles, Marseille, Toulouse, Nîmes, Narbonne. Non, cela nous paraît aujourd'hui moralement impossible; car nos grandes cités vivaient de la vie, des sentiments, des mœurs de la Rome impériale. Et, supposer que le christianisme qui avait déjà envahi la Germanie et l'Espagne, n'eût pas assez de retentissement pour que le bruit en arrivât à la Gaule, c'est aller contre Sénèque, Pline et Tacite, c'est fermer les yeux à la lumière de l'histoire. »

Nous ajouterons les lignes suivantes d'une lettre adressée le 17 mai 1859 par M. Augustin Thierry à M. l'abbé Arbellot, au sujet des *Documents inédits sur l'apostolat de saint Martial et sur l'antiquité des églises de France :*

« MONSIEUR,

» J'ai lu avec un vif intérêt votre mémoire sur la date de l'apostolat de saint Martial. *Je crois que vous avez pleinement raison,* et qu'en ce point la tradition locale prévaut réellement contre l'histoire. »

et qui parlant au l. 2 de son Hist. de la 5ᵉ persecution que les Chrestiens souffrirent soubs l'Empereur Aurele, environ l'an 170. *C'est lors*, dit-il, *qu'on vid premierement des Martirs dans les Gaules, le Christianisme ayant esté plus tard reçeu au delà des Alpes*ᵃ. Suyvant lesquelles paroles, il semble que la France n'estoit pas Chrestienne soubs les quatre persecutions precedentes de Neron, de Domitian, de Trajan, et d'Adrian, dont la derniere s'arresta seulement l'année 128. autrement elle eust esté envelopée dans ces persecutions, comme les autres Provinces de l'Empire ; et si la Foy n'a pas esté reçeuë dans les Gaules, qu'apres l'année 128. S. Martial ne l'y avoit pas introduite au temps de S. Pierre, qui mourut l'année 69.

III. Neantmoins ces raisons ne paroissent pas assez fortes, pour destruire la tradition non seulement de l'Eglise de Bourdeaux, mais de celle de Limoges et des autres Eglises, qui rapportent à S. Pierre la Mission de S. Martial dans les Gaules : et cetté tradition est d'autant plus recevable qu'elle se trouve authorisée dans quatre Conciles, un de Bourges, un de Poitiers, deux de Limoges, que le Cardinal Baronius a rapportés dans les années 1029. 1032. et 1034.ᵇ On n'y agita point si S. Pierre l'avoit envoyé, ou non, mais s'il falloit l'honnorer comme un *Confesseur seulement*, où comme un *Apostre;* et pour arrester qu'on l'honnoreroit en cette dernière qualité, on employa la croyance et la tradition commune, qu'il avoit esté Disciple de Jesus-Christ, et que s'estant attaché à S. Pierre, il en avoit reçeu la Mission, pour annoncer la Foy dans les Provinces des Gaules. Cette tradition fut supposée comme veritable. On n'entra point en dispute sur *le temps* de sa Mission, mais sur *sa qualité :* et les Peres de ces Conciles jugerent, qu'il faloit luy decerner

---

a Ac tùm primùm intrà Gallias visa Martyria seriùs trans Alpes, Dei Religione susceptâ.
b In Annal. Eccles.

les *honneurs d'un Apostre,* parce *qu'on ne pouvoit douter de sa Mission faite par* S. *Pierre,* suyvant l'ancienne tradition, preferable à ce qu'on eust peu alleguer, de Severe, et de S. Gregoire de Tours, qui ne fut point allegué, et qui n'estoit pas inconnu à ces Evesques. Le Pape Jean XX. eut le mesme sentiment, et l'escrivit à Jourdan Evesque de Limoges, qui vivoit en ce temps-là, et à tous les Evesques de France. Sa Lettre qui se conservoit aux Archives de l'Abbaye de S. Martial de Limoges, et d'où Mr. de Sponde[1] asseure[a] l'avoir leüe, a esté renduë publique par Claude Robert[2] escrivant la vie d'Aymon[3], au Catalogue des Archevesques de Bourges.

a In Epit. Baron. an. 1029.

1. H. de Sponde, frère du savant lettré Jean de Sponde *(Spondanus),* était né dans le calvinisme à Mauléon, en 1568. Il abjura l'hérésie et Henri IV voulut être son parrain. Le nouveau converti devint évêque de Pamiers. Nous lui devons un *abrégé* et une *continuation* des *Annales ecclésiastiques* de Baronius.

2. Claude Robert est, avec Chenut et l'auteur anonyme du *Patriarchat de Bourges,* l'historien le plus autorisé de cette dernière église. (Voir *Gallia Christ.,* t. II, p. 5.)

3. Aymon, dont parle ici Lopès, est le 56ᵉ archevêque de Bourges, d'après le *Gall. Christ.* et le 57ᵒ d'après l'*Annuaire* publié par la *Société de l'Histoire de France.* Il assista, en 1031, au célèbre concile de Limoges où il fut décrété que saint Martial prendrait désormais dans la liturgie le titre d'*apôtre* et non celui de simple *confesseur.* « Inter 25 canones ibidem conditos, prior est qui » S. Martialis Aquitaniæ doctoris nomen et memoriam, non amplius » *inter confessores* sed *inter apostolos* haberi decernit ac celebrari; » hocque in ordine censeri, tam in litaniis, quam in aliis divinis » officiis. » (*Gall. Christ.,* t. II, p. 41.)

Cette question avait été déjà soumise au Saint-Siège, sous le pontificat de Benoît VIII, mort en 1024, par Jourdain, évêque de Limoges. Elle ne fut résolue que sous Jean XX. La lettre de ce pape, qui servit de base à la décision du concile de Limoges (1031), était écrite depuis deux ans (1029), si nous en croyons Claude Robert dans son abrégé de Baronius. (Voir aussi Joann. XX, epist. XV, Patr. lat., t. CXLI, col. 1149.) Lopès en cite quelques lignes à la fin du chapitre. (Voir aussi l'*Histoire générale de l'Église,* par l'abbé Darras, t. XX, p. 565.)

J'en rapporteray les termes les plus affairants, et ceux du Concile de Bourges, parmy les preuves de ce Chapitre.

IV. Une tradition si ancienne, et si bien authorisée, ne doit point estre laissée pour les deux passages qu'on luy oppose, et qui ne sont pas sans response. Car pour le passage de Severe, il peut estre vray que la Foy ne fut pas si tost reçeuë dans les Gaules, que dans l'Asie, la Grece, ou l'Italie, quoy que S. Gregoire de Tours, qu'opposent les Autheurs contraires, ne semble pas estre du sentiment de Severe : puis qu'il a escrit, qu'une Dame des Gaules, estant allée en Hierusalem, pour y voir Nostre Seigneur, en rapporta à son retour du sang de S. Jean Baptiste, dans une phiole[a], et s'estant arrestée à la Ville de Bazas, y bastit une Eglise à son honneur, et mit ce sang sur les saincts Autels[1]. Mais si la Foy fut reçeuë plus tard dans les Gaules; il ne s'ensuit point qu'elle n'y estoit pas reçeuë au temps des persecutions, qui precederent la persecution d'Aurele. Si cela eust esté, Justin martyr, qui preceda Severe plus de deux siecles entiers, n'eust pas avancé, comme il fit, dans la Ville de Rome, et dans une Apologie adressée[b] à un Empereur pour la Religion Chrestienne, que les douze Apostres estant sortis de Hierusalem, s'estoient respandus dans le Monde, et y avoient annoncé à tout le genre humain, leur Mission et l'Evangile de leur Maistre. Comment le pouvoit-il asseurer, si, ny les Apostres, ny les Disciples des Apostres ne

---

[a] Lib. 1. mirac. cap. 12. — [b] Apol. 2 ad Antoninum Pium, post medium.

[1]. Consulter au sujet de cette tradition le *Baptista Salvatoris*. Cet ouvrage fut publié vers l'an 1140 par Garcias, chanoine et plus tard évêque de Bazas. En 1529, le chanoine bazadais Dibarrola dédiait à ses confrères du Chapitre une copie du précieux manuscrit du xiie siècle. Le manuscrit de Dibarrola se conserve à la Bibliothèque Sainte-Geneviève (Œ. 290, 2). En 1530, Claude Garnier l'imprima sur vélin en caractères gothiques. Dom Aurélien en a donné une deuxième édition. (Paris, Lecoffre, 1880.)

l'avoient pas annoncé dans les Gaules, une Province des plus considerables de l'Empire? Orose contemporain de Severe l'explique aussi fortement que Justin au liv. 7. de son Hist. c. 10. où il dit que l'Empereur Domitian se porta à cette impiété, *que de vouloir arracher avec les Edits d'une cruelle persecution, l'Eglise de Jesus-Christ tres-puissamment establie dans tout le Monde*[a]. Et si la France n'eust pas esté Chrestienne au temps de Domitian, Orose pouvoit-il parler de cette maniere, parlant du Monde connu, et sousmis à l'Empire des Romains? Disons-donc qu'elle estoit Chrestienne durant les persecutions, qui precederent la persecution d'Aurele : et que des Docteurs François ne luy ostent pas (pour quelque passage obscur) la gloire de l'ancienneté de sa Religion, qu'ils ne contestent pas aux Nations plus farouches et plus eloignées, où nous avons moins de preuves, que les Apostres ou leurs Disciples ayent porté la Foy, que dans les Gaules. Que si Severe n'a pas marqué des Martyrs dans la France sous l'Empereur Aurele, soubs lequel il dit qu'on commença de les voir; il dira vray en ce sens, que jusqu'à luy la persecution n'y fut que bien legere, que peu de personnes y souffrirent pour la Foy qui n'y avoit pas esté si tost reçeuë, et n'y paroissoit pas encores avec tant d'esclat, que dans les autres Provinces de l'Empire, lesquelles pour cette raison estoient plus exposées à la fureur de l'Idolatrie. Mais comme du temps de cét Empereur, la France se trouva fort Catholique, ce fut lors, dit Orose[b], que la persecution y fut grande, et que l'on commença d'y voir partout couler le sang des Martyrs.

V. Apres cette explication de Severe, reste la response que nous devons faire à S. Gregoire de Tours. Je ne

---

[a] Ut confirmatissimam toto orbe Christi Ecclesiam datis ubique crudelissimæ persecutionis edictis convéllere auderet.
[b] Lib. 7. c. 15.

veux point dire avec le Cardinal Baronius, qu'en ce point *il a fort notablement erré*[a]. Je diray seulement qu'il ne parle en ce lieu, de la Mission de S. Martial et de ses compagnons, que sur le rapport d'un Historien esloigné du temps de ces 7. Evesques, qui n'avoit point d'autre asseurance que « la fidelité, dit-il, d'un souvenir, ou d'une tradition de son temps. » Ce n'estoit donc qu'une tradition, mais ce n'estoit pas une tradition à laquelle S. Gregoire adjoustat une foy entiere, parce que le mesme S. Gregoire au 1. *Liv. des Miracles,* ch. 48. rapporte, sans l'impugner, une tradition contraire de son temps, que S. Saturnin avoit esté ordonné par les Disciples des Apostres, et envoyé dans la Ville de Thoulouse[b], au lieu que l'autre retardoit sa Mission bien long temps apres, soubs le Consulat de Decius et Gratus, et puis que S. Gregoire ne l'a pas reçeuë comme une tradition asseurée, son tesmoignage doit-il prevaloir à l'ancienne tradition de plusieurs Eglises ?

VI. On a dit pour éluder la force de cette response, que S. Gregoire de Tours escrivit en sa jeunesse le *Livre des Miracles,* et qu'il escrivit l'*Histoire de France* dans un aage plus avancé : que ce dernier ouvrage a esté comme une retractation du premier, aux endroits où ils se trouvent contraires : que S. Gregoire au premier se sert du terme, « *ut fertur, comme il est rapporté,* » et au dernier, de ces termes, « *sicut fideli recordatione retinetur, comme l'on s'en souvient avec fidélité,* » ce qui est parler, au dernier, comme d'une chose asseurée; et au premier, suyvant un bruit incertain auquel il ne falloit pas adjouster beaucoup de foy.

VII. Mais pour destruire ces repliques, je diroy, 1° que ces paroles, « *sicut fideli, etc.,* » ne sont point de

---

a Insigniter erravit. *in Martyrolog.*
b Saturninus ut fertur ab Apostolorum Discipulis in urbem Tolosatium est directus.

S. Gregoire, mais de l'Historien du Martyre de S. Saturnin; que S. Gregoire dit seulement, « *sicut Historia denarrat,* » paroles qui ne sont pas plus fortes que celles-ci, « *ut fertur,* » dont il s'est servi en plusieurs Chapitres de ce *Livre des Miracles,* comme de celles-ci, « *ferunt, feruntur;* » et s'il les faloit traiter comme d'un bruit incertain et fabuleux, qu'il y auroit à doubter dans ces relations miraculeuses de S. Gregoire, auquel ces Autheurs paroissent si attachez! 2° S. Gregoire tesmoigne dans la Preface des *Livres des Miracles,* que ce ne sont point des fables qu'il entreprend d'escrire, mais des choses qui edifient l'Eglise de Dieu. Et dans la Preface, sur son *Livre de la gloire des Confesseurs,* il dit qu'il ne rapporte rien touchant les Vertus des Saincts, que ce qu'il a veu, ou qu'il a certainement conneu, suyvant la relation des gens de bien, et d'une foy asseurée. 3°. Bien loin que S. Gregoire se soit retracté au Livre de son *Histoire de France,* de ce qu'il avoit avancé en ce *Livre des Miracles* : qu'au contraire, rapportant à la fin de *cette Hist.,* les Livres qu'il avoit composés, où celui-cy est comprins; il conjure tous les Evesques ses successeurs, d'avoir soing de la conservation de ces Livres, et ne pas souffrir qu'on en lise quelque chose, et qu'on omette le reste : mais de faire en sorte que tout demeurast en son entier, ainsi qu'il l'avoit laissé. Apres quoy, on ne peut dire que S. Gregoire se soit voulu retracter de ce qu'il avoit escrit.

VIII. Puis donc que la tradition touchant la Mission et le martyre de S. Saturnin (suyvant laquelle S. Gregoire a dit qu'il fut envoyé en France avec ses compagnons S. Martial, S. Paul, etc. soubs le Consulat de Decius) n'est pas conforme à cette autre tradition de son temps, qu'il y fut envoyé par les Disciples des Apostres, laquelle tradition il a aussi rapportée sans la reprouver; nous avons sujet de croire que S. Gregoire n'estimoit point la premiere tradition asseurée. Elle n'est donc pas suffisante pour renverser la tradition immemoriale des Eglises de Bourdeaux, de Limoges, et autres : tradition receuë par les Papes et par les Conciles, qui porte que S. Martial fut envoyé dans les Gaules par S. Pierre. Et si le mesme S. Gregoire a dit ailleurs, *qu'il y fut envoyé par les Evesques de Rome*[a], cela n'est pas contraire à nostre tradition : car et Severe[b], et S. Gregoire de Tours[c], appellent S. Pierre Evesque de la Ville de Rome. Apres quoy nous conclurrons pour mettre fin à ce Chapitre, qu'il n'y a rien dans Severe, dans S. Gregoire de Tours ou ailleurs, qui nous empesche de croire, suyvant la tradition que nous en avons des siecles passez, que S. Martial envoyé par S. Pierre, est le premier Fondateur de nostre Eglise[1].

[a] Martialis à Romanis missus Episcopis *(L. de glor. confess.* cap. 27.)
[b] Sulpicius Severus L. 2. *Hist.* — [c] Greg. Tur. L. 1. *Mir.* c. 28.

1. Lopès discute admirablement les textes de Grégoire de Tours et de Sulpice Sévère. La critique moderne est en possession d'un document que notre auteur ne connut point. Nous voulons parler du manuscrit syriaque découvert par deux Anglais en 1839, au monastère de Scété. La pièce est du vi[e] ou du viie siècle. Elle est en tout conforme à un autre manuscrit du xiiie siècle que le cardinal Maï avait déjà publié, et qui se conserve aux archives du Vatican. En voici la traduction : « Rome et toute l'Italie, l'Espagne, la Grande-
» Bretagne et *la Gaule,* avec les autres contrées voisines, virent
» s'étendre sur elles la main sacerdotale des apôtres, *sous la direction*
» *de Simon Céphas,* qui, en quittant Antioche, alla instruire et
» gouverner l'Église qu'il édifia à Rome et chez les peuples voisins. »
(Angelo Maï, *Script. vet.*, t. X.)

Ainsi, deux siècles avant les découvertes de l'abbé Faillon sur l'apostolat de sainte Marie-Madeleine, en Provence, et malgré l'opposition qu'il rencontrait dans les idées de son temps, Lopès tient pour l'école traditionnelle et fait remonter à saint Martial l'évangélisation de Bordeaux. Toutefois, dans la deuxième partie, il glisse rapidement, comme on le verra, sur les évêques de cette ville durant les trois premiers siècles. Diverses monographies, où sont remises en lumière et discutées à fond les antiquités religieuses de l'Aquitaine, nous permettront de le compléter en cet endroit.

I. Ecclesia quæ inter Metropolitanas Regni Franciæ Ecclesias *valde insignis, et sedi Apostolicæ immediatè subjecta, ac in toto terrarum orbe prima sub vocabulo B. Andreæ Apostoli* Sancti Petri Apostolorum Principis germani fundata existit, die ab olim qua passus est, per revelationem divinitus B. Martiali fidem Catholicam ibidem prædicanti factam, erecta. *(Ex bull. Inn. VIII. In arch. Eccl. Burdig.)*

II. Hujus (Decij) tempore septem viri Episcopi ordinati ad prædicandum in Gallias missi sunt, sicut historia passionis Sancti Martyris Saturnini declarat. Ait enim : « sub Decio et Grato Consulibus, sicut fideli recordatione retinetur, primum ac summum Tholosana civitas S. Saturninum habere cœperat sacerdotem. » Hi ergo missi sunt : Turonicis Gratianus Episcopus : Arelatensibus Trophimus Episcopus : Narbonæ Paulus Episcopus : Tholosæ Saturninus Episcopus : Parisiacis Dionysius Episcopus : Arvernis Stremonius Episcopus Lemovicinis Martialis est destinatus Episcopus. *(Gregor. Turon. hist. Franc. l. 1. c. 30.)*

III. Ego Aymo Archiepiscopus, an. Inc. Dom. 1031. Indict. 14. In Concil. Bituric. quod actum est cum consensu Coepiscoporum seu Abbatum reliquorumque fidelium qui ibidem præsentes adfuerunt, decrevi et propriâ authoritate firmavi, ut privilegium D. Joannis Rom. sedis Papæ, quod isdem Domin. instituit, et Episcopis et Abbatibus et reliquis fidelibus totius Galliæ misit, inconvulsum et illibatum permaneret, scilicet, *ut B. Martialis in numero Apostolorum, tam in litaniis quam in omnibus divinis officiis computaretur et esset*. Nec immerito, est quippe dignum, sicut in gestis ejus reperimus insertum, illum videlicet tam in Cæna Domini, quam in Passione, nec non in Resurrectione, Ascensione quoque præsentem adfuisse, *et cum cæteris Apostolis Spiritum Sanctum accepisse. Quia etsi reliquarum gentium Apostolus non est, totius tamen Galliæ ad christianismum convertendæ princeps et Apostolus est, etc.* Hæc sunt nomina Episcoporum qui interfuerunt, Aymo Archiepiscopus Bituricensis, Jordanus Lemovicensis, Stephanus Valacensis, Renco Arvernensis, Amelius Albigensis, Deus det Cadurcencis, Raymundus Mimatensis.

Joannes Episc servus servorum Dei Jordano Episcopo, et ejus clero, cunctisque Episcopis Galliarum etc. Beatissimus Martialis sicut in gestis ejus reperimus, docente Christo in mundo et præcipiente, à Petro Apostolorum Principe baptisatus est etc. Deinde Principi Apostolorum adhæsit, utpote carne propinquus et baptismate filius, à quo præcipiente Christo ad predicandum provinciis Galliarum est destinatus, etc. *(Apud Claudium Robertum in Gall. Christiana, in vita Aymonis Bitur. Archiep.)*

IV. A Galliis Matrona quædam Hierosolyma abierat pro devotione tantum, ut Domini et Salvatoris nostri præsentiam mereretur. Audiens autem quod B. Joannes decollaretur, cursu illuc rapido tendit, datisque muneribus supplicat percussori, ut eam, sanguinem defluentem colligere permitteret : illo autem percutiente, Matrona concham argenteam præparat, truncatoque Martyris capite, cruorem devota suscepit. Quem diligenter in ampulla positum in patriam detulit, et apud Vasatensem urbem, ædificatâ in ejus honore Ecclesiâ in sancto altari collocavit. *(Gregor. Turon. l. 1. mirac. c. 12.)*

VII. Quos libros licet stilo rusticiori scripserim, tamen conjuro omnes sacerdotes Domini, qui post me humilem Ecclesiam Turonicam sunt recturi, per adventum D. nostri Jesu Christi ac terribilem reis omnibus judicii diem, si neque confusi de ipso judicio discedentes condemnandi estis cum diabolo, ut neque libros hos abolere faciatis, aut rescribi, quasi quædam legentes, et quasi quædam prætermittentes, sed ita omnia vobiscum integra inlibataque permaneant, sicut à nobis relicta sunt. *(Idem. l. 10. hist. Franc. in fine.)*

CHAPITRE III

Les derniers establissements de l'Eglise de Bourdeaux.

ORSQUE j'ay avancé que S. Martial avoit donné le premier establissement à l'Eglise de Bourdeaux, je n'ay pas voulu dire que, de son temps, elle fut eslevée et bastie comme nous la voyons à present. Les Temples somptueux n'ont pas commencé à la naissance du Christianisme. Les grandes et continuelles persecutions des Tyrans ne l'eussent point souffert à la pieté des Fidelles. Leurs Autels et leurs Assemblées estoient dans quelques maisons des particuliers, en des grotes, et autres lieux qui se trouvoient les moins exposez aux ennemis de la Foy. La fondation et la consecration des Temples somptueux commença avec la Paix que l'Empereur Constantin donna à l'Eglise : et peut-estre l'Eglise de Bourdeaux retiendroit encores quelques marques illustres de la pieté des premiers Fidelles, qui eurent la liberté de la bastir, si la Ville n'eust eu par trois diverses fois des cruelles traverses, autant et plus qu'aucune Ville des Gaules, qui ruinerent et renverserent ce qu'elle avoit de plus rare et de plus somptueux.

II. La premiere desolation arriva soubs Evarix, ou Euric Roy de Gots, qui commença de regner environ l'année 464. et qui s'estant rendu le Maistre dans la Guyenne, ne se contenta pas de faire cruellement mourir les Archevesques, et Evesques de Bourdeaux, Perigueux, Rhodez, Limoges, Mende, Euse, Bazas, Commenges, et Aux : Il fit encores passer sa rage jusqu'aux Eglises de ces Villes, et à celles de la campagne. Sidonius qui vivoit en ce temps, rapporte cette desolation dans sa Lettre à Basilius Archevesque d'Aix[1], si grande, qu'on voyoit presque partout les toicts des Eglises qui tomboient, leurs portes enlevées, les ronces qui croissoient à leur entrée, et le bestail qui paissoit à costé de leurs Autels. La deuxiéme arriva soubs Eude Duc d'Aquitaine, environ l'année 725, par l'irruption des Sarrasins soubs leur Roy Abderame, qui ayant vaincu le Duc, entrerent dans Bourdeaux, y bruslerent les Eglises, et ravagerent toute la Province, jusqu'à la plaine de Tours, où ils furent entierement defaits par la valeur de Charles Martel, assisté des forces du Duc Eude. La troisiéme et la derniere se fit par les Normands soubs le Roy Charles le Chauve, et par deux diverses fois. La premiere, lors qu'apres avoir defait, pris et mis à mort Seguin Duc de Gascogne, au rapport de Loup[a] Abbé de Ferrieres, l'an 848. suyvant une ancienne Chronique des Exploits des Normands[b]; ils *prirent, pillerent et bruslerent* la Ville de Bourdeaux : La deuxiéme, l'an 864. qu'ils remplirent la Guyenne et la Saintonge de feu et de sang, n'espargnant ny maisons, ny Monasteres, ny Eglises.

III. Ce ravage des Normands fut si extraordinaire, que long temps apres, à peine se trouvoit-il des Chrestiens

---

a Lupus Ferrariensis, *ep. 31 ad Guenilonem.*
b *Chronicon de gestis Normannorum in Franciâ.* Captam depopulatamque incendunt.

1. Grégoire de Tours (*Hist. Franc.*, t. II, l. XXV) déplore les maux de cette invasion, et parle de la lettre de Sidoine à Basile d'Aix.

« ..... Evarix, rex Gothorum, excedens Hispanum limitem,
» gravem in Galliis intulit persecutionem. *Truncabat* passim
» perversitati suæ non consentientes, clericos carceribus subigebat :
» *Sacerdotes* verò, alios dabat exsilio, alios *gladio trucidabat*.....
» Maxime tunc Novempopulaniæ, *gemináeque germanæ* (scilicet
» *Aquitaniæ,* ita enim corrigendus textus quo datur *Germaniæ*)
» urbes ab hac tempestate depopulatæ sunt. Exstat hodieque eâ
» pro causâ ad Basilium episcopum nobilis Sidonii ipsius epistola. »

qui osassent habiter, ny la Ville, ny la Province. C'est ainsi qu'en parle le Pape Jean VIII. dans une lettre adressée au Clergé de Bourges, où il dit avoir aprins, que toute la Province estoit tellement desolée par la persecution des Payens, qu'on n'y voyoit plus de Fideles. Il escrivit la mesme chose aux Evesques de la Province de Bourges, au sujet de la translation de Frotarius Archevesque de Bourdeaux, à l'Archevesché de Bourges, dont nous parlerons ailleurs [1].

[1]. On lit dans Baurein au sujet des invasions successives que subit autrefois la ville de Bordeaux :

« Il ne faut pas croire que les Barbares n'ont fait dans le pays Bordelais qu'une invasion passagère : il est certain que les Sarrasins y ont séjourné. On retrouve encore à présent une infinité de preuves de leur séjour, et n'y eût-il que celle d'une ville qu'ils avaient fondée dans la paroisse de Villenave, près Bordeaux, au quartier de Sarcignan, dont les murs subsistent encore en partie, elle serait plus que suffisante pour établir ce que j'avance.

» A l'égard des Normands, si leur séjour dans ce pays n'est pas aussi aisé à constater, quoiqu'il en reste une preuve dans la dénomination d'une contrée située au delà de Libourne, qui retient encore le nom de Puynormand, au moins est-il certain, que pendant un siècle entier, ils n'ont cessé de ravager l'Aquitaine et le pays Bordelais.

» En 848, ils se rendirent maîtres de Bordeaux par la trahison des Juifs, et y mirent tout à feu et à sang, ainsi que l'assure l'auteur de la chronique des *Gestes des Normands :* « Normani, Burdigalam » Aquitaniæ, Judæis prodentibus captam, depopulatamque incen- » dunt. » (Baurein, *Recherches concernant Bordeaux,* p. 353.)

On trouve dans le même auteur les lignes suivantes relatives au passage des Goths dans nos contrées :

« L'archiprêtré de Fronsac, placé immédiatement au nord de celui d'Entre-Dordogne, nous fournit, dans la dénomination d'une de ses paroisses, des vestiges d'établissement d'un peuple étranger. C'est la paroisse de *Villegouge,* en Fronsadais, qu'on trouve appelée dans les anciens pouillés de ce diocèse *Villa Gosia,* c'est-à-dire ville de Gots, comme l'atteste une espèce de tradition. » (Baurein, *Variétés Bord.,* t. II, p. 263.)

Baurein n'admet point l'opinion du chroniqueur Delurbe sur la poursuite des Visigoths par Clovis jusqu'à Canéjan après la

Les Normands s'estant retirez, et la crainte qu'on en avoit ayant cessé, la Ville se repeuplant, on s'appliqua à remettre les Eglises desolées. Mais comme le restablissement d'une Eglise Metropolitaine ne pouvoit se faire sans beaucoup de frais, et que les moyens d'un peuple ruiné, n'estoient pas suffisans pour entreprendre et achever un si grand ouvrage, les Ducs ou Comtes de Gascogne voulurent imiter la pieté de l'Empereur Charlemagne, qui avoit beaucoup contribué à la remettre, apres le ravage des Sarrasins. C'est pourquoy, ne pouvant souffrir plus long temps la desolation de cette Eglise, la premiere de leur Estat, qui avoit paru avec tant de gloire et *que nous voyons* (ce sont leurs termes) *mal-heureusement ruinée à cause de nos pechez*[a]; ils donnerent la Baronnie de Cadaujac[1], le tiers du Seigneuriage de la Monnoye, et

---

a Quam peccatis nostris exigentibus miserabiliter dilapsam videmus.

bataille de Vouillé et leur extermination en un lieu qui s'appela depuis Camparrian ou Champ-des-Ariens. Quoi qu'il en soit, voici le texte de Delurbe :

« Les Visigots, conduits par leur roi Alaric, sont défaits près Poitiers, en bataille rangée, par Clovis, roi de France, et s'étant les fuyards retirés vers Bourdeaus, ils sont vivement poursuivis par le dit Clovis, et, en un village près la dite ville, lequel en raison de ce, retient pour le jourd'hui le nom de *Camparrian*, sont du tout exterminés. Clovis victorieux, ayant pris Bourdeaus et les villes circonvoisines, passa l'hiver audit Bourdeaus. » (Delurbe, *Chron.*, an 509.)

1. L'histoire de la baronnie de Cadaujac est des plus curieuses. L'abbé Baurein avait conçu le désir de la raconter longuement, mais le curé de la paroisse (en 1785) « ne jugea pas à propos de répondre aux questions qui lui furent adressées ». On trouvera cependant quelques détails intéressants sur cette paroisse dans les *Variétés girondines,* t. II, p. 372, etc. Plus gracieux que son prédécesseur au xviiie siècle, le curé actuel de Cadaujac, M. l'abbé Barreau, a pris la peine de rédiger une notice complète sur la dite baronnie. Nous résumons ce travail dans les lignes suivantes :

« Donnée au Chapitre, vers l'an 1100, par Guillaume VIII, duc d'Aquitaine, la terre de Cadaujac fut confisquée par le roi d'Angle-

autres beaux Droicts et revenus *pour la restauration de ses Edifices, et qui devoient en suitte estre unis, et appartenir à la Manse des Chanoines*[a], comme il est enoncé aux Tiltres de cette donation, et de confirmation faite par le Duc Guillaume, grand pere d'Eleonor, que je rapporteray tout au long à la troisiéme partie de ce Livre.

IV. Avec ce secours, et les libéralités des Fidelles,

[a] Ad restaurationem ædificiorum et postmodum ad Mensam Canonicorum.

terre, en 1287. Ce prince voulait punir ainsi le Chapitre de l'évasion de quelques prisonniers à Bordeaux. Quelque temps après, le roi la fit restituer à l'Église métropolitaine par Jean Lecouvers, à condition que le Chantre de Saint-André, Guillaume Gautun, s'obligerait à la rendre à la Couronne, quand il en serait requis. (Voir pièce lat. *Archiv. hist. de la Gironde*, t. II, p. 120.)

» Le château de Fougères était la résidence de MM. les Chanoines à Cadaujac. Le Chapitre était le curé primitif et le gros décimateur de la paroisse; il y jouissait du droit de haute justice et en était d'ailleurs le seigneur foncier et direct. (Voir Baurein, t. II, p. 373.)

» En 1565, une transaction à laquelle la commune de Cadaujac doit en grande partie sa prospérité présente, fut passée au château de Fougères, entre les chanoines de Saint-André et les habitants de Cadaujac. Par cette transaction, le Chapitre cédait à la paroisse de Cadaujac *la moitié des vacants et padoins* (landes propres à faire paître le bétail, aujourd'hui *broustey*), *moyennant la redevance, de dix ans en dix ans, à la dite église de Saint-André, d'une torche de cire de demi livre qui sera employée au service de la dite église.*

» L'acte authentique de 1565 est déposé chez M. Sicard, notaire à Bordeaux. Vingt fois, depuis le xvie siècle, les habitants opposèrent ce vieux titre de propriété, tantôt aux convoitises des Jurats de Bordeaux, seigneurs du comté d'Ornon; tantôt à celles du Conseil municipal de la commune, et toujours, le contrat de Fougères a été maintenu. Le Chapitre perdit à la Révolution la moitié qu'il s'était réservée; la part que les habitants de Cadaujac avaient acquise au prix dérisoire d'une torche, payable tous les dix ans, est encore intacte. La torche de cire n'est plus offerte aux chanoines. « C'est regrettable, disait naguère un habitant de Cadaujac à son curé, dans l'une des tours du château d'Exk, autre propriété de l'ancien Chapitre, car nous devons à ces prêtres une belle chandelle; sans eux nous serions tous pauvres aujourd'hui. » (Voir les *Archives de la Fabrique et de la mairie de Cadaujac.*)

l'Eglise de Bourdeaux fut rétablie[1], en telle sorte que l'année 1096. son Edifice estant achevé, elle se trouva en estat d'estre consacrée, comme elle le fut par le Pape Urbain II. ainsi que nous verrons au Chap. 5me. Neantmoins ce ne fut pas la derniere perfection de cette Eglise. Les Anglois estant maistres de la Guyenne, pour mieux s'attirer les cœurs des peuples, en voulurent rendre l'Edifice plus pompeux. C'est au Chœur de l'Eglise qu'ils firent travailler[2]. Les deux grandes Roses qui sont sur les deux portes de l'Eglise, celle qu'on void presqu'à tous les vitraux de ce Chœur, et de ses Chapelles, marquent assez leur ouvrage. Si nous nous arrestons aux memoires de la Haye, il rapporte au Ch. 30. qu'Henry III. (il eust mieux dit Henry II.) du nom Roy d'Angleterre devenu Duc de Guyenne, par son mariage avec Eleonor, fille de Guil-

1. « Des monuments historiques et mieux encore des fragments de constructions antiques, dit M. Marionneau *(Description des œuvres d'art, etc., de la ville de Bordeaux,* p. 12), montrent la fondation de la cathédrale à l'angle sud-ouest des remparts de la ville gallo-romaine, et cet état se perpétua visiblement jusque vers le milieu du XVIIIe siècle. Le ruisseau du Peugue longeait les remparts au midi, qui s'élevaient à quelques mètres de la clôture méridionale du cloître ; à l'ouest, l'extrémité occidentale de la nef s'appuyait également aux remparts, dont le souvenir nous est conservé par le nom d'une rue. Ce dernier mur d'enceinte était bordé primitivement par des marais, et, plus tard, jusqu'à la construction du nouveau palais archiépiscopal (aujourd'hui l'Hôtel de Ville), par les murs du parc et jardins de l'ancien archevêché. Ainsi resserrée dans l'angle des deux remparts, la cathédrale n'était accessible et ne pouvait se développer que vers l'est et le nord. »

2. L'archéologue John Parker soutient contre Lopès que le chœur de la cathédrale n'est pas de style anglais. « Il trouve, dit M. Marionneau (p. 15), une analogie sensible entre le chœur de la basilique bordelaise et les monuments du nord de la France, et n'admet pas que cette partie de la cathédrale soit l'œuvre d'un architecte anglais, exécutée par des ouvriers anglais. » (Voir *Further Observations on the ancient churches in the west of France* by John Henry Parker, *Archeology,* vol. XXXV, p. 359.)

laume IX[1], fit commencer et continuer durant sa vie l'Eglise de S. André de Bourdeaux, ce fut apres l'année 1151. Mais Besli[2] dans son Histoire de Poictou a tant descouvert de fautes dans ces Memoires, qu'il n'y a point de lieu de s'y arrester. M^rs de Ste Marthe[a] rapportent d'un ancien Livre des Statuts de Bourdeaux, que c'est soubs Geraud de Malemort Archevesque de Bourdeaux, que fut commencée cette Eglise l'an 1252. le jour de l'Annonciation : mais ils n'ont pas marqué quels estoient ces Statuts, ou de la Ville, ou de l'Eglise Metropolitaine[3]. J'en ay leu plusieurs, et n'y ay rien trouvé de semblable. Ce que je puis dire avec plus d'asseurance, est, que ce dernier bastiment du Chœur n'estoit pas encore achevé au temps du Pape Clement V, qui, pour en avancer la consommation, avec la pompe et

[a] Tom. I. *Gall. Christ.* in Archiep. Burdig.

1. Ce n'est pas Guillaume IX, le troubadour, mais Guillaume VIII ou X, car le père d'Aliénor (Éléonore) était Guillaume VIII comme comte de Poitou, et Guillaume X comme duc d'Aquitaine.

2. Jean Besly mourut en 1644. Sa *Grande Histoire des comtes de Poitou et des ducs de Guyenne* ne fut publiée qu'après sa mort (1647) par son fils.

3. MM. de Sainte-Marthe dont le nom reviendra souvent dans Lopès étaient les deux célèbres jumeaux Scévola et Louis de Sainte-Marthe. Ils appartiennent à cette illustre famille qui donna tant de lettrés à la France depuis le règne de François Ier jusqu'au XVIIIe siècle. Avant eux, Jean Chenu, de Bourges, et Claude Robert, prêtre du diocèse de Langres, avaient publié sous le titre de *Gallia Christiana*, l'histoire de l'épiscopat français. L'édition de Robert parut en 1626; elle présentait bien des lacunes. Robert le comprit, et c'est lui-même qui détermina les frères Sainte-Marthe à la compléter: ils n'en eurent pas le temps. Après leur mort, c'est-à-dire vers l'an 1656, Abel-Louis de Sainte-Marthe, fils de Scévola, général de l'Oratoire de Paris, fut chargé par la Congrégation de terminer l'œuvre paternelle; enfin, en 1710, l'assemblée du clergé de France désignait un autre Sainte-Marthe, le Père Denis, de la Congrégation de Saint-Maur, pour en préparer une nouvelle édition (1715). D. Piolin édita un *Gallia Christiana* meilleur que les précédents, mais qui malgré son immense mérite ne sera pas le dernier.

la magnificence qu'il avoit esté commencé, accorda, la seconde année de son Pontificat, des Indulgences à tous les Fidelles qui visiteroient l'Eglise de Bourdeaux, et donneroient quelque aumosne à sa Fabrique; et renouvella encores la mesme concession deux ans apres, le 19 d'octobre, estant en son Chasteau de Villandrault.

II. Videas in Ecclesiis aut putres culminum lapsus, aut valvarum cardinibus avulsis, basilicarum aditus hispidorum veprium fruticibus obstructos. Ipsa, proh dolor! videas armenta, non modo semipatentibus jacere vestibulis, sed etiam herbosa viridantium altarium latera depasci. *(Sidonius, lib. 7. ep. 6. ad Basilium.)*

Egressi *(Saraceni)* cum Rege suo Abdirama nomine, Garumnam transeunt, Burdigalensem urbem pervenerunt, Ecclesiis igne concrematis populisque consumptis usque Pictavos progressus est, ubi basilica S. Hilarii igne cremata (quod dici dolor est) ad domum Beatissimi Martini evertendam destinant. *(Chronicon Fredegarii c. 108.)*

Tempore quo post Domini nostri Incarnationem 864. annus impletus est, obtinente regnum Francorum Carolo Rege filio Ludovici magni Imperatoris, grassata est ingens persecutio in Ecclesia Christi, in regionibus Aquitaniæ seu Gasconiæ. Siquidem Paganorum Barbaries, quos usitato sermone Danos seu Normannos appellant à suis sedibus cum innumerabili exeuntes navali gestamine, ad Santonicam sive Burdigalensem urbes sunt advecti, indèque passim in præfatis discurrentes provinciis, depopulando Monasteria Ecclesias nec non et cunctas hominum ædes igne cremantes, non parvas hominum strages occidendo dederunt. *(Ex M. S. Cod. Eccles. Lemovic. apud Duchesnium. To. 2. hist Franc.)*

III. Legatis Apostolicæ sedis revertentibus, etc., didicimus pene totam Provinciam Burdigalensi Metropoli pertinentem, sicut ab his qui causam illam noverunt, iidem nostri legati discere potuerunt, ita esse Paganorum persecutionibus desolatam, ut non solum ipse confrater noster *(Frotarius)* illic lucri aliquid subjectis conferre non possit, verum etiam habitatio fidelium inde subtracta consistat. *(Epist. Joan. VIII. clero, plebi, et ordini S. Bituric. Eccles. Kal. Nov. Indict. x.)*

IV. Clemens etc. Ecclesiam Burdegalensem, cujus regimini præeramus cum ad Apostolicæ præeminentiam dignitatis nos divina Providentia evocavit præ aliis orbis Ecclesiis prærogativa prosequimur benevolentiæ specialis. Cum igitur eadem Ecclesia magnifico et perspicuo, ac adeo sumptuoso opere sit incœpta, quod ad ejus consummationem fidelium subsidia sunt plurimum opportuna, nos cupientes ut eadem Ecclesia, inceptæ consummatione structuræ divinis laudibus apta fiat, ac aliàs à Christi fidelibus devotius frequentetur, omnibus qui Ecclesiam ipsam usque ad Octavam Resurrectionis Dominicæ proximo venturæ, singulis diebus visitaverint reverenter, et ad fabricam dictæ Ecclesiæ manus porrexerint adjutrices, modo sint in præsenti vel usque ad octo dies proximo futuros, verè penitentes fuerint et confessi, de omnipotentis Dei misericordia, et B. Petri et Pauli Apostolorum ejus authoritate confisi septem annos et septem quadragenas de injunctis eis pœnitentiis misericorditer relaxamus. Datum Burdeg. VI. Id. Mart. Pontif. nostri an. 2. *(In Arch. Eccl Burd.)*

CHAPITRE IV

L'Edifice de l'Eglise de Bourdeaux.

COMME l'Eglise de Bourdeaux a esté bastie en divers temps[1] et à diverses reprises, sa structure, quoyque fort belle partout, ne paroist pas en tout uniforme[2]. Son Chœur qui est basti avec toute la symmetrie que l'on pourroit desirer, n'est pas semblable à sa Nef. Il y a mesme difference dans la Voute de la Nef.

1. La nef elle-même accuse deux styles nettement tranchés; le style roman, dans une partie des murs latéraux qui remontent à l'église primitive, et le gothique de diverses époques qui règne dans les voûtes. Le cardinal Donnet explique en ces termes ces disparates qui ne manquent pas d'une certaine harmonie :

« Un immense remaniement de la nef eut lieu au XIIIe siècle, d'après l'idée hiératique du moyen âge, qui portait à conserver dans un monument nouveau des parties notables du monument que l'on voulait détruire : en enlevant les voûtes romanes de la nef et des bas côtés, on conserva le plus possible des murs latéraux. De là, ce mélange des deux styles, cette bizarre disposition de faisceaux de colonnes avançant dans une nef, du sein d'une décoration romane.

» Le diamètre de cette nef est de 18 mètres, en y comprenant la saillie des colonnes, qui n'est pas considérable. Il n'y a pas, dans les grands édifices de style ogival, de nef qui ait un semblable diamètre.

» Amiens a de largeur, de colonne à colonne . . 12^{m}50
» Beauvais. 13 50
» Cologne 12 60
» Paris (Notre-Dame). 13 70
» Metz 14 56

(Card. Donnet, *Monographie de l'Église Prim. de Saint-André de Bordeaux.*)

2. « La beauté de cet édifice naît intrinsèquement de la variété qui en compose toutes les parties. C'est un vieil et énorme tronc

dont une partie fut renversée par un grand tremblement de Terre, l'an 1427. le jour de la Purification de la Vierge[a]. Le Chœur a 103. pieds de longueur depuis sa Porte principale jusqu'à l'endroit où se termine sa closture, et sa demy ovalle derriere le grand Autel; et jusqu'à la premiere marche par laquelle on monte à l'Autel, 55. pieds: et jusques au pied de l'Autel 80. pieds. Sa largeur est de 40. pieds, et

[a] *Chron. Burd.*

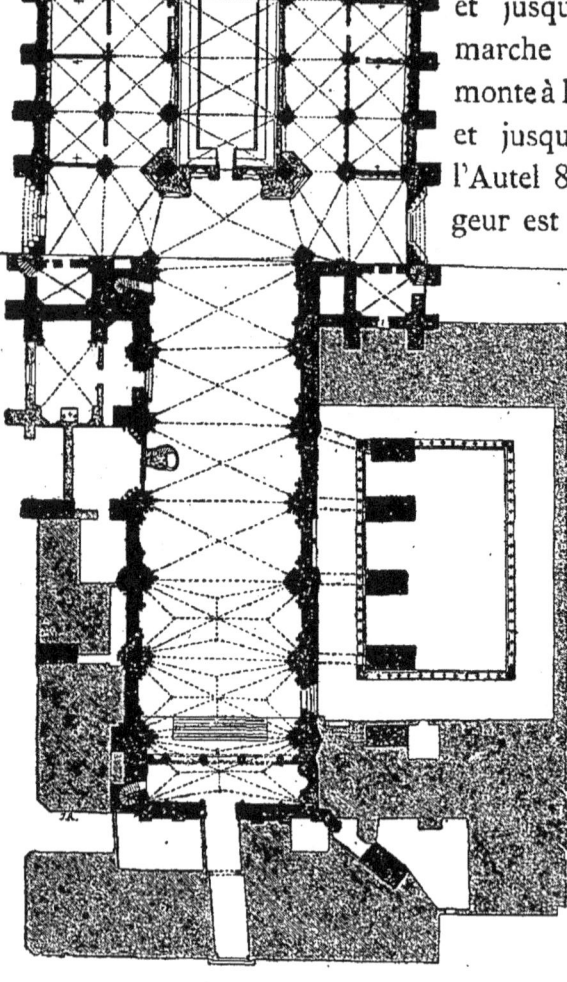

PLAN DE LA CATHÉDRALE SAINT-ANDRÉ ET DU CLOITRE.
(Comm. des Monum. hist.)

d'arbre, dont les branches, mille fois martelées, se sont enfin épanouies dans une forte végétation. Étudié sous ce point de vue, analysé travée par travée, étage par étage, il nous donne toute une histoire de la plus féconde époque de l'art architectural depuis le XIe siècle, où il sort des tâtonnements du roman barbare jusqu'au XVIe, où il s'arrête dans l'ornemen-

sa hauteur jusqu'à la clef de sa Voute, de 100. pieds. Il est vouté fort delicatement. La couverture de la Voute est toute de plomb, et la charpente de cette couverture est admirable, pour la grande quantité de bois qui entre en cette charpente. Cette Voute est soustenuë par quatorze beaux Pilliers ou Colomnes d'Ordre Gothique ancien, comme est tout le bastiment du Chœur, sept de chaque costé[1]. La distance de ces Colomnes est fermée au bas

tation molle et trop compliquée de la Renaissance. On peut définir l'Église Primatiale de Saint-André : « Un édifice dont le large pied » est lourdement enfoncé dans le sol à l'ouest, et dont la tête svelte » et les bras gracieux pyramident à l'est, vers le ciel. » *(Ibid.)*

1. On nous saura gré de compléter la description de Lopès par une autre beaucoup plus archéologique :

« C'est un long parallélogramme rectangle terminé par un pentagone. Le parallélogramme est recouvert de trois travées de voûtes, et le rond-point à base pentagone, d'une voûte dont les sections reposent sur huit nervures réunies à la clef. Quatorze piliers supportent l'abside, et la séparent des collatéraux. Ils varient pour le nombre des colonnes engagées, leur diamètre et les entre-colonnements. Ces piles sont fort légères. Quand l'abside fut achevée, on s'aperçut que les deux premières travées qui succèdent au rond-point, commençaient à se lézarder; on les soutint, en construisant un arceau intérieur qui doubla l'arceau primitif. On le distingue très bien, non seulement au style, qui n'est plus le même, mais encore à la nervure de l'arceau primitif, dont le profil se découpe parfaitement. Ce qu'il y a de remarquable, c'est la grande légèreté des piliers. Outre qu'ils ont un très petit diamètre, les colonnes engagées sont tellement détachées du massif, que les plus saillantes n'y tiennent que par un sixième.

» Le système général de l'architectonique ogivale, adopté pour cette partie de l'édifice, consiste à employer la colonne, à la terminer par un chapiteau, et à continuer la colonne dans sa ligne perpendiculaire jusqu'à ce qu'elle rencontre les diverses moulures de l'arc ogival, qui viennent se perdre sur le nu de chaque colonne, ressemblant assez au tronc élancé d'un arbre d'où s'échappent une multitude de branches. C'est le système dominant de cette construction. Les arcs des travées y perdent peut-être en grâce; mais le pilier, si léger, y gagne beaucoup en force. Cet artifice ingénieux rachète, par la forme svelte et

d'une muraille de moyenne elevation, qui fait la closture du Chœur, excepté aux costez et derrière le grand Autél, où les entre-deux des Piliers sont des clostures de pierre percées à jour, s'élevant en forme de Pyramides, au derriere et joignant lesquelles sont les Tombeaux de quelques Archevesques[1]. Un peu au dessoubs du milieu

élégante des piliers, ce que les arcs perdent dans la régularité des courbes.

» De plus, cette disposition a permis de faire les arcs d'entre-colonnement à ogives très aiguës. Les cinq arcs du pentagone forment cinq fers de lance ; et les autres, quoique d'un plus grand diamètre, conservent encore cette forme élancée.

» Aux treize entre-colonnements correspondent treize fenêtres à meneaux, d'une ogive en tiers-point.

» Entre ces fenêtres et les arcs inférieurs, règne le *triforium*. Il se compose de quatre baies trilobées à chaque travée du quadrilatère, et de deux baies trilobées à chaque travée du pentagone. Trois colonnes groupées se profilent de la base des piliers jusqu'à la naissance des arcs-doubleaux, des arcs ogives et des formerets. Dans le pentagone et les deux premières travées, les deux colonnettes qui correspondent aux formerets, s'élèvent encore au-dessus de la colonne centrale, et vont recevoir un second chapiteau au niveau des petits chapiteaux de meneaux qui soutiennent les baies trilobées des fenêtres. » (Card. Donnet, *Monographie de l'Église Prim. de Saint-André de Bordeaux*.)

1. Cette disposition de l'entourage du chœur est aujourd'hui totalement changée. L'ancienne clôture ornée de pyramides a fait place à une muraille revêtue à l'intérieur de boiseries dans le style grec. Les tombeaux, on le verra plus loin, disparurent tous, à l'exception de celui du B. Pey Berland, au commencement du siècle.

« Cependant, dit M. Marionneau, rien ne motivait impérieusement la destruction de ces monuments funéraires ; le respect qu'ils devaient naturellement inspirer, le haut intérêt de ces sépultures avec des inscriptions précieuses pour l'histoire locale, la valeur artistique qu'offraient ces ouvrages d'art des siècles passés, étaient des titres puissants pour arrêter le bras des démolisseurs. Et, fait inexplicable, ces mutilations eurent pour promoteur un homme qui a laissé des témoignages irrécusables de sa science et de son goût éclairé, M. Combes. » (Ch. Marionneau, *L'Église métrop. Saint-André*, p. 67.)

de l'elevation de ces Colomnes, et dans leur intervalle, se forment des Arceaux en Augive, d'où prennent leur naissance les Voutes des allées du Chœur et qui soustiennent une Galerie qui regne tout autour du Chœur entre ces 14. Colomnes. Un peu au dessus de ces Galeries sont les vitraux que fit faire en partie Pierre de Bosco Evesque d'Ax, Chanoine de cette Eglise, qui vivoit sur la fin du XIVe siecle. On void son Nom, son Pourtrait et ses Armes dans ces vitraux. Ces vitraux remplissent en haut, tout l'intervalle de ces Colomnes, et sont de la hauteur de 32. pieds; de douze et de six pieds de largeur, suyvant la differente distance de ces Colomnes, qui soint moins éloignées entr'elles aux costés, et derriere le Maistre Autel, pour la figure de l'Ovalle[1].

II. Entre la 4 et 5me de ces Colomnes des deux costés,

[1]. M. de Lamothe, dans son *Essai historique sur la cathédrale Saint-André,* signale ces anciennes verrières comme reproduisant des scènes du Nouveau et de l'Ancien Testament.

Le tremblement de terre qu'éprouva la ville de Bordeaux dans la première partie du XVe siècle, et dont l'effet renversa les voûtes de la nef; l'incendie de 1787, puis l'état d'abandon dans lequel la cathédrale fut laissée de 1793 à 1803, expliquent suffisamment la disparition presque complète de ces verrières.

A la réouverture des églises, des carreaux incolores remplacèrent en grande partie les anciens vitraux; aussi, de ces derniers, ne voyons-nous aujourd'hui que quelques rares fragments.

Comme dans le chœur, les croisées de la nef étaient également pourvues de verrières, dues aux libéralités de Mgr Arthur de Montauban, archevêque de Bordeaux, de 1467 à 1478; elles ont également disparu.

Dans le transsept, à la rose nord (dont les meneaux ont été refaits entièrement en 1847 sous la direction de M. Miailhe, architecte), était représentée la passion du Fils de Dieu, don de Mgr Antoine Prévôt de Sansac, archevêque de Bordeaux, de 1560 à 1591. Cette rose possède encore plusieurs anges tenant les instruments de la passion et, au-dessous, la figure de saint André.

La rose méridionale était décorée de l'image de la Vierge, de celle de l'Enfant-Jésus et de fleurs qui rappelaient encore la consécration de la porte du midi.

et contre l'Autel, sont les deux Portes du Chœur, par où l'on sort aux allées. Outre ces deux Portes est la Porte principale du Chœur par où on y rentre de la Nef, Porte affectée aux Chanoines, au dessoubs d'un Jubé tres bien

ANCIEN JUBÉ. — (Comm. des Monum. hist.)

basti de belle pierre de taille, et fort blanche. La closture du Chœur, au milieu de laquelle est cette Porte, est de mesme pierre fort bien ouvragée, sur laquelle sont taillées des deux costez deux belles figures en demy relief : l'une de la descente de Jesus-Christ aux Limbes, d'où il retire les anciens Peres : l'autre de sa Resurrection, où le Sauveur resuscitant, a un Aigle soubs ses pieds; l'une et l'autre deux Chef-d'œuvres de l'Art, et de la façon de Miquel Ange[1]. Quelques Libertins ou Heretiques se sont

[1]. Un correspondant honoraire de l'ancienne Académie de Bordeaux, l'abbé Xaupi, *Dissertation sur l'édifice de l'Église primatiale Saint-André de Bordeaux* (1751), repousse la tradition qui attribue à Michel-Ange les sculptures du jubé construit sous Ch. de Grammont. L'auteur assure que Michel-Ange n'est jamais sorti d'Italie; il ajoute que « l'on connaît toutes les pièces de sculptures de sa façon qui ont été portées en France. » Or cette *Résurrection* et cette *Descente aux Limbes* n'est pas du nombre. Xaupi conclut en ces termes : « Ainsi, on doit se borner à dire que ces deux beaux monuments ont été seulement exécutés sur les dessins de Michel-Ange. » (P. 14, note.)

Il n'y aurait à cela rien d'étonnant : et rien ne prouve même d'une manière absolue que le ciseau de l'immortel artiste soit étranger à ce chef-d'œuvre. L'abbé Xaupi dit que Lopès cite pour garant de son affirmation *Jodocus Sincerus*, voyageur allemand, à qui nous devons un *Itinéraire de la Gaule en latin*,

imaginez que la derniere avoit esté une figure de Ganimède[a] enlevé par une Aigle dans le Ciel. La seule veuë du Sauveur resuscitant, et des Dames éplorées auprés d'un sepulchre, combat l'impertinence de cette imagination. Comme l'on attribuë aux Aigles la vertu de se renouveller quand elles vieillissent ; une Aigle sous les pieds de Jesus-Christ sortant du tombeau, désigne clairement le renouvellement[b] de sa vie au jour de la Resurrection. A costé de ces figures sont six Niches, trois de chaque costé, curieusement travaillées, avec leurs soubassemens, le tout d'ouvrage Ionien tres exquis, et de belle pierre blanche, qui tiennent depuis ces deux figures jusqu'aux deux entrées des allées du Chœur. Il y avoit auparavant en ce mesme endroit deux Autels, l'un de S. Michel, l'autre de S. Martial, qui en furent ostez, pour estre placés en lieu incommodé. Le dernier a esté transporté au fonds de la Nef, et l'on a coustume d'y porter les enfans apres les avoir baptisez en cette Eglise, et dire sur eux l'Evangile

---

[a] Apud Jodoc. Sincerum *in Itinerar. Gall.*
[b] Renovabitur ut Aquilæ juventus tua. (Ps. 102, v. 5.)

imprimé à Genève en 1627. Il se trompe, à notre avis : Lopès cite en marge, il est vrai, le nom de *Jodocus Sincerus*, mais contrairement à son habitude, il n'indique point, par une lettre, à quelle phrase du texte le renvoi doit être rapporté. D'après nous, Lopès invoque le témoignage de *Jodocus* à l'appui de la phrase suivante, où il est parlé de l'enlèvement de Ganymède. Cette explication nous paraît d'autant plus naturelle, que dans le passage de *Jodocus*, il n'est pas question de Michel-Ange, mais bien de Ganymède. Nous donnons ce passage : « Templa elegantiora sunt » divi Andreæ et S. Michaelis ; illud trib. turribus, hoc unâ, sed » eminentiore, insigne. Illud laquearibus lapideis obductum, nul- » lisque columnis fultum ; exeunti ex choro ad dextram, picturam » videbis resurrectionis dominicæ, ubi Christus aquilæ insidens, » cœlo vehitur. Aiunt fuisse anteà Ganymedis, sed mutatam. » Mihi, id non sit verisimile propter alteram picturam Purgatorii » huic simillimam. » (Jodoci Sinceri *Itinerarium Galliæ*, appendix, p. 82.)

de S. Jean. Charles de Grammont Archevesque de Bourdeaux fit bastir ce Jubé, ce qui se justifie par ses Armes[a], qui sont celles de sa Maison, eslevées et gravées au dessus de la grand'porte du Chœur au milieu. Au reste c'est dans ce Chœur où se celebrent les Offices Divins, où est le Maistre Autel de l'Eglise, eslevé sur trois marches, long de 12. pieds, et large de 4. Sa hauteur est égale à sa largeur[1]. Du costé de l'Evangile est le Throsne de l'Archevesque lors qu'il Officie, outre sa Chaire d'assistance, qui est fixe et placée plus bas du costé de l'Epistre. Personne n'a droit de celebrer sur cet Autel que les Archevesques de Bourdeaux, et les Chanoines de cette Eglise; et si des Prelats y celebrent, c'est par la permission, et avec l'agréement du Chapitre. Derrière cet Autel en bas, est le Tombeau de S. Macaire, dont nous parlerons au Chap. 6. et au dessus un Autel qu'on appelle l'Autel de Prime, sur lequel repose le tres S. Sacrement, et où se disent les Messes Matutinelles.

III. Les aisles ou allées du Chœur sont tres bien voutées; leur largeur est de 22. pieds. Le long de ces allées sont les Chapelles voutées de la mesme façon; sçavoir les Chapelles de S. Martin, des trois Maries, de Nostre Dame de

[a] Portoit Ecartelé, au 1. et 4. d'Or au Lyon d'Azur; au 2. et 3me, d'argent au chef danché d'azur.

[1]. Ce maître-autel n'existe plus; il a été remplacé depuis la Révolution par l'autel de l'abbaye de La Réole. On trouvera plus loin le récit fort intéressant du transfert à Bordeaux de cet autel dont le baldaquin désolait l'âme artistique de Montalembert : « Il n'y a, dit-il, de mauvais dans cette église que des marbreries et des boiseries qu'un archevêque de bon goût pourrait faire facilement disparaître. Il faudrait commencer par le grand autel en baldaquin, qui est vraiment hideux, tant par sa forme que par son excessive disproportion avec la nef. » *(Du Vandalisme en France,* p. 62.) Le baldaquin a disparu, mais le tombeau d'autel demeure. Ce tombeau découronné, que surmonte un tabernacle mesquin, répond moins encore aux proportions de l'édifice au milieu duquel il est comme perdu.

Pitie[1], de saincte Catherine[2], de S. Blaise[3], de Nostre Dame[4], grande Chapelle qui respond au derriere du Maistre Autel, fermée d'une porte de fer bien travaillée, profonde de 40. pieds, et large de 23. Suyvent les Chapelles

1. Les trois chapelles de *Saint-Martin*, des *Trois-Maries* et de *Notre-Dame de Pitié* étaient séparées par des murs; elles forment aujourd'hui l'unique et splendide chapelle de Notre-Dame du Mont-Carmel. La statue vénérée autrefois dans la chapelle de Notre-Dame de la Nef y fut transportée il y a quelques années. Pour cette raison, on a cru devoir changer le vocable de la chapelle; mais la piété populaire persiste à l'appeler *Notre-Dame du Mont-Carmel*, au lieu de *Notre-Dame de la Nef*, et la foule se porte vers l'image colossale de la Vierge Mère, enlevée du Mont-Carmel lors de l'érection de l'autel qui décore aujourd'hui la dite chapelle, et qui fut déposée dans le déambulatoire, contre la muraille du chœur, en face de la chapelle de Sainte-Marguerite, près de l'endroit où repose le corps du B. Pey Berland.

2. La chapelle de Sainte-Catherine fut placée sous le vocable de l'Annonciation par Mgr d'Aviau. Le culte de sainte Catherine était populaire dans notre ville, surtout parmi les marins de la Garonne.

« L'architecte Chevet voulant commencer les fondements de la nouvelle porte des *Salinières*, demanda à la Jurade de faire déplacer le *Pau* de sainte Catherine. On appelait de ce nom une poutre plantée dans la terre, d'où elle sortait d'une douzaine de pieds, et couverte d'un grand toit ovale, et dans laquelle était enchâssée une petite statue de sainte Catherine, à laquelle les marins de la Garonne avaient beaucoup de dévotion. Tout cela fut transporté sur le quai de *la Grave* où est la fontaine, et y est resté jusqu'à la Révolution. Il y avait dans l'église Saint-Michel une chapellenie à laquelle les offrandes du *Pau* de sainte Catherine appartenaient. » (Bernadau, *Annales*, 26 juin 1751.)

3. C'est aujourd'hui la chapelle Sainte-Marguerite. « La chapelle Sainte-Marguerite, dit M. Corbin *(La Cathédrale de Saint-André,* p. 101), était anciennement placée sous le vocable de Saint-Blaise, évêque de Sébaste en Cappadoce, martyrisé sous le règne de Dioclétien. La cathédrale possédait avant 93 des restes de ce bienheureux martyr, auquel Pey Berland avait une dévotion spéciale. C'est ainsi qu'il recommande, dans ses dispositions testamentaires, de l'ensevelir vis-à-vis de la chapelle de Saint-Blaise. »

4. Actuellement chapelle du Sacré-Cœur. C'est là que le théologal Lopès donnait ses leçons. Sous les dalles de Notre-Dame « le

de S. Jacques[1], de S. Nicolas[2], et de S. Jean Baptiste[3], qui sert maintenant de Chapelle Pontificale. Joignant icelle est la Sacristie, fermée d'une porte de fer semblable à celle de Nostre Dame, au fonds de laquelle est la Thresorerie, où l'on garde les Ornemens et l'Argenterie de l'Eglise[4].

IV. La Croisée de l'Eglise est entre le Chœur et la Nef, de mesme hauteur que le Chœur, et toute couverte de plomb comme le Chœur. Sa longueur est de 126. pieds, sa largeur de 33. Aux deux bouts sont deux portes de l'Eglise : l'une au Midy : l'autre qui est la principale, vers le Nord[5], et toutes deux sont bien travaillées. Sur

---

Chapitre fit faire (au XVIIᵉ siècle) un caveau où l'on portait les corps des chanoines décédés. » (Voir Lopès, *Hist. de l'Église métr.*, etc., p. 51.) La grille de fer a été remplacée par la porte massive en bois dont nous dirons plus loin la provenance.

1. C'est maintenant la chapelle Sainte-Anne. Elle a remplacé la chapelle qui se trouvait dans la nef au-dessous de la galerie de l'horloge.

2. La chapelle Saint-Nicolas est devenue la chapelle Saint-Charles, depuis que Mgr d'Aviau y a fait déposer le rochet de l'illustre archevêque de Milan.

3. Aujourd'hui la chapelle Saint-Joseph. « Deux des travées de la chapelle actuelle de Saint-Joseph, dit l'abbé Corbin, servirent primitivement de chapelle épiscopale sous le vocable de Saint-Jean-Baptiste. C'était là que les archevêques venaient dire leur messe chaque jour, lorsqu'ils ne célébraient pas *in pontificalibus*. On n'y voyait aucun sarcophage, si ce n'est celui d'un chanoine Jean de Coutures, décédé en 1529. Il a dû disparaître en 93 ou dans le remaniement que M. Combes, architecte, commença à faire subir en 1804 à toute la partie ogivale de Saint-André. Les deux autres travées étaient occupées par la sacristie et le trésor où l'on déposait les vases sacrés, les ornements précieux et peut-être aussi les revenus de l'église. » (*Op. cit.*, p. 142.)

4. Voir, pour ce qui regarde cette ancienne sacristie, dans les *Archives historiques* et dans les *Actes capitulaires*, plusieurs inventaires des tapisseries, vases sacrés et autres ornements appartenant à l'église métropolitaine.

5. « Le portail nord-est est encore aujourd'hui d'une très belle conservation, et comme il s'encadre entre les deux tours qui supportent les deux belles aiguilles jumelles, il en résulte une des

celle-cy sont posées en des Niches au milieu, la Statuë de Clement V et celles de six Cardinaux, trois de chaque

PORTAIL NORD DE L'ÉGLISE SAINT-ANDRÉ
d'après une eau-forte de M. L. DROUYN.

plus riches façades que possède le style ogival. M. Leo Drouyn, habile dessinateur en archéologie, a donné une gravure de ce portail et des flèches dans son *Recueil des types d'architecture de la Gironde*. L'étude de ce beau dessin vaut la meilleure des descriptions.

» Le plus large évasement du portail nord occupe l'intervalle qui se trouve entre les piliers butants de chaque flèche. Il ne se

140   CHAPITRE IV.

costé. Au dessus est taillée et representée dans la pierre la Cene de Jesus-Christ, et sa glorieuse Ascension : par dessus est une Galerie, et au dessus de la Galerie une grande et belle Rose avec des vitraux qui representent la Passion du Fils de Dieu, et qui sont de la munificence d'Anthoine de Sansac Archevesque[a] dont les Armes

TYMPAN DE LA PORTE NORD DE L'ÉGLISE SAINT-ANDRÉ.
(Comm. des Monum. hist.)

a Porte d'argent à deux asces de sable, entre six merlets de mesme, 3. 2. 1.

lie pas avec eux d'appareil, et il est évident qu'il leur est postérieur. Son cintre est une ogive en tiers-point. A partir de sa baie, il s'épanouit en trois voussures chargées de statuettes. Un pied-droit central supporte le tympan et est décoré de la statue du pape Clément V. Six statues d'évêques occupent les pieds-droits latéraux.

» La voussure la plus rapprochée du tympan est décorée de dix anges placés sous des dais, cinq de chaque côté.

» La deuxième voussure présente les douze apôtres. Saint Paul est le premier à gauche. Ils ont pour la plupart leurs attributs :

paroissent dans ces vitraux. Au dessus de cette Rose est une Pyramide, sur le milieu de laquelle a esté taillée

saint André se reconnaît à sa croix ; il est le deuxième après saint Paul. On distingue saint Jean au vase d'où s'échappe un serpent. Tous sont barbus, lui excepté. La troisième voussure est décorée de saints de l'ancienne loi. Ils sont au nombre de quatorze. Toutes ces statuettes sont très expressives. Sagement fouillées, elles n'ont pas souffert de mutilation.

» Le tympan est orné de bas-reliefs. Le premier, en partant du bas, est la Cène ; ce travail est un des plus beaux qu'ait produits la sculpture gothique. Saint Jean est penché sur le côté gauche du Christ. Évidemment postérieur au travail architectural du xive siècle, il a plus de fini ; l'art a progressé ; les moulures sont plus riches, plus profondément fouillées qu'au portail sud, antérieur à celui-ci. Le deuxième est l'ascension du Sauveur ; il s'élève dans un nuage, et l'imagier n'a pas reculé devant l'idée de ne montrer que la partie inférieure du corps, la tête et le buste étant cachés sous le nuage ; les apôtres sont placés six à droite et six à gauche. Même perfection de travail que dans l'autre bas-relief.

» Le troisième bas-relief représente le Christ dans le ciel. M. de Lamothe, dans son *Essai archéologique*, a cru y voir le Père-Éternel, mais c'est bien le Fils de Dieu triomphant, entouré des attributs de sa passion. Un ange porte le voile de la Véronique, un autre la lance qui perça le côté du Sauveur ; ils sont l'un et l'autre debout. Deux anges couchés personnifient le soleil et la lune. Le soleil est représenté entouré de rayons contournés, et la lune par un disque aplati sur lequel un croissant est en saillie.

NICHE DE CLÉMENT V.
(Comm. des Monum. hist.)

l'Image de S. André en Croix[1]. La porte qui est à son opposite est de semblable travail, au dessus de laquelle

» Sur le pilier central est le pape Clément V, porté sur un piédestal et couronné d'un dais. Sa figure est rasée, sa tiare est un bonnet long arrondi, chargé de trois bandeaux ornés de fleurons; il a la chasuble en étoffe souple qu'on porta jusqu'au XVIIe siècle. Ses mains sont gantées; il a la droite levée. Le symbolisme de l'époque romane a déjà disparu : l'artiste ne savait plus la manière de bénir en Occident; il a donné au pape des doigts redressés. Les souliers sont un peu pointus, et posés sur un coussin; les manches de l'aube sont très larges.

» Les six évêques placés trois à droite et trois à gauche du pape, dans les niches à pieds-droits, sont aussi bien conservés que Clément V; ils n'ont subi aucune notable mutilation : c'est un bonheur pour l'art et une gloire pour le pays. Ce sont évidemment des personnages du temps; leurs figures ont ce type de finesse et d'intelligence qui caractérise le XVe siècle, gardant toutefois la simplicité de l'époque. Ils sont rasés, gantés et chaussés; leurs mîtres sont unies et basses. Deux sont vêtus de chasubles à étoffe tombante; deux de chapes également tombantes; deux de dalmatiques à larges manches, fendues latéralement aux deux côtés et ornées d'une frange; tous sont placés sur des coussins. Ces figures, au point de vue de la statuaire, sont d'une grande beauté; elles ont un jeu admirable de physionomie; elles parlent. Il est douteux que pour la ressemblance et *l'air de vie,* on fît mieux aujourd'hui. Quant aux costumes, ils ont une netteté de forme, un laisser-aller, une grâce parfaite. » (Card. Donnet, *op. cit.*)

La statue de Clément V qui décore le portail nord fut sauvée en 1794 par un hasard providentiel :

« Le 12 ventôse an II (1794), le Conseil municipal fut convoqué au sujet de la question des tabacs et des contributions; on discutait cette matière, quand tout à coup un jacobin se leva et dit « qu'il existait sur la porte principale de la ci-devant église » de Saint-André, une sculpture représentant un ci-devant pape, » et qu'il demandait que le Conseil prît des mesures pour l'enlè- » vement de ce monument de la superstition. » On allait examiner cette question, quand un homme d'esprit, moins iconoclaste que notre jacobin, s'écrie : « Bah! ce n'est là qu'un pape en pierre; » celui-là ne lance pas les foudres du Vatican; laissons-le portier » du Temple de l'Être-Suprême. » Le ridicule, mieux que le raisonnement, sauva ce monument de sculpture. » (O'Reilly, *Hist. de Bordeaux,* liv. V, ch. IV, p. 45.)

1. Ce tympan n'existe plus : « En 1820, dit l'abbé Corbin *(La*

est une belle Image de la Vierge en relief; et au dessus a esté taillée dans la pierre l'Image de son Assomption, et un Ange qui appelle les hommes au Jugement[1].

Sur ces deux portes, et aux deux bouts de cette Croisée, ont esté basties quatre Tours, deux de châque costé : et sur les deux Tours basties sur la porte principale du costé du Nord, ont esté élevées deux aiguilles de Clocher fort hautes, toutes deux egalles, dont l'une ayant esté notablement gastée par la foudre, a esté depuis peu restablie par les soings et le zele du Chapitre, pour estre un insigne

Cathédrale de Bordeaux, p. 48), un orage renversa le fronton qui terminait la façade nord, entre les tours, et celui-ci en s'écroulant effondra la charpente et les deux premières travées du transsept; une terrasse pleine, telle que nous la voyons aujourd'hui, remplace le fronton. »

1. « Le portail sud est plus ancien que le portail nord; les moulures en sont plus simples, moins fouillées, sans ces gracieuses décorations végétales qui semblent des guirlandes naturelles courant sur la pierre. S'il est moins riche, il a un faire non moins délicat. Trois voussures sont ornées de statuettes placées sous des dais. Le premier rang est formé d'anges; le deuxième et le troisième de saints et de saintes de la Loi nouvelle. Il y a un grand mérite dans ces statuettes, plus même, au dire des artistes, que dans celles du portail nord. Quelques-unes, de saintes particulièrement, sont admirablement travaillées; il y a du moelleux dans les vêtements; l'art du moyen âge est à sa belle période; il n'est pas encore tombé dans le maniéré, dans le bizarre : on reconnaît la touche d'un grand artiste. Aucune gloire humaine ne vient s'attacher à son nom, probablement perdu à jamais pour nous. Mais que lui importe? Pendant que sa main ciselait avec tant d'amour ces suaves figures, sa foi lui rappelait une autre demeure où, pauvre ouvrier, il n'aurait pas à s'imposer le rude labeur de ce monde. Il se disait qu'il n'y aurait rien à bâtir dans la Jérusalem nouvelle, et qu'il y serait assis sur un trône. Merveilleuses espérances, qui sont les nourricières du génie; qui inspirent de beaux vers au Dante et au Tasse, de riches basiliques aux architectes, de suaves bas-reliefs aux statuaires!

» Les soubassements des pieds-droits du portail ont plusieurs bas-reliefs, malheureusement trop mutilés pour qu'on puisse en pénétrer le sujet. L'un d'eux, cependant, représente saint Nicolas.

ornement, non seulement de l'Eglise, mais encore de la Ville. Il y a 565. pieds depuis la pointe de cette aiguille de Clocher jusqu'au bas de l'Eglise[1]. Dans l'une de ces

Trois jeunes filles apparaissent dans une espèce de cuve, sur laquelle on remarque un rideau tombant en forme de pavillon. Ce trait du saint évêque, jetant dans la maison d'un père de famille la dot de trois jeunes filles exposées par leur pauvreté et leur jeunesse, devait frapper l'artiste du moyen âge. C'était une leçon délicate de charité donnée à l'entrée d'une basilique chrétienne.

» Le tympan de cette porte est détruit. Il paraît (Lopès le dit formellement) que le pied-droit central, comme à Notre-Dame de Paris (façade ouest), était orné d'une statue de la Vierge. Sur le tympan se trouvait, en bas-relief, le couronnement de la mère de Dieu. » (Card. Donnet, *op. cit.*)

1. Il faut lire 255 pieds. Les flèches de Saint-André datent du XIVe siècle. « Quelques auteurs veulent, dit M. le chanoine Corbin, qu'on les ait commencées sous le règne de Richard II, roi d'Angleterre et duc d'Aquitaine, mort en 1399; mais, ajoute-t-il, les jours de ces flèches, percés en forme de larmes, me semblent mieux appartenir au style flamboyant. » M. de Caumont lui-même a écrit « que nos deux aiguilles jumelles, vrai bijou d'architecture, sont d'un style postérieur aux tours qui les supportent. » (*Cours d'arch. monum.*, 1841), et l'abbé Baurein veut qu'elles le soient à la flèche de Pey-Berland.

« Elles s'élèvent sur un plan octogone à la hauteur de 40 mètres depuis la plate-forme des tours; celles-ci ayant 45 mètres à partir du sol, la hauteur totale est de 85 mètres ou 255 pieds. » (R. Corbin, *la Cathédrale de Bordeaux*, p. 32.)

« De même, dit le cardinal Donnet *(op. cit.)*, que Saint-André présente la plus large nef connue, de même ses deux flèches latérales sont les plus étroites en diamètre à la base dans son rapport avec la hauteur, que l'art ogival ait produites. Leurs arêtes, décorées de crosses végétales, donnent un surcroît de grâce et de légèreté à ces gigantesques aiguilles. Les obélisques d'Egypte sont ici surpassées par l'art chrétien. »

Contrairement à l'opinion du comte de Montalembert, le Congrès scientifique de France tenu à Bordeaux en 1861 a établi que les flèches de Saint-André ne sont ni la conception ni l'œuvre des Anglais.

Pendant notre siècle, deux architectes, M. Combes en 1810 et M. Poitevin en 1824, furent appelés à consolider les flèches qui menaçaient ruine et qu'il fut un moment question de démolir

Tours où sont ces aiguilles, est la grand'Cloche[1] de l'Eglise, les autres n'en ont point. Au reste, tout ce Bastiment du Chœur (que nous avons dit avoir esté fait soubs la domination des Anglois), de ses aisles, de ses Chapelles, de sa Croisée, n'est pas moins somptueux dedans que dehors; et les Arcsboutans qui le soustiennent; ses Aqueducs, ses doubles Galeries hautes et basses qui font le tour de tout ce Bastiment, ses Plateformes, ses Pilliers, ses Pyramides, ses Niches, ses Images, sa situation dans une grand' place (qui est à une extremité de la Ville), tout le reste de ses Enrichissemens forment une des plus belles et des plus agreables perspectives d'Eglise qui soient dans le Royaume.

VI. Le Vaisseau ou la Nef de l'Eglise, marque une plus grande antiquité, que le Bastiment du Chœur. L'Image de l'Empereur Charlemagne qui paroist encore sur la

---

par mesure de prudence. Le système de M. Combes consistait en des cercles de fer qui se voient encore à la base des aiguilles; celui de M. Poitevin n'est autre chose qu'une charpente intérieure qui relie en un seul tout, de la base au sommet, cette maçonnerie aérienne.

Ces divers travaux sont exposés en détail dans le rapport de M. Combes (*Moniteur* de 1811), dans les registres de la Fabrique de Saint-André et dans le *Mémorial des curés,* document très curieux que nous ferons connaître un jour.

1. « Cette grande cloche, si nous en croyons M. l'abbé Pardiac, n'existait plus à l'époque de la Révolution; car la plus grosse des deux qui se trouvaient alors dans la flèche occidentale de Saint-André, ne date que de 1787; elle fut épargnée par la Révolution, ainsi que la petite. » (Voir l'abbé Pardiac, *Notice sur les Cloches de Bordeaux,* p. 14.)

Moins heureuse que celle de la flèche nord-ouest, la sonnerie dont le B. Pey Berland avait doté la tour qui porte son nom, tenta l'avidité des patriotes en 1793. Le Pey-Berland resta muet pendant soixante ans. Le 8 août 1853, un bourdon pesant onze mille kilogrammes fut établi dans cette tour. L'empereur Napoléon III et l'impératrice Eugénie avaient accepté d'en être les parrain et marraine. Un accident, longuement raconté dans les registres de la Fabrique, nécessita la refonte du bourdon.

muraille au fonds de cette Nef au delà de la Gallerie des Jurats, fait assez connoistre qu'elle fut eslevée de son temps[1]. Artus de Montauban Archevesque de Bourdeaux, fit repeindre cette Image, que le temps avoit presque effacée, et fit peindre ses Armes au bas, dont nous parlerons en sa vie. On les void encores sur la mesme

[1]. Le problème *de l'existence, du genre et de la superficie* des peintures murales de Saint-André se posait tout naturellement, à l'occasion de cette vieille image de Charlemagne. M. Marionneau essaye de le résoudre dans la page qu'on va lire (*op. cit.*, p. 87) :

« La cathédrale de Bordeaux, suivant le témoignage des historiens et d'après quelques rares fragments retrouvés dans diverses parties de l'édifice, était ornée de peintures murales. Les documents qui constatent ces anciennes décorations ne donnent, à vrai dire, que des renseignements peu étendus; il serait alors téméraire de supposer que l'ensemble de la nef et du chœur présentassent des teintes plates, des ornements ou des sujets historiés, comme dans les églises d'Albi, d'Assise ou d'Avignon. Mais il est certain que plusieurs chapelles étaient entièrement recouvertes de peintures.

» Les travaux exécutés depuis deux ans dans la chapelle Saint-Joseph ont mis à découvert, à la troisième travée, de grandes figures d'évêques ou de saints, peintes en détrempe. L'état fruste de ces peintures les rendait inexplicables et s'opposait à toute appréciation artistique.

» Dans d'autres parties de l'édifice, se retrouvent parfois, sous le badigeon, des indications de coupes de pierre, ayant au centre de légers ornements, et sur la clôture du chœur, où est actuellement la statue de M. Duseigneur, des imitations de mosaïque nouvellement retouchées.

» Lopès nous a conservé le souvenir d'une peinture non moins précieuse par son ancienneté : l'image de l'empereur Charlemagne, qui paraissait encore de son temps sur la muraille au fond de la nef, après la galerie des Jurats, par conséquent sur le côté méridional.

» Cette image que le temps avait effacée, avait été repeinte par ordre de Mgr Arthur de Montauban, archevêque de Bordeaux de 1463 à 1478, et les armes de ce prélat étaient apposées au bas de cette peinture. Mais à la restauration ordonnée par Mgr Arthur de Montauban, dut succéder un système plus radical, et de retouche en retouche, le prétendu portrait de Charlemagne disparut sous le râcloir et sous le badigeon. »

muraille. La hauteur de cette Nef est d'environ 80. pieds jusqu'à la clef de la Voute. Sa largeur est de 50. pieds; et sa longueur depuis le fond de l'Eglise, jusqu'à la première marche de la Croisée, est de 181. pieds. Ce qui est tres considerable, et presque particulier à cette Eglise, est, que cette grande et vaste Nef n'a aucun Pillier qui en soustienne la Voute au milieu : tout cét espace n'estant aucunement empesché, et pouvant contenir une tres-grande Assemblée aux Ceremonies Publiques et Predications qu'on a coustume d'y faire. La partie de la Voute que le Tremblement de Terre abbatist fut achevée de remettre, mais beaucoup mieux travaillée qu'auparavant soubs Jean de Foix Archevesque de Bourdeaux[1]. Ses Armes sont taillées sur une clef de cette nouvelle Voute, aupres de celles du Roy, nous en parlerons en sa Vie.

1. « Le tremblement de terre est si grand à Bourdeaus, le jour de la Chandeleur, que la voûte de la grande nef Sainct-André, à l'endroit du lieu où sont maintenant les grandes orgues, tomba à terre. » (Chronique de Delurbe.)

« Jean de Foix, archevêque de 1501 à 1529, dit l'abbé Corbin, fait reconstruire les quatre travées de voûtes à l'ouest (grande nef), qui s'étaient écroulées en 1427. Pour leur donner plus de grâce, il y ajoute des liernes, des fleurons et plusieurs effigies, entre autres celles de saint André étendu sur la croix (3e travée). Ses armes, sculptées à la clef de voûte la plus rapprochée de l'orgue, perpétuent le souvenir de cette libéralité. » (*La Cath. de Bordeaux*, p. 39.)

Dans une étude archéologique récemment communiquée à l'Académie des Sciences, Belles-Lettres et Arts de Bordeaux, M. de Castelnau a exposé les raisons qui portent à mettre en doute l'exactitude tant de la date du fait énoncé par Delurbe, que du fait lui-même.

L'auteur de cette étude ne peut admettre que depuis l'accident survenu en 1427, jusqu'à l'époque où l'archevêque Jean de Foix fit rétablir les voûtes d'une partie de la nef de Saint-André, c'est-à-dire pendant tout un siècle, notre cathédrale soit ainsi demeurée à l'état d'effondrement et de ruine.

Peut-on vraiment croire que, durant une si longue période, ces grandes assemblées populaires, ces réceptions solennelles de

VII. Au milieu de la Nef, et contre la muraille du Cloistre, est la Chapelle de Nostre Dame[1]. Je traiteray de sa devotion au Ch. 6. Du mesme costé tirant vers le

rois, de princes et de prélats, toutes ces pompeuses cérémonies aient eu lieu dans un édifice ruiné, et tout au plus abrité contre les intempéries des saisons par une toiture provisoire ou de vulgaires cloisons?

Est-il plus admissible qu'un chanoine instruit, éclairé, et aussi dévotement affectionné à son église que l'était Pierre Berland, dans le registre capitulaire de 1419 à 1430 qui nous a été heureusement conservé et qui est écrit presque en entier de sa main, ait omis précisément de mentionner un événement aussi grave que l'écroulement d'une partie des voûtes de la cathédrale?

Et ce même chanoine, plus tard élu archevêque de Bordeaux, aurait signalé sa pieuse munificence par l'érection du clocher portant son nom et la réparation de nombreuses églises, sans se préoccuper auparavant de faire relever sa primatiale!

Le XVᵉ siècle, on le sait, fut, à Bordeaux, une époque de très grande prospérité pour l'architecture religieuse. Et c'est au cours d'une période si brillante que le Chapitre, l'Archevêque, les habitants auraient laissé béantes quatre travées en 1427! Comment supposer que de tant d'édifices élevés à cette époque, pas un seul n'aurait ressenti les effets du tremblement de terre? Comment croire qu'il n'en soit resté d'autre souvenir que celui si brièvement rappelé par Delurbe?

En présence de faits tellement invraisemblables, M. de Castelnau est d'avis qu'il faut bien plutôt admettre comme probable, sinon comme certain, que les voûtes primitives de la nef de Saint-André, bâties tout au début de l'ère ogivale, avaient été élevées dans des conditions imparfaites de solidité et de durée. Recouvrant, en effet, une nef dont la hauteur et la largeur étaient exceptionnelles, leurs contreforts sans arcs-boutants n'opposaient pas une résistance suffisante aux poussées. Sous Louis XI, nous savons qu'on dut commencer à les refaire en entier, et plus tard, en 1527, date que Delurbe a pu confondre avec 1427, les voûtes des quatre dernières travées au couchant s'étant écroulées ou menaçant ruine, furent reconstruites, grâce à la munificence de Jean de Foix, sur le plan et dans le mode où nous les voyons aujourd'hui. (Voir *Actes de l'Académie de Bordeaux,* année 1882.)

1. L'ancienne fermeture de Notre-Dame de la Nef se trouve actuellement à l'entrée du *Sacré-Cœur.* « D'un ensemble disgracieux, dit M. Marionneau (p. 117), ce travail, malgré son style

Chœur, ont esté eslevez deux Autels; l'un soubs le nom de S. Jean l'Evangeliste ; l'autre de Saincte Anne[1], où l'on celebre incessamment des Messes, comme à la Chapelle de Nostre Dame, pour la commodité du Peuple. La Chaire ordinaire pour les Predications est placée dans cette Nef, de belle pierre et bien travaillée[2], avec deux Galeries de mesme façon pour le Chapitre : vis à vis desquelles du

lourd, abâtardi, offre de certains détails dignes d'attention ; particulièrement des figures d'anges d'une indication large, bien modelée et pleine de mouvement. »

Tout en reconnaissant la justesse des critiques de M. Marionneau, nous nous permettrons d'observer qu'autrefois la lourdeur de cette clôture disparaissait un peu dans la grande nef, sa place naturelle.

[1]. C'est probablement au-dessus de cet autel que se trouvait la statue de *sainte Anne et de la Vierge enfant*, actuellement placée contre un des piliers du chœur, statue appréciée des archéologues.

« Au troisième pilier, à droite du chœur, dit M. Marionneau, se trouve un groupe en pierre de 1^m45 de hauteur, dans le style du XVIe siècle (nous le croyons plutôt de la fin du XIVe), représentant sainte Anne et la Vierge enfant. La petite figure de la Vierge est mesquine, sans caractère vrai, mais celle de sainte Anne plaît par sa physionomie naïve, le sentiment de sa pose, l'agencement de ses draperies. Anciennement, sur le socle était écrit, en lettres gothiques, *Sancta Anna*, et les deux statues étaient recouvertes de teintes légères rehaussées de filets d'or.

» Ce groupe, charmant de simplicité, devrait obtenir, en raison de son mérite réel, et mieux encore par la pieuse dévotion dont il est l'objet, plus d'intérêt aux yeux des personnes chargées de veiller aux œuvres d'art de cette église ; le bras droit est brisé, et l'extrémité d'un de ses pieds présente des traces de mutilations. Primitivement, cette statue était protégée par une balustrade en fer ; pourquoi ne pas la rétablir ? » (*Op. cit.*, 75.)

[2]. Cette chaire, où Lopès monta souvent et au pied de laquelle il fut enseveli, n'existe plus depuis 1793. A la réouverture des églises, tout manquait à la solennité du culte, et la cathédrale ne présentait qu'une enceinte délabrée. La chaire de l'église Saint-Remi, transportée pendant la Révolution à Saint-Michel, dans la chapelle des Anges, fut placée vers l'an 1804 à Saint-André : « Le corps de cette chaire est en acajou, d'un beau galbe, orné

costé du Cloistre sont deux semblables Galeries pour le Corps du Parlement[1], qui les fit toutes bastir, avec la Chaire, soubs le Roy Henry III. Le Présidial a pareillement une Galerie au dessus de la Chapelle Nostre Dame, et les Jurats une autre sur la grand'Porte du Cloistre, tous avec la permission du Chapitre, accordée l'an 1609. aux mois de février et de mars[a]. Vis à vis de cette Chapelle Nostre Dame, est une grand'Porte de l'Église qu'on

[a] Registre de cette année.

de panneaux de marbre rouge. Les arêtiers qui lient ces panneaux portent une cariatide sous forme de jeunes enfants soutenant le corps de la chaire. Au-dessus de l'abat-voix est un groupe de deux anges; l'un tient la croix et l'autre élève un ostensoir (un ciboire). Cette chaire, exécutée pour l'ancienne église Saint-Remi, est l'œuvre de Cabirol, sculpteur, résidant à Bordeaux, vers la fin du XVIIIe siècle.

» La vie de Cabirol est peu connue : les détails suivants émanent de son gendre et élève, M. Delanoé, mort à Bordeaux vers 1850, à l'âge de quatre-vingt-deux ans, et qui avait vu sculpter la chaire de Saint-Remi. Jusqu'aux derniers jours de sa vie, l'élève regardait le travail de son maître avec le plus touchant intérêt, et ne visitait jamais la cathédrale sans enlever, à l'aide de son mouchoir, la poussière incrustée dans les ornements de la rampe et dans les feuilles du chardon placé au pied de l'escalier. » (Marionneau, *op. cit.*, p. 120.)

1. « 1580. En ceste année, soubs le règne de Henry III, les
» deux galeries basses de Sainct-André, dans la nef: l'une du costé
» de main droite, en allant aux orgues, où le clergé se sied, avec
» la chaire à prescher, e l'autre, où le Parlement est assis pour
» ouir la prédication, sont basties, Florimond de Raimond,
» conseiller au Parlement, en estant l'autheur et le directeur;
» et, s'il fault dire ainsin, il doit avoir tout l'honneur de ce
» bastiment grandement commode e pour le clergé, e pour le
» Parlement à cause de la grande abondance de peuple qu'il y a
» dans la nef, à tels jours de predication. Car auparavant le prédi-
» cateur avoit acoustumé de prescher dans une chaire haulte de
» bois. Despuis bien longtemps après les jurats ont faict bastir
» une petite galerie pour eulx, en lieu relevé, du costé des dites
» orgues, et le présidial de Guyenne, un aultre pour eux, de
» l'aultre costé. » (*Chronique de Gaufreteau*, t. I, p. 221.)

nomme la Porte Royalle[1], par où entrent les Roys et les Gouverneurs quand ils viennent la premiere fois à l'Eglise. Elle demeure ordinairement fermée. Cette porte est fort ancienne, et bien travaillée, ornée des deux costés, des Images des douze Apostres en relief. Sur la porte est une pareille Image d'un Archevesque : au dessus a esté taillée dans la pierre, et représentée la Resurrection des morts sortant de leurs tombeaux. Il y a plusieurs Statuës des Roys et des Princesses sur une Galerie au dessus de cette porte, qui ont esté, ou les Fondateurs, ou les Bien-facteurs de cette Eglise. Joignant et hors cette porte est un petit Caveau que le Chapitre a faict fermer de muraille, où reposent plusieurs ossemens des morts[2].

1. La Porte Royale est antérieure aux deux portails nord et sud. « N'y a-t-il pas lieu de penser, dit M. Marionneau, que cette dénomination de *porte royale* ne date que de la construction du chœur? Les lois de la symétrie et les dispositions adoptées pour l'agrandissement de l'édifice exigeaient deux entrées aux extrémités opposées des transsepts; mais l'ancienne porte du nord n'étant plus nécessaire, elle fut réservée pour les occasions solennelles. » (*Op. cit.*, p. 17.) On sait d'ailleurs que la *Porte Royale* était en face de l'ancien archevêché, résidence ordinaire des rois, de passage dans notre ville.
Nous empruntons aux comptes-rendus de la Commission des Monuments historiques, année 1851-52, une description très minutieuse de l'ancienne Porte Royale due à la plume de M. de Lamothe. Elle fait l'objet d'un appendice.
2. « Selon la tradition, dit M. de Lamothe, il s'agirait ici des restes des personnes victimes de l'éboulement de la voûte en 1427. C'est sur ce caveau, ou à côté, qu'aurait été érigé le contrefort Grammont qui serait ainsi un monument funéraire, en même temps qu'il servirait à la stabilité des voûtes. » (*Comptes-rendus de la Société des Monum. hist.*, an. 1850-51.)
Tout en effet dans le contrefort Grammont indique un monument funèbre, les détails des sculptures aussi bien que l'inscription en distiques latins dont nous empruntons la traduction à l'abbé Xaupi :
« Quand j'examine la justice dont Dieu le Père a remis à son
» Fils l'exercice, la puissance et le jugement dernier; quand je

VIII. Dans la mesme Nef vis à vis de la Chapelle S. Jean, sont placez les Fons Baptismaux, où non seulement on baptise les enfans des Paroisses dependantes du Chapitre, mais indifferemment de toute la Ville quand on les y porte, comme l'on fait tres-souvent[1]. Au fond de la Nef est eslevé le grand Orgue de cette Eglise, qui remplit presque toute la largeur de cette Nef, et on n'en void point de plus grand dans le Royaume[2]. Il est eslevé sur

» pense au compte que je dois rendre, la maxime de saint Paul :
» *Horrendum est incidere in manus Dei viventis* (Heb. X, 31),
» se présente à mon esprit, la frayeur pénètre et glace mes os.
» Lorsque la trompette bruyante rassemblera les morts, il faudra
» comparaître au terrible jugement. « Allez, malheureux, au feu
» éternel, » dira le redoutable juge; « et vous autres, bons, venez
» dans l'heureux royaume de mon père. » Or donc, mortels, approu-
» vant désormais tout ce qui est meilleur, cessons de suivre tout
» ce qui est mauvais. » (Xaupi, *Dissertation sur l'édifice de l'Eglise prim.*, etc., p. 7.)

On trouvera cette dissertation à la suite de la biographie de l'archevêque Ch. de Grammont.

1. Trois églises seulement jouissaient du privilège d'avoir des fonts baptismaux : Saint-André, Saint-Seurin et Sainte-Croix. Chacune de ces trois églises recevait au baptême les enfants des paroisses placées dans sa juridiction. Mais on le voit, d'après le texte ci-dessus de Lopès, l'usage s'était établi de porter les enfants à Saint-André de toute la ville « indifféremment ».

Dans la suite, mais surtout à la veille de la Révolution, en 1787, toutes les églises de Bordeaux revendiquèrent les fonts baptismaux comme un droit paroissial. Nous raconterons plus loin cette « guerre de l'indépendance » à l'occasion de laquelle Messieurs les Chanoines rappellent aux curés ingrats cette parole d'un prophète : « J'ai nourri des enfants, je les ai élevés, et ils m'ont méprisé. »

La prétention des curés n'était pas fondée en droit. Une décision récente de la Congrégation du Concile établit que l'autorisation de posséder des fonts baptismaux n'est pas une conséquence rigoureuse de la création d'une paroisse. (*Analect. juris Pontif.*, l. 170, juin 1881.)

2. Le bel orgue dont Lopès était si fier fut détruit à la Révolution. M. Céleste, sous-bibliothécaire de la ville de Bordeaux, a pu retrouver les manuscrits où sont énumérées les profanations que ce magnifique instrument subit en 1793. Nous en avons pris copie, ils seront reproduits dans un appendice qu'on lira plus loin.

des Arceaux de belle pierre, de fort bel ouvrage, qui furent faicts l'année 1531[1]. Entre cét Orgue, et les Galeries du Chapitre, est une petite Porte, par où l'Archevesque a coustume de venir à l'Eglise, joignant la grand Cour de l'Archevesché. Elle fut ouverte du consentement du Chapitre, soubs Anthoine de Sansac, le 27 de mars 1565.[a] et on en ferma une semblable qui avoit esté ouverte de mesme façon au dessoubs de l'Orgue soubs Artus de Montauban le 13 novembre 1466. Il y a encores deux Portes dans la mesme Nef du costé du Midy; l'une plus grande, au fond : l'autre moindre, proche la Chapelle Nostre Dame, par où l'on monte au Cloistre[2] de l'Eglise,

a Ez Archives du Chapitre.

1. Les arceaux du xviie siècle ont fait place à la tribune élégante élevée par M. Combes en 1810 avec les matériaux provenant en grande partie de l'ancien jubé; ils sont ornés de sculptures admirables et l'on a pu dire avec raison que ce petit monument est un vrai musée de la Renaissance.

Nous donnerons plus loin la description (avec dessin) du jubé disparu.

2. « Le cloître était adossé au flanc méridional de la nef, avec laquelle il communiquait par deux portes : l'une romane, vers la tribune de l'orgue; l'autre plus étroite et plus moderne, appelée la *porte des Jurats* et s'ouvrant en face de l'ancienne Porte Royale.

» Il était de forme rectangulaire, entourait un préau de 25^{m}22 de longueur et 17^{m}40 de largeur. Sur un appui séparant le préau des allées du cloître, s'élèvent des faisceaux de colonnettes monolithes, et supportant des arcatures continues, également taillées dans un bloc de pierre. Anciennement un bahut couronnait les galeries, et des gargouilles rejetaient les eaux sur le préau. Ces dispositions ont été dénaturées par une charpente posée sur le bahut, surhaussé de deux assises.

» Le cloître possédait autrefois des tombeaux décorés de statues. Un seul mutilé se voit encore en pénétration dans le mur, près la porte de la nef, à l'entrée de la galerie occidentale. Serait-ce le tombeau d'Arnaud de Beaulieu, premier sous-chantre, chanoine et archidiacre de Cernès, enseveli, dit Lopès, en 1295, dans la nef, au fond, proche des cloîtres?

» Au midi, étaient également plusieurs tombes en pierre, placées

qui est beau et large, et dans l'Allée duquel, du costé du Couchant est la Psallete, comme aussi le lieu où le Chapitre tient ses Assemblées, et garde ses Archives, basti depuis quelques années. Une partie des Arcboutans qui soustiennent ce grand Vaisseau, a esté bastie dans le Cloistre. Il y en a un dans l'Allée du Levant, sur lequel est gravé le temps de sa fondation, l'an 1472. au mois d'aoust soubs le Roy Louis XI. Celui-cy et tous les autres

dans l'épaisseur du mur de clôture. Le sol des allées était pavé de nombreuses dalles tumulaires; l'une d'elles, toute moderne, rappelle l'inhumation de M. l'abbé Barrès, vicaire-général sous Mgr d'Aviau.

» Le préau servait aussi de lieu de sépulture aux chanoines, et là fut enseveli, il y a quelques années, le corps de l'évêque constitutionnel Pacareau, déposé primitivement dans le caveau de la chapelle du Sacré-Cœur.

» M. Viollet-le-Duc date du XIVe siècle le cloître Saint-André de Bordeaux, et M. l'abbé Bourassé de la fin du XIIIe. Un passage de Lopès (*Histoire de Saint-André*, p. 110), à propos d'un différend sur les limites de la juridiction ecclésiastique de la ville de Bordeaux, entre le Chapitre de Saint-André et celui de Saint-Seurin, dit, en faisant la critique du même fait rapporté par Delurbe, dans sa *Chronique* : « La sentence arbitrale fut prononcée, » non pas l'année 1220, mais l'année 1222, au mois de may, » dans le cloistre de la métropolitaine. » De ce passage, il faudrait conclure que cette annexe de la cathédrale existait déjà dès le commencement du XIIIe siècle.

» A vrai dire, sous le nom de cloître il ne faut pas toujours entendre un préau simplement entouré de galeries. Au moyen âge on désignait aussi sous la dénomination de cloître des cathédrales, des amas de constructions adossées au monument servant habituellement de logements aux chanoines, avec salle capitulaire, et d'autres pour les divers services de l'église et très souvent des écoles. » (Ch. Marionneau, *op. cit.*, p. 41.)

Le cloître de Saint-André n'est plus qu'un souvenir; il n'en reste pas une seule pierre. Les nouvelles sacristies, exécutées sur les plans de M. Abadie, s'élèvent depuis dix ans sur l'emplacement qu'il occupait. Le vandalisme n'a pas épargné les sépultures. Personne, du moins à notre connaissance, ne s'est préoccupé d'en dresser l'inventaire, au moment d'une destruction aussi radicale qu'impossible à justifier. Nous reviendrons sur ce sujet.

CLOITRE DE SAINT-ANDRÉ.

Gravé par M. J DE VERNEILH d'après une aquarelle de M. DE FONTAINIEU

sont fort magnifiquement bastis. C'est tout l'Edifice de cette Eglise, comprenant le Chœur et la Nef avec leurs suites, dont toute la longueur depuis le fond de la Nef soubs le grand Orgue, jusqu'au fond de la Chapelle Nostre Dame derriere le Maistre Autel, est de 380. pieds.

IX. J'adjousteray pour un ornement de cette Eglise le Palais Archiepiscopal qui la joinct, un des plus beaux, et des plus logeables du Royaume, dont la magnifique entrée avec la grande Galérie, enrichie de plusieurs Tableaux, est un ouvrage du Cardinal de Sourdis Archevesque[1]. Un autre Cardinal, aussi Archevesque, fit faire son grand escalier, un ouvrage pareillement fort magnifique. C'est le Cardinal d'Espinay[2], dont les Armes sont gravées sur l'entrée de cét escalier. Il portoit d'Argent au Lion coupé, le haut de gueulles, le bas de synople couronné, lampassé et armé d'or, qui estoit d'Espinay : escartelé de gueules à neuf Macles d'or au lambel d'argent à quatre pendans, qui estoit de Montauban; et sur le tout, d'argent à une Guivre ou Bisse d'azur l'issant de gueulles, qui estoit de Milan. Il faut encores adjouter à l'ornement de cette Eglise, un grand Clocher scitué dans la grand' place où le Clocher est basti[3]. A la pointe duquel on

---

1. Voir parmi les additions au chapitre IV une notice sur l'ancien archevêché.

2. Le cardinal d'Espinay, archevêque de Bordeaux, était petit-fils de Bonne de Visconti. M. le comte de Palys prépare en ce moment, à Rennes, une étude historique sur l'éminent cardinal. Il a fouillé dans le trésor de nos archives nationales et dans celles du Vatican. Nous avons eu nous-même la satisfaction de lui fournir quelques particularités relatives à l'administration épiscopale d'un prélat qui, par sa mère, était parent des rois de France, et qui fut gouverneur de Paris sous le règne de Charles VIII. Au xviiie siècle l'illustre race d'Espinay « s'est fondue dans l'une des aïeules de Mme la comtesse de Palys ».

3. Voir parmi les additions au chapitre IV la notice sur *la tour Pey-Berland*.

monte par un degré de pierre de 220. marches, qui se ressent de la disgrace de la Ville, de l'année 1548. Il fut eslevé par les soings, et aux despens de Pierre, autrement S. Pey Berland Archevesque de Bourdeaux. Sur le devant est un Marbre avec l'inscription en Vers Latins, qui marquent sa figure, sa profondeur, et le temps de son bastiment.

> *Bis quadram quicumque oculis Turrim aspicis æquis,*
> *Mille quadringentis quadraginta labentibus annis,*
> *Fælicibus cœptam auspiciis, nonàsque secundò*
> *Octobris, tantum certò scito esse profundam,*
> *Fons quoque prosiliens quamtum tenet. Huic quoque primus*
> *Subjecit lapidem Petrus Archipræsul in urbe*
> *Burdigalæ, cujus plebs collætetur in ævum* [1].

1. Cette inscription n'a pas été reproduite exactement par Lopès. Du reste, aucun livre d'archéologie n'en a donné jusqu'ici le vrai texte. Un excellent estampage dont M. le marquis de Castelnau est redevable à l'obligeance de M. C. Durand, a permis à notre éminent collaborateur de nous restituer enfin les sept vers de ladite inscription, tels qu'on les lit sur une des faces de la tour. Les voici :

> *Disquadram quicumque oculis turrim aspicis equis*
> *Mille quadringentis quadragenta labentibus annis*
> *Felicibus ceptam auspiciis nonasque secundo*
> *Octobris tantum certe scito esse profundam*
> *Fons prope prosiliens quantum tenet. Huic quoque primum*
> *Subjecit lapidem Petrus Archipresul in urbe*
> *Burdegala cuius plebs colletetur in evum.*

APPENDICE AU CHAPITRE IV

La sobriété de Lopès en matière de descriptions artistiques, et le peu de goût qu'on professait de son temps pour les édifices du moyen âge, ne lui permettaient pas de traiter la question architecturale avec les développements auxquels nous ont habitués les livres modernes. Cette lacune est aujourd'hui comblée. Depuis la Révolution, plusieurs de nos compatriotes ont consacré de savantes études à l'archéologie de Saint-André de Bordeaux. L'éditeur de Lopès a cru devoir y puiser quelques détails instructifs sur l'*Ancien Jubé,* la *Porte Royale,* les *Orgues avant et pendant la Révolution,* l'*Ancien Archevêché,* la *Tour Pey-Berland.* Ces détails étant beaucoup trop longs pour être mis en notes, nous en avons fait l'objet d'un chapitre additionnel :

ANCIEN JUBÉ.

Ce beau travail de la Renaissance a disparu dans la restauration effectuée, en 1804, par M. Combes. Des fragments d'ornementation, la description donnée par Lopès, des notes recueillies par divers amis des arts et obligeamment communiquées, ont permis d'en faire une restauration à coup sûr très exacte.

Ce monument fut érigé dans l'intervalle de 1530 à 1534, par les soins d'un des prélats de Bordeaux qui a le plus honoré les beaux-arts, par Charles de Grammont, qui fit aussi construire le beau pilier extérieur de la cathédrale, près de la sacristie (ancienne).

Hauteur, 5 mètres; étendue, 10 mètres entre les deux piliers extrêmes du chœur qui étaient enveloppés de maçonnerie. Au milieu, porte cintrée, large de 2 mètres, décorée sur chaque côté d'un pilastre et supportant un entablement ionien. Au-dessus de cette porte, armes de Charles de Grammont.

Dans l'espace vide entre la porte et les massifs d'angles, bas-reliefs représentant la Descente aux Limbes et la Résurrection; et, de chaque côté, niches renfermant chacune un large vase.

A l'intérieur, rang de stalles adossées au jubé, au-dessus desquelles large galerie sur laquelle pouvaient se placer des musiciens.

ANCIEN JUBÉ DE SAINT-ANDRÉ.

Les ornements de ce jubé qui ont été conservés, sont les deux bas-reliefs[1] de la Résurrection et de la Descente aux Limbes, et une niche. Ces objets ont été placés sous les voûtes de l'orgue. Les bas-reliefs nous paraissent appartenir à une époque postérieure à Charles de Grammont, à la fin du xvie siècle, ou plutôt même au commencement du xviie siècle.

1. Les nudités de ces bas-reliefs aujourd'hui relégués dans l'ombre, sous la tribune du grand orgue, avaient d'abord inspiré des inquiétudes à Mgr d'Aviaud. Nous reviendrons sur ce détail. M. E. Cartier se montre d'une sévérité excessive à l'endroit de ce remarquable travail. « Une des productions les plus révoltantes de la Renaissance, dit-il, est un bas relief qui se trouve à l'entrée de la cathédrale de Bordeaux et qui représente la descente de N.-Seigneur aux Limbes. J'avoue ne pas comprendre comment on garde dans une église ce mélange d'hommes et de femmes, qui serait à peine acceptable dans un musée. (E. Cartier, *L'art chrétien*, t. I, p. 129.)

Dans le bas-relief de la Descente aux Limbes, deux scènes; à l'étage inférieur, à gauche, voûte de laquelle débouchent divers personnages qui semblent se presser pour arriver auprès du Christ. Celui-ci, debout, aidant de la main gauche à se relever un vieillard qui l'implorait agenouillé (Adam sans doute), et élevant de la main droite l'instrument de son supplice. A droite, personnages dont les poses tranquilles révèlent le bonheur, et placés sous l'égide de la croix.

BAS-RELIEFS DE L'ANCIEN JUBÉ DE SAINT-ANDRÉ.

Dans la partie supérieure de ce bas-relief, autre scène figurant l'enfer : un diable sous les traits de Pluton, armé d'une fourche; Proserpine à ses côtés, passant son bras sur les épaules de Pluton; Cerbère aux trois têtes, autres têtes hideuses, en tout sept personnages, en souvenir sans doute du nombre des péchés capitaux. Leurs efforts semblent se diriger contre la croix qu'ils veulent ébranler.

Le mélange qu'a fait l'artiste, de l'enfer païen et des scènes du christianisme, rappelle aussi certaines parties analogues des fresques du plafond de la chapelle Sixtine, par Michel-Ange Buonarotti.

Sur le bas-relief de la Résurrection, femmes au nombre de cinq qui viennent visiter le tombeau du Christ. L'ange au visage brillant comme la foudre, aux vêtements blancs comme la neige, assis sur le sépulcre entr'ouvert; le Rédempteur des hommes assis sur un aigle et entouré de nuages, du milieu desquels percent une tête d'ange, une tête de bœuf, une tête de lion, lesquelles, selon saint Jérôme, se rapportent : l'homme ou l'ange, à saint Mathieu; le bœuf, à saint Luc; le lion, à saint Marc; l'aigle, à saint Jean. Dans cette position du Christ porté sur l'aigle, il est impossible de ne pas voir, dans l'esprit de l'artiste, un souvenir de Jupiter. Sur le côté droit du tableau, gardes en armures au nombre de trois, souvenir de la Trinité; un d'eux renversé, un autre ébloui et cherchant à adoucir la clarté par l'ombre de son bras. Il est difficile d'indiquer lequel des trois personnages est Longin, qui avait percé d'un coup de lance le corps de Jésus.

De chaque côté de la niche de l'ancien jubé, contre le mur méridional de l'église, pilastres renfermant des scènes de l'ancien Testament, sculptées avec beaucoup de délicatesse : Ève engageant Adam à manger du fruit défendu; les premiers parents du genre humain quittant le Paradis terrestre; Caïn frappant son frère, etc., etc. (De Lamothe, *Comptes-rendus des Monum. hist.*, ann. 1849-50.)

PORTE ROYALE.

La construction de cette partie de la cathédrale de Bordeaux date incontestablement du xiiiᵉ siècle. L'établissement de la sacristie (la sacristie n'est plus là), dans laquelle il faut pénétrer pour contempler ce beau reste d'architecture, a occasionné bon nombre de mutilations. Non seulement cette porte a perdu le pilier central et les statues des apôtres qui en décoraient les pieds-droits; mais, circonstance plus regrettable encore, une rangée de niches supérieures a perdu presque toutes les statues de dimensions colossales qu'elles renfermaient. Nous avons cherché à donner une restauration de cette façade telle qu'elle existait antérieurement à la construction de la sacristie.

Sur le tympan, trois scènes : la Résurrection des morts; des rois, des évêques, des femmes, des enfants sortant de leurs tombeaux. Au-dessus, le Christ nimbé du nimbe crucifère et entouré de six anges, quatre portant les instruments de la passion, la couronne, la croix, la lance et la colonne; entre les anges, la Vierge et saint Jean agenouillés. A l'extrémité du cadre, deux anges sonnant de la trompette; dans ce dernier tableau, huit anges : les deux du centre portant la figure des astres qui éclairent la terre; ceux des extrémités, agenouillés.

Quatre voussures : sur la première, la plus resserrée, dix anges, l'un d'eux, le plus bas, à gauche, foulant aux pieds un dragon. Les deux qui occupent les deux sommets de l'arc soutenant chacun une couronne. Au deuxième arc, même nombre d'anges portant des custodes, des encensoirs, des chandeliers. La statue de l'ange qui porte un ostensoir est moderne. Au troisième arc, quatre anges chargés de triples paires d'ailes, ayant sous les pieds des roues, symbole de la vitesse avec laquelle ils doivent exécuter les ordres de l'Éternel; six autres statues représentant des femmes tenant des lis ou des palmes, des martyrs. Au quatrième et dernier arc, douze personnages portant la plupart des livres déroulés, des docteurs : la lyre indiquant David, l'équerre saint Thomas. Deux rangs de feuillages encadrant cet arc : dans le plus élevé, des oiseaux becquetant des fruits. De chaque côté, contreforts décorés de statues, l'une d'elles représentant saint Antoine. Les divers personnages des arcatures sont abrités par des dais formant piédestal à la statue supérieure. Les dernières consoles formant aussi des dais pour les statues des pieds-droits, présentent de fort élégants dessins de châteaux.

La galerie, aujourd'hui aveugle, qui couronne cette porte, présentait huit niches garnies chacune d'une statue colossale, de plus de deux mètres de hauteur : des évêques, des barons. Quatre sont encore sur place.

M. Rabanis a donné, sur la construction et sur le caractère artistique de ce portail, des détails que nous croyons devoir reproduire ici :

« Commencé sous Géraud de Malemort, cet ouvrage ne dut être achevé que sous ses successeurs, pendant les premières années du règne d'Édouard Ier. Le tympan représente, selon

PORTE ROYALE. — (Comm. des Monum. hist.)

l'usage, la scène de la Résurrection et du Jugement dernier, à laquelle préside Dieu le Père assis sur un trône et entouré des diverses puissances de la hiérarchie céleste; le long des cintres, en retraite, s'élèvent superposés, des vierges, des martyrs, des confesseurs, des anges, peuple de statuettes, toutes différentes d'attributs, mais toutes semblables par cette expression de calme et de recueillement intérieur, qui forme l'admirable unité de la sculpture chrétienne. L'étage placé au-dessus du tympan offre une décoration composée d'une suite de minces colonnes appuyées sur une corniche, et servant de support à des arcs trilobés, qui forment la bordure supérieure ou le baldaquin du portique. Au-dessous de chacun des arcs, était placée une statue de proportion plus que naturelle. Plusieurs ont disparu; parmi celles qui restent, il y en a trois d'un grand prix, non seulement par le mérite de l'exécution, mais encore par les personnages qu'elles représentent. L'une représente un évêque à figure jeune encore, et plutôt douce que sévère; ses mains sont couvertes des gants épiscopaux, et de la gauche, il tient la crosse. Les deux autres, placées à la suite de l'évêque, sont deux personnages couronnés, un homme et une femme, tous deux jeunes aussi, et d'une grande perfection de traits. Dans l'homme, on reconnaît, au premier abord, un descendant d'Henry II, un de ces Plantagenets aux formes pures et athlétiques en même temps, le nez long et droit, la face exactement ovale, le front haut et large, les yeux grands. Le vêtement de tous les deux est simple : il consiste en une tunique serrée par la ceinture, et un manteau qui ne couvre que les épaules, et s'attache, sur le devant de la poitrine, par un lien ou cordon, dans lequel chacun d'eux passe un doigt. Le prince porte, au côté gauche, et à la hauteur de la ceinture, une sorte d'escarcelle triangulaire, à angles abattus, signe distinctif du pèlerin et du croisé; ses cheveux sont longs et tombent en boucles; sa barbe, qui est peut-être une indication de son caractère de croisé, est ondée avec grâce et ne descend que très peu sous le menton. La princesse n'offre aucun attribut particulier; sa main droite semble montrer, avec complaisance, un anneau orné d'une pierre volumineuse; la main gauche tombe le long de sa robe, dont elle retient les plis. A divers signes existant aux couronnes qui ornent le front de ces personnages, on ne peut méconnaître Édouard Ier et Éléonore de Castille; il était naturel qu'on plaçât leur effigie sur le frontispice du monument qu'ils concouraient à élever. Quant à l'évêque, ce ne peut être que Géraud de Malemort, qui parvint de bonne heure à l'épiscopat, et qui l'occupa longtemps. Les anciens actes du Chapitre lui attribuent la restauration de l'église métropolitaine pendant la jeunesse d'Édouard Ier. Son image ne pouvait pas être séparée de celle du prince, dans le témoignage de la reconnaissance du clergé. » *(Comptes-rendus de la Comm. des monum. et docum. hist.*, 1851-52, p. 8-10.)

LES ORGUES AVANT ET PENDANT LA RÉVOLUTION.

Le grand orgue actuel de Saint-André provient non pas de l'abbaye de La Réole, comme plusieurs le pensent, mais de l'église Sainte-Croix. Nous raconterons ailleurs l'histoire de cet instrument. Le buffet de l'orgue primitif était orné de deux têtes de *Croquemitaine*, que le Chapitre fit disparaître en 1625.

On lit dans la *Chronique de Gaufreteau* :

« Les orgues de Sainct-André sont refaictes, en cette année (1625), e dressées en un meilleur e plus vénérable estat qu'elles n'estoient auparavant, parcequ'en ce temps là, il y avoit deux grandes faces d'homes avec deux gros yeux à l'équipotent, deux barbes longues et hérissées et des dants longues et blanches, lesquelles testes, en jour de festes solemnelles, l'organiste, avec des ressorts, faisoit remuer, tant avec semblant de mâcher, comme aussi en remuant les yeux et leurs barbes, ce qui amusoit le peuple et empeschoit la dévotion. » (*Chronique de Gaufreteau*, t. II, p. 142.)

Cet orgue était sans contredit l'un des plus beaux du royaume; on jugera de son importance par l'exposé des réparations que le Chapitre ordonna d'y faire en 1759. (*Actes capitulaires*), et par la quantité d'étain qu'on en tira pour les employer aux plus vils usages en 1793.

En 1759 une délibération du Chapitre, motivée comme suit, concluait à la nécessité de restaurer le grand et le petit orgue :

« Il existe deux *jeux d'orgues* dans l'église Saint-André : le grand qui est au fond de la nef, et le petit qui est entre deux des piliers de la voûte du chœur.

» L'un et l'autre ont le plus grand besoin de réparations. Le grand ne peut plus servir depuis longtemps, et on demande *mille louis* au Chapitre pour le remettre en état d'être touché.

» Le petit devait être incessamment réparé pour quatre mille livres, et déjà le marché conclu avec le facteur a coûté 1,500 livres à la caisse de la fabrique. Cette dépense est en pure perte, puisque le facteur ne peut plus continuer les opérations maintenant.

» Cependant la métropole où se fait la prière publique ; où se rassemblent toutes les compagnies des citoyens qui composent cette grande ville ; où se font les réceptions des princes, des gouverneurs, etc.; où se célèbrent les offices extraordinaires, et où se chantent les *Te Deum*, ordonnés par Sa Majesté, ne peut se passer d'un jeu d'orgues, pour ces cérémonies publiques. »

En conséquence, le 1er septembre 1760, le Chapitre traita avec le facteur toulousain Micot, lequel *ne demandait aucun paiement qu'après son ouvrage fini, et que la dite orgue aurait été reconnue en très bon estat, par tous ceux qu'il plairait au Chapitre de nommer, pour en faire une exacte vérification.*

Nous avons retrouvé la copie de la police intervenue entre le sieur Micot et le chanoine fabricien :

Polisse entre le Chapitre de Saint-André et le s^r Micot, m^d facteur d'orgues de Paris, résidant actuellement à Toulouse, pour l'effet des réparations qui sont à faire aux deux orgues de l'église Saint-André de Bordeaux.

Nous soussignés messire Guillaume Castres, chanoine et fabriqueur, et Jean-Baptiste Micot, m^d facteur d'orgues et habitant la ville de Toulouse, avons promis, sous mutuelle et réciproque stipulation, de remplir exactement les engagements cy après, sçavoir :

1º Le sieur Micot s'engage et promet de refaire les quatre grands soufflets de la grande orgue du fond de l'église Saint-André, de bon bois de chesne, doublés de parchemin en dedans, et garnis de bon cuir et généralement bien proportioné, et suivant les règles de l'art.

2º De supprimer les trois petits soufflets qui donnent le vent séparé au positif, à faire un porte-vent de communication afin que le même vent fasse parler la grande orgue et le positif.

3º Rendre les claviers doux et prompts à faire parler les tuyaux, et rendre tous les mouvements faciles, perfectioner les mouvements du tremblant doux et du tremblant fort.

4º Placer le cornet d'écho au dessus du grand sommier, pour s'en servir à la place d'un cornet de récit. Rendre tout le méchanisme solide et en bon état.

5º Relever toute l'orgue dans son entier, faire bien parler tous les tuyaux selon leur portée, les égaliser de force et d'harmonie, allonger tous les tuyaux qui en aurons besoin, refaire tous ceux qui ne pourrons servir, les poser solidement et accorder le tout sur une bonne partition. De plus, s'engage le dit sr Micot à faire bien parler tous les tuyaux de la petite orgue qui est dans le chœur, le bien égaliser de force et d'harmonie, les bien accorder, adoucir et égaliser les claviers, garnir en peau neuve tous les endroits qui en aurons besoin, et baisser le ton, autant que faire se pourra. Enfin, ledit facteur s'engage de remettre vers les festes de Pâques prochaines, les deux orgues, en très bon estat, suivant la vérification et le dire des experts qu'il plaira au Chapitre de Saint-André de nommer.

Monsieur Castres s'engage et promet de son côté de payer à M. Micot, facteur d'orgues, la somme de trois mille livres, sçavoir : un tiers après l'ouvrage fini, le second tiers un an après, et le troisième dans deux ans après l'ouvrage fini.

A Bordeaux, le 1er septembre 1766.

Approuvant l'écriture ci-dessus :

MICOT,

Facteur d'orgues.

Pendant la Révolution, l'orgue de Saint-André fut détruit, et ses débris transportés au dépôt des objets confisqués au profit de la nation, qui se trouvait dans le monastère des « ci-devant Feuillants ».

A plusieurs reprises, le Conseil du district de Bordeaux donna l'ordre de livrer, à diverses administrations, un certain nombre de quintaux d'étain provenant des tuyaux de l'orgue de la cathédrale, pour être convertis, soit en tuyaux de fontaines, soit en boutons d'uniforme, soit en conduits affectés aux immondices de l'hôpital militaire, etc., etc.

On conserve à la Bibliothèque de la Ville, les originaux de

la plupart de ces concessions; nous en avons relevé la copie exacte. Qu'il nous suffise d'en rapporter quelques extraits:

Extrait des registres des délibérations du Conseil général de la commune de Bordeaux.

Du 29 floréal de la seconde année de la République françoise une et indivisible.

Sur l'observation faite au Conseil, qu'il est nécessaire de faire des *réparations aux tuyeaux des fontaines* de la Commune, et qu'il faut pour cet objet se procurer une certaine quantité d'étain,

Il a été arrêté, ouï l'Agent national, que le citoyen Clochar, membre du Conseil, se concertera avec l'Agent maritime pour en obtenir l'étain nécessaire aux réparations à faire aux fontaines.

Délibéré à Bordeaux, en Conseil général de la Commune, le vingt neuf floréal de l'an 2me de la République française uné et indivisible.

MARTIAL Aîné, P^t.

MONTAN, P^{re} *greffier*.

Extrait des registres des délibérations du Conseil du district de Bordeaux du 28 brumaire l'an 3 de la République française.

Vu la pétition présentée par le citoyen Bousan et autres potiers d'étain, chargés de confectionner cent grosses de boutons en étain pour le service des troupes de la République, tendante à obtenir quatre quinteaux d'étain pour l'objet dont il s'agit; vu aussi l'attestation du citoyen Mille, commissaire au magasin d'équipement,

Le Conseil général du District de Bordeaux, ouï l'agent national, charge le citoyen Lanoué, commissaire aux bibliothèques, de délivrer aux pétitionnaires la quantité d'étain réclamée, pour la confection des *cent grosses de boutons dont s'agit*, à prendre sur celui qui se trouve déposé aux Feuillans, provenant *des orgues* de la ci-devant *église Saint-André*, laquelle livraison sera faite en présence d'un Commissaire de la municipalité de Bordeaux, et à la charge d'en dresser procès-verbal pour être transmis au District, et ensuite en être ordonné le versement du produit, à raison de trente deux sols la livre, dans la caisse du receveur du District.

Délibéré en directoire du District, à Bordeaux, le 28 brumaire l'an 3 de la République française;

GIRARD, *Sec. gén.*   P$_H$. LAFORCADE, *Ad.*

DUCHATEL, *Ad.*   ROBRATIN, *Ad.*

Nous soussignés, déclarons avoir reçu les quatre quinteaux d'étain mentionné à l'arreté de l'autre part. Bordeaux, la 29 brumaire l'an 3e de la République française une et indivisible.

D$_{ANIEL}$ FABREGUETTE J$_{EUNE}$.   BONFANT Aîné.

MARVALÉ.

Remis le procès-verbal au cit. Président du District, le 1er frimaire.

ROMAN, Commissaire Ordonnateur des Guerres de la onzième Division.

Au citoyen JAY, agent national du District.

Le plombier de notre hopital militaire, Citoyen, a besoin de 30 à 35 livres d'étain *pour souder des plombs aux latrines de cette maison:* Je te prie de vouloir bien lui faire obtenir cette quantité.

Salut et fraternité

ROMAN.

Vu la réquisition du cit. Roman tendante à obtenir environ trente à trente cinq livres d'étain nécessaire pour souder des plombs aux latrines de la maison de l'hôpital militaire,

Le Conseil du District de Bordeaux,

Considérant que la réquisition faite par le citoyen Roman, étant pour un objet d'utilité publique, puisque c'est pour servir à l'hôpital militaire,

Est d'avis que le cit. Fournier, Commissaire au Dépôt national, soit autorisé à délivrer au plombier de l'hôpital militaire, trente livres d'étain provenant des vieilles orgues déposées aux Feuillans, après avoir préalablement constaté par un verbal, le poids et la qualité, pour le prix au maximum en être versé, par la caisse affectée à cet établissement, dans celle du Receveur des Domaines, à l'effet de quoi le procès-verbal sera transmis au District.

Délibéré en Conseil du District de Bordeaux, le 5 messidor l'an 2e de la République française.

M. CAZAUBON, *Ad.*   PONSAN, *Ad.*

DOMAINES NATIONAUX.

N° 554.

Le Citoyen ROMAN.

DOMAINES NATIONAUX. — LE 5 MESSIDOR.

N° 480 du B^{au}.

REQUISITION DE TRENTE A TRENTE CINQ LIVRES D'ÉTAIN POUR SOUDER LES PLOMBS AUX LATRINES DE L'HOPITAL MILITAIRE DE BORDEAUX.

Extrait des registres du Directoire du département du Bec-d'Ambès, du 4 messidor, 2e de la République une et indivisible.

Vu la demande du citoyen Roman, Commissaire Ordonnateur des guerres de la onzième division, du 5 courant, adressée au C^{re} Agent national près le District de Bordeaux, tendante à ce qu'il fut livré au plombier de l'hôpital militaire de Bordeaux, la quantité de trente à trente cinq livres d'étain pour souder les plombs aux latrines de cette maison; vu aussy l'avis du District de Bordeaux du même jour, 5 messidor;

Le Directoire du département du Bec d'Ambès, considérant que la demande du citoyen Roman a pour objet l'utilité publique, puisque c'est pour l'usage de l'hôpital militaire;

Arrête que le citoyen Jogan, Commissaire au dépôt national, est autorisé à livrer au plombier de l'hôpital militaire trente livres d'étain, provenant des vieilles orgues déposées aux cy-devant Feuillans, après avoir constaté préalablement par un verbal le poids, pour, le prix au *maximum*, en être versé par la caisse affectée à cet établissement, dans celle du Receveur des Domaines au bureau de Bordeaux, à l'effet de quoy le procès-verbal en sera envoyé au District de Bordeaux.

Fait en séance publique du Directoire du département du Bec d'Ambès, Bordeaux, le six messidor, deux de la République une et indivisible.

MONVILLER, P^t.

CHAMBERT, *Sec. gén.*, *Adj.*

Reçu les trente livres d'étain du depaut de la Nation, par le citoyen Jaugan.

Bordeaux, le 8 messidor an 2e de la République une et indivizible.

BARRAU.

ANCIEN ARCHEVÊCHÉ.

« L'ancien archevêché était appuyé contre la face latérale nord de l'église Saint-André, à l'ouest de l'ancienne Porte-Royale, contournant l'angle nord-ouest, et venant s'appuyer sur une partie de la face ouest.

» Remanié à diverses époques, mais principalement sous le cardinal François de Sourdis, qui fit ériger la belle façade dont une vue a été conservée dans l'encadrement du plan de Bordeaux, gravé en 1755.

» Deux ordres superposés, couronnés par un fronton circulaire; colonnes accouplées reliées par des guirlandes de fleurs sous lesquelles ont été placées des niches avec des statues, des caissons.

» A l'intérieur, vaste salle dite de Clément V, consacrée autrefois aux assemblées du clergé, dans laquelle François de Sourdis réunit un grand nombre d'objets d'art, tableaux, statues, bronzes, etc., etc. La plupart et les plus remarquables des tableaux qui ornent la cathédrale Saint-André proviennent de cette galerie.

» Voici la note de quelques tableaux provenant de cette belle collection :

» 1° *Le Christ portant sa croix.* — Attribué à Augustin Carrache ou à Louis Pasquil, peintre espagnol. Dimension, 1^{m}26 de haut sur 2 mètres de large;

» 2° *Jésus devant Pilate.* — Par Gérard de la Noche, peintre flamand, élève de Rembrandt. 2^{m}60 de haut sur 1^{m}82 de large;

» 3° *La Résurrection.* — Par Alexandre Véronèse. 3^{m}15 de haut sur 1^{m}95 de large;

» 4° *La Vierge et l'Enfant Jésus.* — Attribué à Léonard de Vinci ou à Pierre Pérugin. 0^{m}88 de haut sur 0^{m}60 de large.

» 5° *Le Crucifiement.* — Par Franck. Le cardinal de Sourdis avait détaché ce beau tableau de sa galerie, en faveur de l'église de la Chartreuse à laquelle on sait qu'il avait voué un intérêt tout de prédilection. Là, cette toile était placée au-dessus de la porte de clôture du chœur, porte qui a eu le même sort que le tableau, c'est-à-dire qui a été déplacée. Celle-ci se trouve aujourd'hui dans l'église Saint-André, derrière le chœur. Lors de l'enlèvement de cette clôture, le tableau fut transporté au musée de Bordeaux.

» Escalier regardé comme un chef-d'œuvre, reconstruit par les soins de l'archevêque d'Épinay (1478-1500), ainsi que l'annonçaient ses armoiries sculptées à l'entrée; tournant en hélice autour d'une colonne de marbre, la main courante en marbre fouillé avec beaucoup de délicatesse.

» Façade ouest de ce palais décorée de tours et de pavillons, donnant sur un magnifique jardin agrandi en vertu de l'arrêt du Conseil d'État, du 28 juin 1673, qui permit à cet effet d'abattre l'ancien mur de la ville jusqu'à la tour du Hâ.

» Ce palais fut démoli en vertu des lettres-patentes de mai 1771, qui permirent au prince de Rohan d'en vendre les matériaux, les terrains adjacents et les marais dont l'archevêché était propriétaire, afin de reconstruire un nouvel hôtel (la mairie actuelle); cet ancien palais et le terrain environnant furent adjugés au sieur Dufau, capitaine de port, pour la somme de 500,000 francs.

» Ce bâtiment reçut à diverses reprises des hôtes illustres : Le prince de Galles y faisait son séjour habituel. C'est à côté de son appartement que Jean, prisonnier après la bataille de Maupertuis, reçut un logement, où il passa l'hiver de 1356. Lorsque Pierre, fils d'Alphonse, roi de Castille, obligé de fuir l'Espagne, se rendit à Bordeaux, il descendit aussi à l'archevêché; des fêtes brillantes signalèrent son séjour. Le duc d'Anjou, second fils du Dauphin de France, qui venait d'être institué par le roi d'Espagne héritier de sa couronne, séjourna à Bordeaux du 30 décembre 1700 au 4 janvier 1701. Les chroniques ont encore conservé le souvenir des réjouissances qui eurent lieu à l'archevêché à cette occasion. » (De Lamothe, *Comptes-rendus de la Comm. des Monum. hist.*, 1848-1849.)

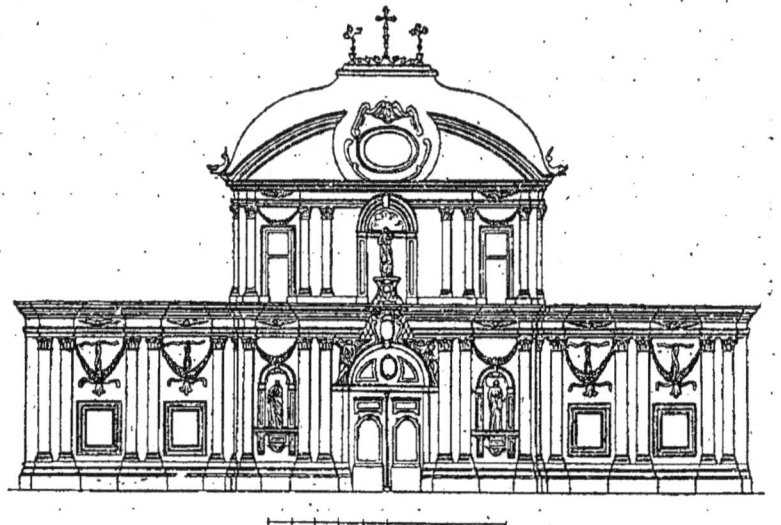

FAÇADE PRINCIPALE DE L'ANCIEN ARCHEVÊCHÉ DE BORDEAUX
Démoli en 1771. — (Comm. des Monum. hist.)

« La pensée de l'isolement de la cathédrale fut le motif qui détermina Mgr le prince Ferdinand de Rohan-Mériadeck à renverser, en 1771, cet édifice habité si longtemps par ses prédécesseurs, et à le remplacer par le palais si riche en architecture dont on a fait successivement, depuis la première révolution, une préfecture, un palais impérial, un palais royal, et, en 1834, un Hôtel-de-Ville et un Musée. » (Card. Donnet, *op. cit.*)

La démolition de l'ancien archevêché donna lieu à la découverte d'antiquités remarquables. Nous renvoyons le lecteur au travail de l'abbé Baurein, ayant pour titre : *Dissertation sur les débris d'anciens édifices trouvés dans le palais archiépiscopal de Bordeaux;* nous en citons les premières lignes :

« Les fouilles qu'on a faites dans l'enceinte du palais archiépiscopal de cette ville, démoli depuis peu, nous ont procuré la découverte de quantité de débris d'anciens édifices qui ont excité agréablement la curiosité du public.

» On y a trouvé des fûts et des tambours de colonnes, des bases, des chapiteaux, des restes d'entablements, de corniches, de frises, d'architraves et autres ornements de sculpture et d'architecture dont il serait trop long de faire le détail. » (Baurein, *Var. bord.*, t. IV, p. 340.)

« Un jardin superbe attenait aux bâtiments de l'archevêché. Le jardin de l'archevêché était situé au delà du rempart du xive siècle, à l'ouest de la cathédrale et du palais archiépiscopal, entre le Peugue et la Devise. Les rues Rohan et Castelmoron ont été percées à peu près sur les limites méridionale et septentrionale de ce jardin, clos à l'occident par un ruisseau reliant le Peugue et la Devise, et passant à cent mètres environ des remparts. En 1380, ce jardin était divisé en grand et petit jardin; il y avait de la vigne dans ce dernier...

» Près du jardin, sur les bords du Peugue, l'archevêque possédait, en 1381 et 1382, des prairies. » (Leo Drouyn, *Bordeaux vers 1450*, p. 471.)

Ces prairies devinrent plus tard le parc immense dont parle l'éminent auteur de la *Monographie de la cathédrale Saint-André;* « il forme aujourd'hui les places Rohan et Mériadeck, le cours Cicé et autres rues portant les noms des deux illustres prélats qui firent don à la ville de tous ces emplacements. » (Card. Donnet, *op. cit.*)

Au milieu du xviie siecle et même plus tard, le jardin était séparé du palais par le mur de ville. « Par arrêt du Conseil d'État du 19 janvier 1669, dit Baurein (t. IV, p. 64), on démolit l'ancien mur de ville qui faisait séparation du palais archiépiscopal d'avec le jardin. » Ce dernier était public ; « il forme, dit Baurein (t. IV, p. 65), un grand carré qui fournit aux habitants une promenade très agréable. Il n'en existait pas d'autre à l'usage du peuple depuis que celle dont la Ville jouissait d'ancienneté le long de la rivière de Garonne, avait été supprimée par la bâtisse du Château-Trompette. » *(Ibid.)*

Bordeaux n'avait donc alors qu'un jardin public, où le peuple venait se récréer sous les regards de son archevêque, comme les fils prennent leurs ébats sous les regards d'un père.

Nous compléterons cette notice par les lignes suivantes extraites des *Arch. histor. de la Gironde*, t. VIII, p. 463 :

« Il existe aux Archives deux plans de l'ancien archevêché de Bordeaux et des terrains environnants, qui sont portés au catalogue des plans sous les n°s 32 et 33. L'un est daté de 1672, l'autre ne porte pas de date, mais il paraît avoir été fait dans les premières années du XVIIIe siècle. On y remarque en effet la réalisation de plusieurs améliorations indiquées comme étant en projet dans le plan de 1672. Ainsi le lit du Peugue y est rectifié, la rue d'Albret y est tracée, les nouvelles écuries de l'archevêché sont terminées, ainsi que le nouvel enclos qui n'était qu'indiqué dans le plan n° 32. »

Un escalier qui fut refait en 1523 conduisait de l'archevêché à la cathédrale. « Ordinaverunt quod scalla per quam ascenditur et descenditur ab ecclesia ad domum domini archiepiscopi, quam citiùs poterit, reficiatur. » *(Regist. cap., 1523, 14 avril.)*

LA TOUR PEY-BERLAND.

Nos observations au sujet de la tour Pey-Berland porteront sur quatre points : 1° son emplacement ; 2° la date de sa construction ; 3° sa forme architecturale ; 4° son aliénation, son rachat et sa restauration :

1° *Son emplacement.* — La tour Pey-Berland, isolée de la cathédrale, se trouve un peu en dehors de l'axe des chapelles rayonnantes de l'abside. Elle est bâtie sur l'emplacement d'un ancien cimetière ou *porge* qui existait dès la fin du xie siècle. (V. L. Drouyn, *Bordeaux vers 1450*, p. 375.)

Lorsqu'on jeta les fondements de cette tour, on découvrit une fontaine qui, suivant l'opinion de Baurein et de Dom Devienne, pourrait bien avoir été la célèbre fontaine *Divona* chantée par Ausone. L'inscription qui se lit sur le monument en conserve la mémoire.

L'abbé Baurein parle avec enthousiasme de la fontaine « Divona »; il semble renchérir sur les vers du poète qu'il commente en ces termes :

« Quelle n'étoit pas la magnificence de cette fontaine, dont
» Ausone fait tant d'éloges et qui étoit construite d'un très
» beau marbre !

» .... *Pario contectum marmore fontem,*

» Elle étoit consacrée aux dieux sous le nom celtique de
» Divone :

» *Divona Celtarum linguâ fons addite divis.*

» Quelles dépenses n'avoit-il pas fallu pour rassembler une
» quantité prodigieuse d'eaux qui couloient par les douze
» tuyaux de cette fontaine,

» .... *Bissena per ostia cursus,*

» et qui en sortoient avec tant de précipitation et d'abon-
» dance, que leur cours, si on en croit ce poëte, pouvoit
» être comparé à celui des fleuves les plus rapides, et qu'elles
» étoient suffisantes non seulement pour tous les besoins des
» habitants,

» *Innumeros populi non unquam exhaustus ad usus,*

» mais encore pour remplir le bassin ou port qui étoit au
» milieu de la ville,

» *Per mediumque urbis fontani fluminis alveum.* »

(Baurein, *Var. bord.*, t. IV, p. 206.)

Voir aussi dans les *Comptes-rendus des Monum. hist.*, an. 1853-1854, une étude très curieuse sur la *Fontaine Divone*.

2° *Sa date*. — Ce monument ne fut commencé qu'en 1440, mais le Chapitre délibérait déjà sur le projet de sa construction dès le mois de juin 1429. Dans un savant travail présenté récemment à l'Académie de Bordeaux et que nous résumons ici, M. le marquis de Castelnau développe les motifs qui le portent à croire que ce clocher ne saurait être entièrement attribué à Pierre Berland.

L'auteur invoque surtout à l'appui de sa thèse la délibération capitulaire de 1429. « Un document authentique extrait, dit-il, de l'un des *Registres capitulaires*, écrit de la main même du saint prélat, atteste en effet que, dès 1429, le Chapitre songeait à achever le nouveau clocher d'après le plan qui en avait été dressé par un maître ès-œuvres :

» *Fuit conclusum per omnes dominos quod campanile sive pinnaculum novum perficeretur juxta formam traditam per magistrum*, etc. (*Arch. hist. de la Gironde*, t. VII, p. 451.)

» Les caractères archéologiques d'une partie du monument, l'étage à rez-de-chaussée, s'accordent exactement avec ce texte et semblent démontrer qu'à partir du sol, jusqu'à hauteur à peu près du premier cordon, l'édifice appartient bien plutôt à l'art ogival de la fin du XIVe siècle qu'à celui du milieu du siècle suivant.

» Construite, non, comme on l'a parfois supposé, en imitation des campaniles isolés de l'Italie, mais conformément à d'anciennes traditions locales dont les clochers de Saint-Émilion et de Saint-Michel servent encore de témoignage, la tour de Pey-Perland, avec sa chapelle sépulcrale au rez-de-chaussée, participait, comme ses sœurs, tout autant de la destination d'un monument funéraire que de celle d'un clocher. C'était, elle aussi, une gigantesque *lanterne des morts*. »

En résumé, M. de Castelnau pense que, dans le clocher dit de Pey-Perland, il existe un souvenir et des restes incontestables d'un édifice antérieur, édifice dont la première pensée appartient évidemment au Chapitre, mais que, plus tard, le saint archevêque eut le mérite et la gloire d'achever.

3º. *Sa forme architecturale*. — « La base du *Pey-Berland*

LA TOUR PEY-BERLAND.
Dessin de M. J. DE VERNEILH.

est un carré flanqué de huit contreforts qui subissent un retrait à chaque étage. Ces étages sont au nombre de trois, sur le dernier desquels repose la base octogone de la flèche. Dans chaque angle repose un clocheton carré; celui qui contient l'escalier de la tour est beaucoup plus large et de forme octogone. » (Card. Donnet, *op. cit.*)

Avant la démolition de la flèche, suivant Bernadau, la hauteur totale de l'édifice s'élevait à 80 mètres. La flèche manquait de hardiesse et même de proportion relativement à la tour. Baurein en donne pour raison que c'était le premier essai de ce genre de construction. M. le chanoine Corbin, qui rapporte à ce sujet la réflexion de l'auteur des *Variétés bordelaises*, ajoute : « Elle serait donc antérieure aux flèches de Saint-André et de Saint-Michel, mais seulement de quelques années. » (*La Cath. de Bord.*, p. 35.)

En 1789, à la veille de la démolition, la tour et la flèche étaient, paraît-il, assez gravement endommagées, si nous en jugeons par le devis de l'entrepreneur chargé d'y faire les restaurations les plus urgentes. L'original de cette pièce se trouve aux Archives départementales de la Gironde.

4° *Aliénation, rachat, restauration.* — « En 1793, dit M. le chanoine Corbin (*op. cit.*, p. 45), la tour Pey-Berland, qui, depuis son origine, avait servi de poste d'observation, est vendue par les spoliateurs en écharpe, à un sieur Lavalette. Ils avaient mis pour condition au marché que l'acheteur démolirait, dans le délai de trois mois, la tour et la flèche. Celle-ci ayant été seule renversée, le contrat fut résilié, et l'État redevint propriétaire de l'édifice qu'il a gardé jusqu'en 1820. »

A cette époque, M. de Tournon étant préfet de la Gironde, le Pey-Berland fut une seconde fois mis en vente et adjugé pour la somme de 5,950 fr. à M. Bigourdan; on y établit une fabrique de plomb de chasse. Le 1er février 1847, Mgr Donnet, archevêque de Bordeaux, entreprit de racheter ce monument et de lui rendre sa destination primitive. Dans ce but, il écrivit au Ministre des Cultes la lettre suivante :

Bordeaux, le 1ᵉʳ février 1847.

Monsieur le Ministre,

En 1820, sous l'administration de M. de Tournon, représenté par M. de Castelnau, conseiller de préfecture, fut adjugé pour la somme de 5,050 fr. le beau monument artistique et religieux connu à Bordeaux sous le nom de *Pey-Berland*.

Le contrat stipula qu'aucun changement ne serait apporté à sa forme extérieure, et qu'il ne pourrait être démoli sous aucun prétexte. Malgré cette condition acceptée, on a bouché toutes les croisées du Pey-Berland et construit à la base des baraques en planches. Ces ignobles constructions, ainsi que la destination industrielle donnée à ce monument, peuvent devenir une cause incessante de sa destruction par les flammes.

La tour de Pey-Berland n'ayant point été aliénée pendant la Révolution (sans doute on ne regardait pas comme régulière la vente de 1793), et se trouvant avant cette époque une des dépendances de la cathédrale dont elle était un indispensable complément, puisque les cloches ne pouvaient être placées dans les flèches de Saint-André, dont elles eussent compromis la solidité, aurait dû être restituée, en vertu du décret de 1802, à la Fabrique de l'église métropolitaine. Il n'en fut point ainsi, et les réclamations que j'ai cru devoir faire depuis lors m'ayant convaincu que la vente passée en 1820 à M. B... l'avait été selon toutes les formes voulues par la loi, il ne nous reste plus qu'à racheter du nouveau propriétaire ce beau monument, immortel témoignage du goût éclairé et de la munificence du digne archevêque dont il porte le nom. La Fabrique de Saint-André, ne pouvant suffire seule à une pareille dépense, j'ai cru devoir en appeler à Votre Excellence. Le Gouvernement, en nous aidant à rendre le clocher de Pey-Berland à son ancienne destination, aurait contribué à la conservation de l'une de nos plus belles gloires artistiques.

Outre la somme que pourra s'imposer la Fabrique, je provoquerai volontiers les offrandes de la charité par une lettre pastorale.

C'est au nom de l'État, déjà propriétaire de la cathédrale, que le *Pey-Berland* devrait, ce me semble, être racheté.

M. B... a opposé de vives résistances aux premières propositions qui lui ont été faites; aujourd'hui, il me paraît mieux disposé; je crois donc qu'il y aurait de graves inconvénients à renvoyer à un autre temps la conclusion de cette affaire.

Agréez, etc.

F. DONNET,
Archevêque de Bordeaux.

Les vœux du prélat se réalisèrent trois ans plus tard.

« Un décret du Président de la République, en date du 29 juin 1850, a autorisé l'acquisition au profit de l'État, moyennant la somme de 15,000 fr., de la tour Pey-Berland, appartenant aux époux Bigourdan. En conséquence, un acte d'acquisition a été passé le 23 août de la même année entre M. le Préfet et ce propriétaire.

» M. le Ministre de l'Instruction publique et des Cultes a approuvé, le 10 février 1851, le projet des travaux à faire pour la reconstruction du beffroi et la consolidation de cette tour. Deux marchés ont été passés pour l'exécution des travaux d'appropriation, l'un pour les travaux de charpente, évalués à. . . . . F. 7,124 07
l'autre pour ceux de maçonnerie, estimés. . . . . . 5,000 »

(*Comptes-rendus des trav. de la Comm. des Monum. hist.*, an. 1851-52, p. 60.)

Aujourd'hui le *Pey-Berland,* surmonté de la statue de Notre-Dame d'Aquitaine, est entouré d'un fort joli square. A ses divers étages on entrevoit se balançant, aux jours de fêtes, de magnifiques et joyeux bourdons.

CHAPITRE V

La Consecration de l'Eglise de Bourdeaux.

Nous avons dit que l'Eglise de Bourdeaux fut bastie à l'honneur de S. André par S. Martial Apostre de l'Aquitaine. Il ne faut point douter qu'estant la premiere Eglise de la Province, elle ne fut consacrée, ou par luy, ou par les Archevesques qui vindrent apres luy, avec toutes les Ceremonies necessaires. Mais comme elle a esté souvent prophanée et renversée par des Infidelles, les Gots, les Sarrasins, et les Normans, il a fallu, en la restablissant, renouveller sa Consecration. Ayant donc esté remise de sa derniere desolation par les liberalitez des Ducs ou Comtes de Gascogne et de Bourdeaux, le Pape Urbain II. passant à Bourdeaux l'année après le Concile de Clermont[1], où fut resoluë la Croisade pour la conqueste

---

[1]. L'an 1096, après le concile de Clermont où avait retenti le cri célèbre « Dieu le veut ! » Urbain II parcourut la France, prêchant partout la croisade. En ce temps-là, suivant le mot d'un chroniqueur, « le monde surpris de se trouver encore debout, malgré la catastrophe annoncée pour l'an Mil, secouait la poussière de ses vieux édifices pour se faire comme une robe neuve de blanches églises et de magnifiques cathédrales. »

La plupart des églises commencées à la faveur de cet élan étaient encore inachevées. Mais les évêques profitèrent, en général, du passage du Souverain Pontife pour en faire la consécration. « Tout porte à croire, dit le cardinal Donnet (op. cit.) que lors de la consécration de la basilique du xie siècle, il n'y avait de terminé que l'abside, le chœur et les transsepts, et que les nefs étaient en construction. »

Les lignes suivantes de M. Leo Drouyn permettront au lecteur de se faire une idée de notre cathédrale à la fin du xie siècle et des transformations qu'elle a subies depuis cette époque :

de la Terre Saincte, la consacra fort solemnellement, comme il le declare luy-mesme dans une Bulle adressée au Chapitre, du 3. may 1099. que je rapporteray tout au au long au Chap. 11. C'est à quoy se rapporte l'Extraict d'un Livre manuscrit que Jean Darnal a inséré dans la

« L'architecte roman avait divisé la nef en trois travées carrées, précédées à l'occident par un narthex, espèce de porche intérieur ; il avait donné aux bases des murs plus de deux mètres d'épaisseur et les avait encore renforcées par des contreforts plats s'avançant à l'extérieur, en face d'énormes piliers formés de robustes colonnes séparant les travées et destinées à recevoir les arcs portant des coupoles byzantines ou, suivant Félix de Verneilh, des coupoles angevines. Ces voûtes n'existent plus depuis longtemps : une moitié a dû s'écrouler ou avoir été renversée pendant le XIIIe siècle ; elle a été reconstruite à la fin du même siècle ou au commencement du suivant ; l'autre moitié a été rebâtie au commencement du XVIe siècle.

» Mais revenons à la basse-œuvre de la nef depuis le sol jusqu'à la première galerie.

» Il n'y avait primitivement que trois travées ; maintenant il y en a six, ou sept si l'on compte celle des orgues, ancien narthex. Les architectes qui ont reconstruit les voûtes au XIVe et au XVIe siècle, n'ayant pas cru prudent de leur donner la forme et la longueur primitives, leur ont conservé la même largeur, mais les ont diminuées de moitié dans l'autre sens ; et pour recevoir les arcs-doubleaux de ces nouvelles voûtes, ils ont bâti, entre les piles romanes, conservées dans la portion réparée au XVIe siècle, et reprises du sol dans la portion refaite au XIVe, de gros piliers intérieurs, moins larges et moins saillants cependant que les piles romanes.

» Des arcs-boutants jetés sur de gros contreforts isolés à l'extérieur résistent à la poussée des arcs-doubleaux de ces nouvelles voûtes.

» Ces piliers secondaires ont détruit l'harmonie et la simplicité de l'intérieur de l'édifice, et fait de la nef de Saint-André un vaisseau qui ne se distingue de celui des autres églises gothiques que par sa largeur inusitée et son manque d'unité.

» L'église romane était moins longue que l'église actuelle ; elle devait avoir cependant un transsept et trois chapelles absidiales, par conséquent trois autels, peut-être cinq, en supposant, ce qui est probable, que le transsept n'avait pas de portes à ses extrémités. Cinq autels pour une cathédrale, c'était peu ; mais l'architecte y

continuation de la Chronique de Bourdeaux[1]. Il en faut seulement corriger la datte, et au lieu de l'année 1026. comme il porte, mettre 1096. d'autant que l'Archevesque Amatus, qui assista à cette Consecration ne fut promeu à cette dignité qu'environ l'année 1088. et que le Pape Urbain II. ne monta sur le Thrône que l'année 1091[2]. et c'est l'année 1096. la 9e de son Pontificat qu'il estoit encores en France, et celebra un Concile à Tours[a] la 3e sepmaine de Caresme, apres le Concile de Clermont.

II. Il appert de cét Extraict que le Pape fit cette

[a] Baron, hoc an.

avait pourvu. Entre les piles romanes, il avait ménagé une arcature appliquée, composée de trois arcs en plein cintre retombant sur des colonnettes engagées; mais comme on a bâti plus tard sur l'arc du milieu, les piliers destinés à porter les voûtes intermédiaires, et qu'on a arasé avec soin toutes les parties saillantes de cet arc, on le distingue difficilement sous le badigeon : cependant il existe. Il y avait dix-huit arcs, neuf de chaque côté de la nef. Un de ces arcs était occupé par la porte de l'église qui, sans aucun doute, a été remplacée, au XIIIe siècle par la belle porte royale s'ouvrant au nord derrière la chaire actuelle; sous un autre arc était percée la porte du cloître au sud de la première travée occidentale; car il y avait un cloître roman. Il restait donc seize arcs si la porte royale n'en occupait qu'un.

» Sous ces seize arcs, l'architecte du XIe siècle avait ménagé autant d'absidioles, pareilles à celle qu'on vient de découvrir, et nous sommes persuadé que chacune de ces absidioles recouvrait un autel. » (Leo Drouyn, *Restauration et Vandalisme à Saint-André*. — *Rev. cath. de Bordeaux*.)

1. On lit en effet ce document dans la *Chronique bourdeloise*, par J. Darnal, escuyer, advocat au dict Parlement, naguière clerc ordinaire de la dicte ville et à présent jurat d'icelle. A Bourdeaux, par Jac. Millanges, etc., MDCXX.

« Et adjousterons ce que nous avons trouvé concernant la dédicace de ladite église en un petit livre manuscrit de telle teneur: *Anno incarnationis Domini*, 1026. » (*Chronique de Jean Darnal*, f° 28.)

2. Ce passage renferme une erreur de date : au lieu de 1091 il faut lire 1088; car c'est en 1088 que le B. Urbain II monta sur le siège de saint Pierre. Lopès ne l'ignorait nullement, puisqu'à la ligne suivante il dit que « l'année 1096 était la 9e de son pontificat ».

Consecration en presence de plusieurs Cardinaux et Evesques, et qu'il mit plusieurs sainctes Reliques dans le Grand Autel : Sçavoir, des Reliques de S. André, de S. Pierre, de S. Jean Baptiste, de S. Estienne, de S. Laurens, de S. Vincent[1], de S. Macaire, des sainctes Agathe et Eulalie. Mais quant à ce qu'il rapporte que la Dedicace se fit à l'honneur de tous ces Saincts, il faut l'expliquer qu'elle se fit principalement à l'honneur de S. André. Les autres Saincts furent considerez et honorez comme, s'il faut ainsi dire, les Comprotecteurs de cette Eglise. C'est pourquoy S. André est nommé le premier, mesmes avant S. Pierre, à cause que c'est principalement à son honneur que se faisoit la Consecration. Avant cette Consecration, il se trouve que S. Jacques estoit de la

---

1. Saint Vincent est l'une des gloires de l'église d'Agen où il souffrit le martyre après sainte Foy, l'an 303. Une basilique, deux peut-être, s'il est vrai que les deux poèmes de Fortunat (*Miscell.*, l. I, c. VIII) célèbrent deux monuments distincts, furent élevées en son honneur. Celle qui est connue sous le nom de saint Vincent de *Vernemetis* nous intéresse particulièrement; car l'archevêque de Bordeaux, saint Léonce II, en jeta les fondements, comme l'atteste le passage de Fortunat dont j'emprunte la traduction à M. l'abbé Caudéran, l'historien de saint Léonce :

« Obéissant à son pieux amour, *le pape* Léonce s'empressa jadis d'en jeter les fondements inébranlables, dans ce lieu choisi, que l'antiquité voulut nommer *Vernemetis*, qui dans la langue du Gaulois signifie le *Grand Temple.* »

Brower, éditeur de Fortunat au xvie siècle; Haute-Serre (*Rerum Aquitan.*, l. II, p. 162); Vinet, dans ses *Antiquités de Bourdeaux*; Dom Devienne, Baurein placent la basilique de *Vernemetis* sur différents points du territoire bordelais, tels que *Veyrines* dans la paroisse de Mérignac, Preignac ou Barsac. « Il est certain, ajoute Baurein, que ces deux dernières églises (il en est de même de Mérignac) sont consacrées sous l'invocation de ce saint martyr. Fortunat nous apprend que le temple de *Vernemetis* ne fut pas plustôt mis sous la protection de saint Vincent, qu'il s'y opéra une guérison miraculeuse. Ce fut sans doute l'impression qu'elle fit sur les esprits qui a occasionné la dédicace de plusieurs églises sous l'invocation de ce saint. On croit pouvoir observer qu'il n'y a point

mesme sorte associé à S. André, comme dans les Lettres d'immunité que l'Empereur Louis le Debonnaire accorda à l'Eglise de Bourdeaux, qu'il dit estre consacrée à l'honneur[a] des Apostres S. André et S. Jacques : et dans un ancien Cartulaire de l'Abbaye de Saincte Croix de cette Ville, où il est rapporté que l'Eglise de Soulac, avec ses possessions, fut confirmée à cette Abbaye contre l'Abbaye de S. Sever en Gascogne, qui la pretendoit, dans un Concile tenu à Bourdeaux par l'Archevesque Goscelin, dans l'Eglise Matrice, bastie à l'honneur des

[a] In honorem S. Andreæ et S. Jacobi Apostolorum.

d'archiprêtré dans ce diocèse, où il y ait plus d'églises sous la protection de ce saint martyr que dans l'archiprêtré de Cernès. Indépendamment de celles de Preignac et de Barsac dont on a parlé, on y trouve celles de Noalhan, de Podensac, de Portets et de Canéjan, au lieu que dans les neuf autres archiprêtrés, il n'en existe en tout que neuf. » (Baurein, anc. éd., t. V, p. 230, 241, 278.)

Quoi qu'il en soit de l'opinion de Baurein et de ceux qui revendiquent avec lui, pour notre diocèse, la basilique Léontienne de *Vernemetis*

> .... *Quæ (templa) Leontius olim*
> *Condidit, eximio consolidata loco,* ....

l'Église de Bordeaux, s'inspirant de la piété de son archevêque envers saint Vincent, éleva dans ses murs plus d'un monument sous ce vocable : une fontaine située dans la paroisse Sainte-Croix s'appelait « la fontaine Saint-Vincent » (L. Drouyn, *Bordeaux vers 1450*, p. 482); on voyait aussi dans le quartier de l'abattoir actuel une porte *Saint-Vincent*. Enfin, tandis que le Chapitre vénérait ses reliques à la cathédrale, les malheureux atteints d'une sorte de lèpre, qui vivaient relégués dans le quartier Saint-Nicolas, s'étaient mis sous sa protection. Il y avait en effet non loin de Saint-Nicolas une église qui, d'après Baurein (*Var. bord.*, t. II, 279), « à ce qu'on prétendait, était la principale de la paroisse, l'église de Saint-Vincent de Ladors; » c'était avec Saint-Nicolas, qui, parait-il, lui servait d'annexe, l'église des *Gahets*, « espèce de ladres non du tout formés, » dit Darnal, « mais desquels la conversation n'est pas bonne »; aussi les jurats « firent-ils ordonnance que les *Gahets* qui résidoient hors la ville, du côté de Saint-Julien, ne sortiroient pas, *sans porter sur eux*, en lieu apparent, une marque de drap rouge. » (*Chronique bourd.*, an. 1555.)

Apostres S. André, et S. Jacques l'année 1079. S. André est tousjours nommé le premier, comme principal Patron de cette Eglise, soubs la protection duquel elle estoit particulièrement, et ensuitte les autres Saincts, dont elle possedoit des Sainctes Reliques.

III. Cette Consecration faicte par le Pape Urbain II. est solemnisée toutes les années, non pas le 1. jour de may, auquel jour elle se fist, mais le 21. d'avril. Et lors que ce jour tombe dans la sepmaine Saincte, ou dans l'Octave de Pasques, elle se solemnise le 10ᵉ jour d'octobre suyvant. Cette translation de solemnité au 21. d'avril, qui s'observe regulierement, doit avoir esté faite, ou par le mesme Pape au temps de la Consecration, pour éviter le concours de la Feste des Apostres S. Jacques, et S. Philippe, qui tomboit le premier jour de may, ou depuis, par l'Authorité du S. Siege, à qui ce pouvoir appartient uniquement hors du temps de la Consecration, comme l'enseignent[a] ceux qui ont traité des Ceremonies de l'Eglise. Et quoy que depuis cette Consecration quelques parties de l'Eglise ayent esté renouvellées, le jour ordinaire du 21. d'avril n'a point esté changé pour la solemnité de cette Feste. Il y a plus de 400. ans qu'elle se solemnisoit mesme les jours du Mercredy sainct, et de l'Octave de Pasques, si elle tomboit à ces jours : mais depuis le Concile de Trente on se conforme aux Rubriques de l'Office Romain, suyvant lequel, de telles Festes ne se celebrent point depuis le jour des Rameaux inclusivement, jusqu'apres le Dimanche d'apres Pasques.

IV. S. André est donc le Saint à l'honneur duquel l'Eglise fut premierement consacrée, elle n'a point souffert de changement en ce poinct, quoy que dans ses restablissements on ait prins avec ce Saint d'autres Tutelaires de cette Eglise. Il seroit à propos de faire icy l'Eloge de

---

[a] Gavantus sect. 8. Comment. in rubr. breviar. c. 5.

ce grand Apostre, si les sainctes, et les merveilleuses actions de sa vie, n'estoient connuës de tous les fidelles. Qu'en pourrions nous dire apres ce qu'en a dit le devot S. Bernard, demandant si c'estoit un homme ou un Ange, ou quelque nouvelle Creature, qui se jettoit entre les bras de la Croix, et la salüoit comme sa bien-aymée, sur laquelle il ambitionnoit de mourir, et qu'il prioit de le recevoir avec joye comme le Disciple de Jesus-Christ son Maistre, qui avoit expiré entre ses bras? Cette alliance particuliere de S. André avec la Croix de Jesus, a sans doute inspiré à un grand nombre d'Eglises, à des Royaumes, et à des Puissans Estats, de le prendre pour leur Tutelaire. Les Cathedrales d'Avranches en Normandie, et de Triguier en Bretagne, ont esté érigées soubs son nom. Nous avons en France les Abbayes S. André d'Avignon, S. André le bas de Vienne, S. André en Gouffer au Diocez de Sées, S. André aux Bois au Diocez d'Amiens, et S. André lez Clermont. Ç'a esté le Patron de l'Escosse Catholique, qui porte sa Croix dans ses Enseignes, et dont l'Eglise Primatiale est soubs le Tiltre de S. André. C'est encores le Patron de la Bourgoigne. Et le Duc Philippe surnommé le Bon[1], qui institua cét Ordre si illustre et si celebre de la Toison d'or, le dixiéme

---

1. Philippe III, duc de Bourgogne, que les Flamands avaient surnommé le *Bon,* était fils de Jean-sans-Peur. Ennemi de la France, il combattit dans les rangs des Anglais. Ce fut l'un de ses lieutenants, Jean de Luxembourg, qui s'empara de Jeanne d'Arc au siège de Compiègne. Dans la suite, Philippe le Bon devint l'allié de Charles VII et lui prêta son concours dans la campagne qui rendit Bordeaux à la France.

L'origine de l'ordre de la Toison d'or, institué à Bruges en 1429 par le noble duc, est assez romanesque. [Voir Favin, *Théâtre d'honneur;* Colomiès (d'après Vossius qui disait l'avoir lu dans une chronique) *Recueil de particularités.*] Quoi qu'il en soit, le règlement de cet ordre de chevalerie (voir de Barante, *Hist. des ducs de Bourgogne,* t. III, p. 365), « est le plus beau code d'honneur

de Janvier l'an 1429. voulut que ce grand Apostre en fut le Tutelaire, et obtint du Pape Eugene IV une partie de son Chef, qui repose maintenant dans l'Eglise de Bezançon, au Comté de Bourgoigne, et tous les jours de l'année on l'expose sur l'Autel, où se dit solemnellement le matin la Messe de l'Ordre à l'honneur de S. André, qui a esté richement fondée par la liberalité de ce Prince. Et la veille de la Feste de ce Sainct, où l'Eglise a coustume de l'annoncer dans la lecture du Martyrologe; c'est à la premiere Dignité de ce Chapitre, de faire cette Lecture en ces termes : *Sanctus Andræas Apostolus et Patronus Burgundiæ.*

V. Adjoustons pour une singuliere recommandation de S. André, que dans toute l'estenduë du Christianisme, on ne presente point de sacrifice à Dieu, où l'on ne joigne son intercession expresse, avec celle de la Vierge, et des Saincts Apostres S. Pierre et S. Paul pour luy demander la Paix. L'Eglise de Bourdeaux a le bon-heur de posseder des Reliques de Son Chef, de son Bras, et de sa Croix, qui sont renfermées avec des Reliques de S. Pierre, en deux beaux Reliquaires de vermeil doré : et l'on presente aux Roys à leur entrée solemnelle ce sacré Bras à baiser, comme le presenta Jean de Foix Archevesque, au Roy François I.[1]. Il se celebre dans cette Eglise le Mecredy au matin, une Messe haute à l'honneur de ce Sainct, fondée par Pierre Bajot, qui en estoit Chanoine[a] il y a plus de 300. ans.

---

[a] Necrologium an. 1368. in Arch. Eccl. Burd.

et de vertu chevaleresque.» Le duc y déclare l'instituer «pour la gloire et la louange du Créateur tout-puissant et de notre Rédempteur, pour la vénération de la glorieuse Marie sa mère, et *pour l'honneur de Monseigneur saint André, glorieux apôtre et martyr.*»

[1]. La relique et le reliquaire ont disparu. La relique saint André qui se vénère actuellement à la cathédrale est un don de feu M. Martial, grand vicaire de Bordeaux (1877).

I. Matris vestræ Ecclesiæ à nobis per Dei gratiam consecratæ. *Bull. Urb. II.*

Anno incarnationis Domini 1096. videlicet Kal. Maii dedicata fuit Ecclesia Burdigalensis, quæ est domus Domini, in honorem Beatorum Apostolorum Andreæ et Petri, et Beati Joannis Baptistæ, Sancti Stephani, Laurentii, Vincentiique Martyris et Beati Macarii Confessoris, Sanctarumque Virginum Agathæ, Eulaliæ, quarum Reliquiæ conditæ sunt in majori altari in ipsa consecratione à Domino P. P. et ab Amato sanctæ Romanæ Ecclesiæ Legato Burdigalensique Archiepiscopo. Adfuerunt quinque Decani, Simeon Agenensis Episcopus, Bruno Siguensis Episcopus, Albertus Albanensis, et alii Cardinales.

II. Actum et definitum in Consilio Burdigalensi in ipsa matre Ecclesia in honorem Beatorum Apostolorum Andreæ et Jacobi constructa an. 1079. *Ex Tabul. monast. Sanctæ Crucis Burdig.*

III. Si festum Dedicationis evenit Feria IV. post Ramos Palmarum, tunc fit plenariè. Si in Octava Paschæ evenerit, fiet in ipsa die solemniter et Commemoratio de Dominica *Ex lib. dicto Villoso Tabular. Eccles. Burdigalens.*

IV. O Crux, *inquit,* diu desiderata, et jam concupiscenti animo præparata: securus et gaudens venio ad te, ita et tu exultans suscipias me discipulum ejus, qui pependit in te, quia amator tuus semper fui et desideravi amplecti te. Obsecro, fratres, homo est qui loquitur hæc, an non est homo, sed Angelus aut nova aliqua creatura? *Bern. serm. 2. de S. Andræa.*

V. Et intercedente Beata et gloriosa semper Virgine Dei genitrice Maria cum Beatis Apostolis tuis Petro et Paulo, atque *Beato Andrea* et omnibus sanctis, da Pacem Domine in diebus nostris, *Secret. orat. Missæ.*

CHAPITRE VI

*La Saincteté de l'Eglise de Bourdeaux,
et les particulieres Devotions qui s'y pratiquent.*

LA Saincteté de l'Eglise de Bourdeaux, est une suitte de sa consécration qui l'a specialement affectée au culte de Dieu, et l'a renduë pour tout le Dioceze une Porte du Ciel, et la Maison du Seigneur, dans laquelle on entonne ses loüanges, et on luy presente ce que S. André luy immoloit tous les jours, suyvant les actes de son martyre, un Agneau immaculé, qui reste vivant et entier, apres avoir esté sacrifié et mangé de tout le Peuple Fidelle. C'est le sacrifice de cet Agneau qui fait la grande saincteté de cette Eglise : mais nous la devons encore appeller saincte, et pour les sainctes Reliques qu'elle conserve, et pour les Devotions particulieres qui s'y pratiquent.

II. Pour les Reliques, elles y estoient en fort grande veneration, et en grand nombre, au temps du Pape Clement V; des Reliques d'Apostres, de Martyrs, de Confesseurs, et des Vierges. Voicy le denombrement de ces sainctes Reliques suyvant un vieux Roulleau de nos Archives, escrit en Latin, et comme elles ont esté verifiées en nos jours par des escrits attachés a chacune.

*Du Sainct Sepulchre. De la Saincte Croix.
Du vestement de la Vierge, et de son laict*[1].

[1]. La légende du lait de la sainte Vierge, que sainte Véronique aurait apporté sur les rivages du Médoc et d'où viendrait le nom

Des cheveux et du Couvrechef de la Vierge.
Du Sepulchre de la Vierge.

de Soulac *(Solum lac)*, est racontée dans les termes suivants par Bernard de La Guionie, évêque de Lodève, sur la fin du XIIIe siècle :

« Amadour et Véronique, par une disposition particulière de Dieu, portèrent avec eux du lait, des cheveux et des chaussures de la bienheureuse Vierge Marie.

» ... Quant à Véronique, fidèle à suivre le bienheureux Martial dans ses prédications, et à l'écouter avec autant de piété que de dévouement, accablée de vieillesse, elle se retira sur les bords de la mer, sur le territoire bordelais. Là, le saint homme de Dieu, Martial, éleva et consacra en l'honneur de la Vierge, mère de Dieu, une chapelle qui porte le nom de Soulac, parce que le lait de la Vierge, mère de Dieu, fut la seule relique *(solum lac)* qu'on y plaça, les autres de la sainte Vierge, que possédait saint Martial, ayant été distribuées en divers lieux. »

Inutile d'ajouter que la plupart des érudits cherchent ailleurs l'étymologie du nom de Soulac. Mais s'ils rejettent unanimement l'interprétation de Bernard de La Guionie, confirmée par la *Chronique bénédictine* (voir aux manuscrits de la Bibliothèque nationale le fonds bénédictin de Saint-Germain-des-Prés), ils sont loin de s'accorder entre eux. On peut s'en rendre compte en parcourant les pages 92 et 93 de l'ouvrage intitulé : *Sainte Véronique, apôtre de l'Aquitaine, son tombeau et son culte à Soulac.* (Toulouse, 1877.)

A propos du lait de la Vierge, mère de Dieu, il n'est pas inutile de rappeler ici la tradition de l'Orient sur *la grotte du lait :* « La grotte du lait, dit Mgr Mislim, porte ce nom d'après une tradition locale, parce que la Sainte Vierge, effrayée par les menaces d'Hérode (pendant la fuite en Égypte), y aurait perdu son lait. D'après une autre tradition, la Sainte Vierge serait venue souvent dans cette grotte pour allaiter son divin enfant. Une goutte de son lait, en tombant sur la pierre, lui aurait donné cette couleur blanche et en même temps le don d'être utile aux nourrices. La grotte dans laquelle se trouve la roche est une craie extrêmement blanche et friable ; on la réduit facilement en poudre et on en fait des petits pains qu'on envoie dans tous les pays. »

« Quand les femmes privées de lait, dit de son côté Antoine d'Aranda, boivent de la terre de cette grotte délayée dans l'eau, le lait leur vient avec abondance. » La légende de « la grotte du lait » simplifie la tradition relative au lait apporté de la Palestine à la *Fin des terres* par sainte Véronique.

De Saint Jean Baptiste[1] *et de ses vestemens.*
De la Croix de S. Pierre, et de S. André.
De la teste de S. Pierre. Du bras de S. André.
Des Reliques de S. Paul. De S. Philippe.
De S. Jacques le Majeur. De S. Matthieu.
De S. Jacques le Mineur.
Des costes de S. Barthelemy.
Des vestemens et du sepulchre de S. Jean Apôtre.
De S. Thomas, de S. Simon et S. Jude.
De S. Luc. De S. Marc.

RELIQUES DES SS. MARTYRS.

De S. Estienne[2]. *De S. Eutrope*[3].
De S. Clement. De S. Saturnin.

1. C'était peut-être une relique du sang du divin précurseur, lequel sang, d'après une tradition constante, se conserva dans l'église de Bazas jusqu'en 1792. A cette époque, l'administrateur révolutionnaire écrivit de sa main à la marge de l'antique registre intitulé : *Baptista Salvatoris :* « j'ai jeté moi-même cette relique dans un égout de la maison. »

Voir dans *Sainte Véronique et Soulac,* etc., p. 110-113, la légende de la *Dame baçadaise,* et comment Bazas devint et demeura la ville de saint Jean. Consulter encore, à cet égard, Grégoire de Tours *(De Gloria martyrum),* et Géraud Dupuy *(Chronicon Vasatense).*

Lors de la consécration de la cathédrale de Bazas par Urbain II, l'évêque fit présent au Pape de la «conque d'argent», vase antique où était renfermé le sang de saint Jean-Baptiste. Urbain II agréa ce précieux souvenir, mais il laissa le contenu à l'église, qui toujours le regarda comme son trésor inestimable.

Le sceau du Chapitre de Bazas rappelait cette pieuse tradition.

(Voir L. Drouyn, *Variétés girond.,* fasc. 1er, p. 111.)

2. Bernard de La Guionie nous explique la présence des reliques de saint Étienne, premier martyr, dans le trésor de la cathédrale de Saint-André. (V. Faillon, *Mon. inéd.,* t. II, col. 772, et Mgr Cirot, *Histoire de l'église Saint-Seurin,* c. 11., *Apostolat de sainte Véronique.*)

3. Saint Eutrope, envoyé dans les Gaules par le pape saint Clément, fonda l'église de Saintes où il fut décapité en haine du Christ.

Du bras et des costes de S. George.
Des Reliques de S. Laurens et de ses dents.
Des Reliques de S. Blaise[1]*. De S. Vincent.*

Son corps fut découvert au viᵉ siècle par l'évêque de Saintes, Palladius. Il existait dans cette ville une basilique dédiée à saint Eutrope, que saint Léonce, archevêque de Bordeaux, restaura. (Voir Fortunat, liv. I, c. 3.)

Pendant les guerres de religion, le chef de saint Eutrope fut transporté à Bordeaux par les soins des catholiques. Il y demeura jusqu'au pontificat du cardinal de Sourdis qui le rendit à l'église de Saintes. (Lire le récit de la translation dans la *Chronique de de Cruseau,* tome I, p. 303; consulter sur saint Eutrope le *Gallia christ.,* t. II, p. 1054, et le *Propr. diœc. Burdig.,* die *XXX, aprilis.*)

Saint Eutrope, ainsi que les autres évangélisateurs de l'Aquitaine, avait un autel dans la grande nef de Saint-André. Quand nous sera-t-il donné de voir les absidioles murées de la nef romane se rouvrir enfin et montrer aux fidèles une double rangée de statues monumentales représentant leurs pères dans la foi ?

Hier encore on apercevait à l'est de la place Pey-Berland la façade d'une ancienne église qui s'appela tour à tour « Notre-Dame de la place, *Saint-Eutrope,* et la Chapelle des Irlandais. » (Voir E. Piganeau, *Société arch. de Bordeaux,* t. VI, p. 173, etc.)

1. Saint Blaise, évêque de Sébaste, en Arménie, souffrit le martyre en 294, sous le règne de Dioclétien. La chapelle de Sainte-Marguerite, à la cathédrale, était autrefois sous son vocable. Le bienheureux Pey Berland professait une grande dévotion pour le martyr de Sébaste, et voulut être enseveli derrière le chœur, en face de sa chapelle. Trente-sept ans après la mort du B. Pey Berland, en 1494, une église collégiale, desservie par un Chapitre composé de neuf chanoines, et qui subsista jusqu'à la Révolution, fut édifiée à Cadillac-sur-Garonne en l'honneur de saint Blaise. Sa fondation est due à la générosité de Gaston de Foix. Nous le savons par une déclaration du dernier doyen de ce Chapitre, M. Charles Agard, déclaration faite le 18 janvier 1790 devant les officiers municipaux et consignée dans un registre de la mairie. Voici les paroles du vénérable doyen sur le point en question : « Je déclare que je suis titulaire et possesseur du doyenné du Chapitre collégial de Cadillac; auquel bénéfice j'ai été nommé en 1772 par feu Monsieur le vicomte Desclignac, comme patron et descendant de Gaston de Foix, fondateur dudit Chapitre en 1494. » (*Regist. de Saint-Martin de Cadillac,* p. 16.)

De S. Sebastien, des SS. Cosme et Damien.
Des SS. Timothée et Symphorien.
De S. Urbain[1]. *De S. Alexandre.*
De S. Edmond. Des SS. Nerée et Achillée.
Des SS. Felicissime et Agapet.
De sainte Felicité et de ses sept Enfans Martyrs.
De S. Marius. De S. Celse.
De S. Corneille. De S. Pantaleon.
Des SS. Crisante et Darie.
Des SS. Hermés et Julian.
Des SS. quatre Couronnés. Des SS. Innocens.

RELIQUES DES SS. CONFESSEURS.

De S. Nicolas. De son tombeau, et huile d'iceluy.
De S. Hilaire. De S. Fronton.
De S. Martial. De S. Leonard.
De S. Martin. De S. Gilles.
De S. Mixent. De S. Gratalphe.
De S. Antoine[2]. *De S. Simeon le juste.*
De S. François. Du bras de S. Silvestre.

1. Il y avait autrefois à Bordeaux une chapelle de saint Urbain située dans le voisinage du cimetière de Saint-Éloi. (Voir L. Drouyn, *Bordeaux vers 1450*, p. 246.)

2. Le culte de saint Antoine était en honneur à Bordeaux. Il existait même dans cette ville un Chapitre dit de Saint-Antoine :

« L'église, où sont à présent les Feuillants à Bordeaux, appartenait auparavant aux religieux de Saint-Antoine. Ce fut l'an 1297, le 18 may, que le pape Boniface VIII donna à Orviette une bulle pour la fondation des chanoines réguliers de Saint-Antoine sous la règle de saint Augustin, avec ordre de porter sur leur habit le T ou potence, semblable à celles dont se servent les impotens pour se soutenir. » (*Vie des Saints du diocèse de Bordeaux*, p. 125.)

Il ne reste plus qu'un souvenir de Saint-Antoine, la rue étroite et tortueuse qui porte le nom du célèbre ermite. Quant au monastère des Feuillants, dont nous avons parlé dans la *Vie de Lopès*, p. 41, il vient d'être démoli.

RELIQUES DES SAINTES VIERGES ET AUTRES SAINTES.

De saincte Marie Magdeleine..
Des sainctes Cecile,. Eulalie[1], Colombe[2], Barbe et Quitere Vierge[3].

1. Sainte Eulalie, vierge espagnole, souffrit le martyre à Mérida, sous Dioclétien, l'an 304. Elle est, depuis le temps de Pélage, l'une des grandes patronnes de l'Espagne catholique. Le poète Prudence l'a chantée. Grégoire de Tours raconte que, tous les ans, le 10 décembre, jour de son martyre, les branches d'arbres dont les fidèles couvraient son tombeau fleurissaient miraculeusement. L'une des plus anciennes églises de Bordeaux est dédiée à sainte Eulalie, elle relevait autrefois du Chapitre Saint-André; mais s'il faut en croire la chronique, son clergé se piquait d'indépendance. L'an 1619, « un chanoyne estant venu officier dans l'église paroissielle » Saincte-Eulaye, selon la coustume, à cause que cette église dépend » du Chapitre Sainct-André, ayant présenté l'offrande..., tous les » prestres de ladite église qui faisoyent le cœur, se retirent, e estant » vouleu aller à la maison du curé, après l'office faict, selon la cous- » tume, pour y dîner, il y trouva visage de bois. » (*Chr. de Gaufreteau,* » t. II, p. 84). La paroisse Sainte-Eulalie se prétendait l'égale de celle de Saint-Michel; de là des luttes à main armée entre les deux voisines. Du reste, le peuple rendait hommage à l'esprit belliqueux de l'une et de l'autre : « C'est dans Sainct-Michel et Saincte-Eulaye » que sont les plus braves et resoluts soldats de Bourdeaux, » car *Saincte - Eulaye et Sainct - Micheau font le meytat de* » *Bourdeaux,* dict le proverbe ordinaire de la ville. » (*Ibid.,* p. 215.)

2. Sainte Colombe était une jeune vierge espagnole comme sainte Quitterie, avec laquelle on l'a quelquefois confondue. Elle mourut martyre à Sens en Bourgogne pendant la persécution d'Aurélien. Une église paroissiale de Bordeaux, aujourd'hui détruite, lui était dédiée. La paroisse actuelle de Saint-Paul a hérité de ses reliques et de la plupart des dévotions dont l'église de Sainte-Colombe était le centre avant 1793.

3. Quitterie, fille d'un prince de Galice, fut la martyre de la virginité. Son père ayant voulu la contraindre à se marier, Quitterie prit la fuite. Le roi donna ordre de la poursuivre et de l'obliger sous peine de mort à condescendre à ses volontés. La jeune vierge choisit la mort. On n'est pas d'accord sur le lieu de son martyre. Une légende le place dans le diocèse d'Auch; mais la

*De la chaisne avec laquelle fut attachée saincte Catherine,
et de l'huile qui coule de son tombeau.
De saincte Agathe. De saincte Juliennie.
De saincte Claire, Des cheveux de saincte Quitere
De saincte Gertrude. De saincte Agnes.
De la teste de saincte Marguerite*[1].

tradition la plus commune fait mourir la sainte aux bords de l'Adour, non loin de la fontaine qui porte aujourd'hui son nom. Sur le tombeau de la martyre s'éleva la première église d'Aire. Ce tombeau, que le chanoine Jean-Joseph Lahitère fait remonter au temps de la domination des ducs de Gascogne, est regardé généralement comme une œuvre de l'époque gallo-romaine. M. H. de Marquessac en donne un remarquable dessin dans son livre intitulé : *Hospitaliers de Saint-Jean de Jérusalem depuis le XIIe siècle jusqu'en 1793*. L'église de Bordeaux célèbre la fête de sainte Quitterie le 22 mai. (V. à cette date *Off. propr. diœc. Burdig.*) Plusieurs paroisses du diocèse l'honorent d'un culte spécial. On l'invoque surtout contre la rage. A Bruges, près Bordeaux, il existait une congrégation de Sainte-Quitterie; un tableau du XVIIe ou XVIIIe siècle, qui se voit encore sur l'autel de la martyre, la représente guérissant un malheureux mordu par un chien atteint d'hydrophobie.

1. Cette relique permet de supposer qu'avant de posséder une chapelle à Saint-André, la vierge d'Antioche y était spécialement honorée. Cependant, jusqu'à la Révolution, la paroisse de Saint-Projet se distinguait entre toutes celles de la ville par sa dévotion à sainte Marguerite. On conserve à la cathédrale un ancien tableau qui servait de rétable à l'autel de la sainte dans l'église de Saint-Projet. Depuis le changement du vocable de la chapelle Saint-Blaise en celui de Sainte-Marguerite, la dévotion populaire à la martyre d'Antioche s'est beaucoup accrue. Sainte Marguerite est la patronne des jeunes mères.

Un ancien cantique résume ainsi la prière que la légende prête à sainte Marguerite avant son martyre :

> Ayant les mains jointes
> Pria d'affection
> Pour les femmes enceintes
> Qui la réclameront,
> Suppliant de bon cœur
> Jésus, l'amour suprême,
> Donner en sa faveur
> Aux enfants le baptême.

II[1]. Toutes ces Precieuses Reliques estoient gardées dans une grande Chasse derriere le grand Autel, horsmis celles de S. André, et de S. Pierre, qui furent mises il y a long temps dans ces deux Reliquaires de Vermeil doré dont j'ay parlé au Chapitre precedent. Celles de S. Estienne, et de S. Eutrope furent aussi mises en deux beaux Bustes d'argent que donna le Cardinal de Sourdis, et que l'on expose avec les deux Reliquaires sur le Maistre Autel aux Festes les plus solemnelles. Le Chapitre a fait renfermer dans un Reliquaire d'argent, toutes celles qui estoient de la glorieuse Vierge : et la veille de ses Festes Principales, le Chanoine officiant, le porte processionnellement apres Complies sur l'Autel de la Chappelle Nostre Dame de la Nef, où il[2] demeure *exposé* à la Veneration des Fidelles, jusqu'apres les Complies de la Feste, qu'on le raporte avec la mesme ceremonie. Depuis encores, la Piété du Chapitre a fait faire deux belles chasses d'Argent, dans l'une desquelles ont esté mises les Reliques de plusieurs SS. Apostres : et dans l'autre, de plusieurs Saints Martyrs, Confesseurs, et Vierges, tirées de la grand'Chasse derriere le grand Autel. Et la Benediction de ces deux Chasses d'Argent se fit fort solemnellement par Messire Henry de Bethune Archevesque, le jour de la Nativité de Nostre Dame apres la grand Messe l'année 1662. Le reste des

---

En souvenir de cette prière, les clientes de sainte Marguerite l'invoquent à leur tour, lui disant :

> Veuillez bien pour moi Dieu prier,
> Et doucement le supplier
> Que par pitié il me conforte
> En douleurs qu'il faut que je porte,
> Et sans périls d'âme et de corps
> Fasse mon enfant sortir hors,
> Pour que, sain et sauf, je le voie
> Baptiser à bien et à joie

1. Voir la note en italique page 205.
2. Lopès (v. p. 39) porte *elle*, mais un *erratum* (v. *Fautes d'impression au lecteur*) invite à lire *il*.

Reliques est demeuré dans la grand Chasse du Maistre Autel, laquelle on a coustume depuis un temps immemorial de faire porter en Procession le jour de la Trinité apres la grand Messe, et apres la Procession, il se fait un Sermon en presence de cette saincte Chasse entourée de flambeaux qui brûlent continuellement, et tout le Chapitre l'ayant ensuite baisée avec une profonde veneration, on la remet soubs le grand Autel à sa place accoustumée.

III. Outre ces sainctes Reliques, cette Eglise est encores ornée du Corps de Saint Macaire, qui repose dans un Tombeau eslevé derriere le Maistre Autel, mais à qui le Chapitre continüant de tesmoigner son zele pour l'honneur et la Veneration des SS. fait preparer une grande et belle Chasse d'Argent, apres laquelle on travaille. Sa Legende porte qu'il estoit Evesque. C'est ainsi qu'il est enoncé dans une ancienne Rubrique de plus de 400. ans, qui est dans les Archives du Chapitre, et c'est ainsi que je l'ay encores leu dans un Ancien Breviaire de l'Eglise saincte Colombe de Bourdeaux, transcrit à la main, dès l'année 1220. d'un plus ancien Breviaire, qui estoit dans l'Eglise saincte Eulalie de la mesme Ville. Et en ce temps on en celebroit la Feste le premier jour de May, depuis elle a esté remise au quatriéme. Il est enoncé dans la mesme Legende qu'il estoit Evesque de Laon, et fort Amy de S. Martin qui l'envoya Prescher la Foy dans la basse Guyenne. Neantmoins si nous en croyons Hincmar escrivant à son nepveu, Evesque de Laon, cette Ville n'eust point d'Evesque qu'environ l'an 515. c'est à dire, plus de 100. ans apres S. Macaire et son premier Evesque est nommé S. Genebauld. Tellement qu'il faut dire pour concilier Hincmar avec l'ancienne Legende, que S. Macaire aura esté de ces Disciples de S. Martin, dont parle Severe, que toutes les Villes desiroient avoir pour leurs Evesques, qui ayant esté consacré pour Evesque de Laon, et n'y pouvant rien gagner sur les Esprits du Peuple, encores attachez à l'Idolatrie, fut envoyé par S. Martin dans la Guyenne, où Dieu benit son travail, et où apres avoir éclairé les Peuples, et par sa Doctrine et par ses exemples, il mourut plein de merites, dans une petite Ville sur la Garonne, qui porte presentement son nom, à 7. lieuës au dessus de Bourdeaux. Il y fut enseveli, et son Corps y demeura long temps dans l'Eglise S. Laurens. Il y estoit encores l'an 1027. comme il appert d'un Tiltre de donnation faite de cette Eglise en faveur de l'Abbaye Ste. Croix de Bourdeaux, par Guillaume Comte ou Duc de Gascogne, dont nous parlerons ailleurs[a]. Mais bien tost apres, ce sacré Corps fut transferé dans l'Eglise de Bourdeaux. On y dressa mesmes un Autel soubs son nom, comme l'enonce un autre Tiltre de donnation faite à la mesme Abbaye, datté de l'année 1192. et passé dans l'Eglise S. André soubs Helies de Malemort Archevesque. Cét Autel n'est plus à présent, et ce sacré depost a esté mis derriere le Maistre Autel, et on luy travaille une belle Chasse d'argent, commencée par la pieté de la feu Reyne Mere, ANNE D'AUTRICHE, qui donna 600 livres à cette fin[1].

[a] Dans la vie de Geoffroy III. Arch. de Bourdeaux.

1. Il existe une intéressante notice de M. L. Drouyn sur l'histoire politique, religieuse, militaire et archéologique de Saint-Macaire, pendant la guerre de Cent ans et jusqu'à nos jours. Cette ville a perdu son importance. Le seul monument qu'elle offre à nos regards, est sa vieille et gigantesque église placée sous le vocable de *saint Sauveur*. M. l'abbé Vidal, curé de la paroisse, restaura cet édifice avec un goût parfait en 1880. Les voûtes du chœur et du transsept sont décorées d'anciennes peintures fort curieuses auxquelles M. C. Des Moulins a consacré une étude dans le *Bulletin monumental* publié à Caen par M. de Caumont.

Les reliques de saint Macaire occupaient une place d'honneur dans le tombeau de l'ancien maître-autel de la cathédrale. Nous avons dit plus haut (vie de J. Lopès) quel zèle déploya le théologal quand le Chapitre entreprit de restaurer ou plutôt de renouveler la châsse du saint.

(Voir encore, pour l'histoire de saint Macaire, de son église, de

IV. Les devotions particulieres qui se pratiquent en cette Eglise, contribuent beaucoup à sa Sainteté, comme ces Reliques. Il y en a deux fort considerables, l'une ancienne depuis l'année 1308. qui est une Indulgence qui se gaigne durant quarante jours, accordée par le Pape Clement V. par Bulle expresse donnée à Poitiers le 12 fevrier et l'an 3 de son Pontificat, où il accorde à l'honneur de S. André quatorze ans d'Indulgences, et autant de quarantaines à tous ceux qui estans veritablement Penitens, et deüement confessés, visiteront devotement chaque année cette Eglise au jour et Feste de la Translation de S. André le 9 du mois de may : et à ceux qui la visiteront dans les 20 jours qui precedent cette Feste, et les autres 20 jours qui la suivent immediatement, sept quarantaines d'indulgences pour chacun desdits jours qu'ils la visiteront. Durant tout le temps que cette Indulgence se gagne, il y a un grand concours de Peuple dans l'Eglise, particulierement tous les soirs, où le Chapitre fait chanter en Musique les Litanies de Nostre Dame dans sa Chapelle de la Nef[1].

V. L'autre devotion est recente à l'honneur de la glorieuse Vierge, au culte de laquelle la Ville de Bourdeaux a tousjours esté fort attachée, comme elle le tesmoigna l'année 1605. dans le Vœu Solemnel qu'elle fist pour estre delivrée de la Peste, et qui fut executé, d'une belle Lampe d'argent pour Nostre Dame de Lorette, où elle fut portée[2],

---

son monastère et de son établissement de Jésuites, *Gall. christ.*, t. II, p. 268, 269, 278, etc.)

En souvenir de l'apôtre envoyé par saint Martin, le sceau des jurats de la ville de Saint-Macaire portait un évêque avec cette légende en orle : *Ligena olim, nunc sancti Macharii urbs.*

1. Le Chapitre célèbre encore à la même date la fête de la Translation de Saint-André, avec un office spécial inséré dans le *Propre du diocèse.*

2. M. Moynet, curé de Sainte-Colombe, fut désigné par le

et presentée, et au Globe de laquelle estoit gravé ce Distique qui exprimoit la qualité du Vœu, la Ville qui le presentoit, et la cause de son Vœu.

> *Vovit et exolvit tibi Lampada, Virgo Parensque,*
> *Burdigala, afflictis civibus affer opem* [1].

Ce Vœu fut leu publiquement en presence du Mareschal d'Ornano[2], et de toute la Ville, dans l'Eglise S. André, où avoit esté indite une Procession Generale. Le Clerc de la Ville en fit la lecture à l'Offrande de la Messe que celebroit M. Desaigues, Doyen de cette Eglise, entre les mains duquel le Vœu fut mis par le Mareschal, apres que la lecture en eust esté faite. Je devois cette digression à la piété de la Ville de Bourdeaux, qu'elle a continué de faire paroistre envers Nostre Dame dans l'Eglise Metropolitaine depuis l'année 1628.

VI. Cette année 1628. le Chapitre ayant fait transporter une Image de la Vierge tenant son Fils entre ses mains, d'une Chapelle du Cloistre, où elle estoit, en la Chapelle

---

Chapitre *(Act. cap.)* pour aller porter à Lorette l'ex-voto des Bordelais.

Le vœu du 23 juin 1605 est un des événements religieux les plus considérables et les plus touchants de notre histoire. La *Chronique de Darnal* (f° 69 et suiv.) le raconte longuement. Voici le préambule de sa narration :

« Le 23 juin au dit an 1605, ledit seigneur Mareschal D'Ornano » et les sieurs Jurats voyans que la contagion pulluloit et augmentoit » de jour à autre, et que les remedes des hommes estoyent fort » peu profitables, firent le vœu à Dieu duquel teneur s'ensuit..., etc. »

1. « Ces vers, dit la *Chronique de Darnal* (f° 70), furent faicts par le sieur Lazmesas, advocat en la Cour, l'un des dicts Jurats. »

2. Le maréchal d'Ornano, Corse d'origine, fut nommé gouverneur de Guyenne en 1597. Il succédait au maréchal de Matignon, mort au château de la Marque, le 26 juillet de la même année. Il était le contemporain du cardinal François de Sourdis. Darnal (*Chron. bourd.*, f° 63 et suiv.) donne de curieux détails sur la vie du maréchal d'Ornano.

de la Nef, où elle est à present, on commença d'y celebrer
la Messe. La premiere y fut dite à l'instance d'une bonne
vefve qui la demanda pour le feu Roy LOUIS XIII. afin
que Dieu luy donnast la Victoire contre les Anglois, qui
venoient au secours de la Rochelle. Depuis, la Devotion
s'augmentant pour cett' Image de la Vierge, plusieurs
particuliers y estans venus demander du secours dans
leurs necessitez, et l'ayant obtenu en suitte de leurs Prieres
devant cett' Image, plusieurs mesmes ayant attesté d'avoir
veu s'eslever durant la Messe, entre l'elevation de la Saincte
Hostie et du Calice, une Couronne de fleurs artificielles
qui estoit sur la teste de l'Image, un an apres, la Cour
de Parlement[1] voyant la Ville grandement affligée de la
Peste, creut ne pouvoir trouver une Mediatrice plus
favorable aupres de Dieu que la glorieuse Vierge, et
pour cét effet se resolut, les Chambres assemblées, de luy
presenter un Vœu, afin d'obtenir par son intercession

---

1. C'est à la suite de ce vœu du Parlement que G. Grimaud
conçut la première idée de son livre. Il s'en explique dans la
dédicace qu'il fit du *Traicté de la dévotion et miracles de Notre-
Dame,* « à Messeigneurs du Parlement de Bourdeaux » :

« MESSEIGNEURS,

» Ce petit ouvrage que j'ose vous offrir est un surgeon de vostre
» zèle à la dévotion de la Vierge Saincte en nostre église de
» Sainct-André : car le vœu solemnel que vous y rendistes *il y aura
» un an à la feste prochaine de l'Assomption,* qui fut si exemplaire
» pour la piété et si efficace pour le salut public, s'imprima dès lors
» si vivement en ma pensée, que depuis, une bien légère sollicitation
» de quelques âmes pieuses m'a faict résoudre d'en laisser à la
» postérité ce témoignage. »

L'humble théologal se reconnaissait indigne d'écrire l'histoire
d'une statue objet de la vénération des siècles. Il le déclare dans le
quatrain suivant qui se lit en tête du livre :

Ce traicté méritoit une âme toute pure
Un zèle plus ardent, une meilleure main,
Pour bien représenter cet objet surhumain
Un séraphin devroit en faire la tissure.

l'esloignement de ce fleau, et donna cét Arrest le 14 Aoust, l'an 1629.

« La Cour en cette affliction commune a prins la Vierge
» pour Protectrice et Advocate de cette Ville, et pour le
» tesmoignage de sa servitude à son endroit, Elle s'est
» obligée par Vœu et Promesse solemnelle, les Chambres
» assemblées, d'aller chaque année, en Robe rouge, devant
» l'Autel dedié à Dieu en son honneur, dans la Nef de
» l'Eglise Metropolitaine S. André, et s'y presenter le jour
» et Feste de son Assomption, y faire celebrer le S. Sacrifice
» de la Messe solemnellement, avec l'assistance des vene-
» rables Messieurs les Doyen, Chanoines et Chapitre de
» ladite Eglise, leur Musique et bas Chœur, et ouïr ensuite
» la Predication, à commencer cette année, sauf la Predi-
» cation; et offre en consequence de ce Vœu, d'entretenir
» une Lampe d'Argent qu'elle donne pour brusler conti-
» nuellement devant son Image, et donne outre ce, un
» ornement de riche estoffe, sçavoir une Chasuble, Dalma-
» tiques, et Devant d'Autel pour servir ledit jour. Lequel
» Vœu la Cour fait pour toute la Ville avec telle affection,
» que la Cour pour l'entretien desdites choses a voulu
» se soûmettre au jugement, obligation d'un Notaire
» Royal. »

Ce Vœu s'accomplit religieusement toutes les années[1] avec grand concours de peuple, et Messieurs du Parlement ont donné depuis peu une autre Lampe au lieu de la premiere, beaucoup plus grande, qui brusle continuelle-

---

1. Gilbert Grimaud nous a laissé le récit de la première cérémonie du vœu du Parlement (*op. cit.*, p. 421) :

« Ce vœu fut suivi de son exécution avec des témoignages célèbres et pleins de religion : le lendemain, qui estoit le jour de l'Assomption, cet auguste Sénat s'estant rendu dans le chœur de Sainct-André, chacun en robe rouge vint en très bel ordre, du chœur, devant la chapelle de Nostre-Dame, où la sainte messe fust commencée par Monsieur Maître Jacques Desaigues, doyen de

ment avec d'autres qu'y entretient la pieté des Fidelles, qui par les oblations qu'ils font sur l'Autel de cette saincte Chapelle, des Couronnes, des Cœurs, des Yeux, des Poitrines d'argent, et autres choses semblables, reconnoissent le secours, qu'ils ont obtenu du Ciel dans leurs besoings, par les intercessions de la Vierge, honnorée dans cette Chapelle, dans laquelle et autour de l'Image de Nostre Dame sont attachées ces marques de leur reconnoissance à son endroit. Le Chapitre qui continuë, comme il a fait, de donner tous ses soins à l'entretien de cette Devotion, fait chanter tous les soirs dans cette Chapelle, les Litanies de la Vierge, en musique, depuis le 19. d'avril, jusqu'au jour de sa Nativité, auquel elles cessent pour la diminution des jours, sauf les jours du samedy ausquels on les chante apres les Vespres, dans l'intervalle de la Nativité de Nostre Dame, jusqu'au 20. d'avril.

Il y a encores dans cette Eglise une Indulgence perpetuelle accordée par le Pape Innocent X. du 17. fevrier l'an 1650. pour la visite des sept Autels : qui sont, le grand Autel, les Autels de S. Nicolas, S. Jacques, S. Blaise, saincte Catherine, S. Jean, et de Nostre Dame de la Nef : à l'instar de celle qui se gagne à la visite des sept Eglises de Rome : et cette Indulgence se gagne douze jours de l'année : Sçavoir, les Festes de la Conception, Nativité, Presentation, Annonciation, Visitation et Purification de la Vierge, les jours de Pasques, de la Pentecoste, de la Trinité, de S. Augustin, de Toussaints et Noel. Pour

l'église et conseiller du Roy à la Cour, tout le Chapitre estant dans le balustre de la chapelle. Comme on fust à l'offrande, Monsieur Daffis, second Président, tenant la place de premier, se présenta, faisant porter devant lui, par un huissier, la lampe d'argent que le Parlement donnoit, laquelle il prit, et de ses mains, en fit le don. A l'instant même, elle fust attachée et allumée devant l'image de Nostre-Dame, pendant que tous Messieurs du Parlement venoient recevoir la paix. »

les jours de l'Assomption de la Vierge, et de S. André, il y a Indulgence Pleniere.

III. Kal. Maii fit festum S. Macarii sicut unius Confessoris Episcop. duplex. *Ex tabul. Eccl. Burd. in L. Vill.*
S. Macarii Episcopi et confessoris 1º Maii. *In Breviar. Eccles. S. Colombæ Burdig. an 1220.*
S. Genobaudus seu Genebaldus 1us an. 515. à B. Remigio creatus juxta Africanorum Canonem ex Apostolica authoritate. *Ex Hincmari Arch. Rem. Epist. ad Hincmar. Laudunensem Episcopum nepotem. Apud Flodoardum l. 3. hist. Rem. c. 21.*
Plures ex his Episcopos vidimus. Quæ enim esset civitas aut Ecclesia, quæ non se de Martini Monasterio cuperet habere Sacerdotes? *Sulpicius Severus in vita S. Martini c. 7.*
Donamus Cellam Beati Laurentii, ubi pretiosum B. Macarii tumulatum Corpus requiescit. Eccles. Burdig. Archiep Godofredo. *Ex Tabulario Monast. S. Crucis Burdig. an 1027.*
In Ecclesia S. Andreæ ante altare S. Macarii. *Ex eod Tabul.*

Comme on a pu le remarquer au chapitre IV, Lopès va du paragraphe IV au paragraphe VI. Dans le chapitre VI, au contraire, le paragraphe II est désigné deux fois. Nous ne changeons rien à ces indications fautives à cause des notes de l'auteur correspondant à ces paragraphes.

APPENDICE AU CHAPITRE VI

RELIQUES ACTUELLES DE L'ÉGLISE SAINT-ANDRÉ.

LES anciens reliquaires de l'église Primatiale furent pillés en 1793. Plusieurs reliques échappèrent à la profanation. Depuis quelque temps, le culte des saintes reliques s'est réveillé dans la paroisse Saint-André. Le trésor de l'église se reconstitue peu à peu. Chaque année, pendant l'octave de la Toussaint, a lieu, dans la chapelle de l'Annonciation, une exposition générale des saintes reliques, dont nous donnons ci-après le tableau :

Fragment de la vraie Croix, donné à Mgr d'Aviau en 1809, extrait de la chapelle royale de Saint-Denis à Paris.
Fragment d'os de saint André, apôtre, donné par M. l'abbé Martial, vicaire-général, en 1872.
Corps de saint Simon Stock, fondateur de la Confrérie du Mont-Carmel, mort à Bordeaux en 1265.
Tête de saint Césaire, os des jambes de sainte Justine et de sainte Claire, reliques de martyres, extraites des Catacombes et obtenues du Pape Alexandre VIII, en 1689, par Mgr Armand Bazin de Bezons, archevêque de Bordeaux.
Os de sainte Pauline, martyre, cédé par le cardinal-vicaire en 1680, et donné à la cathédrale par *Jérôme de Lopès*, chanoine théologal de Saint-André.
Bras de saint Perpétuus, martyr, extrait des Catacombes et donné en 1707 à Mgr Bazin de Bezons.
Os de sainte Aurélie, de saint Constantius, de saint Bénédict, de saint Venerandus. Reliques de martyrs, données, en 1788, par le cardinal Colonna, vicaire du pape Pie VI, à Mgr Champion de Cicé, archevêque de Bordeaux, certifiées authentiques par l'abbé Langoiran, vicaire-général, première victime de la grande révolution à Bordeaux.
Os du bras de saint Augustin, donné par Mgr Dupuch, évêque d'Alger.
Os de saint Vincent de Paul, donné à M. Dudouble, archiprêtre de la Primatiale, par les sœurs de Saint-Projet.
Rochet de saint Charles Borromée, archevêque de Milan, donné au cardinal de Sourdis, archevêque de Bordeaux. C'est celui dont le saint était revêtu lorsqu'il essuya un coup d'arquebuse. La balle perça l'étoffe, mais ne fit aucun mal au saint prélat.

Nombreux ossements des Saints et Saintes dont les noms suivent, certifiés authentiques par Mgr Henri de Béthune, en 1662; mais mêlés et confondus à l'époque de la Révolution.

Saints Étienne, Sébastien, Georges, Blaise, Félicissime, Agapit, Genesius, Martial, Hilaire, Prosper, Liberalis, Calixte, Amantius, Corona, Maxentius, Antoine.
Saintes Anne, Madeleine, Agathe, Agnès, Marguerite, Claire.
Des 11,000 Vierges.
De plusieurs Martyrs.
Os des saints Prosper, Liberalis, etc.
Parcelles d'os de saint Front, martyr, premier évêque de Périgueux; de saint Égidius, martyr; des quatre Martyrs, dits les quatre Saints couronnés.
Des dents et des cendres de saint Laurent, martyr.
Parcelles d'os des saintes Cécile, Eulalie et Colombe, vierges-martyres.
Une ampoule de verre ayant contenu du sang d'un martyr, etc.

L'UN DES RELIQUAIRES ACTUELS DE L'ÉGLISE SAINT-ANDRÉ.
(Comm. des Monum. hist.)

CHAPELLE ET STATUE DE NOTRE-DAME-DE-LA-NEF.

En 1630, le théologal Gilbert Grimaud publia sa remarquable histoire de Notre-Dame-de-la-Nef, sous ce titre :

Traicté de la dévotion et miracles de Notre-Dame en l'église Sainct-André de Bourdeaux, dédié à la Cour de

Parlement par G. Grimaud Foresien, prestre, chanoine théologal de la mesme église.

La dévotion des Bordelais à la Très Sainte Vierge n'avait pas attendu le XVIIe siècle pour se manifester et devenir populaire. Gilbert Grimaud incline à penser que de temps immémorial, Marie fut la patronne de Bordeaux. (Voir *op. cit.*, p. 6-7). Il ajoute (*ibid.*, p. 26) : « La napthe ne vole pas avec une telle avidité au feu, duquel elle se sent proche, et l'héliotrope ne tourne pas plus naturellement avec le soleil, que le peuple de Bourdeaux à honorer la Vierge en toutes occasions. » Aussi, longtemps avant la construction de la chapelle de la Nef, la seule église de Saint-André possédait-elle deux chapelles dédiées à la Reine du Ciel ; la plus célèbre se trouvait dans le cloître. Elle servait de réunion à diverses confréries, notamment aux élèves du collège de Guyenne. C'est là qu'était la statue d'albâtre, « laquelle, dit Gilbert Grimaud, de son seul aspect donne de la dévotion » et dont l'origine se perd dans la nuit des temps.

Plusieurs circonstances amenèrent l'accroissement de dévotion qui força le Chapitre à transporter dans la grande nef le culte de la Très Sainte Vierge, relégué jusque-là dans la chapelle de Notre-Dame, aujourd'hui du Sacré-Cœur, et dans celle du cloître. G. Grimaud nous les fait connaître.

Après avoir rappelé l'institution du « grand pardon » accordé par Clément V en 1307 (voir à la page précédente le récit de Lopès) il montre comment ces pèlerinages annuels, pendant quarante jours consécutifs, du 19 avril au 29 mai, habituèrent peu à peu le peuple à se réunir en foule dans la nef de la cathédrale. Ce qui suggéra l'idée d'établir en cet endroit des autels provisoires et finalement l'autel de Marie destiné à recevoir la statue miraculeuse ; il fut élevé vis-à-vis de la Porte-Royale en vertu d'une décision capitulaire du jeudi 27 août 1648 :

« *Judy, 27 aoust 1648.*

» Le Chapitre a commis et députés Messieurs les Archidiacres de Cernes, de Blaye et secrétaire pour pourvoir à l'ambellissement de la chapelle de Notre-Dame-de-la-Nef.

» Il fut traité avec un maître menuisier qui avoit précédemment faict la figure du rétable.

» Le Chapitre approuve le marché faict par MM. les Députés concernant le rétable de la chapelle de N.-D. de la Nef, pour la somme de cinq cent cinquante livres. » *(Actes capitulaires.)*

Nous donnons ici le texte de Gilbert Grimaud légèrement modernisé par M. Gilbert Chabannes, archiprêtre de la Primatiale, dans une notice sur Notre-Dame-de-la-Nef (Bordeaux, 1869) :

« Le ressouvenir et la considération de ce pardon avec la commodité des beaux jours qui sont en ce temps, obligea le peuple, comme inspiration et tradition, de venir les après-soupers, prier Dieu en la grande église, et à ces fins, la nef demeure ouverte ; et de surcroît, pour entretenir cette dévotion, on dresse, au milieu de l'église, quelque autel et on pare les autres qui y sont joignant la muraille.

» Donc, suivant la coutume ancienne, on proposa au Chapitre, environ le 18 avril, un peu avant Pâques, de quelle manière on devait parer ces autels et changer quelques images qui se trouvaient mutilées, pour en substituer d'autres. MM. Marc Gayault, secrétaire, et Martin d'Hirigay de Mongelos, fabriqueur, tous deux prêtres et chanoines de Saint-André, furent priés de prendre ce soin. Or, ils trouvèrent dans une chapelle du cloître, dédiée à Notre-Dame, une ancienne image aussi de Notre-Dame, faite en relief et très dévote. Il y avait eu autrefois, dans cette chapelle, une très célèbre Confrérie à laquelle étaient agrégés tous les officiers ecclésiastiques de Bordeaux, entr'autres les notaires apostoliques.

» Ce fut en ce lieu que ces Messieurs trouvèrent cette image, laquelle ils firent porter et poser sur un des autels de la nef, dont la place fut pratiquée fort proprement sous une petite voûte qui fut faite en arceau, tirée entre deux arcs-boutants qui soutiennent, d'un même côté de la muraille, la grande voûte de la nef.

» Quelques jours après, comme le peuple venait à ces pardons, une vertueuse dame de la ville, veuve et très pieuse, nommée Marie du Bosq, âgée de plus de soixante ans pour lors (à présent elle jouit du fruit de ses mérites), étant venue à Saint-André, après une grande maladie qui l'avait retenue pendant six mois, et ayant adressé sa dévotion devant l'autel sur lequel était cette image trouvée de nouveau, fut inspirée d'y faire célébrer la sainte messe, et pour l'obtenir, elle s'adressa à un des sous-secrétains ; mais celui-ci, bien informé du bon ordre qui s'observe en l'église, fit difficulté, parce que d'ordinaire on ne célébrait pas sur cet autel ; il en demanda néanmoins la permission et l'obtint ; cette bonne dame y fit, la première, don d'une nappe pour être bénite afin de le garnir, et voulut que la messe y soit dite pour le Roi.

» Voilà la première pensée de cette dévotion et l'intention pour laquelle la sainte messe y fut célébrée la première fois. Plusieurs personnes y accoururent alors, de sorte que le peuple, qui d'ordinaire ne venait à Saint-André que le soir, commença peu à peu à s'y rendre le matin, et chacun demanda d'y avoir messes, jusqu'à ce qu'on vint à la foule.

» Telle est la vraie origine, sans qu'il y ait eu aucun attrait extérieur ou sensible de la part du clergé, car il n'y eut ni prédication, ni exhortation, ni publication de miracle, si ce n'est que ceux qui, de temps à autre, recevaient quelques grâces les annonçaient. Il n'y eut aucune prière extraordinaire ni autre service.

» Si donc on vit, en si peu de jours, tout un peuple se porter de soi-même, avec une telle chaleur, dans une grande église comme celle de Saint-André, fort peu hantée pour l'ordinaire, et encore au lieu d'icelle le plus incommode et le plus découvert qui est le milieu de la nef, exposé par conséquent au vent et grands froids en hyver, il n'y a, je crois, aucun homme de jugement qui, pesant toutes ces choses, n'estime que cette si soudaine et si imprévue saillie de dévotion a été au pur instinct de Celui seul qui tient, en ses mains, les cœurs des hommes, et leur donne telles impressions que bon lui semble et pour les fins que seul il connaît et ordonne.

» Il y avait, en l'église de Saint-André, deux autres belles chapelles de Notre-Dame bien ornées, beaucoup plus commodes et dans lesquelles on célébrait souvent la sainte messe ; néanmoins le peuple accourt et afflue de partout en cet endroit particulier de Saint-André, sans y trouver, au moins pour l'extérieur, d'autre attrait que cette image très belle à la vérité et dont le seul aspect donne de la dévotion : elle est d'albâtre, autrefois elle avait été peinte et très bien dorée, comme il paraît encore. Elle est marquée de quelques lettres gothiques et tient le petit Jésus du côté droit; son antiquité ne lui a rien ôté de son lustre; quoi qu'elle ait été fort longtemps laissée assez négligemment, mais on n'y a ajouté aucune polissure, ni peinture, ni autre artifice; aussi n'eût-on jamais pensé qu'un si simple commencement eût pris un tel progrès. »

Depuis cette époque, la Chapelle de la Nef fut en quelque sorte le Saint des Saints de la cathédrale. Les jurats s'y donnaient rendez-vous aux jours de solennités publiques. Les gouverneurs de Guyenne y vinrent prêter les serments d'usage, avec le cérémonial inauguré par le duc d'Epernon en 1644. « Estant entré par la Porte-Royale, dit G. Grimaud (*op. cit.*), il fit douze pas vers l'autel de Nostre-Dame, où il pria pendant quelques instants, agenouillé sur un carreau de velours, après

NOTRE-DAME-DE-LA-NEF
Dessin de M. F. MAROT.

quoi, le doyen du Chapitre, Henry d'Arche, lui donna l'eau bénite, lui présenta la croix à baiser et lui fit un compliment au nom du Chapitre. Le gouverneur, ayant répondu à ce discours, se remit à genoux à la même place, et en présence de la statue miraculeuse, il fit le serment d'être fidèle au roy, de défendre contre toute oppression les habitants de la Ville et de la province, tant pauvres que riches, et de conserver fidèlement les usages, franchises et privilèges, tant du Chapitre que de la Ville. Puis, le doyen ayant entonné le *Te Deum,* le duc fut introduit dans le chœur, où les chanoines le conduisirent jusqu'à son prie-Dieu. ».

Louis XIV fit de même à son entrée dans la Primatiale. « Introduit dans la Nef, par la Porte-Royale, accompagné de sa mère, la reine régente, de son frère le duc d'Orléans et des plus grands seigneurs du royaume, il ne voulut recevoir aucun honneur, avant d'avoir lui-même payé à la Reine du Ciel le tribut de ses hommages. Il s'avança vers l'autel de Notre-Dame : la reine et lui s'agenouillèrent sur deux carreaux de velours, en présence de la statue, et toute la Cour se prosterna avec eux. »

Les archevêques de Bordeaux y faisaient aussi « leur première prière, et toutes les fois qu'ils officiaient pontificalement, » dit encore Gilbert Grimaud, « on les voyait, entourés de leur Chapitre, se rendre en procession devant la statue de Notre-Dame-de-la-Nef, où ils terminaient par le chant des litanies tous les pieux exercices de la journée. »

Enfin, un chanoine était préposé à la direction de la Chapelle de la Nef (on a vu plus haut que Lopès fut honoré de cette charge). La Révolution fit disparaître la Vierge d'albâtre. Reléguée dans le cloître, elle y demeura jusqu'en 1833. Le 11 mai de cette année, le cardinal de Cheverus autorisa la sœur Rose du Trévoux à la transporter à la maison de *Saint-Projet,* d'où, parfaitement restaurée par M. Jabouin, elle fut transférée de nouveau dans la cathédrale, non plus contre la muraille de la grande nef, mais au-dessus de l'autel de la chapelle de Notre-Dame-du-Mont-Carmel. Cette dernière translation eut lieu le 11 avril 1869.

CHAPITRE VII

Les Monuments principaux[1] et Sepultures de l'Eglise de Bourdeaux.

E Chapitre est plus pour les Curieux, que pour y recommander la magnificence des Monuments de cette Eglise. Ce n'est point dans les Eglises Cathedrales que s'erigent ordinairement les superbes Mausolées, qu'on erige dans les Monasteres. Les premieres Eglises du Dioceze où se font les Ceremonies

---

1. Lopès se borne à relater les sépultures monumentales ou célèbres qu'on voyait de son temps dans l'église Saint-André. Il y en avait beaucoup d'autres qui, sans appartenir à l'histoire, étaient bien connues du Chapitre. M. de Marquessac avait dressé le plan de la cathédrale en indiquant par de petits carrés de soie de diverses couleurs les pierres sur lesquelles MM. les Chanoines allaient chaque année, à jour fixe, chanter un *libera*. Nous n'avons pu retrouver ce plan; mais il serait facile de le reconstituer, à l'aide de deux *obituaires* ou *nécrologes* que l'auteur avait eus dans les mains.

Les deux obituaires de Saint-André (les originaux se gardent aux Archives départementales) sont les registres des fondations pieuses désignées sous les noms d'*anniversaires*, d'*obits*, de *chapelles* ou *chapellenies*, dont le Chapitre avait accepté la charge, moyennant un honoraire à répartir entre les officiers de l'église, depuis le doyen jusqu'au sonneur de cloche. On célébrait de petits anniversaires *(modici valoris)* : on en célébrait de solennels; les clers-sacristes carillonnaient ces derniers du haut de la Tour Pey-Berland, *cum omnibus tàm majoribus quam aliis cimbalis et campanis, in majori pinnaculo.* (*Obit. S.-And.*)

Le service funèbre s'annonçait dès la veille à *Prime*, immédiatement avant la lecture du Martyrologe. Le soir on chantait l'office des morts; le lendemain, à l'issue de la messe *pro defuncto*, le Chapitre se rendait processionnellement sur la tombe du défunt pour lequel se faisait la cérémonie, et si le corps n'était pas enseveli

des actions les plus solemnelles, où se rendent les Processions Generales, où se tiennent les plus grandes Assemblées, doivent estre libres et desgagées le plus qu'il se peut de

à Saint-André, l'absoute avait lieu tantôt dans le chœur, tantôt dans la nef. (*Obit.* B, f° 1.) — La lettre A désigne le premier *Obituaire*, la lettre B le second.

Les deux *obituaires*, réunis et fondus en un dans le tome XVIII des *Archives historiques du département de la Gironde*, ne datent pas de la même époque. Le premier fut écrit entre la fin du XIIIe siècle et le commencement du XIVe; le second, commencé en 1362, se termine au XVIe siècle.

Il résulte de l'examen de nos obituaires que l'endroit préféré pour les sépultures était la chapelle de Notre-Dame avec la partie du déambulatoire qui régnait entre « les portes de fer » de ladite chapelle et le crucifix placé derrière le maître-autel : *retrò crucifixum qui est post majus altare*. (*Obit.*) On y comptait une quinzaine de tombes *visitées* par le Chapitre, notamment celle d'Albert Le Metge, chanoine, dont le frère Guillaume Albert Le Metge était architecte de la cathédrale et dirigea probablement les travaux de la construction du chœur au XIVe siècle. Guillaume Albert fut enseveli dans la chapelle de Saint-Martin. On lit dans le premier obituaire à la date du 15 mai. (f° 13) : « *Anniversarium magistri Gulielmi* Lathomi, magistri operis *Sancti-Andree* Burdigalensis, *debet fieri idus maii, quâ die obiit, anno Domini M° CCC° LXIX.*

Il avait pour voisin de sépulture maître Pierre Fernand, jurisconsulte et sa gouvernante appelée Catherine, en faveur de laquelle ledit Fernand avait fondé un anniversaire qui devait se confondre avec le sien. (*Obit.*) Le Chapitre leur permit de reposer l'un à côté de l'autre, entre la chapelle de Saint-Martin et le chœur

On remarquait aussi des tombeaux dans les chapelles de Saint-Jacques, de Saint-Nicolas, de Sainte-Catherine, de Sainte-Marie du *Collège*, de Saint-Émilion *ad latus claustri*, etc., etc.

Dans la nef, le long du mur, près de la chaire *(ad longum prædicatorii)*, était la sépulture de Blanche *de Baẓas*; au fond de l'église, au bas des degrés, sous la clef de voûte, celle du clerc Pierre Gaucelm; à l'entrée du cloître, devant l'autel qu'il avait érigé de ses propres deniers, celle du doyen Pierre de Galard.

Dans le déambulatoire, et au milieu du dallage de la nef, se voyaient de larges pierres tumulaires, sur lesquelles étaient gravées au trait ou figurées par des lamelles de cuivre les effigies de plusieurs archevêques et chanoines. Les dalles de la nef étaient

toute sorte d'empeschement[1]. Plus elles sont venerables, moins on y voit de ces Monuments, et autrefois on les y defendit pour cette raison, afin de conserver dans l'esprit des Peuples, la reverence qu'ils doivent avoir pour les Eglises, que la veuë de ces Monuments pouvoit diminuer. Nous parlerons plus au long au Chap. XI.[2] de l'usage ancien, et de celuy qui l'a suyvi. Il s'agist seulement d'enoncer en celuy-cy, les plus curieux Monuments, et les principales Sepultures des Prelats, des Chanoines, et autres Personnes qui reposent dans l'Eglise Metropolitaine.

II. A commencer par le Chœur. Proche du grand Autel, et du costé du Midy, joignant une des portes des allées du Chœur, est le Tombeau eslevé d'Anthoine de Sansac Archevesque de Bourdeaux, decedé le 17. Octob. 1591.

recouvertes en grande partie d'inscriptions funéraires. (Voir Marionneau, *op. cit.*, p. 72.)

Les anciens du Chapitre se souviennent d'avoir vu le chanoine Losse, remplissant chaque année, le Jour des Morts, les fonctions de *cicerone* à travers la cathédrale. D'un geste, il faisait arrêter la procession, ici et là, sur telle ou telle tombe dont il avait retenu la place, malgré l'enlèvement de la pierre portant l'épitaphe, et de sa voix gravement impérieuse, il disait aux chantres : « Entonnez l'*ego sum*, » et le chœur entonnait aussitôt l'antienne *Ego sum resurrectio et vita*, c'est-à-dire : « Je suis la résurrection et la vie. »

Depuis les remaniements de 1804, une glaciale uniformité règne sur les dalles de Saint-André.

(Voir à l'appendice les détails qui concernent les tombeaux du cloître.)

1. En 1804, M. Combes, architecte départemental, s'inspira malheureusement de cette pensée de Lopès. Afin de faciliter la circulation dans le déambulatoire, il fit disparaître les tombeaux d'archevêques, de chanoines, etc., qui le décoraient, sans toutefois l'encombrer. Par suite, ce chapitre que l'historien écrivit « pour les curieux », est aujourd'hui pour tout le monde une véritable *curiosité*.

2. La partie du chapitre XI, à laquelle renvoie l'auteur, traite surtout des sépultures qui se faisaient, non pas dans l'*église*, mais dans le *cimetière Saint-André*.

un Tombeau bien travaillé, avec cett' Epitaphe au dessus, gravée en lettres d'or, sur une Table de Marbre.

« *Sic Properas*[1], *at mane. Huic te saxo adhibere*
» *faventiam fas est. Antonii Prevoti Sansaci manes*
» *id te orant*[2], *qui cassabunda ætate annos* 85.
» *natus, cum Aquitanicam Ecclesiam sex lustris et*
» *amplius Princeps, rexisset, in eo corpus deposuit*
» *suum. Hic clarissimæ stirpis adoream, Pontifi-*
» *catus Aquitanici fastigio condecoravit, vir ad*
» *antiquæ probitatis specimen expressus, supra*
» *omne ævum hujus sæculi innocentissimus. Singu-*
» *lari vitæ Castimonia sanctissimus. Catus item,*
» *et verecunda morum lenitate suavissimus, in*
» *videndis perduellium technis oculissimus, adversus*
» *hæreticorum appludas occlusissimus, Summatibus,*
» *Infimatibus et Medioxumis charissimus. Suo*
» *tandem fato, licet piorum gregi numero præcox.*
» *Qui interceptus sempiternum cum cœlitibus ævum*
» *degit. Ludovica pia soror bene merenti mœrens.* »

P. C.

1. Cette inscription se lit dans la *Chronique bourdeloise* (fo 58, vo), avec quelques variantes. Le texte de Lopès est plus correct que celui de Darnal.

2. Ce mot, qu'ils lisaient mal, scandalisait le puritanisme des protestants; ils avaient cru voir *te adorant*, au lieu de *te orant*, ce qui rendait la phrase inintelligible; mais l'essentiel à leurs yeux était que le mot *adorer* s'y trouvant, l'épitaphe semblait réclamer pour les *mânes* de l'archevêque Prévost de Sansac les honneurs de l'adoration.

Florimond de Rémond, dans son livre contre l'*Erreur populaire de la papesse Jane,* page 179 (Bourd., S. Millangès, 1564), prend la peine de démontrer qu'il ne s'agit nullement d'une adoration proprement dite.

Au tour des quatre Colonnes qui ornent ce Tombeau sont escrits ces mots.

> « *Vitæ benè actæ mors beata.*
> » *Mortalis incola cœlitum colonus fio.*
> » *Non est vivere vita, sed mori.*
> » *Vivere desine, vivere desinam.* »

Plus avant et du mesme costé, est un Tombeau eslevé d'Arnaud de Canteloup[1], Archevesque de Bourdeaux, decedé l'an 1332. sur lequel Tombeau est son Image de pierre, qui estoit couverte de lames de cuivre doré.

De l'autre costé du Chœur et joignant l'autre Porte des Allées, est le Tombeau aussi eslevé d'Helies de Bremont Archevesque, avec son image de pierre.

Plus avant et joignant ce dernier est le Tombeau de Pierre, ou St. Pey Berland Archevesque, dont nous dresserons l'Eloge en sa vie. Il paroit encores proche de son Tombeau, quelques vestiges[2] des oblations qu'y portoient les Fidelles apres sa mort. Au dehors est attaché à la closture du Chœur qui touche ce Tombeau, un petit armoire de fer à barreaux, où l'on a conservé son Breviaire[3]. Au dessus de cét armoire, d'un costé est un Escusson de ses Armes, qui sont une Croix vuidée, et de

1. Le tombeau d'Arnaud de Canteloup est plusieurs fois mentionné dans l'*Obituaire* de Saint-André : il servait en quelque sorte de point de repère à ceux qui cherchaient les mausolées de moindre importance. On lit par exemple (f° 39, v°) que le chanoine Rainaud de Saint-Astier était enseveli : « *Juxta Capellam beatæ Mariæ, ante pilarium quod est ad pedes Domini archiepiscopi de Cantalupo.* »

2. Voir aux Archives départementales le *Registre capit.* G. 347, f° 34. Ce registre contient un relevé des offrandes déposées par les fidèles sur le tombeau du Bienheureux. Il s'y commettait de temps en temps des vols, notamment des vols de cire. Pendant le mois des vendanges, la cire du tombeau de Pey Berland était affectée aux élèves de la maîtrise à titre de gratification et pour encourager leur assiduité aux offices capitulaires.

3. L'armoire de fer, le bréviaire de Pierre Berland, l'écusson du

l'autre un Escusson des Armes du Pape Martin V. son bienfacteur, de la Maison Noble des Colomnes en Italie, qui porte une colomne mise en Pal, et une Couronne au dessus. Sont encores ensevelis proche du Grand Autel du costé du Midy[a] les Archevesques Raimond de Roquèis, et Amanieu

[a] Necrolog. Eccles. Burd.

pape ont disparu depuis longtemps. M. de Lamothe pense que ces objets occupaient la place au-dessous de la statuette.

La plupart s'imaginent que la statuette d'albâtre adossée à la clôture du chœur que décore le pignon gothique dont nous donnons un dessin, représente le saint archevêque. Ladite statuette serait antérieure de deux siècles à ce personnage. (*Congrès scientifique de Bordeaux*, 1863, p. 473.)

On nous informe que M. L. Palustre y voit un saint Martial.

D'après M. Marionneau (*op. cit.*, p. 70), cette figure, vêtue pontificalement, la mître sur la tête, un bréviaire dans la main gauche, et dans la droite un bâton pastoral surmonté d'une main de justice, serait tout simplement un abbé, seigneur justicier.

TOMBEAU DU B. PEY BERLAND.
(Comm. des Monum. hist.)

de la Mothe. Au milieu du Chœur contre la premiere marche par où l'on monte à l'Autel, fut enseveli Charles Duc de Guyenne, frere de Louis XI. decedé à Bourdeaux au Chasteau du Far, ou du Ha, le 12. May 1472[1]. Il y avoit autrefois en cét endroit une closture à barreaux qui separoit le Chœur, sur laquelle estoit un Pourtrait de ce Duc, mais elle en fut ostée du temps du Cardinal de Sourdis[2]. Dans le mesme Chœur plus bas, et du costé droit, fut enseveli Mr. De Burie Lieutenant de Roy en Guyenne le 20. juillet 1565.[a] dont le Chapitre avoit fait quelques jours auparavant les honneurs funebres. Sur le milieu de la premiere marche est encores une Sepulture de marbre de Garsias Aiquelin Chanoine de cette Eglise[b] decedé le 22 aoust l'an 1376, qui a fondé la Messe matutinelle de la

---

[a] Registre de cette année. — [b] Necrolog. Eccles. Burd.

1. Charles, pourvu par son frère Louis XI du duché de Guyenne, arriva à Bordeaux le 10 avril 1470. Il ne jouit pas longtemps de ce magnifique apanage.

« Ce prince fut la victime d'une jalousie qui s'éleva entre l'abbé de Saint-Jean-d'Angély, son confesseur, et la dame de Monsoreau, sa maîtresse. Le premier, qui jouissait de la confiance du duc de Guyenne, craignit que la dame de Monsoreau ne le supplantât. » Il résolut d'empoisonner le duc; sachant que la dame aimait passionnément les pêches, il lui en offrit une très belle, un jour qu'elle soupait avec lui et le duc. La dame de Monsoreau la prit, et en donna la moitié à Charles.

Ils ne tardèrent pas à succomber tous les deux.

Le duc mourut au château du Hâ le 12 mai 1472.

Voir Dom Devienne, (*Histoire de Bordeaux*, 1re partie, p. 101.)

Charles, duc de Guyenne, était représenté sur son tombeau « nud-chef, mais les armes ostées, puis naguières estoient timbrées de couronnes à haut-fleurons. » (Ph. Moreau, *Tableau des armoiries de France.*)

2. « Était-ce pour effacer de l'esprit populaire les soupçons qui se perpétuaient par la tradition, sur l'auteur présumé de la mort tragique de Charles de Guyenne, que fut détruit le tombeau de ce prince infortuné? » (Ch. Marionneau, *op. cit.*, p. 70.)

Scte. Croix, qui se chante les Vendredys avec l'Antienne, *O crux Splendidior*, etc.[1]

III. Pour les Chappelles qui sont aux Allées du Chœur, il y a dans la Chapelle Scte. Catherine, contre la muraille à la main gauche, un Tombeau eslevé de Geraud de

---

1. Le sanctuaire renfermait encore les tombeaux : 1° de Raymond de Roqueis et d'Amanieu de Lamothe, archevêques; 2° de Gaston de Foix, blessé mortellement à Libourne dans un carrousel, en 1470.

Un autre tombeau, également détruit, rappelait un des épisodes les plus sanglants de l'histoire de Bordeaux. C'était le tombeau de *Tristan de Moneins*.

Le tombeau de Moneins avait été élevé dans l'endroit le plus apparent du chœur de la cathédrale, avec cette épitaphe : *Ci-gist messire Tristan de Monneins, lieutenant général du roi de Navarre, meurtri et occis inhumainement, cruellement et proditoirement par les manans et habitants de la ville de Bourdeaux, le 25 août 1548.* On conçoit qu'un monument aussi blessant pour la cité n'y ait pas subsisté longtemps. Il n'en reste plus le moindre vestige.

La mort du lieutenant royal est racontée dans toutes les chroniques de l'époque. Les lignes suivantes sont un résumé très succinct des récits de Dom Devienne, 1re part., p. 106, de Boscheron des Portes, *Hist. du Parlem.*, t. I, p. 85 et suiv.; de Gaufreteau, t. I, p. 72, etc. :

En 1548, une révolte qui avait pris naissance dans la Saintonge et l'Angoumois « par suite des extorsions des gabelleurs et fermiers du sel » éclata dans Bordeaux.

Les émeutiers ne comptaient pas moins de « 40,000 hommes embastonnés de toutes sortes d'armes. » Quelques jurats firent cause commune avec eux. « Ce que Moneins, lieutenant pour le Roy, » voyant, faict sortir quelques harquebusiers du chasteau du Hâ, » cuidant, par ce moyen, arrester ceste fureur populaire, mais cela » l'enflamma davantage. » Le dénouement fut tragique. « Les » séditieux ayant rencontré le dit de Monneins sur les fossés » de l'hostel de ville..., l'assassinent » cruellement et traînent, par » la ville, son corps après qu'ils l'eurent salé. » (Gaufreteau, *Chron.*, t. I, p. 72 et suiv.)

Le Roi voulut tirer une vengeance éclatante de l'assassinat de son lieutenant.

« Il fut question de raser les tours de l'hôtel de ville, de transporter dans les châteaux toutes les cloches des églises. La construction d'une chapelle expiatoire fut décidée, enfin les jurats

Podio, Evesque de Bazas, Chanoine et Secrestain de cette Eglise, avec son Image de pierre estenduë sur le Tombeau. Il mourut le 14 janv. 1359. D'où il faut corriger ce qu'ont escrit Chenu, Robert, et de Scte Marthe, qu'il mourut l'an 1389. le confondant avec un Cardinal de mesme nom, mort dans Avignon selon Ciaconius, l'Evesque de Bazas, de ce nom, ne fut jamais Cardinal. Dans la mesme Chappelle est ensevely Vincent Cabot premier Theologal de cette Eglise.

Dans la Chapelle S. Blaise, à la main droite contre la muraille, est un Obelisque bien travaillé, soubs lequel est le cœur d'un Seigneur de la maison de Noüailles, avec cét Epitaphe gravé en lettre d'or, sur une table de marbre.

« *Antoine de Noüailles, fils de*
» *Louis et de Catherine de Pierre*
» *Bufiere, fit soubs quatre Roys*
» *loüable preuve de foy aux Guerres*
» *de son temps, pratiqua en Am-*
» *bassades les Nations voisines :*
» *fut Chevalier de l'Ordre : eut*
» *en divers endroits du Royaume*

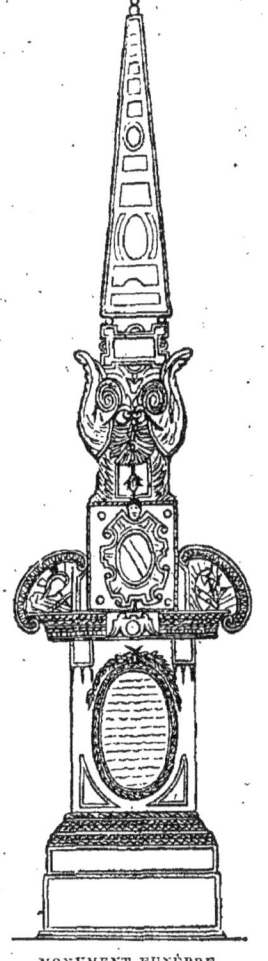

MONUMENT FUNÈBRE D'ANTOINE DE NOAILLES.
(Comm. des Monum. hist.)

et cent vingt notables de la ville, portant chacun une torche allumée et vêtus de deuil, furent condamnés à aller, suivis de tout le peuple, à l'église des Carmes, pour déterrer avec leurs ongles, sans s'aider d'aucun autre instrument, le corps de Moneins. De là, ils devaient le porter processionnellement à Saint-André et l'ensevelir comme il a été dit plus haut, dans l'endroit le plus apparent du chœur. » (Boscheron des Portes, *Hist. du Parlem. de Bordeaux*, t. I, p. 138.)

» *Charge de Lieutenant de Roy et d'Admiral.*
» *Mourut en cette Ville dans son gouvernement,*
» *le 59me an de son âage. Son corps est à Noüailles*
» *avec ses Ayeuls. Mais Jeanne de Gontault sa*
» *Femme esplorée, a mis icy son cœur en Mars*
» *1562[1].* »

Dans la Chappelle Nostre Dame joignant la precedente, sont ensevelis Pierre premier du nom, Gaufridus troisiesme, et Simon de Roche-Choüard Archevesques de Bourdeaux, et plusieurs Chanoines de cette Eglise. A present, il paroist peu de Tombeaux dans cette Chapelle, depuis que de nos jours le Chapitre y a fait faire un caveau, où l'on porte les corps des Chanoines decedés. On y void neantmoins contre l'Autel, du costé droit, le Tombeau eslevé de Geoffroy de la Chassagne, second President en la Cour, et de Nicolas de la Chassagne Chantre, et Chanoine de cette Eglise, Freres, dont la representation de pierre est a genoux : et dans le mesme Tombeau est Guillaume, fils de ce Geoffroy, Conseiller au Parlement, Chanoine de cette Eglise, et Abbé de Vertueil[2]. Tout joignant est le Tombeau d'Arnaud Bernard, *de Trabe* ou de Preyssac, Chanoine

---

1. Ce mausolée (style de la Renaissance) se voit encore dans la chapelle de Sainte-Marguerite, autrefois de Saint-Blaise. On en trouve un dessin dans les *Comptes-rendus des Monum. hist.*, an. 1853-1854. Il se compose d'un piédestal en pierre, orné de placages de marbre; sur le piédestal repose un socle où se voient les armes de Noailles : « de gueules à la bande d'or. » La base du socle est flanquée de boucliers, et au-dessus s'élèvent des enroulements à forme d'ailes soutenant une pyramide. La hauteur de ce monument est de sept mètres. Sur la face du piédestal est une plaque de marbre noir, de forme elliptique, portant l'inscription ci-dessus. (Voir Ch. Marionneau, *op. cit.*, p. 75.)

2. Nous parlerons en son lieu de l'abbaye de Verteuil. L'abbé Du Tems, et après lui l'abbé Baurein (*Var. bord.*, t. I, p. 335 et suiv.) donnent la liste des abbés de Verteuil. On lit dans Baurein

de la mesme Eglise, et de S. Seurin, Doyen d'Uzeste au Diocese de Bazas, décédé le 7 avril 1373[1]. Du mesme costé, gist Jean Simoneau, Chanoine et Soubschantre, suivant ces huict Distiques qu'on lit encore sur la muraille.

VIATORI.

« *Quisquis ades forte hic hospes subsiste parumper,*
» *Fataque Joannis perlege Simonei.*
» *Hac sacra succentor in æde, et collega, rebus*
» *Ejus et officio deditus usque fuit.*
» *Longævus, prudens, rectus, Christoque fidelis*
» *Vixit, quem condit tertius hic tumulus.*
» *Discedens, animæ cinerique precare salutem.*
» *Hinc quoque mortalem te esse memento. Vale.*
» *Obiit Id. Maii 1547.* »

Dans la Chapelle S. Jacques à costé droit, et proche de l'Autel, est la Sepulture d'Arnaud de *Podio alto*[2], ou Puyou Hault, Gentilhomme, avec la representation de pierre, lequel deceda le 29. juillet 1349 et tout joignant,

---

(*loc. cit.*) : « Nicolas de La Chassaigne, abbé en 1552, mort le 4 septembre 1573. »

Il résulte d'un titre du 19 novembre 1585 que Révérend Père en Dieu *messire Guillaume de La Chassaigne,* conseiller du Roi, en sa cour de Parlement de Bordeaux, était, à cette époque, abbé de Verteuil en Médoc.

1. *Arnaud Bernard de Preysac,* qualifié *daudet,* c'est-à-dire *damoiseau,* et appelé le *Soudan,* était seigneur en partie du fief *du Breuil,* en Médoc, vèrs le milieu du xive siècle. Vassal du seigneur de Lesparre, il était tenu de fournir à ce dernier, en temps de guerre, un écuyer ayant dans sa bourse *cinq sols bourdelois:* les cinq sols dépensés, ledit écuyer était libre de prendre congé du seigneur de Lesparre et de retourner chez lui. On trouvera d'intéressants détails sur Arnaud Bernard de Preyssac dans Baurein, *Var. bord.,* t. I, p. 104 et suiv.; p. 201, et t. III, p. 257.

2. Le tombeau d'Arnaud de *Podio alto* était orné de peintures. *Picta et ferrata cum imagine suá lapideá.* (Voir *Obit. S.-And.,* A 23, B 52.

est celle de Thibaud d'Agés[1], Doyen de cette Eglise, duquel on lit cét Epitaphe sur la muraille.

« *Theobaldus d'Agés jacet hic, qui rite Decanus.*
 » *Canonicusque fuit, dum sibi vita comes.*
 » *Cantor erat summus, dignus Dominique Sacerdos,*
 » *In Domini mensa sæpe sacrata ferens.*
 » *Pro Christi meritis, Deus hunc ad gaudia Cœli*
  » *Transferat, in Patria detque perenne frui.*
 » *Obiit autem anno Domini MCCCCXLV. nonas Augusti.* »

On void de l'autre costé contre la muraille, des semblables Tombeaux bien travaillés, de Robert de la Chassagne[2] Abbé de Bourg, de Pons de Pommiers et de Pierre Bajot Chanoines. Le dernier est le fondateur de la Messe matutinelle du Mecredy.

Dans la Chapelle S. Jean Baptiste est la Sepulture de

1. *Thibaud d'Agès* était de la maison noble de Thouars, dont le château, situé dans la paroisse de Saint-Genès de Talence, eut l'honneur de recevoir la visite de Charles IX en 1565.

La maison d'Agès a fourni trois doyens au Chapitre de Saint-André. (V. Baurein, t. II, p. 319.) Baurein pense qu'il y avait sur l'épitaphe au troisième hémistiche *doctor* et non *cantor*. « Ce qui nous fait préférer le mot *doctor*, dit-il, c'est que Thibaud d'Agès, comme nous l'apprend l'abbé Du Tems (t. II, p. 240 de son *Clergé de France*), fut député au concile de Bâle, sans doute à cause de son profond savoir, ce qui donna lieu d'en faire mention dans son épitaphe.

Qui a le mieux lu, de Lopès ou de Baurein? « Il serait facile, dit ce dernier, de vérifier sur l'inscription même; mais, *l'affaiblissement de ma vue ne me le permettant plus,* on pensa qu'une seule et même personne n'occupait pas deux dignités dans la même église, celle de *doyen* et celle de *chantre;* » ajoutons que Thibaud d'Agès ne figure ni sur la liste des doyens de Saint-André publiée par Du Temps, ni dans les suppléments ajoutés à cette liste par Baurein lui-même; et, cependant, son épitaphe dit expressément qu'il fut doyen : *rite decanus.*

Il semble résulter de là que Thibaud d'Agès n'était pas *grand chantre*, mais docteur et qu'il faut lire *doctor* au lieu de *cantor*.

2. Ce Robert de La Chassaigne eut un fils chanoine, lequel fut l'oncle de Montaigne. (Voir son testament, *Arch. hist. de la Gironde*, t. X, p. 271.)

Jean de Coutures, Premier Chanoine semi-prebendé[1] de cette Eglise, decedé le 29 may 1529[2].

IV. Dans les allées du Chœur, le Tombeau le plus considerable est celuy que l'on void vis à vis la Chapelle Nostre Dame de Pitié, contre la muraille du Chœur.

1. Le mot *prébende* désigne la jouissance des revenus d'un canonicat. L'origine des prébendes remonte au xe siècle. Vers cette époque, la plupart des Chapitres ayant abandonné la vie commune, les revenus de ces diverses congrégations furent partagés entre chacun des membres, sous le titre de *pensions canoniales* ou *prébendes*. Il y eut des prébendes entières, des demi-prébendes, des tiers de prébende, etc.

Quatre canonicats semi-prébendés avaient été créés à la cathédrale Saint-André de Bordeaux par une bulle d'Innocent VIII, en date du V des calendes de février 1488, Charles VIII régnant, André d'Épinay étant archevêque et cardinal. Une copie de cette bulle se garde aux Archives départementales de la Gironde, *Actes capit.*, G. 271.

2. Signalons aussi le tombeau du président de Nesmond, illustre personnage dont l'éloquence résume tout ce qu'enfanta de plus bizarre le mauvais goût du xvie siècle.

Les mémoires du temps nous ont conservé un discours qu'il fit à l'ouverture du Parlement : « Dans une certaine contrée des Indes, il y avoit un lieu fort amène et délicieux qui surpassoit tous les jardins qui furent jamais, soit pour la salubrité de l'air et des eaux, soit pour l'ornement des arbres, plantes et parterres. Entre autres singularités, il y avoit un palmier très beau sous lequel il y avoit un olivier et un figuier : sous le figuier un grenadier, sous le grenadier une vigne ; sous la vigne on semoit du froment, sous le froment on plantoit des choux et autres légumes, et les pieds des arbres estoient aussi arrosés de très belles eaux claires et coulantes. Le palmier est le roi, l'olivier la religion, le figuier le peuple, le grenadier la noblesse, la vigne jointe à l'olive sert aux sacrifices, le reste sert à l'entretien de toute la république. »

Le commentaire de cette idée singulière dura pendant deux heures. Le président de Nesmond mourut en 1612 ; il fut enterré dans une chapelle de Saint-André (on ne dit pas laquelle).

Olive d'Aste, sa femme, lui fit graver cette épitaphe :

« Passants, celui qui repose ici demande des prières et non des pleurs :
» il a fini sa dernière heure. Mais, je me trompe, la vertu ne périt
» pas, le tombeau est son trône. André de Nesmond régla le Sénat par
» sa justice, sa vie par l'innocence, sa maison par sa prudence. Fidèle

C'est le Tombeau de Vital Carle[1], Chantre et Chanoine de cette Eglise, Fondateur du grand Hospital S. André[2], de qui nous avons cette belle tenture de 40 pieces de Tapisserie : dont on orne le Chœur, où sont contenuës les Actions et Miracles de S. André : et dans la premiere de ces Pieces, sont les Armes de ce Chantre, qui portoit un Escu parti, au premier d'azur a trois barres d'or, au

« à son roi, estimé des grands par sa modestie, bon ami, bon maître,
» ne laissant jamais échapper l'occasion d'obliger, il couronna tant de
» vertus par une piété éminente. Sa famille ne cesse de le pleurer, ses
» amis sont plongés dans la tristesse, les grands lui donnent des regrets,
» les riches le regardent comme leur modèle, les pauvres sont consternés,
» et chacun de nos sénateurs croit avoir perdu son père. »
(D. Devienne, *Hist. de Bordeaux*, 3ᵉ partie, p. 248.)

1. Ce tombeau était contre l'ancien mur de clôture du chœur vis-à-vis de la chapelle actuelle du Mont-Carmel. Il s'élevait à un mètre du sol environ et était construit en pierre, sans autre sculpture que la représentation du défunt, étendue sur le sarcophage. A côté et contre la muraille, était placée une petite statue au-dessus de laquelle on lisait : (voir l'inscription page 227).

La maison de Carles, originaire de Lorraine, s'est établie dans le Bordelais au xivᵉ siècle.

Pendant les années 1484, 1495, 1498, 1502, 1504 et 1515, l'importante charge de clerc de Bordeaux fut remplie par des membres de cette maison. A partir de l'époque où la filiation se suit sans interruption, c'est-à-dire depuis l'année 1500, on remarque parmi les nombreuses célébrités produites par la famille de Carles : un évêque de Riez, ambassadeur, aumônier-confesseur du roi et chevalier de son ordre, en 1550. Un maire de Bordeaux, en 1561 ; deux officiers généraux, maréchaux de bataille des armées du roi, un colonel du régiment des grenadiers royaux, etc., etc.

Les principales branches de Carles sont connues sous les noms : de Roquette, de Trajet et du Petit-Val. Cette dernière subsiste seule.

Emilien, comte de Carles (qui représente la onzième génération), épousa, au mois de mai 1836, Mˡˡᵉ Marie-Victoire-Catherine Du Hamel, née le 25 novembre 1819, fille de André-Guy-Victor, vicomte Du Hamel, chevalier, maire de Bordeaux, et de Mᵐᵉ Octavie de Fréteau de Pény de Saint-Just, sa deuxième femme.

Le château de Carles situé sur la paroisse de Saillans, en Fronsadais, ancienne propriété de la famille de Carles, passa dans la maison d'Aydie au xvᵉ siècle.

2. L'hôpital Saint-André, fondé par Vital Carles en 1390, fut d'abord

second de Gueulles à un Croissant d'or vers le chef, et une Coquille aussi d'or vers la pointe. Sur son Tombeau est la Representation de pierre, avec cét Epitaphe sur la muraille.

« *Ista Sepultura est Domini Vitalis Caroli,*
» *Cantoris Ecclesiæ Burdigalensis, ipsiusque et*
» *S. Severini Ecclesiarum Canonici, Fundatoris*
» *Hospitalis Sancti Andreæ Burdigalensis, et in*
» *pede ejusdem sepulturæ fuit sepultus Dominus*
» *Gallardus Caroli ejus nepos, dictæ Ecclesiæ*
» *Thesaurarius, ejusdem Burdigalensis, et Sancti*
» *Severini Ecclesiarum Canonicus die Sancti Lazari*
» *an.* 1385. *et dictus Dominus Vitalis fuit sepultus*
» 15. *die mensis Martii anno Domini* 1398. *quorum*
» *animæ requiescant in pace.* »

Il a fondé la Messe Matutinelle de Sainte Marthe qui se chante le Mardy[1]. Dans la croizée de l'Eglise entrant par la porte du Nord, à main droite, proche du Pilier où com-

peu considérable, puisqu'il n'occupait que l'emplacement de deux maisons, situées à la rencontre de la rue Saint-André (des Trois-Conils) et de la rue Saint-Paul (des Facultés). — Voir dans le livre de L. Drouyn, *Bordeaux vers 1450,* des renseignements très curieux sur cet hôpital. — « A l'hôpital Saint-André, qui ne comptait que vingt-six lits, s'ajouta l'hôpital neuf fondé par le président Boyer, lequel avoit donné la place pour le bastir, et en avoit fait commencer l'édifice pendant sa vie ; et puis, en mourant, l'avoit institué son héritier par son testament daté du 25 mars 1538. » (Docum. du XVIIe siècle cité par L. Drouyn, *op. cit.,* p. 366.)

En 1829, fut inauguré le nouvel hôpital Saint-André (place Magenta) ; il est bâti sur un terrain donné par la ville. Le duc de Richelieu avait affecté à cette construction philanthropique la récompense nationale que lui décerna la loi du 11 février.

1. Cette fondation figure dans le 2e *obituaire,* f° 90 v°. Vital Carles y consacre les revenus de deux dîmes que le Chapitre lui devait. Il stipule que si le sacriste se montre trop parcimonieux pour la

mence la Nef, est une sepulture eslevée, pratiquée dans la muraille et soubs un petit arceau, de Raymond de Landiras[1] Chanoine et Archidiacre de Medoc, decedé le 12 octob. 1362. qui a fondé une Chapelle dans cette Eglise, et la Messe Matutinelle des Anges, qui se chante le lundy. Devant la grand porte du Cœur, et sous la corde de la petite cloche, fût mis le cœur du Cardinal de Sourdis Archevesque. Son corps est à la Chartreuse[2].

TOMBEAU DE RAYMOND DE LANDIRAS.
(Comm. des Monum. hist.)

fourniture du luminaire, lui et ses clercs seront privés de toute participation à la distribution des deniers, et qu'avec leur part, on achètera les chandelles qui seront nécessaires.

1. Le tombeau de Raymond de Landiras fut converti en chapelle des fonts baptismaux en 1849. (Aujourd'hui la chapelle des fonts se trouve à l'extrémité occidentale du promenoir des nouvelles sacristies.) Il y avait autrefois sur le tombeau une statue de pierre: « *Ubi est sepultura nobiliter operata, cum suâ ymagine lapideâ desuper pósitâ.* » (Obit., voir aussi les *Comptes-rendus des Monum. hist.*, an. 1853-1854.)

2. Terminons la série des tombeaux du transsept et du chœur par une note sur la sépulture du président Lagebaston laquelle se

Dans la Nef il n'y a aucun Tombeau eslevé qui puisse arrester les curieux : sauf que, comme les premieres choses dans quelque ordre que ce soient, sont tousjours plus remarquables, je trouve que le premier[a] Soubschantre de cette Eglise, nommé Arnaud de Beaulieu qui en estoit Chanoine, et fut apres Archidiacre de Cernés, est enseveli proche la porte des Cloistres au fond de l'Eglise, decedé l'an 1295.

V. Un Tombeau fort curieux, seroit le Tombeau de Marbre : sur lequel le docte Vinet[b], dit avoir leu de son temps un ancien Epitaphe au milieu de la Nef. Mais le temps qui consomme tout, en a effacé tous les Caracteres, en telle sorte qu'on n'y peut rien distinguer, non plus que sur deux autres Tombeaux de Marbre, qui ne sont pas esloignés du premier. Mais si les sabots des Paysans, dequoy commençoit à se plaindre ce sçavant homme[1], ont

---

[a] Necrolog. Eccles. Burd. — [b] Comment. In Ausonium.

trouvait dans la chapelle de Saint-Nicolas : d'après une tradition recueillie par la chronique de Gaüfreteau, Jacques Lagebaston était un fils naturel de François Ier.

« Monsieur Maistre Jacques de Benoist, sieur de Lagebaston et
» premier président en ladicte court de Parlement, décéda la nuyct
» du samedy au dimanche XV jour du mois de septembre 1583.
» Et le lendemain qui estoit lundy, environ quatre heures après
» midy, fut enseveli en l'église Sainct-André et en la chappelle de
» Sainct-Nicolas. Monsieur de Bourdeaulx et ledict Chappitre y
» assistarent et mondict sieur fit la levée, et Monsieur de Cotte-
» blanche fict le reste de l'office en l'église. Il y eust une grande
» compagnie à ladicte sépulture, tant de Messieurs de la Court que
» de plusieurs aultres de qualité et de tous étatz. Et ne fuct fait
» d'aultre service pour ledict deffunt jusques au vendredy XIIIe
» d'octobre après suyvant, qu'ils firent dire une grand messe en
» musique, et ledict sieur de Cotteblanche célébra ladicte messe à
» laquelle assista la fille dudict feu avec deux ou troys demoiselles,
» vestue ladicte fille d'un crespe noir. *Et desdits services n'en a esté
» rien payé.* » (*Archiv. hist.*, t. XIII.)

1. Élie Vinet, natif des environs de Barbezieux, fut professeur au collège de Guyenne en 1539. Il en devint le principal en 1556. Nous

contribuë à nous faire perdre ce monument de l'Antiquité, il se conservera dans les livres, et ne s'effacera point de la memoire de ceux qui auront la curiosité de le lire dans ces Thresors publics des siecles passez. Et puis qu'il appartient à nostre Eglise, il est juste que je le rapporte.

ΛΕΙΨΑΝΑ ΛΟΥΚΙΛΛΗΣ ΔΙΔΥΜΑΤΟΚΟΥ ΕΝΘΑΔΕ ΚΕΙΤΕ
ΗΣ ΜΕΜΕΡΙΣΤΟ ΒΡΕΦΗ ΣΩΟΝ ΠΑΤΡΙ ΘΑΤΕΡΟΝΑΥΤΗ.

Cét Epitaphe est d'une Lucille, qui mourut enfantant deux Jumeaux, l'un vivant, l'autre mort. Voicy les differents Distiques Latins, qui furent faicts pour la traduction de ces deux vers Grecs, raportés par Vinet.

CELUY DE VINET[1].

« *Ossa gemelliparæ Lucillæ hic sunt sita, cujus*
» *Secta fuit proles, vivens Patri et altera Matri.* »

avons de lui le *Commentaire sur Ausone*, et l'*Antiquité de Bourdeaux et de Bourg*. (Voir sur E. Vinet, E. Gaullieur, *Hist. du collège de Guyenne*, et R. Dezeimeris, *De la Renaissance des lettres à Bordeaux au* xvie *siècle*.)

1. Elie Vinet (*Antiquité de Bourdeaux*, p. 73) fait remonter le fameux distique à la période littéraire d'Ausone et de son école.

« Le dit aucteur (Ausone) en ses *Parentales*, dit-il, fait mention
» par nom et surnom, de presque toute sa race, de son père, de sa
» mère, de ses frères, sœurs, oncles et autres ; mais après tous ceus
» là, il parle de plusieurs savans personnages, qui ont tenu eschole
» et leu en son Bourdeaus de son temps, et devant. Par lequel
» livre, on peut aussi conoistre de Bourdeaus, que ce n'estoit pas
» petite chose en ce temps la, puisque toutes bonnes letres tant
» grecques, que latines i estoient entretenues et i fleurissoient de tele
» sorte. Duquel temps peut estre demouré ce ioli distiche Gregeois,
» que j'ai autrefois leu en une pierre de marbre gris qui est couchée
» au milieu de la nef de l'eglise de Sainct-André. C'est un épitaphe
» d'une dame nommée *Lucille*, laquelle estant délivrée de deus
» enfans, je ne sai de quel sexe, mourut avec l'un d'eus, et furent
» enterrés ensemble la mère et l'enfant : et l'autre vesquit et
» demoura avec le père. »

CELUY DE PIERRE LAMY.

« *Quæ peperit geminos, Lucillæ hic ossa quiescunt,*
» *Vir vivum, extinctum hæc retinet. Sic pignora secta.* »

CELUY D'ANTOINE GOVEAN[1]
JURISCONSULTE.

« *Hoc tumulo Lucilla jaces enixa gemellos;*
» *Illa patri superest, est comes ille tuus.* »

CELUY DE JEAN DE LA RIVIERE
CONSEILLER AU PARLEMENT.

« *Hic enixa duos tegitur Lucilla; gemelli*
» *Divisi, vivus Patris est, Matri adjacet alter.* »

CELUY D'ESTIENNE MANIALD[2]
MEDECIN.

« *Hic Lucilla jacet geminorum mater, at ejus*
» *Divisa est soboles, vivens Patri et altera Matri.* »

CELUY DE JEAN GUIJON[3],
REGENT AU COLLEGE DE GUYENNE.

« *Hic Lucilla jacet, divisis fœta gemellis*
» *Alter enim vivens Patris fuit, illius alter.* »

1. Il y eut à Bordeaux quatre frères du nom de Gouvéa. Antoine était le plus jeune et le plus célèbre. M. Quicherat (*Hist. de Sainte-Barbe*, p. 131) le tient pour « un de ces rares esprits qui feront l'éternel ornement de la Renaissance ». Il ajoute : « Comme jurisconsulte, il est encore compté parmi ceux qui ont ouvert aux modernes l'intelligence du droit romain. La première fois que Cujas l'entendit expliquer le Code, il fut sur le point de renoncer à l'enseignement, tant il sentit son infériorité. »

2. Professeur de médecine à Bordeaux, traduisit des ouvrages que ses confrères avaient écrits en latin. Il mourut en 1599. (D. Devienne, *Hist. de Bord.*, 3ᵉ part., p. 251.)

3. Jehan Guijon était d'Autun. E. Vinet le cite dans son *Commentaire sur Ausone*; il enseigna la rhétorique au collège de Guyenne. (V. Gaullieur, *op. cit.*, p. 273.) « C'est un des quatre frères Guijon

CELUY DE JEAN DE RIVAS.

« *Casta gemelliparæ Lucillæ hic ossa quiescunt.*
» *Pignora cui divisa, Patri vivum, alterum et ipsi.* »

LES VERS PHALEUQUES[1] DE MARTIAL MOSNIER
DE LIMOGES.

« *Hic enixa duos parens gemellos*
» *Proh! Lucilla tegor, duobus hoc jus*
» *Quod commune fuit, mihi Patrique*
» *Divisum est, obiit gemellus unus*
» *Qui mecum jacet, alter ille vivit*
» *Solamen misero Patri duorum.* »

Et puis que les Estrangers ont fait tant d'honneur à cét Epitaphe avec tant de Versions differentes, sera-t-il hors de propos que les domestiques s'estudient à luy rendre un semblable honneur? c'est donc icy ma Version :

« *Hic Lucilla Parens geminorum est condita, Proles*
» *Divisa est : quæ viva, Patri datur, altera matri.* »

Et pour une plus grande declaration de cét Epitaphe, et qui en fera mieux connoistre le riche sujet, j'y apposeray cette Epigramme.

« *Hic Lucilla jacet; fœtu celebranda gemello,*
  » *Quem pariens, vivo conjuge, morte cadit.*
» *Sors proli non una fuit, quippe altera matri*
  » *Commoritur, proles altera viva manet.*
» *Cessit viva Patri, Matri defuncta, et utrique*
  » *Sic bene communis sunt data jura thori.* »

dont Philibert de La Mare a recueilli les œuvres et écrit la vie. » (R. Dezeimeris, *op. cit.*, p. 60.) Guijon traduisit en vers latins le *Périégète* attribué à Denys le Géographe.

1. Le vers Phaleuce ou Phaleuque tire son nom du poète Phaleucus. Composé de cinq pieds, un spondée, un dactyle et trois trochées, il convient parfaitement à l'épigramme.

I. Corpora quæ antiquitùs in Ecclesiis sepulta sunt, nequaquam projiciantur : sed tumuli qui apparent profundius in terram mittantur, et pavimento desuper facto, nullo tumulorum vestigio apparente, Ecclesiæ reverentia conservetur. Ubi verò tanta est multitudo cadaverum, ut hoc facere difficilè sit, locus ille pro Cæmeterio habeatur, ablato inde altari, et in eo loco constructo, ubi religiosè et purè Deo sacrificium offerri valeat, *Capitul. Theodulphi Aurelian. c. 9. apud Sirmund. to. 2. conc. Gall.*

III. Anniversarium bonæ memoriæ Geraldi de Podio Episcopi Vazatensis debet fieri XIX. Febr. et obiit anno Domini 1359. et est sepultus in hac Ecclesia in Capella B. Catharinæ videlicet in medio ante altare, ubi est sua imago et sepultura operata. *Necrologium Eccles. Burdigalensis.*

APPENDICE AU CHAPITRE VII

LES TOMBEAUX DU CLOÎTRE.

Lopès s'arrête au seuil du Cloître. L'antique promenoir du Chapitre était cependant une intéressante nécropole. Avant la construction du caveau pratiqué sous le dallage de la chapelle Notre-Dame (Sacré-Cœur) et dont a parlé Lopès, la sépulture ordinaire des chanoines se trouvait à l'entrée du cloître. On lit en effet au bas de l'anniversaire de Guillaume de Bordili, prêtre (*Obit.*, A f° 22) : *Et est sepultus in claustro, antè locum determinatum antiquitùs pro Capitulo, qui locus est juxtà portam ecclesie per quam intratur ad dictum claustrum.*

On enterrait également à la petite porte « *antè parvam portam* » dans les chapelles de Sainte-Marie « du Collège » *(ubi est imago beatæ Mariæ)* et de Saint-Émilion. Cette dernière était aussi dans le cloître *(quæ est in claustro)* et servait aux réunions capitulaires.

Le doyen Pierre de Galard avait, comme on l'a vu, sa tombe à la porte du cloître au pied d'un autel qu'il avait élevé lui-même, et non loin de là, une épitaphe qui se lisait sur le portail, annonçait la sépulture de Guillaume d'Antier, archidiacre de Cernès *(sicut etiam scriptura in ipso portali facta testatur).* Enfin, vers la porte de l'est, par où l'on allait au *moulin Saint-André (juxtà portam claustri quæ respicit ad orientem, et per quam exitur versùs molendinum dictæ ecclesiæ),* on remarquait la tombe d'Arnaud Guillaume de Noailhan. *(Obit.)*

Le cardinal Donnet n'a pu réussir à conserver le cloître. Le 24 septembre 1861, lors du Congrès scientifique de Bordeaux,

UN ENFEU DU CLOITRE DE SAINT-ANDRÉ
d'après une eau-forte de M. L. DROUYN.

il le mit à la disposition de la ville pour y établir un musée lapidaire. L'offre de l'éminent prélat ne fut pas accueillie, sans doute, car, peu de temps après, les démolitions commencèrent; on les poursuivit avec une sorte de frénésie; aucun tombeau ne fut épargné. L'archéologie n'a plus rien à voir dans ces lieux où l'on n'a pas même laissé de ruines. Heureusement M. Leo Drouyn avait dessiné longtemps auparavant un très bel *enfeu* que nous reproduisons. Les *Comptes-Rendus de la Commission des Monuments historiques* renferment aussi quelques fragments tumulaires qu'on nous saura gré de reproduire.

Pendant que s'opéraient les remaniements du sol rendus nécessaires par la construction des nouvelles sacristies, M. Sansas eut la précaution de sauver quelques débris; ils sont actuellement au musée de la rue Vital-Carles; M. Sansas découvrit, en outre, plusieurs tombes gallo-romaines qu'il a minutieusement décrites, les unes dans le journal *le Progrès*, les autres dans le *Bulletin de la Société Archéologique*. On lit dans un numéro du *Progrès* (1865) :

« Le mur extérieur sud du cloître Saint-André était adossé à l'enceinte gallo-romaine de Bordeaux, et même engagé dans ce mur d'enceinte : il n'offrait aucune décoration suivie et régulière, mais on y remarquait diverses constructions dont il importe de parler avec quelque détail. C'étaient deux arcades aux formes étranges, et une sorte de console ornée, dont le style était sans aucun rapport avec les objets environnants.

» Sous l'une de ces arcades, celle située le plus à l'est, presque à l'angle du cloître, se trouvaient quatre sépultures superposées deux par deux, et logées dans l'épaisseur de la muraille.

» Les cadavres avaient été renfermés dans des auges en pierre sans ornements et sans aucune inscription. Une face latérale de ces auges formait le parement du mur, du côté du cloître.

» Ces sépultures ont été brisées sans précaution; et les ossements confondus, recueillis d'abord dans un panier, ont ensuite été renfermés dans des boîtes à exhumation.

DÉTAILS DE TOMBEAUX RELEVÉS DANS LE CLOITRE. — (Comm. des Monum. hist.)

» Rien n'indique le nom des personnages dont les restes ont ainsi été découverts, mais il est étrange qu'ils se trouvassent enterrés au-dessus du niveau du cloître. Leur inhumation était-elle antérieure à la construction du cloître et des arcades ? Cela paraît assez probable. Pour donner au cloître son niveau actuel, il a fallu attaquer le terre-plein du rempart gallo-romain. Les sépultures avaient peut-être eu lieu lorsque le terre-plein existait encore, et elles se seront ainsi trouvées au-dessus, au lieu d'être au-dessous du sol. Ces sépultures étaient-elles l'objet d'une vénération particulière, à des époques dont le souvenir s'est perdu ? C'est encore probable, car les arcatures dont elles étaient surmontées et comme protégées, sembleraient indiquer qu'on les a ainsi construites, avec des formes insolites, pour ne pas déplacer les tombes. Peut-être, au devant des sépultures avait-on établi, dans les temps anciens, de petits autels mobiles ou de peu de saillie qui permettaient d'y célébrer la messe à certains anniversaires.

» Nous regrettons qu'avant de confondre ces débris humains, on n'ait pas cherché à se rendre compte de ce qui pouvait s'y rapporter.

» Ces tombeaux n'avaient jamais été violés. Les squelettes étaient dans leur position naturelle. Celui que nous avons vu avait les pieds tournés au levant, et, à côté, se trouvait une petite fiole en forme d'ampoule contenant, en assez grande quantité, une matière noire comme du terreau. Les ossements, décomposés en partie, étaient de couleur très brune, les détritus du tombeau étaient noirs.

» Dans une autre sépulture, la tête du cadavre paraissait avoir été entourée d'une couronne de laurier, d'autres disent de chêne : quelle qu'en ait pu être la nature, ces débris de feuillages annonçaient que des honneurs spéciaux avaient été rendus au défunt. »

La description suivante empruntée au même auteur concerne les fouilles pratiquées dans le mur septentrional du cloître :

« Lorsqu'il y a quelques années, on fouilla la partie nord des anciens cloîtres pour établir la façade intérieure de la nouvelle sacristie, on trouva d'abord un terrain qui renfermait des sépultures plus ou moins récentes, puis on arriva à d'anciennes constructions d'un caractère tout particulier.

» A une profondeur d'environ deux mètres, s'offrit une petite voûte plein-cintre, avec un rang de briques entre chaque rangée de pierres. Comme cette sorte de caveau très étroit n'entrait que fort peu dans la fouille, on n'en détruisit que ce qui gênait et aucune recherche ne fut faite au delà.

» Mais à côté, vers le levant, se trouvait une autre substruction : c'étaient deux petits murs parallèles, d'appareil semblable, distants d'environ 60 centimètres et qui apparaissaient sur une longueur approximative de 2 mètres. Comme ils se prolongeaient dans le sens de la fouille, du couchant au levant, on a pu en suivre le développement.

» Le recouvrement, soit voûte, soit pierres plates, avait été antérieurement effondré, très probablement pour l'établissement des sépultures supérieures ; l'extrémité levant des petits murs avait même été détruite ; mais l'extrémité couchant était intacte. On remarquait alors qu'un petit mur transversal, de même construction, barrait exactement cette sorte de corridor, et de plus, que ce mur était recouvert, à l'extérieur, d'un enduit orné de peintures murales. Cet enduit, semblable en tout à celui qui revêtait la plupart des maisons gallo-romaines découvertes à Bordeaux, s'était parfaitement conservé, surtout dans sa partie inférieure, et l'humidité des temps avait laissé aux couleurs tout leur éclat. On remarquait que l'artiste y avait représenté, avec une certaine élégance, des arbres touffus où voltigeaient de nombreux petits oiseaux. »

M. Edmond Blant, membre de l'Institut et de la Société des antiquaires de France, auteur estimé de l'ouvrage sur les *Inscriptions chrétiennes de la Gaule,* voit dans cette construction un tombeau chrétien des premiers âges. Les arbres et les oiseaux symbolisent, en effet, le paradis. On trouve des représentations identiques sur beaucoup de tombeaux chrétiens de la même époque.

Ainsi, de longs siècles avant la construction du cloître, à l'ombre même de la cathédrale primitive, s'étendait un cimetière chrétien : c'est la conclusion de M. Sansas. L'existence de tombeaux gallo-romains en cet endroit, à une époque aussi reculée, prouverait que le cimetière Saint-André ne le cède guère en antiquité à celui de Saint-Seurin. A ce point de vue, les découvertes de M. Sansas ont leur importance. Elles suggèrent, en outre, plus d'une réflexion sur l'étrange vicissitude des choses humaines. Les tombes récentes, celles que Lopès ne songea point à protéger contre l'oubli par une simple mention, tant il les croyait peu menacées, n'ont pas laissé de traces, et les sarcophages gallo-romains, ensevelis depuis quinze ou seize siècles sous des amas de terre et de décombres, reparaissent à l'improviste, avec leurs parois ornées de peintures et « d'oiseaux symboliques » !

CHAPITRE VIII

Les Préeminences de l'Eglise de Bourdeaux et Premierement le Siege Archiepiscopal[1].

APRES avoir representé l'Edifice de l'Eglise de Bourdeaux, et parlé des choses plus considerables qui se trouvent dans cette Eglise, il faudroit passer aux personnes, à l'Archevesque, et aux Chanoines, qui sont les saincts Ministres de cette Eglise. Mais il est un prealable de traiter de ses préeminences, qui envelopent les choses et les personnes, et embellir le Siege autant qu'il sera possible, mais dans les regles de la verité, avant que d'y faire paroistre ceux qui s'y doivent asseoir.

La premiere Préeminence de cette Eglise est d'avoir

---

1. Le chapitre VIII de Lopès soulève une question délicate. L'auteur se propose d'y montrer que l'église de Saint-Étienne, devenue plus tard Saint-Seurin, ne fut nullement la *Cathédrale primitive* de Bordeaux, mais que le siège cathédralice fut de tout temps à Saint-André.

Mgr Cirot, le savant historien de l'*Église de Saint-Seurin* est ici l'adversaire déclaré de Lopès; il soutient que nos premiers évêques établirent leur siège à Saint-Étienne hors les murs. D'après lui, jusqu'au ixe siècle, environ, l'archevêque et le Chapitre métropolitain ne résidaient point à Saint-André. La translation du siège n'aurait eu lieu que sous l'épiscopat de Sicharius. (Voir *Histoire de l'Église Saint-Seurin*, p. 80.)

Ne voulant pas nous prononcer sur le fond du débat, nous nous bornerons à reproduire, en les discutant, les preuves alléguées de part et d'autre. On nous pardonnera de laisser paraître quelque préférence pour l'opinion de Lopès, qui nous semble après tout la mieux fondée.

toûjours esté, et d'estre encores aujourd'huy le Siege
Archiepiscopal et Metropolitain, avantage qui l'a tousjours
relevée, et la releve sur toutes les Eglises non seulement
du Dioceze, mais de toute la Province. La verité de cette
Préeminence, que personne ne peut revoquer en doute,
n'a pas esté exempte des nuages qui passent quelquesfois
devant le Soleil des veritez les plus éclatantes. Et je suis
obligé d'effacer en ce Chapitre quelque imagination du
vulgaire, qu'autrefois l'Eglise S. André a esté sans cét
avantage, que l'Eglise S. Seurin lez Bourdeaux, estoit
anciennement l'Eglise Cathedrale, et que le Siege Archiepiscopal en a esté transferé dans la premiere. Disons de
l'Eglise de S. Seurin, qu'elle est tres-ancienne et tres-
illustre[1], qu'elle merite l'Eloge qu'en fit le Pape Pie II.

SCEAU DU CHAPITRE
DE SAINT-SEURIN.

1. Mgr Cirot (*op. cit.*, ch. IV) a retracé l'histoire du Chapitre de
Saint-Seurin depuis son origine jusqu'à sa suppression. Avant
l'érection du Chapitre il y avait dans ce faubourg un monastère où
saint Paulin reçut de saint Amand l'instruction chrétienne et fut
baptisé par saint Delphin. Le Chapitre
fondé par Charlemagne devint régulier
au XIIe siècle. (Dom Devienne, 2e partie,
p. 21-37.) Il acquit en peu d'années une
grande importance. La Collégiale se dis-
tingua par la pompe de ses cérémonies,
l'éclat de ses prédications et surtout par
la beauté de sa musique. (V. Cirot, *op. cit.*,
p. 90 et suiv.) Sa juridiction, dont les
limites étaient marquées par des *croix* et
des *bornes* ornées de sculptures, s'étendit
en dehors de la *Sauvetat* de Saint-Seurin. Indépendamment des
paroisses de Saint-Maixant, de Saint-Christoly, de Notre-Dame-de-
Puy-Paulin, dont il nommait les curés, le Chapitre de Saint-Seurin
avait la haute administration des chapelles de Saint-Germain, de
Saint-Dominique, de Saint-Augustin, etc. Ce Chapitre compta
parmi ses membres de saints et glorieux personnages, en particulier
Pierre Ruffi, confesseur du B. Pey Berland (*Arch. hist.*, t. III,
p. 447), et le pape Clément V. Les guerres de religion et celles de la
Fronde lui portèrent des coups funestes, dont il ne se releva jamais
entièrement. En 1791, après la consécration de l'évêque schisma-

dans la Bulle de son exemption; que c'estoit une belle Eglise, et dans laquelle reposoient plusieurs Corps Saincts, principalement celuy de S. Seurin. Disons que le Chapitre de cette Eglise est un Chapitre insigne, à qui les Ducs de Guyenne[1], et les Archevesques de Bourdeaux, ont fait des

ENTRÉE OCCIDENTALE DE SAINT-SEURIN
d'après une eau-forte de M. L. DROUYN.

tique Pacarau, un curé constitutionnel de Saint-Seurin remplaça le Chapitre; à partir de 1797, la collégiale fut abandonnée; ce n'est qu'au mois de juillet 1803 qu'elle fut rendue au culte et confiée à M. l'abbé de Soissons, nommé curé de la paroisse.

Consulter sur cette question, *Arch. dép.*: Chap. Saint-Seurin, n° 406; — *Archiv. hist. de la Gironde*, t. VI, p. 392, etc., etc.

1. M. Léon Palustre, dans son *Histoire de Guillaume IX*, cite en

largesses fort considérables. Mais ne disons rien en sa
faveur sans fondement, et contre la verité, comme seroit
d'avancer qu'elle a esté le Siege de l'Archevesque. Je
demanderois d'abord à quiconque le diroit, où sont dans
S. Seurin les vestiges de ce Siege? quel ancien Autheur
luy a donné ce tiltre? où se trouve-t-elle qualifiée la Grande
Eglise, la Mere Eglise, l'Eglise de la Ville, comme on
qualifie les Cathedrales, et comme a tousjours esté qualifiée
l'Eglise de S. André, ainsi que nous le verrons? Si jamais
elle à esté la Metropolitaine, ancienne comme elle estoit,
et pleine de sainctes Reliques, qui l'a dépoüillée de cét
honneur? en quel temps a-t-elle cessé d'estre Cathedrale?
quel Archevesque auroit fait la translation de son Siege?
ou plutost quel Souverain Pontife? car c'est à luy qu'appartient de transferer les Eglises Cathedrales, de priver une
Eglise de cette dignité, et la donner à une autre, au moins
son consentement y est necessaire, et la cause ne suffit pas,
s'il ne prononce : et si on ne peut assigner le temps, ny

particulier deux faits qui prouvent le respect des ducs d'Aquitaine
pour la collégiale de Saint-Seurin :

« Guy-Geoffroi (Guillaume VIII), duc d'Aquitaine, quatrième fils
de Guillaume le Grand, et père de Guillaume IX, dit le Troubadour,
voulut bâtir, non loin de son château de Chizé, sur les bords de la
Boutonne, une pieuse retraite pour des chanoines, et il donna à
cette collégiale le nom de Saint-Séverin, en souvenir de la célèbre
basilique de Bordeaux, où il avait été couronné duc pour la
première fois, *Monasterium Sancti-Severini canonicorum in
Nemore Argenti.* » (*Chron. St-Max.*, p. 404.)

« Le jeune fils de Guy-Geoffroi, Guillaume IX, fut conduit avec
une pompe extraordinaire jusque dans Saint-Seurin, où, après
avoir prêté le serment d'usage, il fut successivement revêtu de
tous les insignes de sa haute dignité. Il fut ensuite ramené dans
son palais de l'*Ombrière*. » (Léon Palustre, *Hist. de Guillaume IX,
dit le Troubadour*, t. I, p. 101, 203, 204.)

Lire aussi : *Ordre de la bénédiction des ducs d'Aquitaine, écrit
en 1213 par Elie, chantre de l'église Saint-Etienne, cathédrale
de Limoges*, et publié en 1836 par M. Maurice Ardant, dans le
tome IV de la *Revue anglo-française*. — Besly, p. 16 et 17.

nommer les Autheurs de cette translation, ny faire voir, comme on ne faira jamais, que ces tiltres ayent esté donnez à l'Eglise de S. Seurin; qu'on ne la pare point des ornemens empruntez, qui fairoient tort à ceux qui luy appartiennent legitimement.

II. Pour dissiper entierement les ombres de cette imagination, il ne faut qu'avoir recours aux plus anciens documens, où il est parlé de ces deux Eglises. En voicy un qui n'est point contesté, c'est la Legende de S. Amand Archevesque, où il est rapporté que S. Amand estant allé au devant de S. Seurin, l'ameina avec grand honneur dans la Ville, et en presence de tout le Clergé et du Peuple, l'establit *in Sede Pontificali,* dans le Siege Pontifical, suyvant le Commandement de Dieu[1]. Voila donc où estoit le Siege Pontifical, dans la Ville de Bourdeaux, c'est à dire dans l'Eglise S. André. Aucune autre Eglise de cette Ville n'a jamais pretendu à cét honneur. C'est dans cette Eglise de S. André, dans cette Eglise de la Ville, et dans la Ville, que S. Seurin fut installé par S. Amand, et mis en possession de l'Archevesché, non pas dans une Eglise du Faux-Bourg. Et pour sçavoir ce qu'estoit pour lors l'Eglise du Faux-bourg où est à present l'Eglise S. Seurin, il ne faut que lire la Legende de ce Sainct, où il est rapporté que S. Seurin sentant approcher l'heure de son decez, pria

1. Mgr Cirot accuse Lopès d'avoir tronqué ce texte; il le rétablit (*op. cit.,* p. 79) et en tire une conclusion absolument opposée à celle de notre auteur. «Amand, pontife chéri de Dieu, dit la légende, selon l'avertissement de l'ange, au milieu des cantiques, hymnes et de toutes sortes de louanges divines, *introduit* saint Seurin avec une grande révérence *dans le monastère* et en présence de tout le clergé et le peuple, l'intronise sur son trône pontifical.» *Vita S. Sev. Eucol* m^s. (*Archiv. hist. de la Gironde,* t. I, p. 432.) «Or, dirons-nous à notre tour, ajoute Mgr Cirot de La Ville, ce monastère où saint Seurin est reçu, où il habite avec ses prêtres, où était-il, sinon près de l'église Saint-Étienne?»

S. Amand de vouloir ensevelir son corps dans l'Oratoire de la tres-saincte Trinité[1], qui estoit hors les murailles de la Ville. Sainct Amand condescendit à sa priere, et c'est le lieu où S. Seurin fut mis aprés sa mort, le mesme où il repose à present, auquel endroit est encores l'Autel de la Parroisse. Un Oratoire scitué hors les murailles de la Ville est bien different du Siege Pontifical scitué dedans la Ville. L'Eglise de S. André est ce Siege et l'Eglise de S. Seurin est à la place de cét Oratoire. La premiere est dans la Ville, où S. Seurin fut installé; la deuxiéme est hors les murailles de la Ville[2], où il desira d'estre porté

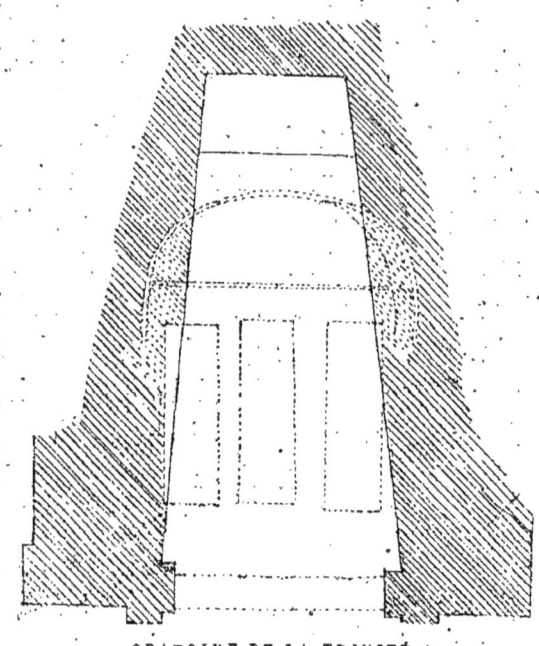

ORATOIRE DE LA TRINITÉ.
Tombeaux de Saint-Seurin et de ses premiers successeurs.

---

1. Voir Cirot de La Ville (*op. cit.*), chapitre V intitulé : *Catacombes. — Église de Saint-Étienne. — Crypte de Saint-Fort. — Oratoire de la Trinité.*

2. Baurein insiste sur l'argument de Lopès. Si Saint-Seurin eût été le siège épiscopal, il n'y aurait pas eu, d'après lui, d'archevêché de Bordeaux, car Saint-Seurin n'était pas dans la ville, il était compris dans l'archiprêtré de Moulis. « Si Bordeaux n'était pas le lieu où est le siège épiscopal, dit-il, il se trouverait compris dans le district de l'archiprêtré de Moulix, qui s'étendait anciennement et qui englobait le territoire de la paroisse de Pessac. La paroisse de Saint-Seurin, quoique contiguë aux murs de cette ville, n'en est pas moins placée hors de son enceinte. » (Baurein, *Variét. bord.*, t. II, p. 187.)

apres sa mort. Ce n'estoit qu'un Oratoire, non pas une Eglise Cathedrale. Cét Oratoire apres sa mort fut changé en une belle Eglise. Je ne l'asseure que suyvant un ancien Tiltre extrait des Archives de cette Eglise, où il est enoncé que les SS. Peres apres son decez, firent bastir une Eglise à son honneur au lieu où son corps avoit esté mis. Messieurs de Scte Marthe rapportent ce Tiltre tout au long dans la vie de Gombaud Archevesque, au 1. tom. de la *France Chrestienne*.

III. Quoy que cette Eglise nouvellement erigée à l'honneur de S. Seurin apres sa mort, eust le bonheur de posseder son Corps, elle ne devint pas neantmoins une Eglise Cathedrale. L'Eglise de S. André garda tousjours sa préeminence d'estre le Siege de l'Archevesque, et la preuve en est claire dans les Lettres d'immunité dont nous avons desja parlé, accordées par l'Empereur Charlemagne, et confirmées par son Fils en faveur de Sicharius Archevesque de Bourdeaux, où l'Eglise de S. André est expressement appellée « le Siege Archiepiscopal » et l'Eglise de S. Seurin où reposoit son Corps bastie dans le Faux-bourg de la Ville, est appellée « un Monastere », de mesmes que l'Eglise de Saint Romain de Blaye qui en conservoit le corps : et il est dit que ces deux Monasteres estoient sujets à ce Siege consacré soubs le nom de S. André. Cela est si exprés, pour connoistre la difference de ces deux Eglises, qu'il n'est pas besoin d'une explication plus grande. Qui ne void qu'un Monastere comme estoit l'Eglise de S. Seurin, sujet au Siege Archiepiscopal, n'estoit pas le mesme Siege (le siége même)? Et ce n'est pas seulement dans ces Lettres que l'Eglise de S. Seurin porte ce nom; elle est encores ainsi appelée dans le Tiltre de la donnation, que l'Empereur Louis le Debonnaire fit à cette Eglise, de la Terre et Justice de Mechez en Saintonge, pour la subsistance, dit-il, des Freres qui demeuroient dans ce Monastere

Le Tiltre de cette donnation a esté extrait tout au long des Archives mesme de S. Seurin, par Besli dans ses preuves sur les Roys de Guyenne.

IV. Si au temps de ces Empereurs l'Eglise de S. Seurin n'estoit pas le Siege de l'Archevesque, il y a moins de sujet de s'imaginer qu'elle l'ait esté depuis ce temps. C'est l'Eglise de S. André que les Anciens Tiltres, que les Bulles des Papes, que les Concessions des Ducs de Gascogne ou de Guyenne, et des Roys qui leur ont succedé, ont tousjours appelé la Grande Eglise, l'Eglise de Bourdeaux, l'Eglise Mere, ce qui ne se dit qu'en faveur de l'Eglise Cathedrale. Nous avons desja rapporté quelques uns de ces Tiltres, et en rapporterons davantage dans la suitte de ce Traité. Le Comte Guillaume, qui fit la translation du Corps de S. Machaire dans la Ville de Bourdeaux, choisit l'Eglise de S. André pour l'y mettre, comme dans la supreme Eglise[a] (c'est ainsi que l'appelle la Legende de cette translation). Et c'est des Archives du Chapitre S. Seurin qu'a esté extraite une Requeste que j'ay leuë, presentée par ce Chapitre, pour la confirmation de quelques droicts, qui leur fut accordée par l'Archevesque Amatus, le 3. nov. l'an de grace 1097. et le 10e. du Pontificat d'Urbain II. sauf tousjours, comme porte ce Tiltre, « la Justice de la saincte Mere Eglise de Bourdeaux. » Et douze ans auparavant, dans un Reglement qui fut donné par Goscelin Archevesque en faveur de ce mesme Chapitre, touchant quelques oblations de l'Eglise de Comprian, cét Archevesque s'intitule Archevesque de l'Eglise Metropolitaine de Bourdeaux : et l'Eglise de S. Seurin y est simplement qualifiée l'Eglise de S. Seurin. Ce Reglement a esté extrait des mesmes Archives : et ces deux Tiltres font voir assez clairement la difference de ces deux Eglises en ce temps, comme d'une Cathedrale, et d'une Collegiale.

―――――――――
[a] In summo Templo honorificè collocavit.

Laquelle difference a tousjours esté dépuis, comme elle avoit esté auparavant, ainsi que nous l'avons pleinement justifié.

V. Il ne reste qu'a destruire ce qui peut avoir donné sujet à l'imagination du vulgaire. On a dit en premier lieu, que la premiere Eglise bastie par S. Martial à Bourdeaux, estoit une petite Chapelle, soubs le nom de S. Estienne, que l'on monstre encores joignant le cimetière de l'Eglise S. Seurin; mais outre que cela est trop incertain, il ne s'ensuit pas que le premier Autel eslevé dans quelque Dioceze, doive estre appellé pour cette raison le Siege de l'Evesque. La premiere Eglise dressée par Sainct Pierre

LE CLOITRE DE SAINT-SEURIN DE BORDEAUX.

dans la Ville de Rome, fut dans la maison du Senateur Pudens, et ne fut pas neantmoins le lieu où il establit sa Chaire. La premiere Eglise de la ville de Ravenne en Italie, fut celle de Scte. Euphemie, neantmoins elle n'en fut jamais l'Eglise Cathedralle. On en peut lire davantage sur ce sujet dans un Autheur recent[a], au Traité qu'il a fait des Eglises Cathedrales. Ce qui fait une Eglise Cathedrale, est le Siege de l'Evesque qui s'y asseoit, par le droit

[a] Antonius Frances c. 2. à num. 37.

d'Alliance ou Mariage sacré qu'il contracte avec cette Eglise, dont il est censé l'Epoux, laquelle à raison de ce, a des grandes prerogatives sur les autres Eglises du Dioceze. C'est ce qu'on ne peut dire de cette Chapelle, mais seulement de l'Eglise S. André, que les Archevesques à leur premiere entrée appellent uniquement « leur Espouse », comme portent les termes de leur serment.

VI. On dit en second lieu, que les Archevesques avant de faire leur entrée, ont coustume d'aller à l'Eglise S. Seurin[1], et y prestent un serment. Mais cette raison

[1]. Allusion à l'une des cérémonies de l'installation des archevêques de Bordeaux, cérémonie décrite par Lopès, 2º partie, chapitre II : l'*Entrée des archevêques*. Il était de tradition que l'archevêque allât s'asseoir d'abord « sur une chaire » à Saint-Seurin. On voit encore dans le sanctuaire de la basilique, un trône en pierre qui servait évidemment à cet usage. D'après M. L. Drouyn, ce petit chef-d'œuvre n'est qu'un siège abbatial. (Voir *Croix de procession et de cimetière*, p. 9.) Mgr Cirot de La Ville y voit un siège épiscopal dont l'existence depuis des siècles, sous les voûtes de Saint-Seurin, lui fournit un argument en faveur de sa thèse. Malheureusement cette chaire est assez récente. M. Drouyn *(ibid.)* l'attribuerait volontiers à l'artiste qui sculpta la croix de Saint-Projet; elle daterait par conséquent « de la fin du xvᵉ siècle » *(ibid.)* Nous sommes loin de l'apostolat de Saint-Martial et même du temps de Saint-Seurin. Qu'importe, dit Mgr Cirot, sans doute jusqu'à ce jour on n'a découvert dans la crypte de Saint-Seurin aucun vestige de trône épiscopal, mais celui du xvᵉ siècle suffit, car, ajoute le savant historien : « Son époque plus récente n'infirme pas son témoignage. Est-ce au xivᵉ, au xvᵉ siècle ou depuis, à travers les discussions incessantes des deux Chapitres, qui surveillaient toute infraction à leurs privilèges, que celui de Saint-André aurait laissé ériger un trône épiscopal dans la Collégiale? » (*Op. cit.*, p. 76.)

A notre avis la chaire en question n'a pas du tout l'importance que lui donne Mgr Cirot; car, enfin, puisque les archevêques faisaient à Saint-Seurin une halte de cérémonie avant d'arriver à la cathédrale, il était convenable que le Chapitre de cette église leur offrît un trône épiscopal; or la cérémonie devant se renouveler à chaque installation d'archevêque, pourquoi vers la fin de l'âge gothique, les chanoines de la Collégiale, ayant un bon artiste

SIÈGE ÉPISCOPAL DE L'ÉGLISE SAINT-SEURIN
d'après une eau-forte de M. L. DROUYN.

n'a pas plus de force que la precedente : car il y a plusieurs Monasteres, et plusieurs Eglises Collegiales de ce Royaume, scituées ès Fauxbourgs des Villes, où par une ancienne coustume les Evesques se rendent avant d'entrer dans leurs Eglises Cathedrales, comme dans un hospice où ils vont se preparer pour leur entrée, et ces Eglises ou Monasteres pour cét honneur qu'ils reçoivent de l'Evesque, sont obligez de le nourrir avec sa suitte, et luy rendre d'autres devoirs. Et c'est ainsi que l'Evesque de Poictiers se rend à l'Eglise Collegiale de Nostre Dame, avant que d'aller à la Cathedrale, y entend la Messe[a], et y demeure aux frais du Chapitre de cette Eglise jusqu'au lendemain. Une semblable Ceremonie a esté pratiquée depuis peu de jours dans la Ville d'Orleans à l'entrée de Mr. de Coaslin Evesque de cette Ville[1] : et c'est ainsi que les Archevesques de Bourdeaux vont à S. Seurin, comme pour s'y preparer à la solemnité de leur entrée, non pas pour y prendre possession de leur Archevesché, comme se l'imagina celuy qui dressa le Registre[b] du Chapitre S. Seurin, à l'entrée de François de Mauny Archevesque. S'il eust esté mieux instruit, il eust apprins que cét Archevesque en avoit auparavant pris possession par son Procureur, non pas à S. Seurin, mais à S. André le 19. Avril de la mesme année, et que c'est au Chapitre S. André auquel il adressa ses Bulles apres les avoir reçeuës, comme les autres

---

[a] Besly Hist. de Poictou, sur la fin. — [b] Reg. ann. 1554. Die 10. Nov.

sous la main, n'auraient-ils pas érigé cette chaire permanente, sur la signification de laquelle le Chapitre de Saint-André ne pouvait d'ailleurs se méprendre ?

1. On sait qu'il existe dans l'ordre politique une foule d'usages analogues ; ainsi, le cérémonial d'Angleterre exigeait que le nouveau souverain passât la veille de son couronnement dans la Tour de Londres. Les princes de Lusace passaient également, dans la Tour de Corbus, la nuit qui précédait la solemnité de la prise de possession.

Archevesques les ont toujours adressées, non pas au Chapitre S. Seurin. Pour le serment qu'ils prestent à S. Seurin, c'est un serment particulier qui ne regarde que la conservation des Privileges, et Franchises particulieres du Chapitre S. Seurin, comme nous le rapporterons à la deuxiéme partie : au lieu que le serment que les Archevesques prestent dans l'Eglise S. André est non seulement particulier, mais encore general pour tout le Dioceze, comme dans l'Eglise commune, la Mere et la teste de toutes les autres.

VII. Enfin on adjouste qu'anciennement on n'ensevelissoit personne que dans le Cemetiere de l'Eglise S. Seurin, et que le Chapitre de cette Eglise fut maintenu en ce droit contre le Chapitre S. André l'an 1081. par Goscelin Archevesque. Mais j'examineray ce droit pretendu au Chap. XI. Cependant je diray que ce Cemetiere commun ne donnoit pas à l'Eglise S. Seurin la qualité d'une Eglise Cathèdrale. Ce n'est point de là que se prend cette dignité : et le mesme Archevesque Goscelin, comme nous avons veu, quelque Ordonnance qu'il eust prononcée en faveur de S. Seurin, n'eust garde de s'intituler Archevesque de l'Eglise S. Seurin, comme il fit quatre ans apres de l'Eglise Metropolitaine de Bourdeaux, qui plusieurs siecles avant jouyssoit de cette qualité, comme il paroist des Patentes de Louis le Debonnaire, lors que l'Eglise de S. Seurin estoit seulement un Monastère, et qu'elle avoit le mesme Cemetiere.

VIII. Je ne m'arreste pas aux Armes d'un Archevesque, qu'on void sur la porte du Secretain de l'Eglise S. Seurin, et d'où le vulgaire s'est encores imaginé que ç'avoit esté anciennemant le Palais des Archevesques. Cette raison est encores plus foible, parce que ce sont les Armes du Cardinal d'Espinay Archevesque, qui vivoit il n'y a pas 200. ans, et qui avoit son Palais où il est à présent, et où l'avoient eu ses predecesseurs, et dont il fit bastir le grand escalier, comme il a esté dit, et avant lequel combien de siecles auparavant, l'Eglise de S. André estoit-elle le Siege de l'Archevesque? Quelque domestique, ou quelqu'autre particulier, Secretain de S. Seurin, obligé à ce Cardinal, en pourra avoir fait poser les Armes sur sa maison pour une marque de sa réconnoissance. Quoy qu'il en soit, cette raison ne merite point une plus grande discussion, et il est assez clair de ce que nous avons dit, que l'Eglise S. André a toujours esté comme elle est, le Siege Archiepiscopal, et à mesme temps le Siege Metropolitain, reconnu tel par les Evesques suffragans dans le serment qu'ils rendoient à l'Archevesque, que je rapporteray à la deuxiéme partie, où ils promettoient qu'ils seroient fideles et obeïssans à S. André de Bourdeaux, et que toutes les années ils en visiteroient l'Eglise, ou par eux, ou par quelqu'un à leur nom, si on ne les en dispense.

I. Quod S^{ti}. Severini Ecclesia etiam egregia et decora reputatur, et in eadem, multa corpora Sanctorum requiescunt, et præsertim S^{ti}. Severini. *Bulla Pii II. 6. Maii an. 1463.*

II. Amandus Severinum in urbem honorificè deductum inspectante, omni clero et populo in Sede Pontificali authoritate Divina constituit. *Proprium Sanctor. Diœc. Burdig. in S^{to}. Amando.*

Ut corpus suum in Oratorio sanctissimæ Trinitatis, quod extra muros erat, sepulturæ mandaret. *ib. In S^{to}. Severino.*

Tempore illo quo B. Severinus, angelica admonitione, ad has partes venit, hicque, Domino volente, expulsa omni Ariana hæresi requiescere voluit, Sancti Patres fecerunt, post extinctionem ejus, locum in ejus honore consecratum. *Vetus charta de dono medietatis Ecclesiæ de Parrumpoiria ex Tabul. S^{ti} Severini.*

III. Qualiter ipsam sedem quæ est in honorem S^{ti} Andreæ, et S^{ti} Jacobi Apostolorum, cum Monasteriis sibi subjectis, quæ dicuntur Blavia, quod est in honorem Sancti Romani constitutum ubi ipse Sanctus pro tempore requiescit etc., necnon et Sancti Severini, ubi etiam requiescit ipse, constructum in Suburbio ipsius civitatis cum omnibus appenditiis et assentiis eorum etc. consistere fecissent. *Litteræ Immunitatis concessæ a Ludov. Pio, apud Paschalem la Brousse, in vindic. Primat. Burdigalensis.*

In nomine Domini Dei et Salvatoris nostri Jesu Christi Hlodovicus divina ordinante Providentia Imperator Augustus. Notum sit omnibus fidelibus Sanctæ Dei Ecclesiæ ac nostris præsentibus, scilicet et futuris, quia placuit nobis, pro mercedis nostræ augmento, ad Monasterium sancti Severini prope urbem Burdigalensium, villam que dicitur Miscaria in pago Sanctonico super fluvium Garumnam sitam, cum omnibus appenditiis suis ad supplementum fratrum in ipso Monasterio consistentium reddere, atque ut, perpetuis temporibus, quietè illam pars predicti monasterii habere valeat, per has nostræ authoritatis literas confirmare. Actum Aquisgrani V. Id. Jul. an. 1. Christo propitio, imperii nostri. *Indict.* 7. *Ex Tabular. Sancti Severini.*

IV. Ut hæc Concessio perennibus temporibus firma illibataque permaneat, salva semper Justitia sanctæ Matris Ecclesiæ Burdigalensis, sub testimonio subscriptorum virorum conscribi jussimus etc. Actum. III. Non Nov. an. Incarn. MXCVII. Indict. V. Epact. concurr. IV. an. Pontif. Domini Papæ Urbani II. X. *Ex lib. inscripto, Sancius Comes. Ex Tabular. Eccles. Sancti Severini.*

Anno ab Incarnatione Domini 1085. Philippo Gallorum rege regnante, Guillelmo totius Aquitaniæ duce Ego Gotcelinus, sanctæ Metropolitanæ Burdigalensis Ecclesiæ Archiepiscopus etc. quidquid oblationum ejusdem Ecclesiæ altari pertinentium dedimus et concessimus sancti Severini Ecclesiæ, *ex eod. lib. et Tabulario.*

V. Defendam jura, res et bona quæcumque Ecclesiæ Burdigalensis meæ sponsæ, *In forma juramenti Archiep. Burdig.*

VI. Fidelis ero, et obediens Beato Andreæ, Burdigalensi, etc. Burdigalensem Ecclesiam singulis annis visitabo, aut per me, aut per certum nuntium nisi de ipsius absolvar licentiâ. *Ex Tabulario Archiep. Burdig.*

APPENDICE AU CHAPITRE VIII

A question traitée dans le Chapitre qui précède mérite une étude approfondie. Comme on l'a vu, Mgr Cirot de La Ville la résout contrairement à Lopès, en faveur de l'église Saint-Seurin. Les deux preuves auxquelles notre éminent confrère paraît tenir le plus sont tirées : la première, d'une *Ordonnance* du cardinal François de Sourdis ; la seconde, d'une pièce de monnaie mérovingienne.

I

On lit dans l'*Histoire et description de l'Église Saint-Seurin* (ch. IV, p. 76 et 77) : « Si l'usage a régné, et a régné en souverain, d'introduire le nouvel archevêque de Bordeaux dans sa ville épiscopale, en passant par l'église, en montant sur le trône de Saint-Seurin, c'est que cet usage est d'origine imprescriptible. Quel prélat l'eût imaginé ? quel prélat s'y fût soumis ? Le cardinal de Sourdis l'atteste dans un acte du plus haut intérêt. Après y avoir d'abord nommé l'église Saint-Seurin « séculière, collégiale et autrefois archiépiscopale, » il exprime la volonté de défendre sa dignité ; car, « ce n'est pas seulement,
» dit-il, par le bruit public et l'opinion générale que Nous
» avons appris qu'elle fut autrefois le *Siège métropolitain;*
» mais Nous en avons la preuve par les monuments les plus
» antiques. De là vient que Nous, ainsi que Nos prédécesseurs
» en arrivant à ce Siège métropolitain, suivant les traces et la
» coutume de nos devanciers, Nous avons commencé Nôtre
» entrée par Saint-Seurin, où, Nôtre serment prononcé, et
» assis sur la chaire qui y est établie comme dans *l'église de*

» *l'assemblée des anciens*, Nous avons pris et conservé le
» gouvernement de Notre épouse l'Église de Bordeaux[1]. »

Si, comme nous voulons bien le croire, ladite *Ordonnance* est authentique, le cardinal de Sourdis professait ouvertement l'opinion *sévériniste;* et, dans ce cas, sans être décisive, l'autorité d'un tel personnage, se donnant comme l'interprète de la tradition, nous paraît d'un grand poids. Cependant on a peine à s'expliquer le silence de Lopès à l'égard d'un document qu'il ne pouvait ignorer. L'original de l'Ordonnance n'existe plus : le texte que nous avons est une copie égarée dans un volumineux registre-terrier de la Collégiale. (*Archiv. dép.*, *Chapitre Saint-Seurin*, n° 406, f° 258.)

En écartant l'hypothèse d'une pièce apocryphe, les préférences du cardinal de Sourdis pour le Chapitre de Saint-Seurin dont il exalte les gloires passées, n'étonneront personne. Ce Chapitre, autrefois si riche, avait subi d'immenses pertes durant les guerres du calvinisme; il était naturel que le Cardinal s'en déclarât le protecteur et relevât son prestige menacé de périr avec sa fortune (voir à cet égard les *Archiv. hist. de la Gironde*, t. VI, p. 392-396); d'autant plus qu'en ce temps-là, son opulent rival, le Chapitre de Saint-André, donnait peu de satisfaction à l'illustre archevêque. Ne vit-on pas, en effet, Messieurs du Chapitre métropolitain requérir la saisie du château de Lormont pour se payer d'une somme de douze cents livres que le Cardinal leur devait? Vers la même époque le Doyen signifiait à Mgr de Sourdis qu'il ne lui permettait pas « d'exercer » dans le chœur la musique archiépiscopale, il lui défendait encore « d'establir son siège où il l'avait mis cy-devant. » *(Actes cap.)*

Nous aurions lieu de citer plus d'un trait de ce genre;

---

[1]. D'après une chronique, le Cardinal était moins partisan de la station réglementaire à Saint-Seurin, qu'il ne le paraît dans cette ordonnance :
« 1630. — Le cardinal de Sourdis ayant receu de Romme ses expeditions, faict prendre possession, par procureur, et estant arrivé à Bourdeaux, ne veult point faire d'entrée, à cause que Sainct-Seurin s'y oppose, s'il n'observoit l'ancienne coustume d'aller en son eglise, et de là faire son entrée. Ce qui, d'aultre costé, sembloit prejudicier à l'eglise metropolitaine Sainct-André. Les aultres disent qu'il fit cela par espargne. » (*Chron. de Gaufreteau*, t. II, p. 163; 164.)

contentons-nous de celui-ci. M. Ravenez *(Hist. du card. Fr. de Sourdis)* l'emprunte à la chronique de Gaufreteau; mais comme il en a singulièrement modifié le texte, nous le restituons dans son intégrité :

> 1625. — En cette année, Monsieur le cardinal de Sourdis, archevesque de Bourdeaux, ayant anticipé le sinode de Pasques huit jours devant celuy qui estoit ordonné par luy mesme d'estre tenu, à sçavoir le mardy apres le dimanche qui suit celuy de Quasimodo, et est le premier apres l'octave, sans avoir consulté avec le Chapitre de Sainct-André, ni faict advertir en aucune façon, bien que le Cardinal fit cela parce qu'il estoit pressé de faire un voyage à Paris, vers le Roy, ledit Chapitre, le jour venu, ne voulut pas permettre que le vicaire-general celebrat la messe sinodale (car ledit sieur cardinal estoit indisposé pour la celebrer), ni qu'aucun chanoyne s'y trouvat, ni que leur salete y assistat pour chanter, tellement qu'il fallut que la messe sinodale se celebrat après la canonicale, et les curés firent le cœur; mais l'après-disnée, en l'assemblée du sinode, le doyen dudit Chapitre appellé Desaigues, conseiller-clerc au Parlement de Bourdeaux, homme grave et plein de merite, se presentant avec les aultres chanoynes, fit ceste resmontrance au dit sieur cardinal, qu'il ne pouvoit pas advencer, reculer ou différer en aucune façon son sinode sans en avoir plustost prins l'advis dudit Chapitre, et, partant, le dit sieur cardinal ne debvoit pas trouver mauvais s'ils n'y assistoyent pas et se retiroyent, ainsin qu'ils firent tout aussitost. Si les curés eussent ozé, ils s'en fussent bien plaincts de mesme que le Chapitre, pour causes justes et des plus legitimes, mais ils estoyent soubs la ferule et cognoissoyent bien qu'ils n'eussent rien gagné, joinct qu'ils n'avoyent aucun qui ozat attacher la sonette au col du chat, et qu'il ne leur restoit aultre chose que l'obeissance, en disant : *obsequii nobis gloria sola.*

Serait-il impossible que le cardinal de Sourdis, indisposé non sans motifs contre le Chapitre de sa métropole, cherchât des moyens de l'humilier et de l'amoindrir; et que, sous l'empire de cette préoccupation, il eût exagéré la valeur des témoignages favorables à la prétention de la collégiale de Saint-Seurin? Quoi qu'il en soit, le Chapitre de Saint-André n'admit jamais l'opinion du cardinal de Sourdis. A ses yeux, la cathédrale actuelle est la cathédrale primitive. L'édifice a changé de forme, mais le vocable est resté le même depuis l'origine.

II

L'argument que l'auteur de l'*Histoire de l'église de Saint-Seurin* emprunte à la numismatique est autrement discutable; ce qu'il a de neuf et d'original est bien fait pour séduire à première vue, mais l'illusion ne dure pas. Citons d'abord le texte de Mgr Cirot :

« Du reste, » poursuit-il, après avoir développé divers raisonnements auxquels il n'attache lui-même qu'une valeur secondaire, « les inductions et les affirmations passent au second rang, en présence de la monnaie ci-contre, d'une autorité décisive dans la question qui nous occupe. Son existence m'a été signalée par le savant numismate M. le vicomte de Gourgues, et l'empreinte qui a servi à la reproduire, fournie tout à la fois par lui et par M. Duchalais, conservateur au cabinet des médailles de la Bibliothèque impériale. Combrouse, dans son recueil intitulé *Monétaires mérovingiens*, publié en 1843, donne cette monnaie sous le n° 17, planche 17, et l'accompagne de l'explication suivante : « 17. SC. STEFAN, église Saint-Étienne à Bordeaux. »

« Le saint martyr y est représenté la tête couronnée du diadème perlé simple. La pièce est rognée, ajoute M. de Gourgues... *Burdigala* est précédé d'une croisette... au revers, une boule sert de base à la croix ; autour de la croix, de petits, mignons et sveltes caractères... *Burdigala* est très lisible... J'ai tenu la pièce entre mes mains, l'examinant avec M. Duchalais. Elle est entièrement conforme au dessin donné par Combrouse. Elle est rangée dans le tiroir des *triens*, au nom de *Burdigala*.

« *Ainsi*, conclut Mgr Cirot, *au moins au VIe siècle l'église Saint-Étienne avait droit de battre monnaie. Et comme ce droit tenait aux églises épiscopales, elle jouissait indubitablement de ce titre.* » (*Op. cit.*, ch. IV, p. 80.)

Nous n'avons rien à dire sur la pièce de monnaie bordelaise, sinon que, d'après M. le vicomte de Ponton d'Amécourt, président de la Société française de Numismatique et d'Archéologie, elle n'est pas du VIe siècle, mais du VIIe. M. de Gourgues en a d'ailleurs très bien déchiffré la légende, malgré la rognure ; il est facile de s'en convaincre par l'inspection d'une autre monnaie identique (la seule connue): elle se trouve justement dans la collection de M. d'Amécourt.

Mais comment admettre la conclusion de Mgr Cirot de La Ville? L'existence d'une pièce de monnaie portant la légende SCI STEFAN (l'église Saint-Étienne s'appela plus tard Saint-Seurin) prouve-t-elle que Saint-Seurin fût la cathédrale primitive de Bordeaux? L'auteur l'affirme, par cette raison que « le droit de battre monnaie tenait aux églises épiscopales » : en d'autres termes, Mgr Cirot suppose que les églises cathédrales avaient le monopole du monnayage à l'exclusion des abbayes; il établit son système sévériniste sur cette hypothèse, comme si rien n'était moins contestable en numismatique. Or, c'est tout le contraire.

Loin de soutenir que, dans l'ordre ecclésiastique, les princes mérovingiens aient jamais limité le droit de battre monnaie aux seules églises cathédrales, la plupart des numismates sont aujourd'hui d'accord à dire qu'au VIIe siècle il n'existait aucune espèce de monopole en matière de monnayage, tant les immunités de toute nature accordées par les rois et notamment les immunités d'églises avaient pris d'extension. (Voir dans la *Nouvelle Revue historique de droit français et étranger*, mai-juin 1882, le remarquable travail de M. Aug. Prost, de la Société des Antiquaires de France, sur l'*Immunité*.)

« Pendant la période mérovingienne, nous écrivait récemment M. Anatole de Barthélemy, l'un de nos meilleurs numismates, lequel a bien voulu nous autoriser à publier sa lettre, *il paraît clairement* établi qu'il n'y eut pas de droit exclusif de battre monnaie. La monnaie était, comme sous le Bas-Empire, une marchandise contrôlée quant à la qualité du métal et au poids, par la signature d'un officier public nommé *monnayer (monetarius)*. Chacun pouvait porter son or chez le monnayeur, qui lui en fabriquait des sous et des tiers de sous d'or. Lorsque les grands propriétaires fonciers, tels que les évêques, les abbayes, les laïcs, le roi lui-même, percevaient soit l'impôt, soit leurs revenus, ils recevaient le métal au poids; puis, pour se rendre compte de la recette, ils donnaient cet or au *monnayer,* qui en faisait du numéraire portant d'un côté son nom, de l'autre celui du domaine, de la localité ou de la région dans laquelle l'or avait été recueilli. Voilà l'explication qui est admise aujourd'hui. *Il est admis aussi que les textes qui attribuent des concessions du droit de battre monnaie par les rois mérovingiens sont apocryphes.* »

La réponse était catégorique et ne laissait aucun espoir aux partisans du monopole cathédralice. Sachant désormais à quoi nous en tenir sur la question de principe, nous voulûmes rechercher, en outre, si les faits justifiaient ou non la théorie de Mgr Cirot. Dans ce but, après avoir exposé l'état de la question au président de la Société française de Numismatique, nous sollicitâmes de son obligeance *une nomenclature de monnaies ecclésiastiques frappées en dehors des églises cathédrales*. M. le vicomte de Ponton d'Amécourt nous fit l'honneur de nous adresser les lignes suivantes, en nous laissant toute liberté de les livrer au public :

MONSIEUR,

Je possède une des deux seules monnaies connues de l'église Saint-Étienne de Bordeaux SCI STEFAN BVRDIGALA. Cette monnaie est du VIIe siècle. On n'a pas encore assez étudié l'intéressante question que vous me posez pour que je puisse y répondre *ex professo*; c'est un des nombreux sujets que je me propose de traiter, si Dieu me prête vie. Je puis vous dire dès aujourd'hui que c'est une *erreur* complète d'avancer que *le droit de battre monnaie appartenait au* VIe *siècle aux églises épiscopales à l'exclusion des simples collégiales*.

Il existe deux sortes de monnaies ecclésiastiques mérovingiennes : celles qui portent seulement la mention de l'église, et celles qui portent le nom d'un saint.

Je considère les premières comme appartenant à l'église cathédrale, parce qu'elles appartenaient toujours, à ma connaissance, à des villes épiscopales, et que quand une légende donne les formes : ECCL. ROTOM. — ECCL. PICTAV. — ECCL. ANDEGAV., etc..., il n'y a pas de raisons pour les interpréter autrement que par : *Église cathédrale de Rouen, de Poitiers, d'Angers*, etc...

Quant aux monnaies ecclésiastiques portant le nom d'un Saint, elles sont en général frappées par l'abbaye qui garde le tombeau de ce Saint et au profit de cette abbaye.

Le fait d'avoir une monnaie était la conséquence du fait d'avoir des revenus ou des parts d'impôts.

Les rois francs, par respect pour saint Martin, donnèrent une partie des revenus de la Touraine à la basilique de Saint-Martin, et quand le fonctionnaire chargé de lever l'impôt, accompagné du *monetarius* chargé de convertir immédiatement cet impôt en monnaies nouvelles, allait faire sa récolte dans les diverses localités du diocèse, il est probable qu'on faisait immédiatement la part de l'abbaye en inscrivant sur les espèces qui lui étaient destinées les mots : RACIO BASILICE SCI MARTINI.

Je suppose que c'est à la suite de semblables concessions royales que d'autres abbayes ont eu des monnaies.

Il faudrait un travail assez long et des recherches que je ne puis faire en un jour, pour passer en revue toutes les monnaies ecclésiastiques des VIe et VIIe siècles et tirer des règles de l'examen des faits. Voici un certain nombre de légendes de monnaies portant des noms de Saints, presque toutes celles que l'on connaît actuellement :

SCI MARTINI.....	Saint-Martin de Tours. Saint-Martin de la Canourgue (canonicat en Gévaudan). Encore un ou deux autres saint Martin.
SCI STEFAN.....	Saint-Étienne de Bordeaux.
SCI MAXENTII....	Saint-Maixent.
SCI MARTIALIS...	Saint-Martial de Limoges.
SCI IVLIANI.....	Saint-Julien de Brioude.
SCI IORGII......	Saint-Georges en Dangeul (Dominus Georgius), monnaie attribuée à Chelles (Seine-et-Marne), par M. de Barthélemy ; il serait possible qu'on élevât aussi des prétentions en faveur de Dangeau.
SCI DIONISII.....	Saint-Denis près Paris.
SCI MAVRICI.....	Saint-Maurice en Valais.
SCI PETRI.......	Saint-Pierre de Montierender. (Probablement le célèbre monastère de la forêt du Der, où saint Léger fut enfermé par Ebroin.)
SCI FILBERTI....	Saint-Filbert de Jumièges.
SCI MEDARDI....	Saint-Médard à Noyon.
SCI AREDIO.....	Saint-Yrieix.
SCI REMI VICO..	Nouvion en Thiérache.
SCI MAXIMINI....	Saint-Mesmin.

Quatre ou cinq autres m'échappent.

Il existe aussi :

A Orléans, RACIO MVNAXTISII (Saint-Aignan),

A Châlon, RACIO BASILICE (Saint-Marcel).

Vous voyez, Monsieur, que la plupart de ces ateliers n'étant même pas des villes épiscopales, on ne peut pas avancer que le droit de battre monnaie appartenait aux seules villes épiscopales....

Agréez, Monsieur, etc.

Vte DE PONTON D'AMÉCOURT.

14 juillet 1882.

Nous conclurons avec M. d'Amécourt que le droit de battre monnaie ne tenait pas, comme l'avance Mgr Cirot de La Ville, *aux églises épiscopales* et que, par conséquent, au VIIe siècle, l'église Saint-Seurin pouvait battre monnaie sans être l'église cathédrale de Bordeaux.

CHAPITRE IX

Deuxiéme Preéminence, de l'Eglise de Bourdeaux.

LE SIEGE PRIMATIAL

ETTE qualité luy est plus contestée que la precedente, à cause des pretentions de l'Archevesque de Bourges, qui s'intitule Patriarche et Primat de toute l'Aquitaine[1], mesme dans la Province de Bourdeaux. Comme Mr. de la Brousse, Conseiller au Parlement de Bourdeaux a traité[a] cette matiere avec beaucoup d'érudition[2] en faveur de nos archevesques; je ne m'y estendray pas fort au long, et me contenteray, pour defendre la Preéminence de nostre Eglise en ce poinct, de faire voir, que l'Archevesque de Bourdeaux a pour le moins autant de droit pour estre et s'intituler

a Vindiciæ pro Clemente quinto seu dissertatio de Aquitaniæ Primatu.

1. A partir du IVe siècle, l'Aquitaine fut divisée en trois provinces : l'Aquitaine première avait pour capitale Bourges *(Avaricum)*; la deuxième, Bordeaux *(Burdigala)*; la troisième ou Novempopulanie, Saint-Bertrand-de-Comminges *(Lugdunum Convenarum)* et plus tard Auch.

2. Ce traité de *la Primatie* (à Paris, chez Cramoisi, 1657), est écrit en latin. Il forme un in-4º de cent pages, en dix-sept chapitres. L'auteur, *Paschal-François de La Brousse,* conseiller du Roy et sénateur de la Cour suprême de Bordeaux, se déclare avant tout soucieux de la vérité *(Probis quippe semper potior cura veritatis. Hâc unâ felices sumus).* Nous croyons pourtant, et non sans raison peut-être, que le patriotisme le rend plus d'une fois partial. Quoi qu'il en soit, la dissertation de M. de La Brousse a fourni la substance de ce chapitre remarquable de Lopès sur *la Primatie* de Bordeaux.

comme il fait, Primat d'Aquitaine, que l'Archevesque de Bourges[1].

II. Les voyes principales par lesquelles nous pouvons connoistre et juger de la Primauté d'un Siege, suyvant les anciens Canons, se peuvent reduire à trois : à la Dignité de la Ville, à la longue possession, et aux Constitutions des Papes. La premiere est marquée dans le Concile de Turin, celebré l'an 397. sous le Pape Sirice, au sujet de la contestation pour la Primace entre les Archevesques d'Arles et de Vienne, où il fut arresté que celuy d'entr'eux, qui prouveroit que sa Ville estoit la Metropolitaine, auroit l'honneur de la Primace de toute la Province. Enquoy

---

1. Dom Devienne traite de la primatie dans une dissertation qui forme la 6e des notes ajoutées à son *Histoire de Bordeaux*. La thèse du savant bénédictin est beaucoup moins développée que celle de Lopès; mais elle renferme quelques arguments nouveaux, et en présente d'autres sous un jour plus vif. Nous citerons çà et là des passages de cette dissertation. Dom Devienne débute ainsi :

« L'archevêque de Bourges prétend avoir la primatie sur celui de Bordeaux : 1° parce qu'il est métropolitain de la première Aquitaine et que Bordeaux ne l'est que de la seconde; 2° parce que ces deux provinces ayant été érigées en royaume, avec la Novempopulanie, par Charlemagne, et la ville de Bourges en ayant été déclarée la capitale, son archevêque est censé en être devenu premier métropolitain; 3° enfin, parce que les papes lui ont accordé le droit de primatie sur l'archevêque de Bordeaux. Nous allons faire connaître combien ces fondements qu'on donne aux prétentions des archevêques sont peu solides. » (Suit la dissertation.)

D'autre part, le *Gallia christiana*, tome II, p. 786, pose et résume ainsi la question :

« Olim controversia fuit inter archipræsules Bituricensem et
» Burdigalensem de jure primatûs, quod Bituricensis vindicabat
» sibi in Burdigalensem. Et sane jam ostendimus agendo de
» Bituricensibus primatibus, qui se patriarchas dicunt, *ipsos jure*
» *primatiali Burdigalensem provinciam visitasse*. At verò Clemens
» papa V qui Burdigalæ sederat, hanc ecclesiam, totamque provinciam
» Burdigalensem a jurisdictione archiepiscopi Bituricensis exemit
» et subjectione bullis quas descriptas ex chartario ecclesiæ Pictaviensis inter instrumenta dedimus. »

il paroist que tous les Anciens Peres avoient égard à la commodité des Peuples, et attribuoient aux Villes la mesme Dignité dans l'Ordre Ecclesiastique pour l'establissement des Evesques, des Metropolitains et des Primats, qu'elles possedoient dans l'Empire. Et cét ordre a demeuré assez invariable dans l'Eglise, mais il ne commença à estre bien establi, ainsi que l'a observé Monsieur de Marca[a], que depuis les Empereurs Constantin et Theodose le vieux. Le Pape Adrian I. recommanda cét ordre dans le Capitulaire qu'il donna à Angilramus Evesque de Mets l'année 785. où il deffendit, que personne d'entre les Archevesques ne s'attribuast le nom de Primat, ou de Prince des Prestres, s'il ne possedoit les premiers Sieges, sauf neantmoins l'Authorité de S. Pierre.

III. Suyvant cette premiere voye pour connoistre les Primats, il faut comparer entr'elles les Villes de Bourges et de Bourdeaux, non pas comme elles estoient au commencement du Christianisme, auquel temps il ne se parloit point du tout entre les Evesques, ou il ne s'en parloit que tres-peu, des Primats et des Metropolitains : ny encores comme elles sont à present, que les choses sont desja establies : quoy que pour le premier, la Ville de Bourdeaux qui deslors estoit un grand port de Mer[b], ne le cedoit pas à la Ville de Bourges : et que pour le second, la Ville de Bourges soit fort au dessoubs de la Ville de Bourdeaux. Il faut les comparer ensemble au temps qui a suivy les Empereurs Constantin et Theodose le vieux, où se sont faites plus commodément les distinctions des Primats et des Metropolitains. Je ne trouve point qu'en ce temps on ait escrit rien de particulier pour la Ville de Bourges : mais je trouve qu'Ammiam Marcellin, qui florissoit durant les Empereurs Constance, Julien, et Valentinien, dans le quatriéme siecle parlant de l'Aqui-

---

[a] Histor. Bearn. l. 1. c. 6. — [b] Strabo tempore Tiberii, lib. 4. Geogr.

taine, de la grandeur et de l'opulence de ses Cités, nomme Bourdeaux la premiere[1], en suitte Clermont, Saintes et Poitiers. Et au sixiéme siecle, Venantius Fortunatus Italien de Nation[2], qui fut Evesque de Poitiers, loüant ce fameux Archevesque de Bourdeaux Leontius le jeune, l'appelle : la gloire de la Ville de Bourdeaux, qui passoit autant les Evesques de son temps par l'honneur de sa Dignité, que cette Ville estoit eslevée entre les autres Villes. Ce sont des Autheurs Estrangers non suspects, qui parlent de la sorte, de la Ville de Bourdeaux; et si on ne peut avancer rien de plus fort pour la Ville de Bourges; par cette premiere raison, prise de la Dignité des Villes, l'Archevesque de Bourdeaux a sans doubte autant de droict de s'intituler Primat d'Aquitaine que l'Archevesque de Bourges.

1. Voir à la fin du chapitre (texte latin, § III) le passage d'Ammien Marcellin. Nous avons corrigé la faute qui se trouve dans le vieux Lopès au quatrième mot. Au lieu de *Aquitania,* il faut lire et nous avons mis *Aquitanica.*

2. Voir aux pièces justificatives de ce chapitre, § III, les vers de Fortunat auxquels l'auteur fait allusion.

Venance Fortunat, poète célèbre du vi[e] siècle, naquit aux environs de Trévise — *in loco urbi vicino.* — (*Gall. christ.,* t. II, p. 1149.) Guéri d'une grave maladie par l'intercession de saint Martin, il se rendit en pèlerinage au tombeau du thaumaturge à Tours. Il fut le poète des reines les plus illustres, aussi les poésies de Fortunat forment-elles souvent la trame des *Récits mérovingiens* d'Augustin Thierry. L'héroïne ou plutôt la muse de ce poète fut sainte Radegonde, qu'il avait suivie à Poitiers. A. Thierry n'a pas craint de mêler un peu de romanesque à l'histoire qu'il retrace de la vie littéraire de Fortunat; il est regrettable qu'en présence de sainte Radegonde, l'auteur ait quelquefois l'air de se souvenir d'Héloïse et d'Abailard.

Les poèmes de Fortunat forment onze livres; ils sont très précieux pour l'histoire des archevêques de Bordeaux dont il était le suffragant; car il monta sur le siège épiscopal de Poitiers vers l'an 594. (*Gall. christ.,* t. II, p. 1149.) (V. *ibid.,* p. 1150, l'épitaphe de Fortunat en six distiques latins, par Paul Warnefried.)

IV. La deuxiéme voye est l'usage ou la possession. Le Pape Zozime escrivant à Hilaire Evesque de Narbonne, apporte cette raison en faveur de l'Evesque d'Arles, que celuy de Narbonne devoit reconnoistre comme Primat, parce qu'il ne pouvoit ignorer que l'ancienne coustume luy avoit defferé cét avantage. Voyons donc quelle a esté la possession et l'usage en faveur de Bourges et de Bourdeaux, jusqu'au temps où l'on dit que les Papes donnerent la Primace de l'Aquitaine à l'Archevesque de Bourges, c'est à dire, jusqu'environ le milieu du siecle neufviéme. Jusqu'à ce temps, s'il faut conjecturer cét usage de la préseance aux Conciles, il ne se trouve point que l'Archevesque de Bourges ait soubscrit avant celuy de Bourdeaux, qu'au second et troisiéme Concile de Paris, où ils assisterent; et je trouve que Cyprian Archevesque de Bourdeaux, soubscrivit au premier Concile d'Agde, avant celuy de Bourges, qu'il le presida [qu'il siégea au-dessus de lui], au premier Concile d'Orleans, et que Bertran aussi Archevesque de Bourdeaux, soubscrivit pareillement avant celuy de Bourges au second Concile de Mascon tenu l'année 585. Il est à croire que cette diversité de soubscriptions vient de ce qu'ils estoient promeus les uns avant les autres, et que les Primats et les Archevesques Metropolitains observoient entr'eux cette police; comme depuis il fut reglé au premier Concile de Brague en Espagne, que les Evesques garderoient entr'eux leur rang suyvant le temps de leur Ordination, sauf la Primace de l'Evesque Metropolitain.

V. Tellement qu'à juger suyvant les soubscriptions aux Conciles, le Siege de Bourdeaux n'est pas moindre que celuy de Bourges : mais voicy deux raisons pour la préseance, prises de l'ancien usage, en faveur du premier. L'une se prend de la legation du Concile de Saintes au Roy Charibert l'an 563. d'où Leontius II. du nom,

Archevesque, presidant au Concile, luy envoya Heraclius, un Prestre de son Eglise, qui abordant le Roy, le salüa de la part de son Prelat en ces termes : « SIRE, le Siege Apostolique salüe vostre Majesté[a]. » Ce Tiltre Illustre donné à l'Archevéque de Bourdeaux, a fait chercher des explications aux Commentateurs des Conciles, et demander pourquoy il luy avoit esté donné : et ils ont dit[b], qu'il fut nommé de la sorte, parce qu'il avoit reçeu le *Pallium* du S. Siege, qui luy avoit communiqué une Authorité et pouvoir Apostolique. Et cette explication se peut raisonnablement appuyer sur la quatriéme Decretale du Pape Siricius au Chap. 1. où il deffend[c] que personne n'eust à ordonner sans la connoissance du Siege Apostolique, c'est à dire, du Primat, donnant de la sorte à la qualité du Primat, la qualité auguste d'un Siege Apostolique. De sorte que dés ce temps, le Siege Archiépiscopal de Bourdeaux estoit un Siege Apostolique, c'est à dire un Siege Primatial. Dés ce temps il avoit reçeu le *Pallium* du S. Siege.

Mais ceux qui ont escrit le plus favorablement pour l'Archevesque de Bourges, n'ont jamais avancé qu'il reçeut le *Pallium* que plus de 200 ans apres, environ l'année 786. que le Pape Hadrian I. l'envoya à Ermembertus[1], à la

---

[a] Sedes Apostolica eminentiæ tuæ salutem mittit uberrimam.

[b] Quod Apostolica authoritas per Pallium à Sede Petri concessa illi inesset. *Binius Tom. 2. Concil.*

[c] Nemo extra conscientiam Sedis Apostolicæ, hoc est Primatis, audeat ordinare.

1. D. Devienne (*op. cit.*, p. 362) trouve moyen de tourner contre les prétentions de Bourges la collation du *pallium* à l'archevêque de cette ville, Ermembertus, vers l'an 786 par le pape Adrien. Il s'appuie sur le texte même de la lettre du Souverain Pontife. (Voir ce texte *Gall. christ.*, t. II. — *Instrum.*, p. 2.)

« La ville de Bourges, » dit D. Devienne, « était, en 781, la capitale du royaume d'Aquitaine ; ses archevêques pensèrent à illustrer leur siège par des prérogatives. Erembert, qui l'occupait en 786, engagea Charlemagne à écrire au pape Adrien pour lui donner le pallium, et se rendit lui-même à Rome pour appuyer sa demande. Le Pape céda à ses instances et fit part à l'Empereur de la grâce qu'il

priere de l'Empereur Charlemagne, et le Pere Syrmond en a inseré l'Acte au 2. tom. des Conciles de la France. L'autre raison de preseance se peut prendre du Testament du mesme Charlemagne, qui nonobstant cét honneur de *Pallium* qu'il avoit procuré à l'Archevesque de Bourges, met neantmoins cette Ville Metropolitaine[a] apres la Ville Metropolitaine de Bourdeaux, dans le Testament que nous avons rapporté au Ch. 1[1]. Quelque chose qu'on puisse

---

[a] Burdigala. Turones, Bituriges.

accordait à l'archevêque de Bourges. On ne voit rien dans sa réponse qui donne à entendre que ce prélat ait eu jusqu'alors quelque supériorité sur les autres métropolitains. Le Pape ne dit pas que Bourges fût la métropole de l'Aquitaine, mais une métropole dans l'Aquitaine, *metropolis in Aquitania*. Il ajoute que Erembert remplissait la place de pasteur dans la ville de Bourges, sans faire aucune mention du reste de l'Aquitaine. Il marque à l'Empereur qu'Erembert lui a attesté qu'il n'est soumis à aucun archevêque : *Qui præfatus vir nobis confessus est ut sub nullius archiepiscopi jurisdictione esse videretur*. Si Erembert eût été alors primat d'Aquitaine, n'était-ce pas le temps de le déclarer, ou plutôt le Pape aurait-il pu l'ignorer, et aurait-il voulu savoir si l'archevêque de Bourges était sous la juridiction de quelque autre primat ? Nous passons sous silence d'autres observations qu'il serait facile de faire sur cette lettre du pape Adrien à Charlemagne. Il n'est pas possible de la lire avec attention, sans se convaincre qu'il n'était pas encore question de cette prétendue primatie. On n'y dit pas un seul mot qui y ait rapport, et cependant il paraissait indispensable d'en parler, puisque le seul titre d'église primatiale eût été une raison suffisante pour que le Souverain Pontife accordât la grâce que sollicitait celui que l'on supposait le posséder alors. Néglige-t-on ainsi des moyens victorieux dans une affaire de la plus grande conséquence, quand il est si facile d'en faire usage et quand tout nous y sollicite ? »

1. Dom Devienne ajoute (*ibid.*, p. 363) : « En 828, Louis le Débonnaire ordonna que tous les métropolitains de son empire s'assembleraient avec leurs suffragants, l'année suivante, à Mayence, à Paris, à Lyon et à Toulouse, pour y traiter de la réformation de tous les États. Il envoya en conséquence une lettre circulaire dans laquelle il marquait le nom des métropolitains qui devaient se trouver dans ces quatre conciles. Nothon d'Arles,

alleguer contre ces preuves, au moins sont-elles suffisantes pour conclurre, qu'à se reigler par la possession et l'usage ancien, la dignité de Primat n'appartient pas moins à l'Archevesque de Bourdeaux qu'à celuy de Bourges.

VI. Reste la troisiéme voye, sçavoir les Constitutions des Papes, qui sans doute ont esté, au moins dans ce Royaume, les principales sources de cette distinction des Primats et des Metropolitains d'avec les autres Evesques. Et le Pape Zozime le declare en sa Lettre 9e à Patroclus Archevesque d'Arles[a], qu'il avertit de prendre garde à la dignité de Metropolitain qu'il avoit obtenuë du S. Siege. Il faudroit qu'on produisit en faveur de l'Archevesque de Bourges quelque Bulle qui luy ait premierement donné la qualité de Primat pour toute l'Aquitaine, mais une pareille Bulle n'a point encores paru. Il est vray que Rodulphus Archevesque de cette Ville, fust reconnu Patriarche et Primat par le Pape Nicolas Ier. lequel Rodulphus fut esleu

[a] Metropolitani in te dignitatem atque personam etiam Apostolicæ Sedis authoritate considera.

Barthélemy de Narbonne, *Adaleme de Bordeaux* et *Agilulphe de Bourges*, furent nommés pour le concile de Toulouse. Si l'archevêque de Bourges était alors le primat d'Aquitaine, comment le nomme-t-on après l'archevêque de Bordeaux; comment le fait-on présider par un autre, dans sa propre province?»

1. Dom Devienne nie l'authenticité de la lettre de Nicolas Ier à Rodolphe, authenticité sur laquelle ni Lopès ni le *Gallia christiana*, tome II, p. 27 *(Ecclesia Bituricensis)*, ne font aucune réflexion. D. Devienne (*op. cit.*, p. 364) s'exprime ainsi :

« Le chapitre *Conquestus* qu'Yves de Chartres et Gratien ont rapporté dans leur compilation et qu'ils ont tiré d'une lettre que l'on a cru avoir été écrite par Nicolas Ier à Radulphe, archevêque de Bourges, est le principal appui des prétentions des archevêques de cette ville; mais la supposition de cette décrétale a été démontrée de la manière la plus évidente. Le père Thomassin, tout prévenu qu'il est en faveur de la primatie de Bourges, révoque en doute la vérité de la lettre de Nicolas Ier. M. de Marca ne l'a pas traitée plus favorablement dans le quatrième livre de son *Histoire d'Espagne*. Cette lettre ayant vu le jour en même temps que le

Archevesque l'année 841. Le passage est expres au Chapitre, *Conquestus 9. qu. 3.* Mais quand il seroit vray que ce Pape ait esté l'Autheur du Patriarchat ou de la Primace de Bourges, il n'est pas vray qu'il le fist Primat, dedans la Province de Bourdeaux : car le Canon, sur lequel on fonde cette concession du Pape, ne parle que de la Province de Narbonne, sans dire un mot de celle de Bourdeaux : et voicy deux raisons convaincantes pour montrer que la Province de Bourdeaux n'estoit pas subjette à la Primace de Rodulphe. La premiere se prend de la lettre qu'Hincmar Archevesque de Reims, envoya à ce mesme Rodulphe, et à Frotarius Archevesque de Bourdeaux par l'ordre du Concile de Toul au village de Toussi l'an 860. par laquelle lettre le Concile leur commet le jugement du mariage entre le Comte Estienne et la fille du Comte Regimond, comme à ceux qui tenoient les deux premiers Sieges du Royaume d'Aquitaine *qui primarum Sedium regni Aquitanici erant,* afin de le terminer avec les autres Evesques, et les plus apparans de la Province. Le Concile eut parlé autrement, si l'Archevesché de Bourdeaux, eut esté soubmis à l'Archevesché de Bourges en vertu de la concession du Pape Nicolas, parce qu'il n'y eut eu qu'une premiere Chaire, non pas deux dans le Royaume d'Aquitaine.

VII. La deuxiesme raison se prend des soubscriptions du Concile de Troyes soubs le Roy Charles le Chauve l'an 868. où Frotarius Archevesque de Bourdeaux, soubscrivit avant Vulfadus Archevesque de Bourges, et successeur de Rodulphe, comme on le peut voir dans

livre des Décrétales, c'est-à-dire au commencement du XIIe siècle, Alexandre III s'en servit pour autoriser le privilège qu'il accorda à l'archevêque de Bourges. Comme cette bulle s'appuie sur un titre faux et sur des raisons qui ne sont pas plus solides, elle ne peut, ainsi que celles dont elle a été suivie, former une autorité suffisante en faveur des prétentions des archevêques de Bourges à la primatie d'Aquitaine.

Frodoard[a], et les Annales Berriniçnes. Et les Provinces y sont ainsi ordonnées, de Reims, de Roüen, de Tours, de Sens, de Bourdeaux, et de Bourges. L'Archevesque de Bourges ne l'eust point souffert s'il eust eu le droit de Primace. Et cette raison aussi bien que la precedente, destruit l'opinion de ceux qui ont pensé que Frotarius se reconneust luy mesme moindre que l'Archevesque de Bourges, lors qu'apres la mort de Vulfadus, il demanda d'estre mis à sa place et changer d'Archevesché[1]. Nous verrons en sa vie que la veritable cause de ce changement qu'il demanda, estoit la grande desolation du Bourdelois arrivée par la barbarie des Normans, qui s'y estoient faits sentir plus long temps et plus cruellement qu'à Bourges : et tant le Pape Jean VIII. que l'Empereur Charles le Chauve, y eurent égard, lors qu'ils consentirent a ce changement en faveur de ce Prelat, et nonobstant les plaintes qui en furent faites aux Conciles de Pontigoin et de Troyes, il demeura Archevesque de Bourges. Ce ne fut donc point parce que Bourdeaux estoit moindre que Bourges, qu'il demanda et obtint ce changement, si on ne veut dire que ce Siege estoit moindre en ce sens : sçavoir que la Ville estoit dans une extreme desolation, et presque abandonnée des Chrestiens qui n'osoient y demeurer, pour estre trop exposez aux descentes des Barbares, dont estoit plus à l'abri la Ville de Bourges, et s'estoit mieux conservée, pour n'estre pas une Ville maritime[2].

[a] Frodoard, l. 3. Hist. Ecc. Rem. c. 17. et Annal. Berrinian. ad. an. 868.

1. D. Devienne (*op. cit*, p. 363) raconte, avec plus de détails, dans sa *Dissertation sur la Primatie de Bourges*, ce qui a trait à l'archevêque Vulfade.

2. La Brousse montre, d'après une lettre de Jean VIII, que l'intention de ce pape en transférant l'archevêque Frotaire de Bordeaux à Bourges n'avait aucunement l'intention de l'instituer primat d'Aquitaine. « Non enim, dit-il, ex metropolitano se patriar-
» cham aut Aquitaniarum Primatem instituere, sed Burdigalensis,

VIII. Quoy que cette institution de Patriarche où de Primat, faite par le Pape Nicolas en la personne de Rodulphe, ne s'estendit point, comme nous l'avons prouvé, sur l'Archevesché de Bourdeaux, neantmoins les Archevesques de Bourges se servant de l'occasion d'une Province ruïnée, et se voyant establis Patriarches dans une Ville, qui selon les Historiens Adrevald et Fredegarius, avoit esté faite, soubs Louis le Debonnaire, la Capitale du Royaume d'Aquitaine[a], commencerent à s'intituler les Primats des Aquitaines. Neantmoins il ne se trouvera point qu'ils en ayent fait aucun Acte dans la Province de Bourdeaux, jusqu'au temps que la Guyenne tomba soubs la domination des Anglois, c'est à dire, plus de 300. ans apres la mort de Rodulphe. Chenu[1], grand deffenseur de la Primacé de Bourges, n'en a peu trouver[b] qu'un seul, la consecration de l'Eglise de S. Front de Perigueux, faite l'an 1047. par Aymon de Bourbon Archevesque de Bourges, en visitant dit-il la Province, comme en estant le Primat. C'est ce qu'il adjoûte de soy-mémes. Pour la consecration, il la peut avoir faite[2]: mais si d'une telle entreprise il est permis d'inferer la Primace de Bourges, dans la Province de

---

[a] Regni Aquitanici caput. — [b] In Archiep. Bituricensi.

» diœcesis episcopum, fratrem scilicet suum Frotarium, in Bitüri-
» censem ecclesiam cardinalem fieri decrevisse et *metropolitanæ*
» *dignitatis privilegio iterato* muniendum curavisse. » (*Vindiciæ*,
p. 37.).

D. Devienne (*op. cit.*, p. 363) s'est emparé de cet argument que lui fournissait la lettre de Jean VIII.

1. Jean Chenu naquit à Bourges en 1559. Ses principaux ouvrages sont intitulés : 1° *Archiepiscoporum et episcoporum Galliæ chronologica historia;* 2° *Chronologia historica patriarcharum, archiepiscoporum Bituricens. et Aquitaniarum primatum.*

2. Le fait n'est pas douteux. Le *Gallia christiana* confirme à cet égard l'assertion de Jean Chenu. On lit en effet dans la vie d'Aimon (*Gall. christ.*, t. II, col. 42) : « Jure et auctoritate primatis, archié-
» piscopatum Burdigalensem visitavit : cùmque Petrocoræ hoc
» officio fungeretur, monasterium S. Frontonis benedixit. » *Io.*

Bourdeaux; il y auroit bien plus de lieu d'inferer la Primace de Bourdeaux, dans la Province de Bourges, de la Consecration que fit d'Hilduin, ou Aldouin Evesque de Limoges, l'an 992[a]. Gombaud, Archevesque de Bourdeaux, assisté d'Hugues, Evesque d'Angoulesme, d'Ebbon, Evesque de Xaintes, et de Frotaire Evesque de Perigueux. Seguin successeur de Gombaud usa du mesme pouvoir, et consacra Geraud de Limoges nepveu d'Aldouin pour le mesme Evesché l'an 1012 à Poitiers dans l'Eglise S. Hilaire, assisté de Gillebert Evesque de Poitiers, d'Islo de Saintes, Grimoard d'Angoulesme, et Arnaud de Perigueux. Le mesme Seguin, ou Helies consacra à S. Jean d'Angeli, Jordon de Loron aussi Evesque de Limoges, l'année 1023. Il est vray que les Archevesques de Bourges, qui ne reclamerent point contre les deux precedentes ordinations, s'éveillerent pour celle-cy : et que Gauslen Archevesque de Bourges, excommunia pour cette raison tout le Limousin, dont l'Evesque avoit esté ordonné sans son consentement[1]. Mais il n'eut garde de s'en prendre à l'Archevesque de Bourdeaux, ny à Islon, Izambert, et Arnaud Evesques de Saintes, de Poitiers et de Perigueux qui avoient fait, ou assisté à cette Ordination, ce qu'il eut deu faire, si sa

[a] Cronic. Ademari.

[1]. Le récit de l'excommunication du Limousin par Gauslinus de Bourges est consigné dans la chronique d'Adémar ou Aymard, moine de Sainte-Cybard d'Angoulême et plus tard de Saint-Martial de Limoges, au XIe siècle. MM[rs] de Sainte-Marthe lui ont donné place dans le *Gallia christiana :* « Fuit autem gravis
» controversia inter Gauslinum et Jordanem episcopum Lemovicen-
» sem. Is consecratus fuerat à Seguino Burdigalensi archiepiscopo...
» Sufficiens causa dissidii fuit quod sine auctoritate sui metropolitani
» consecratus fuerat Jordanis; itàque (ut ait Ademarus) factâ
» synodo in Franciâ coràm rege Rotberto, ubi septem archiepis-
» copi adfuerunt, die Pentecostes, cum suffraganeis episcopis, totum
» Lemovicinum excommunicavit præter locum S. Martialis...,
» ipsumque prohibuit ab officio suo episcopali. » (*Gallia christ.*, t. II, col. 40.)

Primace se fut estenduë dans la Province de Bourdeaux. Il ne le fit point, parce que ny l'Archevesque de Bourdeaux ny ses suffragans ne reconnoissoient point en luy, cette dignité de Primat dedans leur Province. En effet[a], l'année 1080. dans un Concile de Saintes où presidoit Amatus, Legat du S. Siege, Goscelin de Parthenay Archevesque de Bourdeaux, soubscrivit avant l'Archevesque de Bourges, comme nous verrons en sa vie. Si le droit prétendu de ce dernier eut esté connu, il n'eut point voulu souscrire apres son inferieur, et le Legat du S. Siege eut tenu la main à l'observation de la Bulle de Nicolas I. si la Province de Bourdeaux y avoit esté comprinse.

IX. Jusqu'à present nous n'avons veu aucune Bulle du S. Siège en faveur de l'Archevesque de Bourges, qui luy donnast un droit de Primace, sur celuy de Bourdeaux pendant la domination des Ducs ou Comtes de Gascogne, ou mesme de l'Aquitaine. Mais la Guyenne estant tombée entre les mains des Anglois, ce fut lors que l'Archevesque de Bourges fit éclorre ses pretentions, ou plustost ce fut lors que le Roy Louis le Jeune, qui venoit de perdre cette Province, et apres luy, son Fils le Roy Philippe Auguste, s'interesserent auprès du S. Siege, pour luy faire obtenir cette Dignité, et retenir par ce moyen, attachés en quelque façon à leur état les subjets qu'ils avoient perdus par une malheureuse dissolution de Mariage. Cela est assez clair, dans la Lettre que Philippe Auguste en écrivit au Pape Innocent III. l'an 1211. où il declare qu'il y alloit de l'honneur de sa Couronne, que le droit de Primace fut conservé à l'Eglise de Bourges, d'autant plus qu'elle estoit la seule, qui eut cette Dignité dedans son Royaume. Ce fut lors qu'Alexandre III. estant en France, et dans les Terres qui obéissoient à Louis le Jeune, et pendant qu'Henry Roy d'Angleterre Duc de Guyenne, estoit obstiné contre

---

[a] Ex Tabular Monast. Regulensis apud Beslium in c. 27. histor. Picton.

Alexandre et contre Saint Thomas Archevesque de Cantorbie, confirma[a] le Tiltre de Primat à Pierre de la Chastre Archevesque de Bourges, le 13. fevrier l'an 1164. Ce fut lors que dans le cours de dix années, quatre Papes donnerent quatre Bulles confirmatives de ce Tiltre. Lucius III. l'an 1183. Urbain III. l'an 1187. Clement III. l'an 1188. et Celestin III. l'an 1192. Voilà cinq confirmations d'une grace accordée : mais la premierre Bulle qu'on pretend l'avoir accordée n'a jamais paru[1]. Ces Bulles confirmatives ne l'enoncent point. Qui ne sçait que les confirmations ne donnent point un droit nouveau, et ne sont que pour conserver l'ancien si on l'a : ne l'ayant pas, elles n'operent rien. On rapporte neantmoins qu'un ou deux Archevesques de Bourdeaux eurent égard à ces Bulles de confirmation, comme Guillaume le Templier, et Helies de Malemort, tous deux soubs le regne de Philippe Auguste. Mais Guillaume surnommé de Gebennes, qui leur succeda, mieux instruit et plus resolu, refusa de reconnoistre cette Dignité pretenduë, et s'opposa l'année 1215. avec l'Evesque de Poitiers à Vulgrin[2] Archevesque

---

[a] Claud. Robert. To. Gall. Christan. in Archiep. Bituric.

1. La Brousse (*Vindiciæ*, p. 29) insistait avant Lopès sur ce fait qu'on n'allègue en faveur de Bourges que des *confirmations* de la primatie, mais qu'on ne trouve trace nulle part de l'*institution* même de cette primatie ; d'où l'auteur conclut ironiquement que l'origine de la primatie de Bourges est plus difficile à découvrir que les sources du Nil. « Cæterùm nisi vera sit hæc ambitus Bituricensis » occasio, faciliùs quis Nili fontes quam hujusce Primatûs originem » invenerit ; et, cùm nullo fundamento nitatur, nihil habent quo » adstruere possint. Confirmavit, inquiunt, Alexander tertius, » confirmavit Lucius tertius. Sed, oro vos, quis statuit ? quis jussit ? » Proferantur tabulæ, si quæ usquàm exstent, edatur authenticum, » et actis inseratur. Nos falsi postulamus, olim possidemus, priores » possidemus. »

2. Lopès commet ici une erreur de nom ; Vulgrin n'était pas archévêque de Bourges en 1215. Son épiscopat est antérieur d'un siècle au fait en question. Le *Gallia christiana*, t. II, col. 48, place

de Bourges, qui vouloit visiter la Province de Bourdeaux. Cela ne se fit point sans quelques excez[1], pour raison desquels il fut appellé avec cét Evesque par le Pape Innocent III. au Concile de Latran[2].

Mais ny le Pape Innocent, ny Honorius III. qui luy succeda, n'ayant peu terminer ce different entre ces deux Archevesques, le Pape Gregoire IX[3]. successeur d'Honorius l'an 1232. au mois de mars, adjugea une Provision à l'Archevesque de Bourges, jusques à une Sentence diffinitive, par laquelle provision il luy accorda le pouvoir de visiter la Province de Bourdeaux, de sept ans en sept ans, pour laquelle visite luy fut reglé le temps de cinquante jours. Il est fait mention de ce decret provisionel, au Ch. *humilis Doctrina,* au tiltre *de majoritate et obedientia,* aux

---

Vulgrin dans la série des archevêques de Bourges sous le numéro LX de 1131 à 1136. L'archevêque de Bourges en 1215 était Gérard de Cros. (V. *Gall. christ.*, t. II, col. 61.)

1. Ces excès furent graves. La bulle du pape citée plus loin les énumère. D. Devienne (*op. cit.*, p. 42), les raconte en ces termes :
« Guillaume de Genève (de Gebennis) résolut de s'opposer de toutes ses forces à l'exécution de ce droit prétendu..., il résolut de traiter militairement cette affaire. Lorsque l'archevêque de Bourges se présenta pour faire la visite de Saint-André, Guillaume, accompagné de l'évêque de Poitiers, se jeta sur lui, le frappa avec violence et lui arracha la croix qu'il tenait entre ses mains. La suite de l'archevêque ne fut pas mieux traitée. Une troupe de gens armés fondit dessus : après avoir blessé des prêtres, des clercs et plusieurs des gens de l'archevêque, on pilla ses équipages, sans épargner les vases sacrés. »

2. L'archevêque de Bourges se pourvut en effet auprès du pape Innocent III, lequel, par une bulle en date du 15 juillet 1215, cita l'archevêque de Bordeaux au concile de Latran pour avoir à répondre sur les faits de violence qu'on lui imputait.

La bulle d'Innocent III se trouve aux Archives départementales de la Gironde. Elle a été imprimée dans les *Archives historiques*, t. XIX, p. 315.

3. « Verissimum est à summâ sede, super eâ lite non definitivam » sententiam emanasse, *sed provisionem* quamdam et ut loquuntur » amicabilem compositionem. » (*Vindiciæ*, p. 72.)

Decretales. Gerauld de Malemort estoit Archevesque de Bourdeaux, dans la vie duquel je rapporteray la Bulle tout au long[1]. Simon de Sulli estoit Archevesque de Bourges, à qui le Pape Honorius III. avoit donné auparavant une Bulle de confirmation[2] comme les precedentes, nonobstant la contestation indecise, et l'avoit creé son Legat dans le Royaume, comme il appert du Ch. *ad audientiam,* au tilt. *de rescript.* aux Decretales, comme une personne de noble et puissante maison, qui appuyeroit mieux l'Authorité du S. Siege. On dit qu'il se trouve quelque Journal de Visite[3] faite, ou par ce Simon, en suitte de ce decret, et sa

1. L'auteur cite, en attendant, un extrait de cette bulle de Grégoire IX aux pièces justificatives, § 10. D. Devienne (*op. cit.,* 2ᵉ partie, p. 46) la traduit en entier.
Nous empruntons à sa traduction les lignes suivantes :
« *On pourra appeler devant l'archevêque de Bourges de toutes les causes jugées par l'archevêque de Bordeaux.* Si ce dernier est partie, l'appel est réservé au Saint-Siège. A l'égard des causes portées à Bourges, l'archevêque aura le pouvoir de faire observer ses sentences, sans néanmoins toucher à la personne de l'archevêque de Bordeaux. On accorde à l'archevêque de Bourges la permission de visiter tous les sept ans la province de Bordeaux, pendant cinquante jours qui ne doivent pas être interrompus, à moins qu'il ne prouve que quelqu'un de la province se soit opposé à sa visite. *L'archevêque de Bourges aura le droit de faire porter sa croix devant lui, de dire la messe et de prêcher. Il sera reçu processionnellement au son des cloches et sera défrayé partout où il voudra s'arrêter. Ceux qui lui refuseront le droit de gîte et qui s'y opposeront, y seront contraints par des censures.* »
Une autre bulle du même Grégoire IX, en date du 8 mars 1238, ordonne à l'archevêque de Bordeaux d'assister à un concile de Bourges.
Cette pièce se trouve aux Archives départementales de la Gironde. Elle a été insérée, en 1870, dans le recueil des *Archives historiques de la Gironde,* par M. Ducaunnès-Duval. (Voir le texte latin, *Arch. hist.,* t. XII, p. 325.)
2. « Aliam bullam ei direxit idem papa (Honorius III) ad primatùs Bituricensis confirmationem. » (*Gall. christ.,* t. II, p. 65.)
3. Ce journal « de visite » a été retrouvé et publié par D. Mabillon.

dignité de Legat ne luy aydoit pas peu à la faire : ou par Simon de Beaulieu Cardinal Archevesque de Bourges, qui fut aussi Legat du S. Siege l'an 1295. Mais il est certain que Gregoire IX n'entendit jamais donner qu'une provision : et quelques confirmations qu'eussent données ses predecesseurs, il n'asseura jamais que l'Archevesque de Bourges fust Primat dans la Province de Bourdeaux, mais seulement qu'ils s'en qualifioit et pretendoit estre tel, comme il appert d'une sienne Bulle adressée à l'Evesque de Preneste son Legat de l'année 1240. long temps apres son decret.

XI. Ce decret provisionnel ne termina pas la contestation, les Archevesques de Bourges qui devoient le recevoir comme une grace fort singuliere, et n'aller point au delà de leur pouvoir, l'outrepasserent en plusieurs occasions. Le Pape Clement V. le declare dans sa Bulle, que nous rapporterons, en telle sorte que les desordres continuant avec des meurtres, des sacrileges, des seditions, des grands scandales, mesme dans la Ville de Bourdeaux, d'où[a] les delegués de Bourges furent obligez de se retirer l'an 1240. Ce dernier Pape connoissant ces desordres[1]

[a] Chronic. Burdig.

[1]. Ces désordres ne se traduisaient pas toujours par des scènes violentes : vers la fin du XIIIe siècle, la primatie de Bourges n'avait plus qu'une existence nominale. Au moment où Clément V la supprima par la bulle que Lopès a imprimée en gros caractères, elle était près de tomber sous le poids du ridicule. On en jugera par la réception faite à Simon de Beaulieu, archevêque de Bourges, en 1284. (Voir *Gall. christ.*, t. II, col. 74, et Mabill., *Analect.*, t. III, p. 505.)

D. Devienne (*op. cit.*, 2e partie, p. 55) raconte longuement les mésaventures de ce prélat, tant à l'abbaye de Saint-Romain de Blaye, qu'à *Sainte-Croix de Bordeaux* :

« Au mois d'octobre 1284, *Simon de Beaulieu*, archevêque de Bourges, vint à Blaye pour commencer la visite qu'il prétendait être en droit de faire dans le diocèse de Bordeaux, en qualité de primat. Il descendit à l'abbaye de Saint-Romain où il fut reçu avec tous les égards dus à sa dignité ; mais lorsqu'il voulut faire sa

mieux que ses prédecesseurs, pour les empescher à l'advenir, avec la mesme authorité qu'ils avoient accordé à l'Ar-

visite, l'abbé et les religieux lui firent signifier une opposition, suivant l'ordre qu'ils en avaient reçu du Chapitre de Saint-André dont ils dépendaient. Ce Chapitre, ainsi que celui de Saint-Seurin, avait aussi envoyé des personnes pour protester contre tout ce que l'archevêque pourrait faire en vertu de son titre de primat. Simon de Beaulieu voulut faire valoir les bulles que ses prédécesseurs avaient obtenues de plusieurs papes et surtout celle de Grégoire IX, mais on ne jugea point à propos d'y déférer. S'étant embarqué le lendemain pour venir à Bordeaux, il fut obligé de relâcher à Macau où il coucha et entendit la messe le jour suivant. Avant de s'embarquer, il reçut les hommages du maire de Bordeaux et des principaux de la ville qui étaient venus pour l'accompagner. Il avait envoyé la veille des officiers et tout son équipage à l'abbaye de Sainte-Croix où il avait dessein de loger. Les religieux témoignèrent être flattés de la préférence ; néanmoins, ayant voulu à son arrivée faire la visite de l'église, il en trouva les portes fermées. Comme il insistait pour se les faire ouvrir, les doyens de Saint-André et de Saint-Seurin se présentèrent avec plusieurs membres du Chapitre pour renouveler, de vive voix, les protestations qu'ils lui avaient fait faire à Blaye, et les notaires qu'ils avaient amenés avec eux en prirent acte, ainsi que de celles des religieux de Sainte-Croix. L'archevêque ayant fait les monitions accoutumées, l'abbé de Saint-Astier, qui avait le titre de conservateur de ses privilèges, excommunia l'abbé et les religieux de Sainte-Croix et les deux Chapitres, comme rebelles aux ordres du Saint-Siège. Tout ceci se passa sans trouble, sans qu'il parût aucune aigreur de part et d'autre et plutôt pour la forme qu'autrement. L'excommunication lancée par l'archevêque ne l'empêcha pas de loger à Sainte-Croix, ainsi qu'il avait fait à Saint-Romain de Blaye. Cependant, comme il avait mis les églises de Sainte-Croix, de Saint-André et de Saint-Seurin en interdit, il alla entendre la messe dans la chapelle de l'archevêché. Par considération pour le roi de France, qui l'avait recommandé, on chercha à lui procurer le plus d'agrément qu'il fut possible pendant le séjour qu'il fit à Bordeaux. En partant, il prit sa route par La Sauve, excommunia les religieux qui refusèrent de se laisser visiter, descendit dans l'abbaye et fit très grande chère. L'auteur de cette relation rapporte qu'on lui donna à manger en gras, mais qu'il prit ses repas dehors, afin de n'être point une occasion de transgresser la règle de saint Benoît qui défend de servir de la viande aux étrangers dans l'intérieur du monastère. »

chevesque de Bourges des Bulles confirmatives de la Primace d'Aquitaine, donna une Bulle pour le moins aussi anthentique en faveur de l'Archevesque de Bourdeaux, par laquelle il l'affranchit, luy et tous ses successeurs à l'advenir, l'Eglise, la Ville, le Dioceze, et la Province de Bourdeaux, de tout le droict de Primace, Superiorité, Jurisdiction et pouvoir des Archevesques de Bourges. Le decret de Gregoire IX. n'avoit esté que provisionel, et comme un Arrest interlocutoire. Celuy de Clement V. fut un Arrest difinitif : et afin que son decret fut plus ferme, et que personne apres luy ne presumast aller contre, il le qualifia une exemption, et un affranchissement faict de l'Authorité Apostolique, et de la plenitude de sa puissance, remettant l'Archevesque de Bourdeaux dans l'honneur qu'il avoit possedé sans dispute avant le ravage des Normans, où il s'estoit maintenu jusqu'à la domination des Anglois dans l'Aquitaine, d'estre Primat d'Aquitaine aussi bien que l'Archevesque de Bourges. Cette Bulle fut comme une revocation des confirmations precedentes, et il ne faut point s'imaginer qu'elle fust donnée à la persuasion des Anglois, et pour leur faire plaisir. Car le Pape Clement qui venoit d'estre porté au Souverain Pontificat par le moyen du Roy de France, eust plutost incliné pour l'Eglise de Bourges, qui estoit dans ses Estats, et pour qui les ancestres de ce Roy s'estoient tant interessez, s'il n'eust conneu la justice et la necessité qu'il y avoit à donner ce decret pour l'Eglise de Bourdeaux, terminant de la sorte le different qui avoit si long temps inquieté ces deux illustres Eglises.

XII. Il sera donc facile de conclure de tout ce que nous avons dit, que l'Archevesque de Bourdeaux n'a pas moins de droit pour estre et s'intituler Primat d'Aquitaine, que l'Archevesque de Bourges, soit que nous considerions la dignité des Villes, soit l'ancienne possession, soit l'Authorité du S. Siege : les trois voyes par lesquelles nous pouvons juger du droict de Primace. Comme il en a le droit, il en a la possession[1]. Nous verrons à la 2me partie, l'étenduë de

1. Lopès borne là sa thèse. Il revendique uniquement pour l'église de Bordeaux le titre primatial : il ne dit point que cette église ait eu la prééminence sur celle de Bourges, mais il n'admet pas non plus que la primatie de Bourges se soit étendue jusqu'à Bordeaux, si ce n'est provisoirement et pour dédommager les rois de France de la perte de l'Aquitaine. Le *Gallia* constate simplement les prétentions de Bourges:

« Archiepiscopus Bituricencis triplicem sibi vindicat jurisdic-
» tionem : *patriarchalem seu primatialem* in quatuor archiepisco-
» patus, Narbonensem, Auxitanum, *Burdigalensem* et Tolosanum...;
» *metropolitanam* in episcopatus Claromontensem, Sanflorensem,
» Podiensem, Lemovicensem et Tutelensem...; *ordinariam* in suam
» diœcesim. De jurisdictione patriarchali monendum, Aquitanias
» olim ipsi subditas, maxime Burdigalensem metropolim, jamdudum
» hoc jugum rejecisse, faventibus Clemente papa V, qui fuerat
» Burdigalensis archiepiscopus, et Anglorum rege, in cujus ditione
» tunc erant Aquitaniæ. » (*Gall. christ.*, t. II, p. 3.)

Outre les auteurs cités dans ce chapitre voir sur la question de la primatie d'Aquitaine :

1º Labbe, *Patriarchium Bituricense ;*

2º Catherinot, *le Patriarcat de Bourges ;*

3º *Traicté et décision de l'ancienne dispute entre les archevesques de Bourges et de Bordeaux sur la primatie des Aquitaines*, etc., par J. de Boisronoray, sieur de Marçay, Lyon, 1628, in-12 ;

4º *Histoire du Berry*, par La Thaumassière, t. II, livre IV, chap. II et suiv., Bourges, 1865 ;

5º Raynal, *Histoire du Berry*, t. I, xxxiii ; t. II, 334 et suiv.

Les chroniques d'après lesquelles les auteurs du *Gallia christiana* ont rédigé les monographies des archevêques de Bourges, relatent avec un soin jaloux les incidents qui semblent confirmer le droit de primatie exercé par eux sur la seconde Aquitaine. A l'occasion des fêtes du millenaire de Sainte-Solange, célébrées dernièrement à Bourges, le cardinal Donnet constatait que l'antagonisme des deux métropoles avait fait place à la plus expansive cordialité. Néanmoins, sans prétendre revenir encore aujourd'hui sur la décision de Clément V, qui mit fin au débat par la bulle dont Lopès donne le texte (v. p. 284 et suiv.), les Berrichons ne révoquent pas en doute la primatie de leur église jusqu'au pontificat de ce pape, ancien archevêque de Bordeaux.

cette Primace, où l'Eglise de Bourdeaux est une Eglise Primatiale, comme elle est une Eglise Archiepiscopale et Metropolitaine.

II. Ut qui ex eis approbaverit suam Civitatem esse Metropolim, is totius Provinciæ honorem Primatus, obtineat. *Concil. Taurin. Can. 2.*

Nullus Archiepiscoporum, nisi qui Primas sedes tenent, appelletur Primas aut Princeps Sacerdotum aut summus Sacerdos, vel aliquid ejusmodi. Sed tantum ille, qui in Metropoli sedet, aut Metropolitanus, aut Archiepiscopus vocetur, et suum in Canonibus præfixum non excedens cum humilitate modum. Et ille qui primam sedem retinet, tantummodo primæ sedis appelletur Episcopus, salva semper in omnibus authoritate Beati Petri Apostoli. *Hadrianus 1. in Capit. dato Angilramo Cap. 25 Apud Syrmund. to. 2. Concil. Gall.*

III. 1ª Provincia Aquitanica, amplitudine Civitatum admodum culta, omissis aliis multis, Burdigala, et Arverni excellunt et Santones et Pictavi. *Ammian. Marcell. l. 15. Hist. sub finem,*

Ornasti Patriam cui dona perennia præstas.
Tu quoque dicendus Burdigalense decus.
Quantum inter reliquas caput hæc superextulit urbes.
Tantum Pontifices vincis honore gradus.

Venantius Fortunat. lib. 1. Poem. c. 15.

IV. Cum hoc videas Arelatensis Episcopo Civitatis etc. et per veterem consuetudinem, et nostra recenti evidentissima definitione deferri. *Zozimus. Narbon. Episcopo. Ep. 8.*

Conservato Metropolitani Episcopi Primatu, Cæteri Episcoporum secundum suæ ordinationis tempus alius alio sedendi deferat locum. *Concil. Brachar. 1. Can. 24.*

VI. Conquestus est Apostolatui nostro frater noster Sigedodus Archiepiscopus Narbonensis, quod clericos suos eo invito ad judicium tuum venire compellas, et de rebus ad Ecclesiam suam pertinentibus eo inconsulto, quasi jure Patriarchatus tui disponas. *Nicolaus 1 Rodulpho Bituric.*

IX. Beatissimo in Christo Patri et Domino Dei gratia summo Pontifici, Philippus eadem gratia Rex Francorum salutem et debitam in Christo reverentiam. Ecclesia Bituricensis licet tenuis in facultatibus, inter alias tamen Regni Ecclesias existit nobilior, cum sicut vestra plenius novit Paternitas, Primatiæ obtineat dignitatem, cujus honorem nostrum, et Regni nostri proprium reputamus. Cum igitur Burdigalensis Archiepiscopus prædecessorum non sequens vestigia, se adeo obedientem et devotum Ecclesiæ Bituricensi exhibere non velit, sicut iidem prædecessores sui fecisse noscuntur; Paternitatem vestram cum quantâ possumus devotione rogamus, quatenus jus Bituricensis Ecclesiæ intuitu Dei et precum nostrarum obtentu conservare velitis, nec sustineatis, quod tantus honor regni nostri circa hoc in aliquo minuatur, cum sola Bituricensis Ecclesia in toto Regno nostro Primatiæ obtineat dignitatem, in cujus diminutione, quod Deus avertat, nobis et regno nostro non mediocriter reputaretur esse detractum. Actum Parisiis 1211. M. Maio.

X. Gregorius etc. Episcopo Prænestino Apostolicæ Sedis Legato. Olim inter bonæ memoriæ Bituricensem, et venerabilem fratrem nostrum Burdigalensem Archiepiscopos super jure Primatiæ, quod idem Bituricensis in Burdigalensi Provincia se habere dicebat, quæstione suborta sic inter cætera duximus providendum, ut Bituricensis Archiepiscopus Burdigalensem Provinciam visitans de septennio in septennium, ad id spatium obtineat quinquaginta dierum, etc. Datum Anagniæ Non. Oct. Pontific. nostri an. 13. *ex Tabular. Archiepisc. Burdig.*

XI. Clemens Episcopus servus servorum Dei dilecto filio Arnaldo electo Burdigalensi, ejusque successoribus Archiepiscopis Burdigalensibus, qui pro tempore fuerint in perpetuum. In supremæ solio potestatis disponente Domino constituti, de universis orbis Ecclesiis, quarum cura nobis imminet generalis, quantum nobis ex alto permittitur cogitamus, ad ea ferventibus studiis intendentes, per quæ tranquillitatis commoda possimus eisdem summotis quibuslibet scandalorum turbinibus procurare. Sed ad Burdigalensem Ecclesiam, quæ dudum nos habuit 1° Filium, suis nos educans uberibus, 2° Sponsum nostro commissa regimini, ac demum Patrem ac Dominum recognoscit, cum de ipsa simus ad sumni Apostolatus officium gratia divina vocati; eò propensioris inclinationis intuitum vertimus, quo specialem dilectionis affectum præmissorum consideratione gerimus ad eandem. Dudum siquidem occasione Primatiæ, quam olim contendebant Bituricenses Archiepiscopi in Burdigalensem Provinciam se habere, gravis inter eos et Archiepiscopos Burdigalenses qui pro tempore fuerunt, exorta existit Materia quæstionis, ex qua dissensiones quam plurimæ, scandala gravia multaque pericula provenerunt. Sane fœlicis recordationis Gregorius Papa prædecessor noster, intendens huic morbo salubriter providere, quandam super hujusmodi quæstione ordinationem dicitur edidisse. et licet prædicta ordinatio Ecclesiæ, Civitati, Diœcesi, ac Provinciæ Burdigalensi præjudicialis non modicum fuerit, ac etiam onerosa, prout facti evidentia manifestat, quia tamen Bituricenses Archiepiscopi qui fuerunt pro tempore, ordinationem non servaverunt eandem : quin imo in multis pro suæ voluntatis libito violantes Jurisdictionem contra illius tenorem sibi indebitam usurparunt, ex quibus in illis partibus, homicidia, fractiones Ecclesiarum, sacrilegia, commotiones populorum et multa alia animarum et corporum pericula retroactis temporibus sunt secuta. Tempore insuper quo ipsam regebamus Ecclesiam Burdigalensem graves et periculosæ dissensiones etiam provenerunt, propter quæ Archiepiscopi Bituricenses præfati ejusdem ordinationis debent carere commodo, cum eam minime duxerint observandam. Nos qui dudum ante susceptum à nobis summi Apostolatus officium dictæ Burdigalensi Ecclesiæ præsidentes, dissensiones scandala et pericula palpavimus, attendentes quod per hujusmodi ordinationem nihil utilitatis accrescit eidem Bituricensi Ecclesiæ, sed sibi et Burdigalensi Ecclesiæ memoratæ jactura non modica provenit ex eadem, et prout verisimiliter existimamus pejora possent in posterum provenire : ac propterea non indignè volentes prædictas Ecclesias ab hujusmodi oppressionibus, scandalis et gravaminibus ex prædictis provenientibus præservare, ac eas in pacis et tranquillitatis pulchritudine confovere, dictasque Ecclesiam, Civitatem et Diœcesim ac Provinciam Burdigalensem favoris Apostolici ac privilegii specialis in hac parte præsidio communire, Te et successores tuos Burdigalenses Archiepiscopos qui, pro tempore fuerint, Ecclesiam, Civitatem videlicet et Provinciam Burdigalensem prædictas et quascumque personas tam Ecclesiasticas quam sæculares tibi vel tuæ dictæ Ecclesiæ immediatè, aut alio mediante subjectas, aut alias gentes in eis omni jure Primatiæ, et cujuscumque Superioritatis omnique Jurisdictione et potestate Venerabilis fratris nostri Archiepiscopi Bituricensis et successorum suorum qui pro tempore fuerint, suorumque Decani et Capituli Ecclesiæ Bituricensis, si in te, successores tuos, Ecclesiam, Civitatem, Diœcesim, Provinciam Burdigalenses et præfatas personas, præfati Archiepiscopus, Decanus, et Capitulum et Ecclesia Bituricensis hujusmodi Primatiæ vel Superioritatis seu potestatem vel Jurisdictionem aliquam obtineant vel obtinere possint, quacumque de causâ etiam Sede Bituricensi vacante, tam circa articulos in eadem ordinatione contentos, quam circa omnes alios per quos Archiepiscopus, Decanus, Capitulum et Ecclesia Bituricensis prædicti viderentur in te, successores tuos, Ecclesiam, Civitatem, Diœcesim, Provinciam Burdigalensem etc. præfatas personas aliquam potestatem, superioritatem, aut Jurisdictionem habere authoritate Apostolica ac de potestatis plenitudine prorsus eximimus et penitus liberamus, eadem statuentes authoritate, quod Tu, Successores tui, Ecclesia, Civitas, Diœcesis, et Provincia Burdigalensis ac personæ prædictæ Archiepiscopo, Decano, Capitulo et eidem Ecclesiæ Bituricensi ante dictis deinceps nequaquam in aliquo subsistatis, ac districtius inhibentes, ne idem Archiepiscopus Bituricensis vel ejus Successores, seu Decanus et Capitulum Bituricense communiter vel divisim, etiam sede Bituricensi vacante, in te vel successores tuos, seu Ecclesiam, Civitatem, Diœcesim ac Provinciam Burdigalensem vel personas prædictas, jurisdictionem aliquam hujusmodi juris Primatiæ vel Superioritatis, aut etiam dictæ ordinationis vel alias sibi vindicare vel exercere quoquo modo præsumant. Nos enim ex nunc irritum decernimus et inane, si secus super his ab Archiepiscopo Bituricensi vel ejus successoribus, Decano vel Capitulo Bituricensi antedictis communiter vel divisim, aut quibusvis aliis occasione præmissâ contigerit attentari. Nonobstantibus ordinatione prædictâ seu quibusvis processibus super hoc habitis, consuetudinibus contrariis, compositionibus factis, et sententiis promulgatis, aut quibuslibet literis conservatoriis vel aliis quibuscumque à nostris Prædecessoribus Romanis Pontificibus vel eorum Legatis, imperatis, et indulgentiis ac privilegiis Apostolicis, de quibus quorumve totis tenoribus etiam de verbo ad verbum debeat in literis nostris fieri mentio specialis. Præmissa enim omnia et singula quantum possunt esse præsenti exemptioni, liberationi, statuto, inhibitioni, et constitutioni vel aliis supradictis contraria, cassamus, irritamus et cassata et irrita nuntiamus et nullam penitus habere volumus roboris firmitatem. Nulli ergo hominum liceat hanc paginam nostræ exemptionis ac liberationis, statuti, inhibitionis, nuntiationis et voluntatis infringere, vel ei ausu temerario contraire. Si quis autem hoc attentare præsumpserit, indignationem omnipotentis Dei ac Beatorum Petri et Pauli Apostolorum ejus se noverit incursurum. Datum Lugduni VI. Kal. Dec. Pontif. nostri anno primo. *ex. Tabular. Eccles. Burdig.*

CHAPITRE X

Troisiesme Prééminence de l'Eglise de Bourdeaux pour les Ceremonies Publiques[1].

OMME l'Eglise de Bourdeaux est l'Eglise commune et la maistresse Eglise de tout le Diocese; c'est chez elle que se font les Ceremonies publiques, c'est d'elle que partent, et chez elle que reviennent les Processions generales[2]. Les Roys, les Gouverneurs

---

1. Les cérémonies publiques étaient fréquentes. Nous en mentionnerons quelques-unes en dehors des mariages, des funérailles de princes et des réceptions officielles dont nous parlons plus bas :
« 1515. — En cette année, furent faictes resjouissances, avec le feu de joye, en la ville de Bourdeaux, et le *Te Deum* chanté dans l'église métropolitaine Sainct-André, pour le sacre du roy François Ier. » (Gaufreteau, *Chron. bourd.*, t. I, p. 45.)
« 1558. — En cette année, furent faictes resjouissances, avec le *Te Deum* chanté en l'église Saint-André, pour le mariage accordé d'entre le roy d'Espagne, Philippe II, et Elisabeth, fille du roy Henry II. » (*Ibid.*, p. 86.)
Pendant la Fronde, les discours politiques du fameux curé Bonnet et les vociférations du peuple troublèrent maintes fois le recueillement du saint lieu. (V. Boscheron des Portes, *Hist. du Parlement de Bordeaux*, t. II, p. 29, 30. — V. aussi *Rev. cath. de Bordeaux*, 1er nov. 1882, notice originale sur L. Bonnet, par A. de Lantenay.)
A la même époque, pour remonter les esprits que les préparatifs formidables du Gouverneur avaient épouvantés, le Parlement ordonna une procession à Saint-André, suivie d'une communion générale le 8 décembre 1649.
Te Deum à Saint-André le surlendemain après la paix (*Ibid.*, t. II, p. 68.)
Duretête, avant son supplice, vient faire amende honorable devant l'église Saint-André. (*Ibid.*, tom. II, p. 188.)
2. On distinguait deux sortes de processions, les unes extraor-

pour les Roys, dans la Province, faisant leur entrée dans la Ville, y vienent prester le serment. On y fait les dinaires, les autres à époque fixe. Les premières étaient prescrites dans un cas particulier, par exemple, en 1581, « pour prier Dieu de donner lignée au Roy » (*Chron. de Gauf.*, t. I, p. 233); pour obtenir la cessation de la peste ou d'un incendie (*Ibid.*, t. I, p. 231 et t. II, p. 25), quelquefois tout simplement « *pour conduire dévotement les religieuses et Vierges Carmélines se remuant de la maison où elles estoient près la porte Saint-Germain en leur couvent basti de nouveau vis-à-vis de l'église des Récolés.* » (Darnal, *Chron. bourd.*, p. 155.)

Darnal *(Chron. bourd.)* mentionne encore les processions qui suivent : pour la conversion du Roy (f° 37) ; pour la prise de Calais (f° 73 v°) ; pour la délivrance de Malte (p. 78, etc.).

En 1628, procession d'actions de grâces le jour de Saint-Martin en l'honneur de la prise et réduction de La Rochelle. (*Act. cap.*)

6 mai 1672, procession, bannières déployées, des Jésuites et de leurs élèves lors de la canonisation de François de Borgia. (*Act. cap.*)

En temps de sécheresse il était d'usage de porter le bâton miraculeux de saint Martial à la fontaine de Figuereau pour obtenir la pluie. Quatre chanoines de Saint-Seurin plongeaient la verge dans la fontaine. Une cérémonie de ce genre eut lieu le 17 mai 1716. Ce fut la dernière fois, remarque Bernadau (*Ann.*, p. 99). Cependant les processions « de la verge » se continuèrent au moins sous le cloître et dans le cimetière jusqu'en 1754. (Cirot, *op. cit.*, p. 371.)

En 1636, la procession jubilaire qui se rendit de Saint-André à Saint-Michel se termina par un conflit des plus risibles. Gaufreteau s'en égaie (*Chron. bourd.*, t. II, p. 213). Il nous montre le Chapitre en guerre ouverte avec les vicaires généraux soutenus par les curés de la ville, celui de Saint-Michel à leur tête. Le Parlement tenait pour le Chapitre. Les deux parties se disaient en droit de chanter la messe de la station ; ni l'un ni l'autre n'ayant voulu céder, « il y vint, dit Gaufreteau, un très grand desordre, parce que
» le doyen et le curé celebroyent leurs messes en mesme temps, et
» à haulte voix, les musiciens de Sainct-André faisant leurs jeux à la
» messe du doyen, et les prestres de Sainct-Michel la leur à la messe
» du curé. Mais le désordre paroissait grand, en ce que lorsque le
» doyen faisoit l'*Introït*, le soubs-diacre de Sainct-Michel disoit
» l'*Epistre*... et tout le reste en la mesme façon. »

Parmi les processions *ordinaires* nous signalerons la plus grave : celle de Saint-Joseph établie en 1492, pour célébrer l'anniversaire de l'Institution du Parlement de Bordeaux par lettres-patentes de Louis XI (Gaufr., *Chron.*, t. I, p. 32), et la plus tumultueuse, celle des

Ceremonies pour les Funérailles des Souverains et des Souveraines[1]. L'Université y vient solemnellement donner les degrés aux Maistres ez Arts au milieu de la Nef[2]. Le

tonneliers « ou charpentiers de barriques de Saint-Michel ». (*Ibid.*, p. 212.) Cette cérémonie, qui se célébrait le jour de la fête de saint Jean, dégénérait en incidents grotesques ; « de quoy, les hérétiques faisoyent des contrefarces. » (*Ibid.*, p. 214.)

La *Chronique* de Darnal (Supplém., p. 101), publie « le *rolle des jours* auxquels MM. les Maire et Jurats se rendoient processionnellement à Saint-André avec leurs robes et chaperons de livrée. » C'étaient, outre le jour de la Fête-Dieu, le 2 août, le jour de Noël, le 20 janvier fête de saint Sébastien, le 19 mars fête de saint Joseph, le 25 mars fête de Notre-Dame, le jour des Rameaux. (Darnal, *Chron.*, f° 101.)

1. En 1473, « le Chapitre envoie son secrétain auprès du Roy pour apprendre de lui comment il entend que les obsèques de son frère Charles, duc de Guyenne, soient faictes. Le Roy ordonne que le service soit très simple, sans oublier cependant que le défunt est fils de roy. » *(Act. capit.)*

1483. — Funérailles du roy Loys XI, dans l'eglise de Sainct-André. (Gauf., *Chron. bourd.*, t. I, p. 31.)

1498. — Funérailles du roy Charles VIII. (*Ibid.*, p. 40.)

1514. — Honneurs funebres du roy Loys XII. (*Ibid.*, p. 44.)

6 juin 1571 ou plutôt 1572, le pape n'étant mort que le 1er mai de cette année. — Service pour le pape Pie V. *(Act. capit.)*

1587. — Honneurs funèbres faictes au duc de Joyeuse. (*Chron. bourd.*, f° 48 v°.)

10 février 1589. — *Item* à Catherine de Médicis.

Item 20 septembre, au roi Henri III. (*Ibid.*, f° 49.)

1643. — Service de Louis XIII. *(Act. capit.)*

1666. — Le service d'Anne d'Autriche est indiqué pour le 27 mars 1666. (*Act. capit.* — Voir aussi *Vie de Lopès*, p. 32.)

20 novembre 1715. — *Item* pour Louis XIV. (*Annales*, p. 48.)

On nous permettra de franchir deux siècles et de clore cette liste abrégée d'illustres morts, par le nom à jamais béni de Mgr de La Bouillerie, archevêque de Perga, coadjuteur de Bordeaux. Les funérailles de ce grand et pieux pontife ont eu lieu dans l'église Saint-André, le 12 juillet 1882. La bienveillance dont il honorait l'auteur de ces lignes le fait songer avec émotion à l'amitié de Mgr Henri de Béthune pour Hierosme Lopès.

2. A l'origine, l'Université de Bordeaux était foncièrement catholique ; on lit dans les statuts particuliers du collège de

Maire de la Ville y vient recevoir le Chaperon[1]. Le Clerc de la Ville y vient faire la publication des nouveaux Jurats Guyenne, rédigés par A. Govea (*Anc. et Nouv. Statuts de Bord.*, p. 63) : « *Les écoliers seront religieux et craignans Dieu. Ils ne sentiront, ne parleront mal de la religion catholique et orthodoxe.* » Cependant la prétendue réforme y pénétra. A partir de ce moment, le collège de Guyenne perdit la faveur du Chapitre et la subvention que celui-ci lui payait fût supprimée et donnée aux Jésuites. (V. Gaullieur, *Hist. du Coll. de Guyenne.*) On lit dans les *Registres capitulaires* (Archiv. dép., série G, n° 350, f° 267 v°) : « Au collège, il y a régens huguenaulx et aussi des escolliers; fault presenter requeste pour les faire cesser de lyre, et mettre hors du collège. »

Jusqu'à cette époque et même depuis, le Chapitre vivait dans les rapports les plus intimes avec l'Université, dont quelques-uns de ses membres, sans parler de Lopès, faisaient ordinairement partie. « En 1511, le chanoine Pierre de Bedoret occupe une chaire des arts; Jehan d'Ybarolla, qui devint recteur, avait été membre du Chapitre. Dans une assemblée de notables réunis pour arriver à la transformation du collège de Guyenne, nous trouvons également trois chanoines de Saint-André. » (V. E. Gaullieur, *op. cit.*, p. 46.) « En 1556, le célèbre abbé Mongelos, principal du collège au temps d'Élie Vinet, est nommé chanoine de la primatiale. » (*Reg. capit.*) On sait que le Chapitre honorait de sa haute protection « la confrérie de Nostre-Dame du Collège, fondée en la chapelle des cloystres Sainct-André. » Les étudiants invitaient les chanoines à leurs *tentatives*.

En 1762, eut lieu la soutenance d'une thèse de philosophie dédiée à M. Boutin, intendant de Guyenne. La cérémonie eut lieu dans la chapelle du collège de Guyenne. Le Chapitre décida d'y assister; du reste, les étudiants avaient usé dans cette circonstance d'une extrême courtoisie, s'étant rendus au domicile de tous les chanoines, pour remettre à chacun d'eux un exemplaire de ladite thèse.

Le Chapitre était jaloux de ne pas laisser rompre le lien qui rattachait l'Université de Bordeaux à l'église métropolitaine. Cette année même, 1762, le Recteur ayant omis de conduire suivant la coutume les maîtres ès-arts à la cathédrale, le Doyen lui écrivit pour s'en plaindre. A la suite de ces représentations, l'Université répondit qu'elle reprendrait l'usage de conduire les maîtres ès-arts au Chapitre. (*Act. capit.*, 1762.)

1. On lit dans les *Anciens et Nouveaux Statuts de la ville et cité de Bordeaux* (S. Boé, 1701, p. 5) :

« Par la commune observance, le Maire, à sa nouvelle élection,

le jour apres leur election¹. J'insereray dans ce Chapitre quelques receptions qui s'y sont faites, des Roys, des Gouverneurs et des Maires, reservant de Parler à la 2ᵉ Partie de l'entrée, et du serment des Archevesques.

II. Voicy l'entrée du Roy François I. que j'ay seulement trouvée dans nos Registres, en Latin, dont je rapporteray les principales circonstances. L'année 1526. le 9ᵉ jour d'avril, un lundy, le Roy François I. arriva de la ville de Langon à la Porte du Caillau², environ les deux heures apres midy au bruit de l'Artillerie. Les Magistrats luy ayant presenté sur le Port une grande somme d'or, le Roy l'ayant reçeuë avec joye, il la leur rendit pour l'employer aux Fortifications de la Ville. En suite Mʳ le Comte de Brion Maire l'ayant harangué, il fit son entrée à cheval aux acclamations d'une multitude infinie de Peuple, au milieu des deux Cardinaux de Bourbon et de Lorraine soubs un Poile de drap d'or, porté par quatre Jurats. La

PORTE DU CAILLOU.
(Comm. des Monum. hist.)

ne prête *aucun serment à Saint-Seurin* ; mais seulement en l'église métropolitaine de Saint-André par devant l'archevêque, où en son absence, ès-mains du Doyen, suivant *l'arrest de la Cour.* »

Cet usage remonte au XIIᵉ siècle.

« En 1173, Henry, roi d'Angleterre et duc de Guienne par sa femme Éléonore, ordonne que le Maire prêterait le serment en l'église métropolitaine Saint-André. » (Bellet, Ms., p. 59.)

1. Voir pour la cérémonie de l'élection des Jurats, p. 303.
2. On lit dans la *Chronique* de Gaufreteau, t. I; p. 36 :

« 1493. — En cette année, et sur la fin d'ycelle, fut bastie la porte de la ville de Bourdeaux, du costé de la rivière, et qui regarde le palais de l'Ombrière, et fut appelée du *Caillou*, parce que les navires qui venoyent à Bordeaux pour querir des vins, deschargeoient en cet endroit leur lest, qui estoit ordinairement du *caillou*. »

Porte de la Ville estoit ornée d'un Arc de Triomphe, et tout proche, au milieu des barrieres dressées des deux costés de la place, se presenta la Cour de Parlement en Robes Rouges. Le Roy ayant esté harangué par Mr Belcier Premier President, tout le Clergé seculier et Regulier, vint au devant de luy Processionnellement, les Ecclesiastiques en Chappes avec les Corps SS. et Reliques des Parroisses, que le Roy ayant salüé avec une profonde veneration, il continua sa marche dans les ruës le plus pompeusement parées qu'il avoit esté possible. Il y avoit dans la ruë du Loup, une fontaine qui versoit du vin par des canaux dorés à tous les passants. Estant arrivé à la Porte Royale de la grande Eglise, il y fut reçeu par Jean de Foix, Archevesque, frere du Comte de Foix, accompagné de tout le Chapitre en Chappes. L'Archevesque revestu Pontificalement la Mitre en teste, luy ayant presenté l'eau benite, le Roy entra apres luy dans le Chœur jusques proche du maistre Autel, où l'on avoit eslevé une estrade couverte d'une riche Tapisserie, sur laquelle le Roy s'étant mis à genoux au dessoubs d'un Dais de drap d'or, et fait sa priere, l'Archevesque luy presenta le bras de S. André qu'il baisa, en suite le livre des Evangiles dans lequel est contenu le serment que les Roys ont accoustumé de faire à leur entrée, lequel il fit. Le serment est conçu en ces termes :

« *Je N. Jure que je seray bon Prince, et droicturier*
» *Seigneur, et feray bonne justice à tous et à chacun*
» *des Estats de cette Province de Guyenne, tant au*
» *pauvre comme au riche, et les garderay et deffendray*
» *de tort et de force, de moy mesme et de tous autres à*
» *mon loyal pouvoir. Item je leur garderay et entretien-*
» *dray leurs Privileges, Franchises, Libertés, Coustumes,*
» *Observations, Stabilimens, Stiles, et Usances.* »

Le serment fait, le Roy fut harangué par Estienne de Maleret, un des sçavants et eloquents Jurisconsultes de son siecle, apres quoy il fut reconduit par le Chapitre parmi le concert des voix et des instruments au Palais Archiepiscopal[1].

III. Le Roy Charles IX. fut receu avec une pareille solemnité le 9. Avril, de l'année 1565[a]. et presta serment à S. André entre les mains de Mr de Sansac Archevesque[2].

a Regist. hujus anni.

1. La réception de François Ier est longuement racontée dans les *Actes capitulaires*. Le chanoine Bellet (Ms., p. 161), ajoute le détail suivant confirmé par Gaufreteau (*Chronique*, t. I, p. 51) :

« Les *bourgeois* et principalement ceux de la rue de la Rousselle, de Sainte-Colombe, des Fossés, de la Fontaine Bouquière firent de grandes réjouissances. Le roy ayant besoin d'argent envoya des billets à ceux qu'on lui indiqua comme les plus riches. Tout le monde lui en donna et même les plus pauvres. Un boulanger nommé Pierre Demus, voyant que le roy ne lui demandait que cinquante écus, il en fait prendre à son coffre autant que sa pelle en peut contenir et les portant dans son tablier, il les fut présenter au roy. » Les maîtres *fourniers* ou boulangers de Bordeaux avaient forcément un certain capital ; les statuts (V. *Anc. et Nouv. Stat. de Bord.*, p. 168) les obligeant « à faire provision de bleds pour trois mois ». Il paraît, d'ailleurs, que le Roi-Chevalier ne se laissa pas vaincre en générosité par le boulanger capitaliste. Celui-ci avait un fils « qu'il avait faict estudier ». (Gaufreteau, *op. cit.*, t. I, p. 51.) Sur la demande de son père, « François Ier lui conféra l'office de Conseiller » (*ibid.*) ; il fut appelé « *Monsieur le Conseiller du Mus* » (*ibid.*). Il existe encore à Bordeaux une rue de ce nom ; mais M. L. Drouyn (*op. cit.*, p. 20) lui donne une autre étymologie.

2. La réception de Charles IX fut splendide. Elle est mentionnée par Delurbe et Darnal. D. Devienne et Baurein la racontent avec plus de détails. M. Tamizey de Larroque vient de publier une plaquette tirée de la Bibliothèque de Carpentras. (V. *Revue des Bibliophiles*, mai 1882. — M. J. Delpit fait observer, v. *Courrier de la Gironde* 28 août 1882, que la *Réception de Charles IX* figure aussi dans le catalogue de la Bibliothèque nationale sous la cote Lb, 33, n° 173.) Elle a pour titre : *L'entrée du Roy à Bordeaux, avecques les Carmes (Carmina) latins qui luy ont esté présentés, et au Chancelier.* Il résulte de ce document que le dimanche

Le Roy Louis XIII. de triomphanté memoire, le presta dans la mesme Eglise le 7. octob. de l'an 1615. entre les mains du Cardinal de Sourdis. Comme aussi y furent faites les solemnitez de son Mariage avec Anne d'Autriche, Infante d'Espagne[1], et celles du mariage de Philippe, Infant d'Espagne, depuis Roy d'Espagne, soubs le nom de Philippe IV, ou du Duc de Guise, comme son Procureur

---

1er avril 1565, Sa Majesté dîna chez le seigneur de Candalle au château de Cadillac, s'embarqua sur la Garonne, arriva à Bordeaux où il passa toute la journée du lundi. La plus brillante singularité de ce triomphe fut le bataillon scolaire organisé par le jeune Maillard, fils du capitaine de ce nom, qui *fit une dépense incroyable pour paroistre devant le roy comme capitaine des enfants de la ville.* (Chron. de Gaufreteau, t. I, p. 136.)

1. Le mariage de Louis XIII avec Anne d'Autriche, à Saint-André, est l'un des grands événements de notre histoire locale. De longs siècles auparavant la trop célèbre Éléonore d'Aquitaine avait épousé tour à tour, dans cette même enceinte, le roi de France Louis le Jeune (1137) et Henri Plantagenet (1152), qui devenu roi d'Angleterre se trouva le souverain légitime de Bordeaux. Plus tard, en 1530, une autre Éléonore, sœur de Charles-Quint, venant en France pour épouser François Ier, traversa Bordeaux en litière portée par les Suisses de la garde et se rendit à Saint-André. (D. Devienne, 1re part., p. 103.) Mais aucune pompe nuptiale n'égala celle de Louis XIII.

Les documents abondent sur ce mariage. Voir en particulier:

1º Une plaquette ayant pour titre: *Les magnificences faites en la ville de Bourdeaux à l'entrée du Roy, le mecredy 7 de ce moys*, imprimée à Paris, 1615, et reimprimée à Bordeaux, 1873, Charles Lefebvre;

2º Dans le *Persée françois* (Bourdeaus, par Gilbert Vernoy, 1616), une description merveilleuse de la *maison navale* (p. 237 et suiv.: *Description du batteau royal*). Ce petit in-18 est une relation complète des solennités auxquelles donna lieu le mariage du roi Louis XIII. Lire surtout le chapitre humoristique intitulé: *Description de la machine des feux artificiels dressés au milieu de la grande place des Chartreux, que l'on fit jouer sur les sept heures du soir, le 8 décembre 1615.*

Les Jésuites qui, suivant la *Chronique bourdeloise* (p. 3), font toujours les choses avec beaucoup... d'éclat, composèrent à cette occasion de brillants épithalames. Le professeur de rhétorique de

avec Madame Elizabeth de France : et comme il s'est faict des livres[1] sur les solemnitez de ces deux mariages, je ne m'y arresteray point[a]. J'ajousteray seulement la reception de nostre Auguste Monarque LOUIS XIV. le 5. octobre

[a] Regist. hujus anni.

leur collège choisit les noces royales pour sujet du discours de rentrée, le 29 octobre 1615.

Voir *Panegyricus nuptialis dictus Ludovico XIII Franc. et Navarræ regi Christianissimo et Annæ Austriacæ*, etc., *in aulâ collegii Burdigalensis societatis Jesu*, ab Antonio Vignerio, rhetoricæ professore die 29 octob. *ad renovationem studiorum an. 1615. Burdigalæ.*

Enfin, l'écho des fêtes bordelaises arriva jusqu'aux oreilles de Loret, qui leur consacra de méchantes rimes dans sa *Muʒe historique* :

> Selon les nouvelles vulgaires
> Qui, du moins ne nous trompent guères,
> La plus magnifique des Cours
> Dans ledit Bordeaux est toujours,
> Le Roy dans les grands exercices
> Goûte d'innocentes délices.
> La reine exerçant ses bontez
> Fait oraizons et charitez.
> Monsieur donne à Mademoiselle
> Souvent le bal à la chandelle,
> Quand le soleil plus ne reluit,
> C'est-à-dire quand il est nuit ;
> Et cette brillante merveille,
> Lui rend, ensuite, la pareille.
> Ainsi, ces deux astres de Cour,
> L'un après l'autre et tour à tour,
> Entretiennent en cette ville
> Une feste, en plaizirs fertile,
> Dont les Gascons, à mon avis,
> *Cap de Diou* sont plus que ravis.

(Loret, *Muʒe historique*, t. III, p. 109, septembre 1659.)

1. Elisabeth de France était fille de Henri IV et de Marie de Médicis. De son mariage contracté à Saint-André (1615), par procuration, avec l'infant d'Espagne qui fut plus tard Philippe IV, naquit Marie-Thérèse, femme de Louis XIV. (Consulter au sujet de cet événement Darnal, *Chron. bourd.*, p. 91.) On trouve à la Bibliothèque de Bordeaux (n° 25934) un récit de ce mariage dans le style ampoulé de l'époque :

« Le Roy, la Princesse d'Espagne et le Duc de Guyse qui estoient

de l'an 1650. où sur les onze heures du matin, Messyre Henry de Bethune Archevesque, revestu Pontificalement avec la Mitre et la Crosse, accompagné de tout le Chapitre en Chapes, qui le precedoit avec la Croix, suyvi des Evesques d'Alby, de Dol, d'Utique, de Bazas, de Sarlat et de Perigueux, fut attendre le Roy, qui estoit arrivé en Ville le jour avant, à la porte appelée Royale, où bien-tost apres vint Sa Majesté, du Palais Archiepiscopal, avec la Reyne Regente sa Mere, le Duc d'Anjou son frere, Mademoiselle, le Cardinal Mazarin, le Duc de Joyeuse, les Mareschaux de la Mailleraye, et de Villeroy, et grand nombre de Noblesse. Le Roy et la Reyne sa Mere, s'estans

» de la feste furent aussi signalés en ornement. Elle estoit comme
» au jour du couronnement, la couronne d'or en teste, le manteau
» royal à fleurs de lys sans nombre, herminés et grandes queues
» portées par deux princesses, de Conty et de Guyse; aussi chargée
» du prix des diamans, que luysante de leur clarté. Le roy et le
» duc couverts superbement, la cape de brocatel en broderie d'or,
» chargée d'enseignes et diamans, la toque de velours à l'antique,
» à grands pennaches d'aigrettes. Ils arrivèrent en cet équipage
» sur les deux heures apres midy en la galerie de l'Archevesché,
» pour la cérémonie des fiançailles. Le duc de Guyse fit voir la
» procuration qu'il avoit du prince d'Espagne sur laquelle on
» procéda. L'ambassadeur, recognoissant dès lors Madame pour sa
» Princesse, se mit de genoux et lui baisa la main. On disposa le
» convoy et le rang des officiers : rien ne pouvoit troubler la feste
» que la contestation des preséances, mal ordinaire des grandes
» assemblées. La sage conduitte de la reyne remédia, tant à la
» confusion publique, qu'aux mescontentemens des particuliers.

» Que si l'ordre est beau par tout, voire dans une chourme de
» forçats, dit Thucidide, il faut confesser, qu'il ne pouvoit estre rien
» de si auguste que ce train royal. On desmarcha avec cérémonie,
» et harmonie très-agréable de tous instrumens : la majesté parut
» aux princes, le courage en la noblesse, le contentement au peuple,
» la pompe aux paremens, l'allegresse par tout. Après un long
» destour et circuit de l'église, qui fut faict en ordonnance, suivy
» d'acclamations et de vœux d'une infinité de monde, on entra
» dans le cœur avec un *vive le Roy* si esclattant, qu'il fit retentir
» les voûtes, et perdre la voix des trompettes et clairons...

» La messe finit sur les cinq heures du soir, etc. »

mis à genoux sur deux carreaux de velours, entre cette porte et la Chapelle Nostre Dame de la Nef. L'Archevesque leur presenta la Croix à baiser, et l'eau benite, et

INTÉRIEUR DE LA CATHÉDRALE SAINT-ANDRÉ AVANT 1789.
Dessin de M. Maxime LALANNE, d'après une aquarelle de BRUN.

leurs Majestés s'étant levées il harangua le Roy. Apres quoy ayant entonné le *Te Deum,* les deux Orgues sonnant, la Procession vint au Chœur, où leurs Majestez furent placées sur une estrade eslevée de trois pieds, tapissée, au milieu du Chœur, soubs un Dais, et sur laquelle au derriere estoient le Duc d'Anjou et le Cardinal Mazarin. L'Archevesque se rendit à son Siege Pontifical preparé comme pour les jours qu'il officie, et le Chapitre print ses places ordinaires. Les Orgues ayant cessé, on chanta le *Te Deum*, et un *Exaudiat*, avec un Motet en Musique[1]. L'Archevesque dit l'Oraison pour le Roy, donna la Benediction, et s'estant retiré avec le Chapitre, Leurs Majestez s'arresterent au Chœur pour y entendre la Messe[2].

1. Le 5 octobre 1650, le roi Loúis XIV fit son entrée à Bordeaux venant de Bourg. L'archevêque le harangua devant la grande porte du chœur. Pendant la messe qui suivit, il fut chanté un motet en musique sur l'entrée du roi, « et fut la musique tellement agréée que Leurs Majestés la firent demander par Mgr l'archevêque, pendant qu'elles demeureroient en cette ville, là où elles iroient entendre la messe. » (*Regist. capit.*, G. 297, f° 744.)

2. D'autres monarques visitèrent Saint-André. Pour nous en tenir à des époques relativement éloignées, nous mentionnerons les trois dont les noms suivent :

« 1373. — Le prince de Galles estant sur le point de retourner en Angleterre, et après avoir ordonné le duc de *Lencastre*, son lieutenant en Guyenne, assemble la plupart de la noblesse de Bourdelois en l'église métropolitaine Sainct-André, le neuviesme juillet au dict an et reçoit d'eux le serment de fidelité. » (Delurbe, *Chron. bourd.*, f° 28 v°.)

« 1539. — Charles-Quint traversant la France pour aller châtier les Gantois révoltés, fut reçu solennellement à Bordeaux, le 1er décembre 1539. Il y passa quelques jours et tint le Chapitre de la Toison-d'Or dans l'église de Saint-André. » (D. Devienne, 1re part., p. 105.)

La *Gazette de France*, du 15 janvier 1701, raconte l'arrivée à Bordeaux du roi d'Espagne, venant de Blaye « sur un bâtiment qui n'avait ni voiles, ni rames, mais était remorqué par quatre chaloupes, dans chacune desquelles il y avait vingt-quatre ou vingt-cinq rameurs, avec des habits bleus galonez d'argent... Sa Majesté a fait dans cette ville un plus long séjour qu'il n'avait été résolu, à cause du mauvais temps ; *il est allé tous les jours à la messe à l'église cathédrale de Saint-André*. »

IV. Pour la reception des Gouverneurs¹, je rapporteray celle d'Henry de Bourbon, Prince de Condé, faite le 2. juillet, l'an 1611ᵃ. qui ayant esté harangué selon la coustume, par tous les Ordres de la Ville sur un Theatre et galerie dressée contre le lieu où estoit il n'y a pas long temps le Couvent des Peres Carmes deschaussez : de là s'estant rendu à la porte du Caillau, où les Jurats l'attendoient avec le Poile, vint par les ruës tapissées de la Rousselle, des grands Fossez, du College des Loix, precedé des Compagnies de la Ville en armes, accompagné de grand nombre de Noblesse jusqu'à l'Eglise S. André, où il entra par la porte Royale. A douze pas au dedans estoit le Cardinal de Sourdis Archevesque, assisté de tout le Chapitre, revestu de sa Chape Cardinale avec son Bonnet, assis dans une Chaire de Velours rouge cramoisi. Au devant et à ses pieds estoit un tapis de Turquie, et sur iceluy un carreau de velours sur lequel le Prince se mit à genoux, et le Cardinal luy ayant presenté l'eau Beniste, et la Croix à baiser, luy donna à lire le serment que font les Gouverneurs pour le Roy ainsi qu'il est escrit au Livre des Evangiles couvert d'argent, qu'il prononça en ces termes.

« *Nous, Henry de Bourbon, jurons et promettons*
» *à Dieu le Createur, que nous serons bons et*
» *droituriers Gouverneurs, et executerons bien et*

ᵃ Regist. *(Cet appel de note manque dans Lopès.)*

1. Pierre Louvet de Beauvais, historien contemporain de Lopès, publie la *Liste des Gouverneurs et Lieutenants généraux pour le Roy ès pays et duché de Guyenne*.

L'auteur partage ces hauts magistrats en neuf catégories : 1º les rois; 2º les fils de France; 3º les princes du sang; 4º les princes de Galles, etc.; 5º les autres princes; 6º les prélats; 7º les connétables et maréchaux de France; 8º les ducs, comtes, etc.; 9º les lieutenants anglais. (Voir *Traité en forme d'abrégé de l'histoire d'Aquitaine, Guyenne et Gascogne*, par M. Pierre Louvet de Beauvais, docteur en médecine. A Bourdeaus, chez de La Court, 1659.)

» deüement la charge de nostre Gouvernement à
» l'honneur et gloire de Dieu, bien et Service du
» Roy. Nous deffendrons de tort et de force tant
» de nous mesmes que des autres, un chacun des
» Estats du Pays de Guyenne tant pauvres que
» riches, à notre loyal pouvoir. Item nous garderons
» et entretiendrons leurs Privileges, Franchises,
» Libertés, Coutumes, Observances, Stabilimens,
» Stiles et Usances. Ainsi Dieu nous soit en aide
» et ses Saincts Evangiles. »

Apres quoy le Cardinal ayant harangué le Prince, l'Orgue sonnant, le Chapitre alla dans le Chœur, le Cardinal ayant pris le Prince par la main droite, et allerent tous deux costé à costé jusques proche de l'Autel. Le Cardinal monta à son Siege Pontifical, le Prince demeura à genoux sur un prie-Dieu, garny de deux carreaux de velours, soubs un Dais de Damas rouge cramoisy, le Chapitre alla à ses Sieges ordinaires. Le *Te Deum* fust chanté en Musique. Le Cardinal dit trois Oraisons, pour le Roy, pour la Reyne Mere Regente et pour le Gouverneur, et ayant donné la Benediction, descendit de son Siege, et embrassa le Prince, qui s'en retourna à la maison qui luy avoit esté preparée, au mesme ordre qu'il avoit esté conduit à l'Eglise S. André.

V. La reception des autres Gouverneurs qui l'ont suyvi, n'a pas esté beaucoup differente de la sienne[a]. Le 24. janvier de l'année 1644. Bernard de Foix et de la Valete Duc d'Espernon, Pair et Colonel General de France, Gouverneur et Lieutenant General pour le Roy en Guyenne, fit pareillement son entrée dans l'Eglise, par la porte Royale, à douze pas de laquelle s'estant mis à genoux sur un carreau de velours, Henry d'Arche Doyen, ayant l'Etole,

---

[a] Regist. *(Cet appel de note manque dans Lopès.)*

accompagné du Chapitre, luy ayant presenté l'eau Beniste, et la Croix à baiser, et le Gouverneur s'estant levé, il luy fist un compliment au nom du Chapitre. Et le Gouverneur s'estant remis à genoux, presta le Serment accoustumé, à la fin duquel le Doyen entonna le *Te Deum,* et le Chapitre, l'Orgue sonnant, estant rentré dans le Chœur, le Gouverneur fust conduit par les Chanoines jusqu'à son prie-Dieu dressé au milieu du Chœur sur le premier degré, par lequel on monte à l'Autel. Sur lequel prie-Dieu couvert d'un drap de velours, et de deux carreaux de mesmes, ce Seigneur s'estant mis à genoux, ayant les Chanoines à ses costés, le *Te Deum* fust chanté en Musique, apres lequel, le Doyen montant à l'Autel du costé de l'Epistre, y dit trois Oraisons, la premiere en action de graces, la deuxiéme pour le Roy, la troisiéme pour le Gouverneur, ce qui estant faict, le Chapitre accompagna et reconduisit le Gouverneur jusqu'à la porte de l'Eglise par où il estoit entré[1].

[1]. Nous ajouterons à ces récits de Lópès le procès-verbal d'une réception princière au XVe siècle, d'après un registre du Chapitre de Saint-André.

« Le 5 avril 1470, le Chapitre décide d'aller vers l'archevêque afin de s'entendre avec lui au sujet de l'entrée du duc de Guyenne dans la ville : les chanoines porteront leurs privilèges afin de les faire confirmer par le duc.

» Le mardi suivant, 10 avril 1470, Charles, frère de Louis XI, roi de France, fit son entrée dans la ville de Bordeaux comme duc de Guyenne : les rues avaient été préparées et des estrades ornées de drap d'or avaient été dressées ; mais la pluie empêcha le duc de remarquer toutes ces magnificences. L'archevêque, le Chapitre et tout le clergé se rendirent processionnellement au palais de l'*Ombrière* pour recevoir le duc qui arrivait de Lormont par eau : celui-ci fut reçu sous le grand portail de Saint-André, qui est près de l'archevêché, par ledit archevêque, revêtu de ses ornements pontificaux. Après avoir adoré la croix, il fut revêtu de surplis, aumusse et chape comme un chanoine, et conduit au grand autel Saint-André où il fit sa prière : puis étant entré dans la chapelle de Saint-Martial où s'élevait un trône, couvert de drap d'or, le duc fit le serment aux trois états de la province, lesquels

VI. La Reception des Maires n'est pas si éclatante, et ne se fait pas avec tant de solemnitez. Voicy de quelle façon fut reçeu le Comte de Barrault par le Cardinal de Sourdis le 27 septembre l'an 1611. Estant venu à l'Eglise à neuf heures du matin avec les Jurats[1], Procureur et Clerc de la

à leur tour prêtèrent serment. Le duc alla au château de l'*Ombrière*, où il passa la nuit. Faisaient partie de sa suite, le prince de Navarre, fils du seigneur de Foix, mari de la sœur du duc de Guyenne; le captal seigneur de Montferrand; le seigneur de Lalande; l'évêque d'Angers; Jean II de Beauvais, chancelier du duc. Le Chapitre de Saint-Seurin n'assista pas à la réception. Le lendemain, il fut décidé que deux chanoines *apporteraient audit duc quatre cartons de vin blanc, quatre de vin rouge, quatre de vin clairet, quatre de vin doux ou hypocras et quatre douzaines de pains blancs.* Mgr le Duc daigna agréer en outre le titre de prébendier honoraire de l'église de Bordeaux. » (Chapitre Saint-André, *Regist capit.*, 1464-1480, f° 55.)

1. Le mot de *jurat* désignait les magistrats municipaux dans les provinces du Midi. L'établissement du régime municipal à Bordeaux avec l'Hôtel de Ville pour siège d'administration, date du xive siècle. D. Devienne résume dans les lignes suivantes les *Archives de la Tour de Londres* relatives à cette institution :

« Les officiers que le roi d'Angleterre avait établis dans le Bordelais vexaient extrêmement le clergé et le peuple. Vital, archiprêtre de l'Entre-deux-Mers, le précepteur de la milice du Temple, et Amanieu d'Alhan, chevalier de Saint-Jean-de-Jérusalem, furent députés pour porter des plaintes au roi et pour l'engager à y porter le remède convenable. Ils étaient chargés de remettre à Henri III une lettre dans laquelle les faits les plus graves étaient exposés et qui avait été signée par l'archevêque Géraud de Malemort, par les Doyens et les Chapitres de Saint-André et de Saint-Seurin, par les abbayes de Sainte-Croix, de La Sauve, de Saint-Romain, de Saint-Sauveur de Guîtres, de Pleine-Selve, de Saint-Vincent de Faise, de Saint-Émilion, de Bonlieu, de Verteuil et de Lisle, par le prieur de l'hôpital de Saint-Jacques, le ministre des frères mineurs, celui des frères prêcheurs, par le précepteur des Templiers de Saint-Jean-de-Jérusalem. Voilà, en y comprenant les paroisses, ce qui composait alors le clergé de la ville de Bordeaux et du diocèse. L'acte est daté du 26 février 1235. » (D. Devienne, *Hist. de Bord.*, 3e part., p. 197.)

On remarquera l'unanimité avec laquelle le clergé s'associe à cette tentative de décentralisation. « Le roi d'Angleterre, poursuit

Ville, avec leurs Chaperons de livree, grand nombre de Noblesse et de Bourgeois, il entra dans le Chœur, monta en la seconde place du costé droit où se mettent les Présidents au Mortier, preparée et garnie d'un carreau de velours rouge cramoisi, les Jurats, Procureur et Clerc de la Ville, ayant prins leur place apres luy, et du mesme costé. Le Cardinal de Sourdis estant entré dans l'Eglise par la petite porte de son Palais Archiepiscopal, accompagné du Chapitre en surplis, deux Jurats lui vindrent au devant au milieu de la Nef. En suitte le Cardinal estant entré au

D. Devienne, fut touché de ces plaintes. Il adressa en conséquence une charte aux archevêques, évêques, abbés, etc., etc. *Il y déclare qu'il accorde aux habitants de Bordeaux le droit d'élire un maire, d'avoir une commune dans la ville avec tous les droits attachés à l'un et à l'autre privilège.* L'acte est daté du 13 juillet de la même année. »

« Telle est l'origine de l'Hôtel de Ville de Bordeaux et l'époque de son établissement, que l'auteur de la *Chronique* place sans raison à l'année 1173. Alors, on vit renaître dans Bordeaux cet ancien gouvernement municipal qui avait été établi dans les premiers temps de sa fondation. » (*Ibid.*, p. 198.)

Les jurats furent d'abord au nombre de cinquante et leur robe était rouge et noire. On croit que le blanc fut substitué au noir lorsque les Français reprirent la Guyenne.

Le nombre des jurats descendit de cinquante à vingt-quatre, puis à douze. (Voir *Anciens et Nouveaux Statuts de Bordeaux*, p. 1.) Un registre de l'Hôtel de Ville de l'an 1407 nous fait connaître de quelle manière on procédait à leur élection. « La veille de Saint-Jacques et de Saint-Christophe, les jurats se rendirent à Saint-Éloi pour entendre la messe du Saint-Esprit et faire le serment conformément à l'usage pour l'élection des nouveaux jurats. Ce serment fait sur le corps de Jésus-Christ, les corporaux, la croix et l'autel garni de Saint-Éloi, porte qu'ils nommeront et éliront douze jurats, les meilleurs et les plus capables pour le profit de notre très souverain seigneur le roi de France et d'Angleterre et pour le gouvernement et utilité de la ville et qu'ils les nommeront et éliront chacun dans leur jurade ou quartier, s'il s'en trouve de suffisants, et s'il ne s'en trouve pas, qu'ils les éliront dans la jurade la plus prochaine, etc... »

Dans quelle classe de citoyens se recrutait la jurade? Il n'y avait

Chœur, et ayant fait sa priere sur son Prie-Dieu, garni d'un drap, et deux carreaux de velours rouge cramoisi, le grand orgue sonnant, monta à sa Chaire d'assistance, et l'orgue ayant cessé, on chanta l'*Exaudiat* en Musique. Apres quoy le Cardinal descendit de son Siege, s'approcha de l'Autel avec le Chapitre, et s'assit proche d'iceluy au milieu dans une chaire de velours, d'où le Comte s'estant approché, accompagné des Jurats, Procureur et Clerc de la Ville, se mit à genoux sur un carreau de velours, au devant du Cardinal : et le Clerc de la Ville ayant faict la lecture du serment accoustumé, inseré dans le Livre des Statuts de la Ville[1], le Cardinal ayant remonstré au Comte l'importance du serment pour l'observer de point en point, le Comte le jura et le promit, ayant les mains sur le Livre

point de règle fixe à cet égard pourvu que le candidat réunît les conditions requises par les statuts.

« En cette année (1583), dit M. de Gaufreteau (*Chron. bourd.*, t. I, p. 247), les procureurs commencèrent d'entrer en la jurade de Bourdeaux; à quoy les prud'hommes n'avoyent jamais voulu consentir, et le premier qui y entra fut Textoris, demeurant en la grand'rue du *Chapeau-Rouge*. Mais la raison que les prud'hommes alleguoyent de ne vouloir permettre que les gens de cette condition portassent la livrée et authorité de la magistrature populaire, estoit la crainte qu'ils avoyent que la Maison de Ville *ne fût descharnée* jusques aux os par la chiquane de ces procureurs, quelques personnes considérées qu'ils fussent. »

« En cette année 1591, c'est le même Gaufreteau qui le dit (*ibid.*, p. 304), les thrésoriers, financiers et secrétaires, contreroleurs et aultres officiers du roy, à robe courte, désirant parvenir à la jurade, « les statuts estant en apparence contraires à leur désir, qui veulent que la jurade annuellement se compose d'un gentilhomme, d'un advocat et d'un marchand, il fut ordonné, qu'alternativement, on ferait une année pour premier jurat un gentilhomme, et l'aultre année un officier royal. Toutefois, M. D'Epernon a aujourd'hui passé par dessus cette ordonnance, *car il ne met que des espées pour premier jurat, et notamment celles qui l'ont servi.* »

1. « Jurera le Maire en sa nouvelle création, en l'église Saint-André, en présence du peuple, sur les saints Évangiles, Notre

des Saincts Evangiles, apres quoy le Cardinal ayant mis le Chaperon de Maire sur l'espaule du Comte, celui-cy retourna à sa place avec les Jurats, et le Cardinal donna la Benediction. A l'absence de l'Archevesque, le Doyen, ou celuy qui est à la teste du Chapitre, fait la Ceremonie, reçoit le serment du Maire au milieu de l'Autel accompagné de tout le Chapitre. Et le Maire assisté des Jurats estant à genoux, le Doyen luy met le Chaperon sur les espaules : et c'est ainsi qu'il se pratique depuis fort longtemps, et que nous l'avons veu pratiquer de nos jours en la personne de Mr. le Comte d'Estrades, à présent Maire de la Ville de Bourdeaux, et Ambassadeur pour le Roy en Holande.

Seigneur et Reliques, comme est de coûtume, qu'il gardera en son pouvoir, tous les droits de ladite ville et cité de Bordeaux ; son état, bien et loyalement exercera, et s'il sçait rien être aliéné du bien de ladite ville, le révèlera et fera diligence iceluy recouvrer des deniers communs de ladite ville. » (*Anciens et Nouveaux Statuts de Bordeaux*, p. 4.)

CHAPITRE XI

¹*La 4ᵉ et 5ᵉ Preéminence de l'Eglise de Bourdeaux.*

POUR LES BAPTESMES ET LES SEPULTURES.

LA quatriéme Preéminence de l'Eglise de Bourdeaux est le droict qu'ell' a, et la possession de recevoir au Baptesme tous les enfans qu'on y porte, non seulement des Parroisses qui dependent du Chapitre, mais generalement des autres Parroisses de la Ville² qui sont dans le destroit particulier du Chapitre S. Seurin ou de l'Abbaye Sᶜᵗᵉ Croix, et de toutes les Parroisses du Dioceze³. Ce droict luy vient de la Dignité qu'elle a d'une

---

1. La première édition porte *A la 4ᵉ et 5ᵉ Preéminence,* etc. Nous avons enlevé la préposition, qui nous paraît placée là par suite d'une erreur typographique.

2. Les parents étalaient un certain luxe quand ils portaient leurs enfants, de tous les points de la ville, pour recevoir le baptême à la cathédrale. Ces fêtes de famille stimulaient en particulier les rivalités féminines. Un chroniqueur attentif à saisir les moindres manifestations de l'esprit bordelais raconte le trait suivant :

« En cette mesme année (1622) des dames et damoiselles de
» Bourdeaux commencerent d'aller en carrosse à l'église Sainct-
» André, pour faire baptiser les enfants, au lieu qu'avant elles
» alloyent à pied, chascune selon son rang. On dict que cette nouvelle
» coustume fut introduicte par les femmes de Messieurs les Thré-
» sauriers pour braver les Conseilleres; despuits, les bourgeoises
» qui peuvent emprunter carrosses suivent l'exemple des aultres. »
(*Chron. de Gaufreteau,* t. II, p. 120.)

3. Trois églises seulement avaient des fonts baptismaux : Saint-André, Saint-Seurin et Sainte-Croix. L'église de Saint-Nicolas de Graves, qui s'appelait au xvıᵉ siècle Saint-Nicolas des *Gahets* ou des *Ladres* (voir L. Drouyn, *Bord. vers 1450,* p. 361), en obtint dans

Eglise Cathedrale. En cette qualité elle est la Parroisse generale de tous les Diocesains, comme les Docteurs la suite, à raison de son éloignement, et sans doute aussi parce que la prudence ne permettait pas d'attirer dans la ville les malheureux habitants de ce quartier.

A diverses époques, les autres paroisses demandèrent le même privilège. En 1787, Pierre Pacareau, chanoine de Saint-André, qui fut élu quatre ans plus tard évêque constitutionnel du département de la Gironde (14 mars 1791), raconte, dans un *Mémoire* anonyme qu'on sait être de lui, les démarches successives des curés pour mettre fin au monopole des fonts baptismaux :

« MM. les curés, dans ces derniers temps, ont tenté à plusieurs reprises d'établir des fonts baptismaux dans leurs églises respectives. La première époque date de la fin du xvie siècle; ayant engagé MM. les Jurats dans leur parti, ils s'adressèrent au roi Charles IX, pour qu'il leur fût permis d'avoir des baptistères; mais comme cette demande regardait la juridiction ecclésiastique, ce monarque les renvoya devers M. de Sansac, alors archevêque de Bordeaux. La tentative n'ayant pas réussi auprès du prélat, ils se pourvurent au Parlement; l'archevêque intervint et soutint si vigoureusement ses droits et ceux de son église, que par un arrêt contradictoire du 4 février 1574, la Cour lui renvoya la connaissance de cette affaire, et l'église primatiale fut maintenue dans sa possession.

» En 1630, le siège vacant par la mort du cardinal de Sourdis, il prit envie aux sieurs Gabriel Cruzeau, curé de Saint-Rémi, et Guillaume Bertrand, curé de Saint-Maixant, d'avoir des fonts baptismaux; ils s'étayaient d'une prétendue permission du Chapitre de Saint-Seurin. A cette nouvelle, le sieur Locamus, vicaire perpétuel de la *Majestat*, leur fit signifier les lettres-patentes de Charles IX et l'arrêt du Parlement du 4 février 1574; il les attaqua devant les grands-vicaires; ceux-ci appelèrent les curés; après quelques détours, ils comparurent et répondirent que, mal à propos, le sieur Locamus avait pris l'alarme, et qu'ils se désistaient en attendant l'arrivée de l'archevêque successeur : le prélat arriva, et les fonts projetés demeurèrent où ils sont encore, dans les espaces imaginaires.

» Cependant les curés ne perdirent pas de vue leur objet, ils reprirent avec chaleur leurs instances en 1691, devant le présidial de Guienne, mais ils ne furent pas plus heureux qu'en 1574; la cause fut renvoyée de nouveau à M. l'Archevêque, par un appointement contradictoire du 25 janvier 1692; les curés firent appel au Parlement, et les poursuites demeurèrent suspendues. »

L'affaire avait été probablement reprise sept ans plus tard; nous

l'enseignent assez communément, fondez particulierement sur les Chapitres *Apostolicæ* au tiltre *de donationibus*.

trouvons en effet dans les Archives départementales(*Act. capit.*, G. 272), une ordonnance de l'archevêque Bazins de Bezons prescrivant « que les déclarations de naissances seront faites au curé de la *Majestat* pour les églises Saint-André, Saint-Pierre, Saint-Siméon, Sainte-Colombe, Saint-Éloi, Sainte-Eulalie, Saint-Projet, Saint-Christoly ; au curé de Saint-Seurin pour les paroisses Saint-Seurin, Saint-Remy, Saint-Mexant et Puy-Paulin ; au curé de Sainte-Croix pour les paroisses Sainte-Croix et Saint-Michel ; les curés rédigeront un certificat de baptême et ne pourront prendre plus de cinq sous, ils enregistreront gratuitement les actes de baptême sur les registres de leurs paroisses. »

Reprenons le texte de Pacareau : « Ces Messieurs, repoussés de toutes parts, loin d'être déconcertés, reviennent aujourd'hui à la charge, sous les auspices, disent-ils, et au nom des Fabriques. » (*Mémoire expositif ou idée succincte des droits de la juridiction du Chapitre de Saint-André de Bordeaux sur les curés de sa dépendance*, sans nom d'auteur. Bordeaux, 1787.)

C'est en effet au nom des Fabriques et comme pressés par le vœu

CUVE BAPTISMALE EN BRONZE QU'ON DIT AVOIR APPARTENU A L'ÉGLISE SAINT-SEURIN.
(Voir pour sa description et son histoire, CIROT, *op. cit.*, p. 407 et suiv.).

du peuple que les curés tentèrent le vigoureux effort de 1787, pour arracher aux deux Chapitres et à l'abbé de Sainte-Croix le droit si naturel de baptiser leurs propres ouailles, chacun dans son église

Et le Ch. *Parochiano* au tiltre *de Sepulturis* aux Decretales. On allegue neantmoins contre le droit et la possession de l'Eglise Metropolitaine, ce que de Lurbe a rapporté dans la Chronique de Bourdeaux, que « l'an 1220. sur le » debat entre l'Archevesque et Chapitre de S. André, et le

CHŒUR DE LA CATHÉDRALE.
Vue prise du square Pey-Berland. — Dessin de M. J. DE VERNEILH.

(V. la *Réponse au Mémoire expositif du Chapitre*.) Malheureusement cette réponse manque de sérieux; on y voit par exemple (ch. IX) qu'au moyen âge le Chapitre de Saint-André «détruisit tout à coup les fonts baptismaux» dans les églises de sa dépendance, avec l'assentiment du peuple, sous prétexte que «les registres jusqu'alors confiés à des vicaires amovibles seraient gardés plus soigneusement et tenus en meilleur état»; mais que (ch. XII) malgré les précautions des chanoines de Saint-André et de Saint-Seurin pour faire

» Chapitre et Chanoines de S. Seurin pour les limites de la
» Jurisdiction Ecclesiastique en la Ville de Bourdeaux, les
» Evesques de Tarbe et de Comminge choisis pour les
» Arbitres, adjugeant au Chapitre S. Seurin le territoire
» des Parroisses S. Remy[1], S. Maixant[2], S. Christofle[3], et
» Nostre Dame de Puypaulin[4], ordonnerent que les enfans

disparaître les indices de leur attentat, on retrouve encore les restes
de fonts baptismaux primitifs dans quelques églises paroissiales,
notamment à Saint-Michel; « car un peu plus bas que le sol du
pavé, dit l'auteur, est une pierre taillée en évier... » que l'avocat des
curés prend pour la « défuite d'une piscine de baptistère »; tandis
que le défenseur de Saint-André n'y reconnaît qu'un évier pur et
simple, ayant servi jadis « à la commodité des confréries de Montuzet. » On sait qu'avant d'entreprendre le pèlerinage à Notre-Dame
de Montuzet, près de Blaye, « à laquelle nos anciens marins avaient
tant de dévotion » (Baurein, *Var. bord.*, t. III, p. 347), les associés
étaient en effet dans l'usage de se réunir à Saint-Michel et d'y faire
un repas.

Les trois églises gardèrent leur droit exclusif jusqu'à la Révolution.

1. Voir *Vie de Lopès*, p. 37. — « L'église Saint-Remy s'élève près
de l'angle nord-est de l'enceinte romaine : elle sert actuellement de
magasin. La paroisse était bornée à l'ouest par celle de Saint-Mexent,
au sud par une portion de cette même paroisse et par celle de Saint-Pierre, à l'est par la Garonne; elle s'étendait fort loin, au nord, dans
le faubourg des Chartreux. » (L. Drouyn, *Bord. vers 1450*, p. 149.)

2. Voir *Vie de Lopès*, p. 37. — « La paroisse Saint-Mexent était
bornée au sud par la *Devise* depuis la rue du *Pont-de-Brion*
jusqu'à celle du *Putz-de-Banhacat* (puits de Bagne-cap). Cependant
un texte daté de 1553 place la limite dans la rue de *La Monede*
(impasse Sainte-Catherine). » (*Ibid.*, p. 148.)

3. « La paroisse Saint-Christofle (Saint-Christoly) avait pour
limites : à l'ouest, les rues *Magudas* et du *Temple;* au nord la
Porte-Dijeaux et la rue *Salabert;* à l'est, la rue Castillon et la
rue du *Pont-de-Brion,* jusqu'à la *Devise;* au sud-est, la *Devise* et
la grande rue *Saint-André*. Quelques rares textes lui donnent pour
limites la *Devise* au sud et au sud-est. Les restes de l'église Saint-Christoly se voient encore sur le côté septentrional de la rue
Montméjean, en face de la rue Saint-Christoly, au coin de la rue
de Grassi. (*Ibid.*, p. 147.)

4. L'église s'élevait au nord de la place *Puy-Paulin*. C'est là du
moins qu'on la trouve dans tous les anciens plans de Bordeaux,

» nés esdites Parroisses jusqu'au ruisseau de la Divise
» coulant par la Ville, seroient baptisez à la mode accous-
» tumée, audit. S. Seurin, adjugeant tout le reste de la
» Ville à l'Archevesque et Religieux de l'Eglise Metropoli-
» taine (c'est ainsi qu'il traduit le mot Latin, *Canonicis*,
» dont il s'estoit servi dans la Chronique Latine)[2] sans
» prejudice des droicts de l'Abbé de saincte Croix. »

II. Il est vray que de Lurbe est loüable pour avoir le

manuscrits et imprimés. La paroisse était bornée à l'ouest par les murs de la troisième enceinte qui la séparaient de *Saint-Seurin* : au nord, elle s'étendait quelque peu dans la campagne, du côté de Saint-Germain (la porte Saint-Germain se trouvait entre la place et les allées de Tourny). La ligne qui la circonscrivait au nord-est et à l'est passait par les rues *Burga, Porte-Médoc, Porte-Dijeaux, Brayac, Margaux, Castillon*; la rue Porte-Dijeaux, à partir de la rue Castillon, la bornait au sud. (*Ibid.*, p. 146.)

1. A l'origine, d'après une opinion rejetée par Lopès (v. 3e partie), le Chapitre de Saint-André n'aurait été qu'une communauté religieuse.
On lit dans la *Réponse au Mémoire du Chapitre*, etc., Bordeaux, 1787, ch. VIII, de *l'État primitif de MM. les Chanoines de Saint-André :*

« Il ne faut pas oublier que Sichaire, en fondant l'abbaye ou le Chapitre Saint-André, avait assujetti ses religieux à suivre l'institut des clercs réguliers de Saint-Augustin, approuvé par le Concile d'Aix-la-Chapelle. Il ne faut pas oublier non plus qu'avant l'archevêque Sichaire, l'église Saint-André était occupée par des hermites. »

2. Voici la traduction par Delurbe de ce passage de la *Chronique latine* :

« 1220. — Comme il y eust grand debat et different entre l'Arche-
» vesque et Chapitre Sainct-André, et le Chapitre et chanoines
» Sainct-Seurin, pour les limites de la jurisdiction ecclesiastique
» en la ville de Bourdeaus et faux-bourgs, et que la chose fuct en
» danger de prendre long traict, toutes parties auroient compromis
» au dire et jugement des evesques de Tarbes et de Cominge.
» Lesquels par leur sentence prononcée audict an, auroient adjugé
» audict Chapitre Sainct-Seurin, suivant le rescrit du pape Alexandre
» troisiesme, le territoire des paroisses Sainct-Remy, Sainct-Mexens,
» Sainct-Christophle et de Notre-Dame-de-Puy-Paulin, et ordonné
» que les enfants nez es dites paroisses jusques au ruisseau de la
» Divise coulant par ladicte ville, seroient baptisez à la mode
» accoustumée audict Sainct-Seurin, adjugeant tout le reste de ladicte

premier travaillé à dresser une Histoire de sa Patrie : mais il seroit à souhaiter, qu'il eust plus souvent travaillé sur des Memoires plus fideles que ceux sur lesquels il a dressé son Histoire. Cette composition ou Sentence Arbitrale, dont il parle, est dans les Archives du Chapitre, et il n'y est parlé que du different entre les deux Chapitres, sans parler de l'Archevesque, contre lequel le Chapitre S. Seurin ne contestoit pas dans la Ville la Jurisdiction Ecclesiastique. Cette Sentence fut prononcée, non pas l'année 1220. mais l'année 1222. au mois de may dans le Cloistre de la Metropolitaine. Les differens estoient sur trois chefs, sur la Jurisdiction des Ecclesiastiques et Laïques des Parroisses S. Remy, S. Maixant, S. Christofle, et Nostre Dame de Puypaulin de Bourdeaux : sur l'estat Regulier de l'Eglise S. Seurin; et sur la jouyssance de l'Eglise de Montussan entre deux Mers, on compromit à peines de 500 marcs d'argent. La Sentence adjugea l'Eglise de Montussan au Chap. S. Seurin, apres qu'il eust fait paroistre l'union qui luy en avoit esté faite par l'Archevesque Helies, et du consentement du Chapitre S. André, à qui on soûmit cette Eglise, au devoir de douze deniers payables tous les ans, l'Octave de S. André. On prononça pour la secularité du Chap. S. Seurin : mais pour une plus grande seureté de la secularisation, on l'obligea de s'adresser dans deux ans au Siege Apostolique, pour observer entierement ce que le Pape en ordonneroit. Et pour ce qui est de la Jurisdiction, ils prononcerent que le Doyen de S. André auroit la jurisdiction sur tous les Laïques dans le destroit desdites quatre Eglises ou Parroisses, sauf le droit dont jouyssoient les Chapelains (ce sont à present les

---

» ville à l'archevêsque et religieux de l'eglise metropolitaine Sainct-
» André, sans prejudice des droicts de l'abbé de Saincte-Croix :
» laquelle sentence est confirmée par le Legat du Saint-Siege
» l'an 1220. » (Delurbe, *Chron. bourd.*, f° 15 v°.)

CHEVET EXTÉRIEUR DE SAINT-SEURIN
d'après une eau-forte de M. J. DE VERNEILH.

Vicaires perpetuels)[1] en ces Eglises, comme les autres Chapellains dans les autres Chapelles de la Ville de Bourdeaux : et que le Doyen de S. Seurin auroit jurisdiction sur les Chapelains de ces quatre Eglises, et sur tous les Ecclesiastiques, comme il seroit necessaire à la celebration de l'Office Divin, dans l'Eglise S. Seurin, et pour l'honneur des saincts Confesseurs qui y reposoient. Et sur la fin de la Sentence, ils obligerent les parties d'en obtenir la confirmation du S. Siege, et de l'Archevesque de Bourdeaux. Cela est bien different de ce qu'a escrit de Lurbe. Il paroist que l'Archevesque n'estoit point partie, puis

---

1. Pierre Pacareau prétend qu'il n'existait à Bordeaux qu'une *église proprement dite entourée de chapelles.* On lit dans le *Mémoire expositif,* etc., 1re partie :

« Il n'y avait et il n'y a encore, à proprement parler, qu'une église à Bordeaux, de tout temps connue sous le nom de Saint-André : c'est au Chapitre que le soin des âmes était confié, sous l'autorité du premier pasteur et de concert avec lui. Le nombre des fidèles s'étant multiplié, on bâtit des oratoires ou des chapelles de proche en proche ; ces chapelles étaient desservies par des prêtres commis par le Chapitre, et ces chapelles et les desservants étaient dans une dépendance absolue d'une première église. Cela paraît par les plus anciens titres, où ces différentes églises sont appelées : nos chapelles, nos églises, et ceux qui les desservaient : nos vicaires, nos chapelains, *vicarii nostri, ecclesiarum nostrarum.*

L'affirmation de Pacareau souleva des tempêtes dans le clergé des paroisses. Les vicaires perpétuels qui, depuis plusieurs années, avaient obtenu du roi Louis XV l'autorisation de joindre à leur titre modeste celui de curé, publièrent une contre-partie du *Mémoire.* Cette réponse a les proportions d'un livre ; c'est un pamphlet virulent contre le Chapitre. Les curés s'y donnent tous les mérites et toutes les gloires. (Voir en particulier, chap. II, le parallèle entre un chanoine et un curé.) Non seulement ils repoussent l'idée d'avoir été dans l'origine de simples chapelains, mais ils soutiennent (ch. V) que *les curés de cette ville ont existé plusieurs siècles avant le Chapitre Saint-André.* Les assertions de cette nature abondent dans l'ouvrage ; elles sont refutées jusqu'à la dernière dans une *Lettre d'un Hermite à MM. les douze curés, vicaires perpétuels de la ville de Bordeaux.* La lettre signée F. Gilles est écrite « des Sables d'Arcachon, le 1er septembre 1787 ».

ÉGLISE SAINTE-CROIX DE BORDEAUX EN 1843,
d'après une eau-forte de M. L. DROUYN.

qu'on oblige les parties de s'adresser à luy pour obtenir sa confirmation. Il ne s'y parle point de Baptesmes, ny de l'Abbaye Ste Croix. On ne deffend point de baptiser les enfans du détroit adjugé à S. Seurin dans l'Eglise de Bourdeaux, au contraire, s'il faut tirer des consequences de cette Sentence, qui adjuge la Jurisdiction des Laïques de ce destroit au Doyen du Chapitre S. André, on pourroit conclurre que l'Eglise de S. André a plus de droict de les baptiser que l'Eglise de S. Seurin, à qui cette Sentence ne donne que la Jurisdiction sur des Ecclesiastiques. Mais à la bonne heure que le Baptesme s'administre à S. Seurin et à saincte Croix, qui ont des fons baptismaux : sauf neantmoins le droict naturel et inviolable, et sauf la possession de l'Eglise Metropolitaine où il s'est toûjours administré, et s'administre legitimement par le Curé ou Vicaire perpetuel de la Majestat[1], à tous ceux qu'on y presente pour estre baptisez de tous les endroits du Dioceze.

1. Ce mot désignait alors le curé de la cathédrale. Baurein en donne une explication qui paraîtra douteuse :

« D'où vient que le curé de *Saint-André de Bordeaux* se qualifie curé de la *Majestat de Saint-André ?* Il faut observer pour cet effet que, dans l'*église cathédrale de Saint-André*, il n'y a point d'image au maître-autel, et que, selon les apparences, il n'y en a jamais eu. Il n'en étoit pas sans doute ainsi à l'égard de l'autel qui étoit affecté à ce curé. On y avoit placé vraisemblablement quelque image ou figure de Saint-André. Comme il a été un temps où la moindre particularité faisoit sensation sur les esprits, cette image ou figure qu'on exprimoit par le mot *majestat,* aura paru quelque chose de singulier, et aura donné l'occasion d'appeler le curé de la *majestat* celui qui faisoit les fonctions et service à l'autel où étoit l'image ou figure de Saint-André. » (Baurein, *Variét. bord.,* t. IV, p. 49, 50.)

Le curé de la *Majestat* occupait un rang très modeste dans la hiérarchie. Non seulement il n'était pas chanoine, mais à en juger par les insignes qu'on lui permettait de revêtir, il semblait être le dernier des vicaires perpétuels de la ville; ceux-ci portaient sur le bras l'aumusse (v. *Mémoire expositif*), « faite de peaux de chevriers rouges, etc. » (Ant. de Lantenay, *J. Amelin ; Revue cath. de Bordeaux,*

III. La cinquième Prééminence de l'Eglise de Bourdeaux est pour les Sepultures : c'est ainsi que j'allie la mort avec série III, p. 38.) Le vicaire de la *Majestat* n'en portait d'aucune sorte. Relégué dans les basses formes du chœur *immédiatement après l'Aumosnier qui a la cure de Cestas* (*Act. capit.*, 16 juil. 1748), il remplissait les fonctions curiales dans la petite chapelle de Saint-Martin (*Act. capit.*, 14 août 1625) et quelquefois dans celle de Sainte-Marie, comme on est en droit de l'inférer d'un passage de l'*Obituaire*. Son territoire comprenait quelques maisons habitées par une centaine de personnes, qui pour la plupart n'étaient pas ses paroissiennes, le Chapitre se réservant d'administrer le saint viatique et l'extrême-onction aux notables, ainsi qu'aux bénéficiers et habitués de ladite église. » (*Ibid.*, 26 juillet 1696.) Cependant, en 1603 (v. *J. Amelin*, p. 384), le Chapitre « donna charge » à son vicaire de conférer les sacrements « aux serviteurs et domestiques des doyen et chanoines demeurant dans la *Sauvetat*. » Le curé de la *Majestat* en prit occasion d'élargir son domaine ; en 1619, il se permit d'assister *in extremis* une dame de qualité, la présidente Daffis ; il n'en fallut pas davantage pour que le doyen lui retirât, en vertu d'un acte capitulaire, le droit d'exercer à l'avenir dans la *Sauvetat*. Et pourtant, à la différence du Chapitre qui le 11 juin 1619 (*Act. capit.*) avait décidé qu'il n'assisterait qu'aux funérailles des gens « très illustres » et encore « faudra-t-il consigner 300 livres d'avance », le curé de la *Majestat* se contentait d'un modique honoraire et n'avait pour ainsi dire aucun revenu, sauf le casuel des baptêmes, lequel, à la suite d'une longue pétition adressée au Chapitre et portée devant le Parlement le 21 août 1603 par Thomas Lissac, alors curé de ladite *Majestat,* fut fixé à quatre chandelles de demi-livre par mois, « déduit ce qui pourra avoir été consumé de ces chandelles, pendant la célébration du baptême(v. *J. Amelin,* p. 386), plus une légère gratification, « étant d'usage que le parrain et la marraine lui donnent quelques pièces d'argent. »

Le casuel des baptêmes constituait donc la principale recette de l'humble vicaire de la *Majestat*. Aussi le sieur Locamus avait-il pris, en 1630, comme on l'a dit plus haut, l'initiative d'une dénonciation contre les curés de Saint-Mexent et de Saint-Remi, qui, profitant de la vacance du siège, à la mort du cardinal de Sourdis, avaient établi des fonts baptismaux dans leur église. Si la campagne de 1787 eût réussi, la ruine du curé de la *Majestat* devait fatalement s'ensuivre, attendu que le courant des baptêmes arrêté, cet ecclésiastique demeurait sans ressources. En prévision d'une pareille éventualité, la *Réponse au Mémoire expositif* invite le Chapitre à faire de son vicaire perpétuel un chanoine, et à assurer par là

la naissance, parce qu'où nous commençons de vivre nous mourons*a*, et que nostre fin est attachée à notre commencement. J'unis les deux tombeaux du fidele, de son ame et de son corps; de son corps dans le terre, de son ame dans les eaux*b*. Les eaux du Baptesme, au sentiment de l'Apostre, sont le tombeau de l'ame, où elle est ensevelie avec Jesus-Christ, pour renaistre avec luy à une vie nouvelle : et la terre est la sepulture commune de tous les corps qui estoient sortis de son sein pour la vie, et à qui elle r'ouvre son mesme sein pour les reprendre à la mort.

IV. Ce n'est pas neantmoins indifferemment partout, que les vivans couvrent les cendres des morts. Anciennement il ne se voyoit point de Sepulchres dans les Villes, cela estoit deffendu chez les Romains par les Loix des douze Tables, *que personne ne fut ny enseveli, ny bruslé apres sa mort dans la Ville*c, et cela, dit le Jurisconsulte Paulus, *pour ne pas contaminer la saincteté de la Ville*d, ou comme parlent les Empereurs Diocletian et Maximian,

---

a Nascentes morimur finisque ab origine pendet. — *b* Rom. 6. — *c* Ne quis in urbe sepeliretur urereturve. — *d* Ne funestarentur sacra civitatis.

son existence, au moyen d'une prébende canoniale. Le Chapitre fit la sourde oreille. « Ce n'est pas au Chapitre, répliqua-t-il, par l'organe de l'ermite d'Arcachon, à dédommager ledit vicaire d'une perte qu'il ne lui cause pas, qu'il n'occasionne pas, et qu'il tâchera sûrement d'empêcher. Il y a donc un moyen plus simple, plus efficace et plus conforme à l'avis que *l'apôtre saint Pierre donne aux évêques, et à plus forte raison aux curés en exercice;* si, comme le dit votre écrivain, ce n'est que le zèle pour le bien public et pour le salut des âmes qui dirige vos démarches, concluez, dans la requête que vous vous disposez à présenter, concluez, dis-je, à ce qu'il soit ordonné qu'on établira des fonts dans vos paroisses, à la charge pour vous d'y faire les baptêmes, et d'en faire remettre le produit à M. le curé de Saint-André; vous vous montrerez par là véritablement généreux et désintéressés. »

Les curés de Bordeaux n'eurent pas le plaisir d'abandonner à leur confrère de la *Majestat* les offrandes baptismales, puisque leurs demandes, à l'effet d'obtenir des fonts baptismaux, furent toujours écartées.

dans un rescript donné sur ce sujet, *pour ne prophaner aucunement les droicts saincts et sacrez des Villes municipales*[a]. Cela mesmes se pratiquoit parmi les Israëlites. Nous en avons plusieurs exemples dans la saincte Escriture, des ossemens de Joseph[b], de Josué, de Samson[c], de Saül[d] et de plusieurs autres. Et dans le Nouveau Testament, c'est hors la Ville[e] qu'on portoit le fils unique de la vefve de Naim, lors que Jesus-Christ le resuscita; et c'est encores hors la Ville[f] que fut mis le corps de Jesus-Christ dans un Sepulchre nouveau. Cette coustume ou cét ordre passa dedans le Christianisme. Sainct Chrisostome[g] qui vivoit sur la fin du 4e Siecle, en est un tesmoin irreprochable, et en a donné une raison morale. Avant, dit-il, qu'on n'entre dans les Villes, on trouve les tombeaux de ses habitans, afin que celuy qui desire entrer dans une Ville Royale, une Ville riche et puissante, sçache premierement ce qu'il est, avant que d'y former aucun dessein. Les Tombeaux sont posez devant les portes des Villes : c'est une leçon d'humilité qu'on met devant nos yeux, pour nous apprendre à quoy nous nous devons terminer.

V. Suyvant cét ordre ou coustume si generale, au commencement du Christianisme, il y avoit hors des Villes, des Cemetieres communs, où l'on portoit les corps des fidelles trespassez : et celuy que nous voyons proche l'Eglise S. Seurin, doit avoir esté un Cemetiere de cette nature. Une inscription ancienne qu'on lit encores sur la muraille de cette Eglise, marque sa saincteté et son antiquité. Je n'entre pas en discussion si la chose est veritable ou non. L'Inscription porte qu'il y a dans le Monde deux Cemetieres, l'un à Arles, l'autre à S. Seurin de Bourdeaux, que Jesus-Christ paroissant soubs la forme d'un Archevesque, consacra, assisté de 7. Evesques, Maximin d'Aix, Trophime

---

[a] Ne sanctum municipiorum jus polluerctur. V. Gregor. in syntag. l. 33. c. 32. — [b] Josue 24. — [c] Judic. 16. — [d] 1. Reg. 11. — [e] Luc. 7. — [f] Joan. 19. — [g] Xomus. in psal. et al.

d'Arles, Paul de Narbone, Saturnin de Toulouse, Fronton de Perigueux, Martial de Limoges, Eutrope de Saintes[1]: mais peu à peu cet ordre et coustume s'abolirent. On

[1]. Le cimetière de Saint-Seurin était le plus célèbre de la Gaule chrétienne avec celui d'Arles, surnommé les *Alyscamps* ou les Champs-Élysées. Comme les Alyscamps, il avait été consacré, suivant la tradition, par Jésus-Christ en personne. (Voir aux notes latines, § V, l'inscription qu'on lisait à Saint-Seurin.) De tous les points de la Provence et de la Celtique, les fidèles demandaient la consolation de reposer, après leur mort, dans la terre des Alyscamps, ce vestibule du Ciel; on portait les cercueils jusqu'aux bords du Rhône : là, on plaçait dessus la somme convenue pour les frais mortuaires ou droits de *mortellage*, et l'on abandonnait le tout au courant du fleuve. Le défunt arrivait ainsi jusqu'au pied des murs d'Arles, où les employés des Alyscamps prenaient l'offrande déposée sur la bière, et donnaient la sépulture à la dépouille de l'inconnu.

Le cimetière de Saint-Seurin recevait pareillement des hôtes venus de provinces éloignées. (Voir Cirot, *Hist. et descript. de l'église Saint-Seurin*, p. 199.) Il est nommé dans un vieux roman de chevalerie. « Saint-Seurin, écrivait M. Paulin Pâris (*op. cit.*, p. 194), est le lieu de sépulture de tous ces héros terribles et vindicatifs qui s'étaient fait pendant quatre générations une guerre implacable et qui représentaient assurément la lutte bien réelle des anciens souverains de l'Aquitaine contre les vassaux de nos carlovingiens envoyés pour gouverner ces provinces. » C'est là que fut apporté l'olifant d'ivoire du paladin Roland après la bataille de Roncevaux. (*Grandes Chron. de Saint-Denis*, t. II, p. 277. — *Chron. bourd.*, an 778.)

PETIT CIMETIÈRE DE SAINT-SEURIN, — par M. TRAPAUD DE COLOMBE.

L'archéologie distingue deux cimetières de Saint-Seurin, le petit et le grand ou l'ancien et le nouveau. Le premier « avait pour centre l'église Saint-Étienne. On lui donna pour contour le cloître du monastère » (*op. cit.*, p. 202);

permit d'ensevelir les corps morts, non seulement dans les
Villes, mais encore dans les Eglises des Villes : Premierement, des Evesques, des Abbés, et des Prestres, comme il
est enoncé dans les Capitulaires de Charlemagne : ensuitte

MÉDAILLON DU TOMBEAU D'ANCILIA PASCASIA.
Voir CIROT (op. cit.), p. 212

le second date du XIIIe siècle. L'église Saint-Georges située « à
l'extrémité de la rue Judaïque » lui servait de chapelle funèbre.
Le nouveau cimetière atteignit plus tard les limites des deux
anciennes nécropoles du paganisme à Bordeaux, le cimetière de
Campaure ou champ des riches *(campus auri)*, vers la place actuelle
de la Comédie, et celui de *Terre-Nègre* du côté de Caudéran et du
Bouscat; c'était la sépulture du peuple.

Le cimetière de Saint-Seurin exista jusqu'à la Révolution française.
On en garde un plan aux Archives départementales. Ses monuments

des fideles Laïques, comme porte le Canon 52 du Concile de Mayence. Tellement que le droit de Sepulture commença depuis à passer pour un droit de Curé et de Parroisse : et l'Eglise S. André, qui estoit la Premiere Cure et Parroisse de la Ville et du Dioceze, se l'estant legitimement vendiqué, le Chapitre de S. Seurin prenant pretexte de Cemetiere commun, qu'il falloit considerer comme un lieu volontairement choisi par les habitans, et non pour aucun droit de l'Eglise S. Seurin qui les obligeast d'y faire porter leurs morts. Ce dernier Chapitre environ l'année 1081. soubs Goscelin Archevesque, se plaignit de ce que le Chapitre S. André avoit fait ensevelir en son Eglise un Gentil homme de Gascogne nommé Othon de Montal, non pas, un Doyen de S. André, car il y avoit plus de 200. ans que les Prestres, comme nous avons veu, s'ensevelissoient dans leurs Eglises. La plainte[1] tirée des Archives de

---

les plus remarquables étaient le tombeau de marbre élevé par Charlemagne dont parle Lopès, 2e partie, ch. I, et le médaillon tumulaire d'Ancilia Pascasia. (V. la planche p. 321.). Le centre de la pierre est occupé par le monogramme de Jésus-Christ autour duquel se déroule une inscription très informe. Baudelot l'interprète ainsi : Au haut de la pierre : CASA PAVANIA, c'est sans contredit le nom de celle qui a élevé le monument. Dans l'intérieur en supposant PIRGUS sousentendu, lire : PIRGUS. ANCILIÆ. PASCASIÆ. AQUITANICI. JURIS, ou bien AQUITANICO. JUVENIS. USÆ. TITULO. SUO. « Tombeau d'Ancilia Pascasia de droit Aquitain, ou qui jeune, a usé de son titre Aquitain. » (Voir Cirot, *op. cit.*, p. 212, la traduction bien différente de Venuti; *item* sur le cimetière Saint-Seurin, *les Cimetieres sacrez*, par Henry de Sponde, S. Millanges, 1597, et sur le *médaillon tumulaire*, *Revue de l'Art chrétien*, t. I, p. 260; *Hist. de l'Acad. des Inscript.*, t. III, 1re partie, p. 60 et suiv.

1. La plainte est ainsi formulée : *Contrà sanctorum Patrum institutionem, authenticamque canonun auctoritatem, S. Andreæ congregatio parvo promota consilio, ad destruendum sanctissimi confessoris atque pontificis Severini cœmeterium ab initio primitivæ cælebratum, alterum, in suá cœpit ecclesiá, fundare modernum*. (*Gall. christ.*, Sammarth, t. I, fo 20.)

Le nouveau *Gallia christiana*, t. II, col. 815, dit que l'archevêque

S. Seurin a esté rapportée par Mrs de Scte. Marthe en la vie de cét Archevesque. Il fut prononcé que le corps mort demeureroit à l'Eglise S. André, et qu'à l'advenir cette Eglise ne toucheroit pas aux droicts de celle de S. Seurin, ny celle-cy aux droicts de la premiere : mais que l'Archevesque les gouverneroit toutes deux comme avoient fait ses predecesseurs.

VI. Cette Ordonnance ne termina point le different[1],

de Bordeaux Goscelin rétablit la paix entre les deux Chapitres, *Composuit controversiam inter S. Andreæ et S. Severini canonicos;* mais il ne fait pas connaître les conditions de l'arrangement. Lopès, au contraire, les indique en traduisant, dans les termes qu'on vient de lire, ces lignes de Mrs de Sainte-Marthe, t. I, f° 207, *ut nunquam illa Ecclesia mitteret manum super S. Severini Ecclesiam nec ista in illam,* etc. C'était la consécration du fait accompli; l'archevêque se réservait de statuer à l'avenir selon qu'il le jugerait convenable.

1. Probablement que le Chapitre, le croyant «terminé» à son avantage, se regarda comme autorisé par le Pape à user de son cimetière, et y reçut d'autres morts après les restes d'Othon de Montal; car le légat du Saint-Siège Amatus, qui devint, s'il ne l'était déjà, le successeur de l'archevêque Goscelin à Bordeaux, «supprima, dit le *Gallia christiana* de Mrs de Sainte-Marthe, le cimetière de Saint-André.» *Amatus posteà controversiam totam dirimit et cœmeterium ibidem S. Andreæ abrogavit.* (*Gall. christ.*, Sainte-Marthe, t. I, f° 265). Ni Lopès, ni le nouveau *Gallia christiana* ne font allusion à cet acte d'Amatus; il n'est rapporté que dans les archives de Saint-Seurin. *Quâ de re mentionem faciunt monumenta S. Severini.* Du reste, comme on va le voir, dix-huit ans après l'incident Montal, c'est-à-dire en 1099, sous l'épiscopat du même seigneur Amatus, le pape Urbain II estima l'heure venue de donner pleine satisfaction, sur ce point, au Chapitre de Saint-André.

«Nous croyons, dit M. L. Drouyn, que le cimetière de Saint-André était situé au sud de l'abside, peut-être s'étendait-il autour de toute l'abside.» (*Bordeaux vers 1450*, p. 375.)

«Depuis, raconte Delurbe, par succession de temps, estant la ville accreuë et de place et de personnes, le droict de sépulture auroit esté libre.» (*Chron. bourd.*, f° 8.) Au XIIIe siècle chaque paroisse et même chaque hospice avait déjà son petit cimetière. M. L. Drouyn *(op. cit.)* précise l'emplacement de chacun d'eux, souvent même il en dresse le plan.

l'affaire fut portée à Rome, toutes les parties y furent appellées, le Chapitre S. André y deputa Pierre son Doyen, qui depuis fut Evesque de Limoges. Les raisons de part et d'autre ayant esté examinées dans un Concile qui se tenoit à Rome, auquel presidoit le pape Urbain II. le 5e de mars l'an 1099. c'est à dire 18. ans apres l'Ordonnance de l'Archevesque, il fut resolu par le Concile que l'Eglise de Bourdeaux seroit restablie dans le droict qu'elle avoit d'un Cemetiere pour la Sepulture des Fidelles, et qu'elle en jouyroit inconcussement à l'advenir : et le Pape investit de ce droict le Doyen au nom de cette Eglise, en presence de tout le Concile. Cela est contenu en la Bulle d'Urbain II. adressée pour ce sujet aux Chanoines de l'Eglise S. André, que nous rapporterons dans nos preuves. Alexandre III. confirma cette Bulle de son Predecesseur, estant à Venise. La Bulle de sa confirmation fait mention de ce Concile, et deffend à toutes les Eglises quelles qu'elles soient, de recevoir les Morts des Parroisses ou Chapelles dependantes de l'Eglise Maistresse, sans luy garder les Droits qui luy appartenoient. Les Papes Lucius III. et Gregoire IX. confirmerent le mesme droit à l'Eglise de Bourdeaux, tellement qu'aucune Eglise ou Chapelle, ou Monastere, bastis dans son Territoire, n'ont droit de Cemetiere pour y recevoir les Corps de ceux qui sont decedez dans ce Territoire, que par la concession du Chapitre, qui peut legitimement en exiger des devoirs, comme il a fait de plusieurs[1]. En quoy il a souvent esté maintenu par des

---

[1]. Le Chapitre tenait à ce droit. Il surveillait « *les Irlandais* chargés de porter les morts de la ville. » (V. *Mémoire pour les sieurs curés-vicaires-perpétuels de la ville de Bordeaux*. Bordeaux, Pierre Philippot, 1777, in-4º, p. 4.) Une ordonnance capitulaire du jeudi 16 novembre 1402, porte imposition, sur chaque curé, d'une taxe de cinq sols pour tout cadavre enterré par eux, dans leurs cimetières, sans la permission du Chapitre; d'autres délibérations, en date des 15 mai 1404 et 7 juillet 1407, menacent de poursuites « les

Sentences et Arrests des Cours Souveraines, dont je rapporte icy des Exémples.

VII. Le Chapitre ayant fait action pour ce droit, apres l'établissement de l'Hospital S. Jammes[1], que tiennent à present les PP. Jesuites du College, l'Archevesque Arnaud Geraud ou Guiraud, l'an 1122. outre le pouvoir qu'il luy accorda de confirmer le Prieur, qui luy seroit presenté, et deux sols de cens, que l'Hospital devoit luy payer tous les

chapelains de Bordeaux qui se rendraient coupables du même délit. » De curieuses contestations surgirent dans la suite, entre les curés et le Chapitre à propos des registres de sépultures. (Voir *Observations sur les Extraits que MM. les curés-vicaires-perpétuels ont fait signifier au Chapitre Saint-André.* Bordeaux, Pierre Philippot, in-4°, 1777.)

Excités par les revendications minutieuses des chanoines de Saint-André, les vicaires perpétuels, ou plutôt le procureur Lacombe, qui leur servait d'interprète, s'emportèrent jusqu'à dire avec l'avocat général Talon plaidant contre le Chapitre de Chartres : « Non contens d'avoir secoué le joug de l'obéissance qu'ils doivent à leur évêque..., non contens d'avoir usurpé les droits épiscopaux et acheté la juridiction spirituelle à prix d'argent, *ils ont poussé jusqu'à l'extrémité de douter s'ils étoient sujets du Roy...!* C'est le comble de la frénésie. » (*Mémoire* ci-dessus, p. 10.)

1. La chapelle de cet hôpital existe encore dans la rue du Mirail, à gauche en entrant par le *cours des Fossés*. Ses dépendances et ses jardins s'étendaient à l'ouest, jusqu'auprès de la rue *Boau*. (*Bordeaux vers 1450*, p. 368.).

L'hôpital de Saint-Jacques ne suffisant plus, on en construisit deux autres, l'un dit l'*Hostau-de-Saint-Christophe,* bâtisse immense, avec une tour dont il est parlé dans un titre de Saint-André (1447), et une autre hôtellerie vis-à-vis celle de Saint-Christophe, et appelée l'*Hôtel-des-Trois-Rois;* ce prieuré avait les dîmes de plusieurs paroisses : Guillaume *le Templier*, archevêque, lui donna celle d'Hosten et de Saint-Magne, en 1174; Géraud de Malemort lui accorda celle de Meynac, en 1236; et en 1295, celle de Capian fut unie à cet établissement par l'archevêque Henry d'Amanieu. En 1425, le prieuré jouissait de la dîme de Gujan. (V. *Hist. de Bordeaux,* O'Reilly, t. II, p. 673 et suiv.)

Le prieuré de Saint-James fit place, en 1571, au collège des Jésuites dont nous avons parlé plus haut, et sur l'établissement duquel nous aurons lieu de revenir.

ans, le jour de Saint Jacques Apostre, défendit que personne de ceux qui mourroient dans les Parroisses dépendantes du Chapitre, ne fut reçeu dans le Cemetiere, qu'il avoit consacré dans cét Hospital, seulement pour ensevelir les pauvres, sans la licence, et permission des Chanoines. Et comme des nouveaux differents se fussent émeus entre les Freres de cét Hospital, et les Chanoines; Geraud, Archevesque d'Auch, Legat du S. Siege, de l'advis de Guillaume Archevesque de Bourdeaux, d'Helies Evesque d'Agen, d'Aimar de Saintes, de Garsies de Basas, et de Guillaume d'Acqs, donna une Sentence l'an 1174. par laquelle il fut permis à l'Hospital d'ensevelir les Freres qui y servoient, comme aussi les Pauvres et les Pelerins : pour les autres qui y seroient ensevelis, tant de la Ville que des Fauxbourgs, que la moytié de toutes les oblations qui s'y donneroient au jour de l'enterrement, au 7ᵉ et 30ᵉ jour apres le decez, comme aussi la moitié de tous les biens meubles et immeubles, qui seroient leguez, appartiendroit sans aucune diminution aux Chanoines[1]. On ajoûta que toutes les années un des Freres de cét Hospital viendroit prier le Chapitre de deputer un Chanoine pour y celebrer la grand' Messe le jour de S. Jacques, à l'issuë de laquelle on luy payeroit les deux sols de cens annuel : et cette Sentence fut confirmée par une Bulle du Pape Alexandre III. le 30ᵉ du mois de juin.

Les PP. Augustins obtindrent du Chapitre la permission de bastir leur Couvent[2] à la priere de Robert, Evesque de Bathe en Angleterre, et Chancelier du Roy d'Angleterre le 21. Decembre 1287, moyennant 18 liv. qu'ils payeroient

1. Avec cette réserve que les draps de lit et les vêtements des morts resteraient à l'hôpital pour y être affectés à l'usage des pauvres. (*Ex. tab. eccl. Burdig.*) — Voir aux pièces latines.

2. Le couvent des *Augustins* était situé près de la porte Saint-Julien et à l'est de cette porte, son clocher est encore debout..., il était dans le quartier *du Mirail* et dans le territoire des paroisses de

RUINES DU COUVENT DES AUGUSTINS

D'après une eau-forte de M. L. DROUYN.

annuellement au Chapitre, et y furent encore obligez, par une Sentence de l'Official du 20. Avril de l'an 1336.

L'Hospital de S. Jean de Hierusalem[1] luy paye 36. s. de

MAISON DES COMMANDEURS.
Emplacement du premier hôpital rue du Pont-Saint-Jean, d'après une eau-forte de M. H. DE MARQUESSAC.

Sainte-Eulalie et de Saint-Éloi. (Voir L. Drouyn, *Bordeaux vers 1450*, p. 354.)

C'est dans la chapelle des Augustins que se trouvait le superbe mausolée de François de Foix de Candale, évêque d'Aire. Ce monument, détruit pendant la Révolution, était orné de quatre statues représentant les *vertus cardinales,* la Prudence, la Justice, la Force, la Tempérance, véritables chefs-d'œuvre « que les habiles connaisseurs admirent », disent les chroniques.

On trouve dans les *Comptes-rendus de la Commission des Monuments historiques,* 1853-54, une étude sur l'ancien couvent des Augustins, accompagnée d'un dessin par M. Champmas. La gravure que nous donnons est de M. L. Drouyn.

1. Il était situé sur la rive gauche du *Peugue,* dans la rue de la

cens annuel pour la Chapelle qu'il avoit fait bastir au Pont-neuf, maintenant appelé le Pont S. Jean, et y fut condamné par une Sentence donnée par l'Evesque de Perigueux (c'estoit Radulphe de Tours[a]) subdelegué du S. Siege, le Lundy de Pasques l'an 1224. et cette Sentence a esté depuis confirmée par un Arrest de la Cour du Parlement de Bourdeaux, le 23. Juillet l'an 1643.

Les PP. Carmes[1] s'obligerent dans une Transaction pas-

[a] Radulphus de Turribus.

RUE POITEVINE ET CHAPELLE SAINT-JEAN.
D'après une eau-forte de M. H. de MARQUESSAC.

Chapelle-Saint-Jean et à l'ouest de cette rue. La chapelle de cet hospice s'élevait de l'autre côté de la même rue; c'était en dernier lieu une propriété particulière, elle a été démolie ainsi que les maisons adjacentes, lorsqu'on a percé le cours d'Alsace-et-Lorraine.

1. « L'église du couvent des Carmes qui a été démolie, il n'y a pas longtemps et dont nous avons vu quelques vestiges, dit M. L. Drouyn (*Bordeaux vers 1450*, p. 354), était située sur le bord du cours des Fossés, entre les rues Sainte-Catherine et Canihac. »

sée le 25ᵉ juin l'an 1264. de donner au Chapitre la moytié de toutes les offrandes et legats qui se fairoient au

L'église des Grands-Carmes était recherchée pour les sépultures; aussi le Chapitre voulut-il être de moitié dans les bénéfices de ces religieux, qui, d'après un amusant chroniqueur, acceptaient des services funèbres même pour la nuit :

« En cette année 1550 un notable bourgeois de Bourdeaux
» appelé sire Rostault, demeurant tout devant l'église des Carmes,
» et ayant un anniversaire fondé en ladite église par son feu' père
» par lequel les religieux estoient obligés de dire tous les jours
» matines en une certaine chapelle et à certaine heure après minuit
» et après matines, célébrer une messe à haute voix, s'estant éveillé
» une nuict plustôt que de coustume et ne se pouvant rendormir,
» il lui print envie de se lever et d'aller voir si lesdits religieux
» célebroyent son anniversaire, et s'estant par cest effet transporté
» à la porte du couvent, et n'oyant aucune psalmodie, bien que ce
» fust l'heure que ledit aniversaire se debvoit célébrer, il heurta,
» mais aucun ne venant ouvrir, il fut contraint de s'en retourner.
» De quoy, le lendemain, il faict plaincte au prieur et aux relligieux
» et leur parle avec grosses et menassantes paroles de se pourvoir
» par justice contre eux, s'ils ne vouloient mieux qu'auparavant
» célébrer son dict anniversaire. Cela fut cause que les moynes,
» pour se venger et moquer du bourgeois, continuèrent d'envoyer
» par plusieurs nuicts, à l'heure de minuict qui estoit la plus propre
» au repos, battre à la porte dudict Rostault avec des grosses pierres,
» afin de l'esveiller et l'empescher de dormir; et lorsque quelcun de
» ladicte maison demandoyt ce qu'on vouloit et cherchoit à tele
» heure, ceux qui batoyent repondoyent incontinent, qu'ils allassent
» dire au sire Rostault de venir assister à son aniversaire. Ce quy
» ayant enfin enuyé le bourgeois, il fust contrainct de prier les
» moynes de ne l'envoyer plus semondre pour assister au dict
» anniversaire, à leur conscience, et qu'ils le disent s'ils vouloyent.
» Mais les moynes, ne le laissant pas pour cela, il fallut que, pour
» avoir paix, il envoyat au couvent un thoneau du meilleur vin
» qu'il eut... » (*Chron. de Gaufreteau*, t. I, p. 79-80.)

Les Carmes sont avec les Feuillants les religieux dont Gaufreteau s'est le plus égayé. Il faut reconnaître qu'ils avaient l'humeur envahissante. (Voir aux *Arch. départ., Archevêché*, G. 74, le procès que leur intenta le curé de Saint-Pierre en 1459 pour cause d'empiètement.) Les Carmes revendiquaient non seulement le droit « d'enterrer dans leur couvent les laïques qui y auraient fondé leur sépulture, *mais même de célébrer les funérailles dans les églises paroissiales, avec le droit mortuaire et les torches funèbres.* »

Couvent à raison des sepultures, luy en rendre compte trois fois l'année : et pour raison de ce, ils luy payent annuellement la somme de 24. livres, à quoy ils ont encores esté obligez par un Arrest du mesme Parlement du 9ᵉ juin, l'an 1646.

La Transaction passée entre le Chapitre et le Commandeur de S. Antoine[1] du 3. novembre 1352. porte que ny le Commandeur, ny les Religieux, ne pourront administrer les Sacremens, qu'aux serviteurs de leur Couvent, et qu'ils

1. Le couvent de Saint-Antoine (commanderie de Saint-Antoine), qui devint après le xvᵉ siècle le couvent des *Feuillants* et fut agrandi par ces derniers religieux, s'étendait depuis les murs du premier accroissement à l'ouest, c'est-à-dire depuis les fossés des *Ayres* jusqu'à la rue *Bertrand Ranson* (rue de Montaigne); il fut occupé en partie dans la suite par le Lycée, que remplacent aujourd'hui les Facultés de théologie, des sciences et des lettres. La commanderie de Saint-Antoine était une dépendance de la grande commanderie de *La Palomière*, à quatre lieues de Bordeaux. (Voir D. Devienne, *Histoire de Bordeaux*, 2ᵉ partie, p. 101.) La commanderie de Saint-Antoine donna son nom à l'ancienne rue appelée dans les titres gascons *rua Dejus lo Mur*, et dans les titres latins *rueta Juxtà Murum*. «Elle étoit ainsi nommée, dit Baurein, (*Var. bord.*, t. I, p. 117), parce qu'elle cotoyoit le mur du premier agrandissement de la ville, situé entre les maisons de cette rue et les fossés des *Tanneurs* et des *Carmes*. Elle aboutissoit de la porte des *Carmes*, c'est-à-dire de la porte *Cayffernan*, qui étoit quelquefois ainsi appelée à cause de sa proximité de l'église des Carmes; elle aboutissoit, dis-je, de cette porte à celle des Ayres en bordant la maison de Saint-Antoine, aujourd'hui le couvent des PP. Feuillants.» C'est dans la rue Saint-Antoine que se trouvait le fameux jeu de paume dont il a été parlé plus haut (*Vie de Lopès*, p. 42), et qui fut la cause de l'interminable procès des Feuillants avec Jean de Gaufreteau. (Voir J. Delpit, *Essai généalogique sur la famille de Gaufreteau*, Chron., t. II, p. 342 et suiv.) Enfin, c'est dans l'église Saint-Antoine que fut prononcé le faux serment du sieur Léau; or, «est à noter que, deux jours après que ledit Leau eut faict ledit faulx-serment, le mal appellé vulgairement le feu Sainct-Antoine se print à la jambe droicte, et laquelle sécha tellement qu'il luy fallut couper la jambe de chair et lui en faire une de bois, avec laquelle je l'ay veu marcher plusieurs années à Bordeaux et dans la ville de Paris.» (Gaufreteau, *Chron.*, t. II, p. 208-209.)

assisteront à toutes les Processions du Chapitre, tant ordinaires qu'extraordinaires, que le Chapitre aura une portion Canonique, sur les funerailles qui se feront dans leur Eglise, et qu'ils luy payeront 30. livr. Bourdeloises, toutes les années, comme les payent les PP. Feuillans! qui ont succédé aux Religieux de S. Anthoine, y ayant esté obligez par un Arrest du mesme Parlement du 12 de Mars l'an 1611.

Les Religieuses de l'Annonciade[2] s'obligerent aussi pour avoir la permission de bastir leur couvent, et à raison de ce droict de Cemetiere, au payement annuel de 40. sols, outre quelques autres devoirs. La Transaction en fut passée le 28. Juillet 1521.

Les PP. de la Mercy[3] qui avoient consenti au payement de 4. livr. Bourdeloises pour ce droit de Cemetiere, lors qu'ils éleverent leur Couvent, l'ayant voulu contester, y ont esté obligez par deux Arrests contradictoires du mesme Parlement, et le dernier est du 16. May 1665.

Il conste donc suffisamment de tous ces Tiltres, que

1. V. *Vie de J. Lopès*, p. 42.
2. V. *Vie de J. Lopès*, p. 47.
3. Les pères de *La Merci* s'établirent sous Jean de Foix dans le quartier Saint-Siméon. « Un religieux de la Merci étant venu dans cette ville, y donna quelques sermons qui furent goûtés ; s'étant présenté sur ces entrefaites une chaire de l'Université au concours, il se mit au nombre des aspirants et on la lui accorda. Son général à qui il fit part de ses succès, lui envoya une somme dont il se servit, de l'agrément de la ville, pour acheter un emplacement qui dans la suite s'est accru par les libéralités de la maison d'Ornano. » (Bellet, Ms., Biblioth. de la ville de Bordeaux.)
Dans la suite les pères de la Merci donnèrent quelques inquiétudes à l'administration ecclésiastique. Un archevêque se vit obligé de leur interdire le ministère de la confession dans les paroisses de la ville. Gaufreteau parlant de l'un de ces pères qui s'était fait ministre protestant à Nérac, et qui revenu plus tard au catholicisme fut nommé, paraît-il, directeur du séminaire de Bordeaux, dit : « Je ne sçay si on avoit baillé à garder les brebis au loup. » (Gaufreteau, *Chron.*, t. II, p. 133.)

l'Eglise de Bourdeaux a un droict de Cemetiere pour les Sepultures, au moins dans l'estenduë de tout son territoire, à raison duquel il n'y a point d'Eglises qui y soient scituées, qui ne doivent relever d'elle, la faculté dont elles jouyssent de leurs Cemetieres particuliers, et de recevoir les morts de ce territoire, qui est une cinquiéme Préeminence.

II. Universis sanctæ Dei Ecclesiæ Filiis præsentes literas inspecturis, A. Bigorritanus, et G. Conuenarum divina miseratione dicti Episcopi salutem in Domino, etc. Notum facimus, etc. quod cum inter venerabiles in Christo, G. Decanum et Capitulum Sancti Andreæ ex una parte, et A. Decanum et Capitulum Sancti Severini Burdigalensis ex altera, super quæstionibus quæ inferius exprimentur coram judicibus à sede Apostolica delegatis fuisset diutius, in non modicum dictarum Ecclesiarum præjudicium, litigatum; tandem post multos labores et expensas inutiles, illustrati gratia melioris consilii ad bonum pacis, et charitatis mutuæ cupientes redire, authoritate ipsorum judicum delegatorum obtenta, tactis Sacrosanctis Evangeliis utrinque spontaneè, et unanimiter juraverunt nobis sub pœna etiam quingentarum Marcarum Argenti, firmiter promittentes, quod super ipsis quæstionibus dicto nostro stabunt, etc. *Post multa de Ecclesia de Montussan, et de statu regularitatis auferendo ab Ecclesia Sancti Severini.* Consequenter in quæstione jurisdictionis Parochianorum quatuor Ecclesiarum seu parochiarum Sancti Remigii, Sancti Maxentii, Sancti Christofori, et Sanctæ Mariæ de Podio Paulini, veritatem quanta potuimus diligentia perquirentes, et ad reformandam inter partes concordiæ unitatem, dicimus quod Decanus Sancti Andreæ, prædictarum quatuor Ecclesiarum, seu Parochiarum, jurisdictionem habeat omnium laïcorum salvo jure Ecclesiæ Capellaniæ in prædictis Ecclesiis, quod habent alii Capellani in aliis capellis Burdigalensis civitatis. Decanus vero Sancti Severini, earumdem Ecclesiarum, seu Parochiarum Jurisdictionem habeat, et omnium clericorum ut per eos ad honorem beatorum Confessorum ibidem quiescentium cum majori veneratione, et devotione divina officia in ipsa Sancti Severini Ecclesia celebrentur, etc. Hæc autem omnia prout rationabiliter et bona fide et authoritate, et voluntate judicum super his à fide Apostolica delegatorum curavimus ordinare, in virtute juramenti nobis præstiti, et pœnæ Apostolicæ, dicimus et præcipimus, firmiter, à Decanis, et Capitulis et successoribus eorumdem perpetuò inviolabiliter observari, etc., et addimus quod ad ea, à Domino PP et judicibus ab eo delegatis et Domino Burdigalensi Archiepiscopo confirmanda, utraque pars diligenter intendat, et bona fide laboret, etc. Acta sunt hæc solemniter apud Burdigalam in claustro Sancti Andreæ anno Incarn. verbi Mo. CCo. XXIIo. mense Maio, præsentibus Decanis, et Capitulis utriusque Ecclesiæ et multis aliis bonis viris. *Ex tabular. Eccles. Burdig. in lib. VIII.*

(*En marge dans Lopès.*) Arnaldus de Mille sanctis de Miossans. Ep. — Guillelmus. Ep. — Geraldus dec.

V. In mundo duo sunt Cemeteria celeberrima præcipua Sacrosancta; unum apud Arelatim in Elisiis campis, et alterum apud Sanctum Severinum Burdigalæ, quæ Dominus noster Jesus Christus, in specie cujusdam Archiepiscopi apparens, cum septem Episcopis infra nominatis consecravit, ipsis non ausis interrogare tu quis es? Scientibus quod Dominus est, donec ex oculis eorum evanuit. Consecravit etiam Ecclesias inibi fundatas,

Nomina quoque dictorum septem Episcoporum sunt hæc : Maximinus Aquensis, Trophimus Arelatensis, Paulus Narbonensis, Saturninus Tolosanus, Fronto Petragorum, Martialis Lemovicensis, Eutropius Santonensis. In quibus cemeteriis maxima pars illorum qui in Elisiis campis, et Mariæ Montis Garsuti gladiis interfecti pro nomine Christi obierunt, aromatibus peruncti sepulti sunt. *Inscriptio in muro Eccles. B. Severini.*

Ut mortui non sepeliantur in Ecclesia, nisi Episcopi, vel Abbates, vel fideles et boni presbiteri. *Capitulare Caroli magni an. 813. cap. 20.*

Contra sanctorum Patrum institutionem, authenticamque Canonum authoritatem, Sancti Andreæ congregatio, parvo promota consilio ad destruendum sanctissimi Confessoris atque Pontificis Severini cemeterium, ab initio primitivæ Ecclesiæ celebratum, alterum in sua cœpit Ecclesia fundare modernum, et auditis utriusque Ecclesiæ rationibus, dedit Episcopus Gotcelinus cum suis Archidiaconis scilicet... Sancii, Petro Humberti aliisque honestissimis viris suam sententiam, quod de isto mortuo, illis hoc tenore concederetur, ut nunquam deinceps illa Ecclesia mitteret manum super Sancti Severini Ecclesiam, nec ista in illam, sed ut antecessores sui rexerant utramque Ecclesiam, sic regeret et ipse. Factum est hoc anno. M. XXCI. post Verbum caro factum, Regnante Philippo super Vuillelmo Aquitaniæ Duce, Gotcelino Burdigalensi præsule. *Ex Tabular. Eccles. B. Severin.*

(En marge dans Lopès.) Paulo aliter legitur in Turpino lib. de gestis Caroli, c. 28 et 29.

VI. Urbanus Episcopus servus servorum Dei, dilectis filiis Canonicis Scti. Andreæ salutem et Apostolicam Benedictionem. Notum sit, Fratres charissimi, dilectioni vestræ, quod altercationem quam Clerici Sancti Severini vobiscum diu habuerunt, de Cimeterio Matris vestræ Ecclesiæ à nobis per Dei gratiam consecratæ, ad justum et legitimum perduximus finem. In Concilio enim Romano, quod Dei voluntate ante corpus beatissimi Petri Apostolorum Principis solemniter celebravimus, rationibus vestris per Petrum Decanum enarratis, et adversariorum vestrorum oppositionibus diligenter pertractatis, decrevit sancta Synodus, matrem vestram Burdigalensem videlicet Ecclesiam, filiam vero nostram, unico Privilegio amoris nobis semper adjunctam, suum quod requirebat, debere in perpetuum habere Cimeterium. Igitur communi decreto Concilii, Cimeterium quod requirebatis ad Sepulturam fidelium, Ecclesiæ statim vestræ restituimus et jure perpetuo, authoritate Apostolica possidendum concessimus. Subinde Petrum Decanum vestrum in conspectu Concilii manu nostra investivimus. Neque ergo persona contra hanc Concilii definitionem et nostram concessionem, aliquando venire præsumat, authoritate Dei omnipotentis et B. Apostolorum Petri et Pauli atque Andreæ et nostrâ, modis omnibus interdicimus. Datum Romæ apud B. Petrum V. nonas Maii Indict. 7. Incarnat. Domin. ann. 1099. Pontificatus autem D. Urbani secundi Papæ XII. *ex Tabular. Eccles. Burdig.*

Alexander, etc. Cimeterium à Prædecessore nostro fœlicis memoriæ PP. Urbano in concilio, quod in Basilica Beati Petri solemniter celebravit, Ecclesiæ vestræ concessum et scripto firmatum nos quoque authoritate Apostolica confirmamus, et Ecclesiam Beati Andreæ, in qua divino mancipati estis obsequio, Sepulturam habere concedimus, prohibentes etiam ut nulli alii Ecclesiæ mortuos Parochiæ vestræ et Capellarum vestrarum suscipere liceat, nisi salvo jure Matricis Ecclesiæ. *Ex eod. Tabul.*

VII. Arnaldus Dei gratia Burdigalensis Archiepiscopus etc. presbiter a magno Eleemosinario seu a rectoribus Eleemosinariæ domus Capitulo præsentatus, a Decano si affuerit, vel a Canonicis si dignus fuerit ad servitium capellæ confirmetur. Ad hæc constituimus ut Capellanus vel rectores prædictæ domus de ipsa Ecclesia quam habuerint, Canonicis B. Andreæ in solemnitatem ipsius Apostoli, *Jacobi,* per singulos annos duos solidos censualiter persolvant. De cætero authoritate Dei omnipotentis, et Beatæ semper Virginis et Apostolorum Petri et Pauli atque Andreæ præcipimus, ut nullus quemquam Parochianorum Ecclesiarum quæ sunt juris Canonicorum B. Andreæ in Cimeterio quod solum modo ad sepulturam pauperum consecravimus, sepelire, vel ad divinum officium audiendum suscipere, nisi ex licentia Canonicorum præsumat, etc. Actum est hoc, anno M° C° XXII° Epacta XXII. Concur. VI.

Geraldus Dei gratia Auscitanus Archiepiscopus, Apostolicæ sedis legatus, etc. Nos Convocato Consilio Venerabilium Personarum, scilicet VV. Burdigalensis Archiep. Heliæ Agennensis, et Ademari Santonensis, et Garsiæ Vasatensis, et VV. Aquensis Episcoporum, etc. Statutum est à nobis ut fratres liberam deinceps habeant sepulturam fratrum suorum ad servitium Pauperum deputatorum, et peregrinorum et pauperum, et familiæ suæ. De aliis vero qui ibidem se devoverint sepeliendos, tam de commorantibus in civitate Burdigalensi, quam in suburbiis, medietatem omnium proventuum, scilicet oblationum quæ in die sepulturæ fient, et in septenario, et tricesimo, et aliorum omnium tam mobilium quam immobilium Canonici prædicti [*Sancti Andreæ*] in pace, et sine diminutione aliqua habeant, et alteram medietatem fratres præfati loci, retentis et receptis pannis mortuorum tam de lecto quam de illis quibus pro vestibus uti solebant, qui quidem in usus pauperum solummodo cedant, etc. Similiter quod in Festo Sancti Jacobi, unus de fratribus præfati hospitalis ad Ecclesiam B. Andreæ accedat, et Canonicus unus cum fratre illo ad Ecclesiam B. Jacobi descendat missam ibi majorem celebraturus, qua celebrata à fratribus hospitalis duo solidi, quos censualiter Matri Ecclesiæ debent, Canonico illi persolvant, et Canonicus censum illum Capitulo suo reddat, etc. Factum est hoc, Burdig. in refectorio Canonicorum. An. ab Incarn.

Dom. Mo. Co. LXXIVo Indict. VII. Epacta XXVI. Concurr. I. Episcopatus Domini Alexandri Papæ III. an. 16. Lodovico rege Francorum regnante, et Henrico rege Anglorum Ducatum Aquitaniæ gubernante. *Ex tabul. Eccles. Burd. in lib. Villoso.*

Bulla Alexandri III. Data Ferentini II. Kal. Jul. *ibid.*

Omnia instrumenta circa Monasteria PP. Augustinian. Carmelit. etc. in Archiv. Eccles. Burdig. reperiuntur.

REMARQUES DE L'ÉDITEUR

SUR LES

PIÈCES JUSTIFICATIVES

ALLÉGUÉES PAR LOPÈS (Ire PARTIE)

———

Les pièces justificatives avaient une importance capitale dans la pensée de Lopès; il pousse quelquefois le scrupule jusqu'à les traduire littéralement; de là, peut-être, la pesanteur et l'embarras qu'on a pu remarquer dans son style. Le Lopès de l'*Église Métropolitaine* ne parle plus cette langue élégante et souple à laquelle nous avaient habitués les *Sermons choisis sur divers jours et festes de l'année*. Fidèle au mandat qu'il tenait du Chapitre, l'auteur s'étudie à faire, dans la plus rigide acception du mot, un livre de fond, une sorte d'abrégé méthodique du cartulaire de Saint-André. L'exactitude universellement reconnue de Lopès (les plus graves historiens, y compris le *Gallia christiana*, le citent de confiance) semblait nous interdire le travail de révision qui va suivre; aussi n'aurons-nous guère à relever, çà et là, que de simples *lapsus* de copistes ou de typographes, des variantes plutôt que des fautes.

Le côté vraiment défectueux des *Instrumenta* de Lopès

est ailleurs; on ne doit pas le chercher dans l'incorrection des pièces, mais dans la manière en général trop vague d'en indiquer l'origine.

Ce manque de précision offrait peu d'inconvénients, je l'avoue, dans le temps où l'*Histoire de l'Eglise Metropolitaine,* éditée à deux cents exemplaires, dormait sous clef dans un recoin des archives du Chapitre. Il n'en est plus de même aujourd'hui; Lopès appartient au grand public, il s'impose à tout esprit curieux d'élucider un point quelconque de notre histoire.

Il était donc indispensable d'en faire un livre pratique, et pour cela, de mettre les documents précieux dont il abonde, en rapport direct et facile avec les dépôts d'archives et les éditions savantes que nos contemporains se plaisent à consulter.

Malheureusement, il y a dans la première partie de Lopès des titres fort anciens qu'il est désormais impossible de collationner sur les manuscrits; les uns n'existent plus : tombés sous le coup des lois de « brûlement »[1] qui, dans

---

1. Les premières de ces lois, votées par l'Assemblée législative, portent la signature de l'infortuné Louis XVI, par exemple celle-ci :

LOI ADDITIONNELLE A CELLE CONCERNANT LE BRULEMENT DES TITRES DE NOBLESSE EXISTANT DANS LES DÉPÔTS PUBLICS.

Donnée à Paris, le 24 juin 1792, l'an 4e de la Liberté.

« Louis, par la grâce de Dieu et par la loi constitutionnelle de l'État, roi des Français,

» A tous présents et à venir, salut;

» L'Assemblée nationale a décrété et nous voulons et ordonnons ce qui suit :

» *Décret de l'Assemblée nationale du 19 juin 1792, l'an quatrième de la Liberté.*

» L'Assemblée nationale, considérant qu'il existe dans plusieurs dépôts publics, comme la Bibliothèque nationale, dans les greffes

le principe, ne devaient pas les atteindre, ils furent abandonnés par les commissions de « triage »[1], pour être convertis, suivant la dimension du parchemin, soit en

des Chambres des comptes, dans les archives des chapitres à preuves, etc., des titres généalogiques qu'il serait dispendieux de conserver, et qu'il est utile d'anéantir, décrète qu'il y a urgence.

» L'Assemblée nationale, après avoir décrété l'urgence, décrète ce qui suit :

» ARTICLE 1er. — Tous les titres généalogiques qui se trouveront dans un dépôt public, quel-qu'il soit, seront brûlés.

» ART. 2. — Les directions de chaque département seront chargées de l'exécution du présent décret, et chargeront des commissaires de séparer ces papiers inutiles, des titres de propriété qui pourraient être confondus avec eux dans quelques-uns de ces dépôts.

» Mandons et ordonnons à tous les corps administratifs et tribunaux, que les présentes ils fassent consigner dans leurs registres, lire, publier et afficher dans leurs départements et ressorts respectifs, et exécuter comme loi du Royaume.

» En foi de quoi nous avons signé ces présentes, auxquelles nous avons fait apposer le sceau de l'État.

» A Paris, le vingt-quatrième jour du mois de juin mil sept cent quatre-vingt-douze, l'an quatrième de la Liberté et le dix-neuvième de notre Règne.

» *Signé* LOUIS. »

Comme on devait s'y attendre, l'exécution dépassa de beaucoup les limites de la loi. Combien de manuscrits historiques furent compris dans les auto-da-fé, parmi les titres nobiliaires et les « papiers inutiles » !

Dans un travail publié sous ce titre : *Le Vandalisme révolutionnaire et les Archives pendant la Révolution.* (V. *Revue des questions historiques*, t. XII, p. 335), M. Edgard Boutaric a écrit les lignes suivantes qui se passent de commentaire :

« Je traiterai cette question par le menu quand je donnerai la liste, département par département, des brûlements opérés, et je peux dire d'avance que les brûlements de titres généalogiques et féodaux *ont amené la destruction de la majeure partie des cartulaires ecclésiastiques.* »

[1]. Les agences « de triage » ne manquaient ni de zèle ni de discernement; celles du 7 messidor et du 18 brumaire an II sauvèrent beaucoup de manuscrits; malheureusement « les patriotes » ne tenaient pas toujours compte de leur avis. (V. *op. cit.*, p. 356.)

gargousses d'artillerie[1], soit en cartouches; les autres, dispersés par la tourmente, ne sont pas encore arrivés dans les dépôts de nos archives nationales[2].

La disparition de nos cartulaires donne un prix inestimable aux extraits nombreux et longs, Dieu merci, qui, cent ans

---

1. Voir (*op. cit.*, p. 350) le *tableau des feuilles de parchemin pour gargousses* envoyé par le Ministre de la Marine « pour guider dans le triage des parchemins ». A la colonne d'observations dudit tableau on lit : « La feuille doit être sans trou. » — Suit une autre note ainsi conçue : « Nous vous invitons à faire réunir dans différents dépôts tous les parchemins que vous pourrez vous procurer, provenant des églises, maisons religieuses, colléges et tribunaux de justice; d'en faire dresser un état, s'il s'en trouve dans les dimensions expliquées d'autre part, et de nous l'adresser afin que nous puissions les faire répartir dans les ports et arsenaux. — Salut et fraternité. »

2. D'après M. Edgard Boutaric, les Archives nationales datent du 5 floréal an IV, jour où le Directoire ressuscita, sous le nom de *Bureau de triage des titres*, l'agence du triage supprimée par décret du 4 ventôse de cette même année. Un ancien constituant, Lebreton, « versé dans la paléographie, voulut tirer parti de ses talents pour s'assurer au milieu de ces temps difficiles le pain quotidien. » (*Op. cit.*, p. 357.) Sur la demande de Lebreton, La-Reveillère-Lepeaux adressa à ses collègues du Directoire un projet de loi tendant à réunir à Paris tous les cartulaires ecclésiastiques de France. Le but de La-Reveillère, en formant cette *collection d'environ mille manuscrits sur vélin in-4° reliés en bois et ordinairement recouverts en velours*, était de fournir « aux apôtres de la raison » à qui seuls devaient s'ouvrir les portes de ce musée, de nouvelles armes contre le clergé. « Les cartulaires, dit-il, sont de vieux confidents des prêtres, les dépositaires de mille anecdotes inconnues, les témoins irrécusables des manœuvres et des tentatives du clergé de chaque province. »

Une circulaire ministérielle, en date du 5 frimaire an VI, invite les administrateurs des départements à envoyer, dans le plus bref délai, à la Bibliothèque nationale, tous les cartulaires ecclésiastiques « que l'on trouverait, non seulement dans les archives, mais encore dans les bibliothèques. » (*Op. cit.*, p. 363.) La Gironde fut un des rares départements qui répondirent à l'appel du Ministre. Nos cartulaires furent-ils expédiés? Il est certain qu'ils ne figurent pas à l'*Inventaire des cartulaires conservés dans les bibliothèques de Paris et aux Archives nationales*, par U. Robert. — Paris, 1878.

avant la catastrophe, avaient trouvé comme un asile providentiel dans les pièces justificatives de Lopès. En réalité, par suite des ravages du temps et de plus d'un acte de vandalisme imputable à la main des hommes[1], le Théologal est devenu le père de nos annales métropolitaines. Dans certains cas, les textes qu'il nous a conservés tiennent lieu

[1]. L'histoire des archives de la France pendant la Révolution a été faite jusqu'ici, tantôt sous forme d'apologie, tantôt sous forme de réquisitoire. Un mois après la chute de Robespierre, Grégoire, l'ancien évêque constitutionnel de Blois, parlant à la tribune des ravages commis dans les collections manuscrites par les hommes de la *Terreur*, prononça le mot de *vandalisme*.

En 1840, M. Duchâtel écrivait dans un rapport adressé au roi Louis-Philippe : « Ce serait une source d'erreurs que d'admettre l'opinion assez généralement répandue que la Révolution, dans ses destructions systématiques, a fait disparaître la plus grande partie de ces archives. »

M. H. Bordier (v. les *Archives de la France*, etc., Paris, Dumoulin, 1855, 1 vol. in-8°) incline à penser que l'imagination populaire est pour beaucoup dans l'idée qu'on se fait communément de ce prétendu vandalisme. « L'apparat donné à ces holocaustes, dit-il (p. 241), par les municipalités révolutionnaires et l'ineffaçable impression laissée par les événements de 1793 ont grandi le mal dans toutes les imaginations. M. Vallet de Viriville (v. *Moniteur universel*, 4 octobre 1854), M. le marquis de Laborde (v. les *Archives de la France, leurs vicissitudes pendant la Révolution, leur régénération sous l'Empire*); avant lui, M. Félix Ravaisson (v. *Rapport adressé à S. Exc. le Ministre d'État au nom de la Commission instituée le 22 avril 1861*), se montrent moins indulgents; mais en 1868, M. E. Despois (v. *Le Vandalisme révolutionnaire, fondations littéraires, scientifiques et artistiques de la Convention*, p. 280) et naguère M. J. Delpit (*Biblioth. municip. de Bordeaux, cat. des Mss.*, p. x), prennent résolument la défense de cette assemblée. Seul, peut-être, M. Edgard Boutaric a traité la question avec toute l'impartialité désirable; sans méconnaître l'immensité des pertes, M. Boutaric estime qu'elles sont moins grandes au point de vue des monuments appartenant à l'histoire, qu'on n'aurait eu lieu de le craindre, étant donné le fanatisme de la plupart des patriotes : en somme, dit-il, si « la majeure partie des documents modernes a été mise au pilon, peu de titres anciens ont péri. » (V. *op. cit.*, p. 396.)

de sources; il serait inutile de chercher à remonter plus haut. Là git le premier fonds d'où sortira le nouveau *Tabularium* de l'Église Primatiale. Telle est, croyons-nous, l'opinion de l'éminent créateur des *Archives historiques de la Gironde*. Parmi les richesses qu'il accumule au prix de généreux sacrifices, dans sa résidence, on serait tenté d'écrire dans son abbaye laïque d'Izon-sur-Dordogne, nous avons remarqué les *instrumenta* de deux exemplaires de Lopès, détachés feuillet par feuillet, et collés avec soin, sur autant de carrés de papier-carton, par M. Delpit lui-même, qui nous disait en les montrant : « C'est le commencement du second cartulaire de Saint-André. »

On lira plus loin, p. 358, une note bibliographique relative aux deux diplômes de Louis le Débonnaire cités par Lopès, chapitre VIII, n° 3.

MM. A. Luchaire, Paul Bonnefon et Raymond Devèze ont bien voulu compléter nos renseignements personnels sur la lettre de Philippe-Auguste au pape Innocent III, dont il est question au chapitre IX, n° IX. L'original de cette pièce est détruit; il se trouvait dans le cartulaire de l'archevêché de Bourges aux archives du Cher, f° 64, n° 151; nous disons : il se trouvait, parce que ce cartulaire a été brûlé, paraît-il, dans l'incendie qui a consumé les Archives départementales de Bourges, il y a quelques années. Peut-être en trouverait-on une copie dans le cartulaire de Saint-Étienne de Bourges qui est du XIIIe siècle. Ce beau manuscrit sur vélin de 391 feuillets, avec une reliure pleine en maroquin vert, se conserve à la Bibliothèque nationale. (*Nouvelles acquisitions latines*, n° 1274.) M. Raymond Devèze, ancien élève de l'École des Chartes, qui le transcrit actuellement, au nom de la Société archéologique de Bourges, n'y a pas encore découvert la lettre royale de mai 1211.

Au chapitre II, § 1, p. 111, Lopès s'appuie entre autres témoignages sur un arrêt du Parlement de Paris, en date du 20 mars 1461, pour établir que « l'église de Bourdeaux avoit esté fondée par des personnes religieuses du temps de sainct Pierre. » Il était bon de contrôler ce texte ; mais les arrêts du Parlement de Paris au xvᵉ siècle n'ayant jamais été publiés, nous avons dû recourir aux manuscrits des Archives nationales. *(Registres des jugés du Parlement de Paris de 1319 à 1779.)* Ce document s'y conserve en effet sous la cote X^{ia} 91, f° 387 et suiv. Il comprend quinze rôles, et fut donné, comme dit Lopès, « en faveur de l'exemption de Sainct-André », ou plutôt de Saint-André et de Saint-Seurin[1].

Nos recherches ont été moins heureuses quand il s'est agi du Parlement de Bordeaux. L'auteur (chap. XI) ne cite pas moins de quatre arrêts de cette Cour. En voici les dates : 1° le 23 juillet 1643 ; 2° le 9 juin 1646 ; 3° le 12 mars 1611 ; 4° le 16 mai 1665. Aucun de ces documents ne se trouve dans le fonds parlementaire des Archives de la Gironde ; mais, hâtons-nous de le dire, tout en admettant avec M. Edgard Boutaric que le Parlement de Paris se montra plus jaloux que les autres de garder intact le dépôt de ses actes[2], nous n'entendons pas accuser de négligence

---

1. M. Alfred Maury, directeur général des Archives nationales, nous a fait l'honneur de nous adresser l'analyse suivante dudit arrêt :

« Arrêt du Parlement de Paris entre les Doyens et Chapitres de Saint-André et Saint-Seurin de Bordeaux appelant d'une sentence rendue contre eux par Jean Le Damoisel, conseiller du roi, d'une part, et l'archevêque de Bordeaux d'autre part, déclarant lesdits Chapitres exempts de la juridiction de l'Ordinaire et des droits de régale conformément aux bulles qu'ils ont obtenues du pape : 20 mars 1461 (v. s.). » (*Archives nationales*, bulletin 24971.)

2. « Nous n'avons jamais eu en France le goût de la conservation de nos archives. Le Parlement de Paris fait à peu près seul exception à cette règle : les dragons que la fable place à la porte du jardin des

le Parlement de Bordeaux. L'absence des quatre arrêts s'explique par l'incendie du Palais en 1704[1].

Terminons par un mot sur la bulle *Ecclesiam Burdegalensem,* aux termes de laquelle le pape Clément V accorde des indulgences aux fidèles qui aideront à l'achèvement de la cathédrale. — *Fidelibus qui... ad fabricam dictæ Ecclesiæ manus porrexerint adjutrices.* Lopès en cite un assez long passage, chap. III, n° IV; mais, à l'heure présente, malgré la part active qu'a prise à nos recherches notre jeune ami M. l'abbé Réniac, nous ne saurions dire où se cache le texte intégral, en supposant qu'il existe. L'excellent répertoire analytique de Jaffé *(Regesta Pontificûm Romanorum ab conditâ ecclesiâ ad annum post Christum natum MCXCVIII.* Berolini, MDCCCLI), et sa continuation par Auguste Potthast,

Hespérides n'avaient pas plus de vigilance à écarter les profanes que les magistrats de la Cour suprême de justice n'avaient de sévérité à fermer l'accès de leur dépôt même au Gouvernement.» (Edg. Bout., *op. cit.,* p. 338.)

1. La lettre suivante relative à cet incendie forme l'annexe n° 1 au rapport adressé par M. Gouget, archiviste du département, au Conseil général de la Gironde (V. session d'août 1879, p. 258) :

« *Copie de la lettre de M. Duvigier, Procureur général du Roi au Parlement de Bordeaux, à M. Trudaine.*

» Du 10 septembre 1743.

» Monsieur,

» Un incendie qui arriva icy, en 1704, consuma non seulement une partie des bâtiments du Palais, mais encore une partie des arrêts et requêtes du Parlement, et l'impossibilité de trouver où déposer le reste des papiers qui furent sauvés des flammes, fit jeter les yeux sur une maison appartenant à la Fabrique de l'église Saint-Pierre, située de manière qu'elle semble faire partie du Palais, etc...

» Fait à Bordeaux, dans le Palais de ladite Cour, ledit jour, mois et an que dessus, signé de Messieurs de Caupos et Dusault, commissaires; Larré, substitut, et Gaussen, greffier.

» Collationné, *Pro rege.*

» *Signé* Barret.»

publiée sous les auspices de l'Académie de Berlin, n'ont pu nous être d'aucun secours; vu que le 13ᵉ et dernier fascicule s'arrête à 1304, c'est-à-dire trois ans avant la promulgation de la bulle *Ecclesiam Burdegalensem;* de plus, le tome III, pars secunda, du *Bullarum privilegiorum ac diplomatum Romanorum Pontificum amplissima collectio* (Maynardi, Romæ, 1738-1745), où sont reproduites quinze bulles de Clément V, ne dit mot de celle-ci. Nous l'avons demandée vainement aux recueils d'actes divers émanés du Saint-Siège, que possèdent nos Archives départementales, à la collection de M. Jules Delpit, aux *Archives historiques de la Gironde* et à celles du Poitou, dont le Xᵉ volume renferme plusieurs lettres du « pape gascon ». M. Tamizey de Larroque, à qui rien de curieux n'échappe, nous a déclaré ne l'avoir jamais rencontrée; enfin, M. Paul Bonnefon, qui prépare en ce moment une étude critique sur les œuvres de Clément V, nous écrivait, après une série d'investigations faites, comme il sait les faire, à la Bibliothèque de l'Arsenal, en compagnie de son illustre maître le bibliophile Jacob : « elle ne se trouvera, je le redoute, qu'aux Archives du Vatican. »

Dans ce cas, jusqu'au jour où ce trésor unique, dont le Dʳ Potthast écrivait, non sans tristesse : *Maximè doleo, quod tot pontificum diplomata, quæ inter cineres archivi Vaticani sepulta jacent neque nota sunt nostræ ætati, evulgare nequivi,* sera mieux connu du monde savant, il ne reste, selon toute apparence, de la bulle *Ecclesiam Burdegalensem* que le fragment sauvé par Lopès. (Voir ci-dessus, p. 128.)

VÉRIFICATION
DES PIÈCES JUSTIFICATIVES

ALLÉGUÉES PAR LOPÈS (Ire PARTIE)[1]

Les chiffres de la première colonne renvoient à l'ancienne édition, ceux de la deuxième à la nouvelle.

CHAPITRE Ier

N° IV. — *Au lieu de* :

	PAGES.	
	Anc. édition.	Nouv. édition.
Hac igitur intentione atque proposito omnem supellectilem atque substantiam suam tam in auro, quam in argento, gemmisque, et ornatu Regio, quæ illa die in Camera ejus inveniri poterat, etc..., et juxta Metropoliticarum civitatum numerum XXI, esse noscuntur, unaquæque ab alia sequestrata semotim in suo repositorio cum superscriptione Civitatis ad quam perferenda erat, condita jacet. Nomina vero Metropoliticarum Civitatum ad quas eadem Eleemosina vel largitio data est hæc sunt : Roma, Ravenna, Mediolanum, Forumjulii, Gradus, Colonia, Moguntiacum, Vivanum quæ et Salzburgum, Rotomagus, Treveri, Senones, Vesuntium, Lugdunum, Rhemi, Arelatum, Vienna, Tarantasia, Ebrodunum, Burdigala, Turones, Bituriges..................	4	108

1. Les variantes que nous signalons sont imprimées en caractères italiques.

VÉRIFICATION DES PIÈCES JUSTIFICATIVES.

PAGES.
Anc. édition. / Nouv édition.

On lit dans le *Recueil des Hist. des Gaules*, t. V, p. 102 :

Omnem substantiam atque supellectilem suam quæ in auro et in argento, gemmisque et ornatu regio, in illa die, etc.... et juxta *Metropolitanarum* Civitatum numerum XXI esse noscuntur, una-quæque ab *altera* sequestrata, semotim in suo repositorio cum superscriptione Civitatis, ad quam perferenda erat, *recondita* jacet. Nomina vero *Metropolitium* Civitatum ad quas eadem Eleemosina *sive* largitio *facienda* est hæc sunt: Roma, Ravenna, Mediolanum, Forumjulii, Gradus, Colonia, *Maguntiacum*, *Juvavum* quæ et *Saltburg*, Rotomagus, *Treveris*, Senones, *Vesontium*, Lugdunum, *Remis*, *Arelas*, Vienna, *Darantasia*, Ebrodunum, Burdigala, Turones, Bituriges.

N° IV, § 3. — La charte de Louis le Débonnaire, dont il est ici question, est rapportée, en entier, aux pièces justificatives de la 3ᵉ partie, chap. IV, n° VI.. 5   108

CHAPITRE II

N° I. — *Au lieu de* :

Ecclesia quæ inter Metropolitanas... ac in toto terrarum orbe... per revelationem divinitus B. Martiali fidem catholicam ibidem prædicanti factam, erecta.. 13   120

On lit sur une copie manuscrite conservée aux *Archives départementales*, chap. *Saint-André*, G. 271 :

Ecclesia quæ inter *alias* Metropolitanas... ac in *toto orbe* terrarum... per revelationem divinitus Beato Martiali *pape (sic)* fidem catholicam ibidem *prædicanti*, erecta.

Cette pièce a pour titre : *Copie de la bulle d'érection des quatre chanoines semi-prébendés par Innocent VIII, en 1488*, 5 kalend. février, Charles VIII régnant, André d'Epinai cardinal et archevêque.

Au lieu du 5 des calendes de février, ou 28 janvier, Lopès a mis au chapitre II, n° I, 25 février.

N° II. — *Au lieu de :*
Sicut historia passionis sancti martyris Saturnini declarat, etc.................... 13   120

On lit dans le *Recueil des Hist. des Gaules et de la France*, t. II, c. 28, p. 147, C :
Sicut historia passionis... *narrat*... (Gregor. Turon. *Hist. Franc.*, l. I, c. 28.)

N° III — *Au lieu de :*
Ego Aymo Archiepiscopus, an. Inc. Dom. 1031, etc... conc. Bituric... côsensu... propria authoritate... D. Joañnis Rom... Domin. instituit... et illibatum... Nec immerito, est... qui interfuerunt,... Deus det Cadurcencis, Raymundus Mimatensis.
Joannes Episc... Beatissimus Martialis... utpote.   13   120

On lit dans le *Gallia christiana*, Claudii Roberti in vita Aymonis Bitur. Archiep., p. 34 :
In nomine Domini : Ego Aymo Archiepiscopus, ann. *Incarnationis Dominicæ*, 1031... *concilio Bituricensi*... *consensu*... *propria*... *auctoritate*... *Domini* Joannis *Romanæ*... *Dominus* instituit... et *inlibatum*... Nec-immerito, est... qui interfue-

runt : *Deusdet* Cadurcensis, *Raymundus Mimatensis,* etc...

Joannes *Episcopus...* Beatissimus *quidem* Martialis... *utpote* carne...

N° IV — *Au lieu de :*
A Galliis Matrona quædam Hierosolyma abierat... Audiens autem quod B. Joannes decollaretur... supplicat... ut eam sanguinem defluentem colligere permitteret........................ 14 · 120

On lit dans Migne, *Patrolog.*, t. 71, col. 717 :
A Galliis Matrona quædam *Hierosolymis* abierat... *Audivit* autem quod B. Joannes decollaretur :... supplicat... ut eam sanguinem defluentem colligere permitteret *non arceri :*...

N° VII. — *Au lieu de :*
Quos libros licet stilo rusticiori scripserim... si neque confusi de ipso judicio discedentes condemnandi estis cum diabolo, ut neque libros... 14 120

On lit dans le *Recueil des Hist. des Gaules et de la France,* t. II, p. 389, D :
Quos libros licet stilo rusticiori *conscripserim...* si *numquam* confusi de ipso judicio discedentes *cum diabolo* condemnandi estis, ut *numquam* libros hos...

CHAPITRE III.

N° II, § 1. — Cette lettre de Sidoine Apollinaire se trouve dans le *Recueil des Histor. des Gaules,* t. I, p. 789, C............................ 18 128
Nous préférons le texte de Lopès à celui du *Recueil.* On lit, en effet, dans ce dernier : Aditus *hospidorum* veprium fruticibus obstructos, au

lieu de : aditus *hispidorum* veprium fruticibus obstructos...

N° II, § 2. — *Au lieu de :*
Egressi (Saraceni) cum Rege suo Abdirama nomine, Garumnam transeunt,... populisque consumptis, usque Pictavos progressus est, ubi basilica S. Hilarii igne cremata............... 19   122

On lit dans le *Recueil des Hist. des Gaules et de la France*, t. II, p. 454, D :
Egressi (Saraceni) cum Rege suo Abdirama nomine, *Garonnam* transeunt,... *populis* consumptis, usque *Pictavis progressi sunt*, ubi basilica S. Hilarii *concremata*... (*Chronicon Fredegarii*, c. 108, an. 731.)

N° II, § 3. — Lopès parle, en cet endroit, des ravages exercés par les Normands dans le pays bordelais (années 848 et 864)................... 16   122
On lit, en effet, dans le *Chronicon de gestis Normannorum in Francia :* Anno Domini D.CCC.XLVIII. Northmanni Burdegalam Aquitaniæ, Judæis prodentibus, captam depopulatamque incendunt. — *Apud Andr. Du Chesne,* t. II, *Hist. Franc.*, p. 525, A.

On lit aussi dans le *Fragmentum Chronici Fontanellensis sive sancti Wandregisili :* Anno D.CCC.XLVIII. Carolus Rex cum Francis Aquitaniam ingressus, super fluvium Dordonia novem naves Danorum cepit, interfectis pyratis earum, in diebus Quadragesimæ. Eodem anno Nortmanni Burdegalim urbem ceperunt, et Ducem ejusdem Guilhelmum noctu. *Apud. Andr. Du Chesne,* t. II, *Hist. Franc.*, p. 338, A.

D'après Loup, abbé de Ferrières, Lopès appelle Seguin, le duc de Gascogne, pris par les Normands, tandis que, dans la *Chronique de saint Wandregisile,* ce duc est nommé *Guillaume.*

Nous avons vainement cherché dans Du Chesne, t. II, la reproduction du *manuscrit de l'église de Limoges,* cité par Lopès, p. 128, nº II, où il est raconté que l'an 864 les Normands remplirent la Guyenne et la Saintonge de feu et de sang.

Ce n'est pas deux fois, comme l'affirme Lopès, p. 122, c'est-à-dire en 848 et 864, que Bordeaux aurait reçu la visite des pirates normands; il résulte d'un texte du *Gallia christiana,* t. II, col. 796, qu'entre les deux invasions de ces barbares, mentionnées par l'historien de l'*Église métropolitaine,* etc., se place l'invasion de 855 dont il ne parle pas et que le *Gallia* rappelle en ces termes: *Anno* D.CCC.LV. *Nordmanni Burdegalam Aquitaniæ civitatem invadunt, et hâc illácque pro libitu pervagantur. (Annalista Bertinianus.)*

	Anc. édition.	Nouv. édition.

Nº III. — *Au lieu de :*

Legatis apostolicæ sedis revertentibus, etc., didicimus...	19	128

On lit dans Migne, *Patrolog.,* t. CXXVI, col. 690, B :

... Legatis apostolicæ sedis... revertentibus, didicimus...

Nº IV. — Nous ne reviendrons pas sur nos perquisitions et nos démarches, inutiles jusqu'à présent, pour arriver à la découverte de la bulle donnée à Bordeaux par Clément V, le VIᵉ des ides de mars et la 2ᵉ année de son pontificat..... 19 128

Ajoutons cependant que l'on conserve aux Archives départementales de la Gironde une autre bulle d'indulgences émanant de ce même pape; seulement elle est datée non de Bordeaux, comme celle qu'invoque Lopès, mais de Poitiers (février 1308). Le Souverain Pontife « accorde quatorze ans et autant de quarantaines d'indulgence à tous ceux qui, étant bien et dûment confessés, visiteront, chaque année, l'église Saint-André, le jour de la translation des reliques de ce saint. » Sur la même feuille, se trouvent une bulle d'Innocent X, du 17 février 1650, renouvelant les faveurs accordées par Clément V, et une lettre de Henry de Sourdis, du 24 juin 1650, rappelant aux fidèles du diocèse de Bordeaux les indulgences concédées par les Papes à l'insigne cathédrale.

Au-dessus de la bulle de Clément V, se voit une gravure représentant Saint-André, patron de l'église métropolitaine, appuyé sur l'instrument de son martyre. (*Arch. dép.*, ch. *St-André*, G. 270.)

CHAPITRE IV

Ce chapitre n'a qu'une pièce justificative se rattachant au paragraphe IX.................... 29   157

Elle consiste dans la reproduction de l'inscription de la tour Pey-Berland. Nous en avons rectifié la teneur sur divers points, d'après une note communiquée par M. le marquis de Castelnau-d'Essenault à l'Académie des Belles-Lettres, Sciences et Arts de Bordeaux.

CHAPITRE V

N° I, § 1. — Cette bulle d'Urbain II est citée, en entier, aux pièces justificatives du chap. XI, n° VI.. 35   189

	PAGES.	
	Anc. édition.	Nouv. édition.

N° I, § 2. — *Au lieu de* :
Beati Macarii... quarum Reliquiæ... in majori altari in ipsa consecratione... Burdigalensique Archiepiscopo. Adfuerunt... Bruno Signensis Episcopus.................................... 35   189

On lit dans la *Continuation de la Chronique bourdeloise,* par Jean Darnal, imprimée à Bourdeaus par Simon Millanges, M. DC. XIX, p. 28 :
Beati *Maccarii*... quarum *Relliquiæ*... in majori *altari. In ipsa* consecratione... Burdigalensique *Archiepiscopo, adfuerunt*... Bruno *Siguensis* Episcopus...

N° II. — *Au lieu de* :
Actum et definitum in concilio etc... in honorem Beatorum Apostolorum, etc.................. 35   189

On lit dans le *Gallia christ.*, t. II, col. 274, B :
Actum et definitum in concilio etc... in *honore* Beatorum Apostolorum etc...

N° IV. — *Au lieu de* :
O. Crux, inquit, etc... ita et tu exultans....... 35   189

On lit dans Migne, *Patrol.*, t. CLXXXIII, col. 510, B :
O Crux, inquit, etc... ita *ut* et tu exultans...

N° V. — *Au lieu de* :
Et intercedente beatâ et gloriosâ... atque Beato Andreâ... da pacem Domine in diebus nostris... 35   189

On lit aujourd'hui dans tous les missels :
Et intercedente beatâ et gloriosâ... atque Andreâ... *da propitius* pacem in diebus nostris...

CHAPITRE VI

N° III, § 3. — La citation de Lopès ne se trouve pas au chapitre XXI du livre III de l'*Histoire de Reims,* par Flodoard (ou Frodoard); c'est au chapitre XIV du livre I que l'historien de l'Église de Reims raconte la vie très accidentée, comme on le sait, de saint Génébaude ou Génébalde, premier évêque de Laon. On lit, en effet, à cet endroit, que Génébalde fut élevé par saint Remi à l'épiscopat, après le baptême de Clovis :   46   205

.... Ex quibus possessionibus B. Remigius nonnullas Franciæ dotavit ecclesias. Non modicam necnon earumdem partem rerum, ecclesiæ sanctæ Mariæ Lauduni Clavati, Remensis parochiæ castri, ubi nutritus fuerat, tradidit : ibique Genebaudum, carne nobilem virum, tàmque sacris quàm sæcularibus litteris eruditum, qui, relicta conjuge, sancti Remigii, ceu traditur, nepte religiosam subierat vitam, ordinavit episcopum, comitatusque Laudunensis eidem castro subjecit parochiam... (Migne, *Patrolog.*, *curs. compl.,* t. CXXXV, col. 54, B.

On lit aussi dans Hincmar de Reims également allégué par Lopès, mais sans indication précise, (*Opusc. et epist. in causa Hincmari Laudu.,* ch. XVI), que le B. Remi sacra saint Génébaude comme premier évêque de Laon :

Beatus Remigius sanctum Genebaudum in Laudunensi castello episcopum non solum constituit, sed etiam, ut ostendit antiqua traditio, et monumentum reclusionis, quâ eum propter excessum notissimum, secundum regulas reclusit, post dignam satisfactionem restituit... (Migne, *Patrol.*, *curs. compl.,* t. CXXVI, col. 337, D.)

DES PIÈCES JUSTIFICATIVES. 355

	Anc. édition.	Nouv. édition.

N° III, § 4. — *Au lieu de :*
Plures ex his, etc., quæ non se de Martini Monasterio cuperet habere Sacerdotes.......... 46 205

On lit dans Migne, *Patrol.*, t. XX, col. 166, C :
Plures ex his, etc... quæ non *sibi* de Martini Monasterio *cuperet Sacerdotem*. Sulpicius Severus *in vita S. Martini*, c. 10.

N° III, § 5. — *Au lieu de :*
Donamus Cellam Beati Laurentii, etc......... 46 205

On lit dans le *Gallia christ.*, t. II, col. 268, D :
Concedo ad basilicam S. Crucis Burdegalæ, salvitatem illius loci et allodium liberum, et villam S. Macharii ubi ipse B. Macharius tumulatum ejus corpus requiescit... ecclesiæ Burdigalensi archiepiscopo *Godefredo*.

Ce texte est cité de nouveau aux pièces justificatives de la vie de l'archevêque Godefridus II, 2ᵉ partie, chap. IV.

CHAPITRE VII

N° I. — *Au lieu de :*
Corpora quæ antiquitùs... et pavimento desuper facto nullo tumulorum vestigio............... 62 233

On lit dans le *Capitulare* Theodulphi Aurelian., *capitulum 9*, apud Jacobum Sirmondum, t. II, *conc. antiq. Gall.*, p. 213 :
Corpora *vero*, quæ antiquitùs... et pavimento desuper facto; nullo tumulorum vestigio...

Ce *Capitule 9* a pour titre : « Ut nemo deinceps in Ecclesiâ, præter paucos qui id meriti sint, sepeliatur. »

	PAGES.	
	Anc. édition.	Nouv. édition
N° III. — *Au lieu de* : Anniversarium... debet fieri xix Feb. et obiit anno Domini 1359 et est sepultus in hac Ecclesia in Capella B. Catharinæ videlicet in medio ante altare, ubi est sua imago et sepultura operata..	62	233

On lit dans les *Obituaires de l'Église Saint-André de Bordeaux* (xiiie et xive siècles), *Arch. départ.*, G, publiés d'après deux manuscrits transcrits par MM. le marquis de Puifferrat et Leo Drouyn, collationnés et annotés par MM. E. Piganeau et J. Delpit, *Archiv. hist. de la Gironde*, t. XVIII, p. 9 et 10 :

Anniversarium bonæ memoriæ Geraldi de Podio Episcopi Vazatensis *fit* xix *Kalendarum Februarii* et obiit anno Domini 1359... et est sepultus *in Ecclesia Burdegale*, in *Cappella beate Katherine ante altare.*

A propos de la date de la mort de Gerauld de Podio, évêque de Bazas, Lopès corrige une erreur commise par Chenu, Robert et MM. de Sainte-Marthe. Cette date est 1359 et non 1389 comme l'ont écrit les auteurs qu'on vient de nommer.

Le *Chronicon Vazatense* est d'accord avec le *Necrologium Eccles. Burdigalensis (Obituaire)* invoqué par Lopès :

« An. 1359. — Geraldus cognomine de Podio, qui cum decessisset anno Domini 1359, sepultus Burdigalæ in æde divi Andreæ, in sacello divæ Catharinæ, ubi statua ejus expressa est marmore. Is, collegio canonicorum divi Andreæ sacro quotannis faciendo in expiationem peccatorum annuos redditus assignavit. » (*Archives historiques du département de la Gironde*, t. XV, p. 46.)

CHAPITRE VIII.

	PAGES.	
	Anc. édition.	Nouv. édition.

N° I. — *Au lieu de :*
Quod S^{ti} Severini... Bulla Pii II. 6. Maii, an. 1463............................. 72   254

On lit dans un manuscrit et sur quatre imprimés (*Archiv. départ.*, ch. *Saint-André,* G. 271), reproduisant la célèbre bulle d'exemption accordée par le pape Pie II au Chapitre de Saint-André :

Prædicta S^{ti} Severini... Datum Senis, anno Incarnationis Dominicæ *Millesimo quadringentesimo quinquagesimo octavo*, V. Kal. Mart., Pontif. nostri anno 1.

Lopès s'est, du reste, corrigé lui-même dans la 3e partie, chap. V, n° III, où citant *in extenso* la même bulle comme pièce justificative, il assigne à ce document si précieux pour l'ancien Chapitre de Saint-André de Bordeaux, sa véritable date, 1458.

N° II, § 1. — Cette citation de Lopès est tirée du *Proprium sanct. Diœc. Burdig. in sancto Amando, lect.* VI......................... 72   254

N° II, § 3. — La Charte alléguée ici par Lopès se trouve dans le *Gall. christ.*, t. II, col 268, A................................. 72   254

N° III, § 1. — *Au lieu de :*
Quæ dicuntur Blavia................. 72   254

On lit dans Pascal de La Brousse, *Pro Clemente quinto pontifice maximo Vindiciæ, seu*

de *Primatu Aquitaniæ Dissertatio, Parisiis, ex offic. Cramoisianâ,* M. DC. LVII, p. 47 et 94 :
Quæ dicuntur *Blabia.*

	Anc. édition.	Nouv. édition.

N° III, § 2. — *Au lieu de :*
Cum omnibus appenditiis.................... 73   254

On lit dans les *Bollandistes,* t. XII, p. 63 :
Cum omnibus appendenciis.

N° III, §§ 1 et 2. — L'original de ces deux diplômes de Louis le Débonnaire, l'un en faveur de Saint-André, l'autre en faveur de Saint-Seurin, n'existe nulle part, pas même aux Archives nationales. Ils ont été imprimés dans le *Recueil des Historiens des Gaules et de la France,* t. VI, p. 458 (814), et t. VII, p. 557 (828)....... 72   254
On a lieu de croire qu'ils ne sont pas faux, comme un certain nombre d'autres diplômes de cet empereur : car M. Sickel, qui a fait des diplômes carolingiens une étude approfondie, (*Acta regum et imperatorum Karolinorum,* 2ᵉ partie, Wien. 1868), ne les cite pas au nombre des *diplomata spuria* de Louis le Débonnaire.

CHAPITRE IX.

N° II, § 2. — *Au lieu de :*
... Aliquid ejusmodi. Sed... non excedens cum humilitate... authoritate Beati Petri... dato Angilramo.. 88   283

On lit dans le *Capitulare* Hadriani I, dato *Angilramno,* cap. 25, apud Jac. Sirmondum, t. II, *Conc. Gall.,* p. 105 :
Aliquid *hujusmodi.* Sed... **non** excedens *teneat*

cum humilitate... auctoritate Beati Petri.., dato Angilramno...

Le titre de ce capitule 25 porte : *de Primatum et Metropolitanorum differentiâ*.

	Anc. édition.	Nouv. édition.
N° III, § 1. — *Au lieu de :* Prima Provincia, Aquitania amplitudine civitatum...............................	88	283

On lit dans le *Recueil des Hist. des Gaules*, t. I, p. 11, A :

In Aquitania quæ Pyrenæos montes et eam partem spectat Oceani, quæ pertinet ad Hispanos, prima provincia *est Aquitanica*, amplitudine civitatum admodum culta : omissis aliis multis, Burdegala... (Cette variante constituant une faute qui pouvait nuire à l'intelligence du texte, nous l'avons déjà corrigée dans le corps du livre.)

N° III, § 2. — Ce passage de saint Fortunat se trouve dans le *Recueil des Histor. des Gaules*, t. II, p. 473, E............................	88	283
N° IX. — La lettre de mai 1211, datée de Paris, par laquelle Philippe-Auguste prie le pape Innocent III de maintenir les droits de l'Église de Bourges sur l'archevêché de Bordeaux, a été publiée non seulement par Lopès, mais par Chenu. (*Chronologia archiep. Bitur.*, p. 62; Labbe, *Bibl. ms.*, t. II, p. 59; P. de Marca, *Dissertat. de concordiâ sacerdotii et imperii*, l. IV, col. 13, éd. de 1669, p. 243; le *Gall. christ.*, t. II, col. 63.).............................	89	283

(Voir plus haut, p. 342, ce qui a trait au manuscrit de cette pièce importante.)

Au lieu de : Regni ecclesias... — On lit dans le

Gallia christ., t. II, col. 63 : *Regni nostri ecclesias.*

Au lieu de : Mense maio... — On lit : *Mense maii.*

N° XI. — La bulle de Clément V, bulle par laquelle ce pape affranchit l'église de Bordeaux du droit de primatie que l'Église de Bourges prétendait exercer canoniquement sur elle, se trouve *in extenso* dans Lopès........................... 89   284

Le texte adopté par le *Gallia christiana*, t. II, col. 262 et suiv., diffère notablement de celui qu'a publié le Théologal; quoique les variantes ne changent rien au fond de la pièce, elles méritent, néanmoins, d'être signalées ; afin de permettre au lecteur de mieux apprécier l'écart des deux versions, nous reproduisons dans son entier celle du *Gallia christiana,* en soulignant les mots et les phrases qui sont remplacés par d'autres, ou qui ne figurent pas dans Lopès.

Privilegium exemtionis ecclesiæ, civitatis, diœcesis ac provinciæ Burdigalensis a Bituricensis ecclesiæ subjectione (1305).   Gallia christ., t. II, col. 262 et suiv.

Clemens episcopus servus servorum Dei, dilecto filio Arnaldo electo Burdigalensi, ejusque successoribus archiepiscopis Burdigalensibus qui pro tempore fuerint, in perpetuum. In *supremo* solio *dignitatis,* disponente Domino, constituti, de universis orbis ecclesiis, quarum cura nobis imminet generalis, quantum nobis ex alto permittitur *sollicite* cogitamus, ad ea ferventibus studiis intendentes per quæ tranquillitatis commoda possimus, eisdem, submotis quibuslibet scandalo-

rum turbinibus, procurare. Ad Burdigalensem
ecclesiam quæ dudum nos habuit primo filium,
suis nos educans uberibus, *secundo* sponsum
nostro commissa regimini, ac demum *patrem
recognoscit,* cum de ipsa simus *apostolici ad
summum* officium gratia divina vocati, eo propensioris *considerationis* intuitum vertimus, quo
specialiorem dilectionis affectum præmissorum
consideratione gerimus. *Ad eamdem* dudum
siquidem occasione primatiæ, quam olim *prætendebant* Bituricenses archiepiscopi in *Burdigalensi provincia* se habere, gravis inter eos et
archiepiscopos Burdigalenses qui *fuerant pro
tempore,* exorta exstitit materia quæstionis; ex
qua *dissentionis quamplurima* scandala, *multaque
pericula pervenerunt.* Sane *felicis* recordationis
Gregorius papa prædecessor noster intendens huic
morbo salubriter providere, quamdam super
hujusmodi quæstione ordinationem dicitur edidisse. Et licet prædicta *ordinatio Burdigalensibus
archiepiscopis et eorum provinciæ præjudicialis*
non modicum fuerit, ac etiam onerosa, prout
facti evidentia manifestat; quia tamen *archiepiscopi Bituricenses* qui fuerunt pro tempore,
ordinationem non servaverunt eamdem, *quinimmo*
in multis *eamdem* pro suæ voluntatis libito violantes, jurisdictionem, contra illius tenorem, sibi
indebitam usurparunt, ex quibus in illis partibus
homicidia, fractiones ecclesiarum, sacrilegia, commotiones populorum, et *alia multa in Burdigalensi ecclesia memorata, etiam graves et
periculosæ dissentiones tempore quo nos ipsam
ecclesiam regebamus; propter quod ipsius debent*
carere commodo, cum eam minime duxerint
observandam. Nos qui dudum ante susceptum
à nobis *apostolatus* officium dictæ Burdigalensi
ecclesiæ præsidentes, dissentiones, scandala, et

Gallia christ.;
t. II,
col. 262 et suiv.

pericula *prædicta* palpavimus, attendentes quod per hujusmodi ordinationem nihil utilitatis *accrescat* eidem Bituricensi ecclesiæ, sed sibi et Burdigalensi *ecclesiæ* jactura non modica provenit *ex ea, prout existimamus in ea verisimiliter,* pejora *possunt* imposterum provenire, ac *præterea* non indignè volentes prædictas ecclesias ab hujusmodi oppressionibus, scandalis et gravaminibus ex prædictis provenientibus præservare, *et* eas in pacis et tranquillitatis pulchritudine *conservare, te et successores tuos, ecclesiam ipsam, civitatem, diœcesim, provinciam Burdegalensem, et quascumque personas tam ecclesiasticas quam sœculares degentes in eis; ab hujusmodi jure primatiæ vel superioritatis, omnique jurisdictione ac potestate Bituricensis archiepiscopi et successorum suorum qui pro tempore fuerint, tam circa articulos in eadem ordinatione contentos, quam contra alios omnes,* auctoritate apostolica *et* de potestatis plenitate prorsus *exuimus et penitus liberamus, districtius inhibentes ne idem archiepiscopus* Bituricensis vel ejus successores, seu decanus et capitulum Bituric. communiter vel divisim, etiam sede Bituricensi vacante, in te vel successores *tuos Burdigalenses archiepiscopos qui pro tempore fuerint, seu in ecclesiam, civitatem, diœcesim aut primatiam Burdigalensem vel personas degentes in eis, jurisdictionem aliquam prætextu hujus juris primatiæ* vel superioritatis, aut etiam dictæ ordinationis, vel alias sibi vindicare, vel exercere quoquomodo præsumant. Nos enim ex nunc irritum decernimus et inane, si secus super his ab archiepiscopo Bituricenci vel ejus successoribus *ante dictis,* decano, vel capitulo Bituricensi communiter vel divisim, aut quibusvis aliis occasione præmissa contigerit attemptari, non

Gallia christ.,
t. II,
col. 262 et suiv.

obstantibus ordinatione prædicta seu *quibuscum-* *que* processibus super hoc habitis, consuetudinibus contrariis, compositionibus factis, et sententiis promulgatis aut *quibusvis litteris* conservatoriis, vel aliis quibuscumque a prædecessoribus nostris Romanis pontificibus vel eorum legatis *impetratis* indulgentiis ac privilegiis apostolicis de quibus *quorumcumque* totis tenoribus, etiam de verbo ad verbum debeat in *nostris litteris* fieri mentio specialis; præmissa enim omnia singula quantum possunt esse, *præsenti exemptioni vel aliis supradictis contraria,* cassamus, irritamus, et *cassa* et irrita nuntiamus, et nullam penitus habere volumus roboris firmitatem. Nulli ergo hominum *omnino* liceat hanc paginam nostræ exemptionis, liberationis, *inhibitionis et constitutionis* infringere, vel ei ausu temerario contraire. Si quis autem *hæc* attemptare præsumpserit, indignationem *omnipotentis* et beatorum Petri et Pauli apostolorum ejus se noverit incursurum. Datum Lugduni VI. Kalend. Decembris, Pontif. nostri anno primo.

Gallia christ., t. II, col. 262 et suiv.

CHAPITRE XI

Nº V, § 1. — *On lit dans Lopès :*
In mundo duo sunt Cemeteria celeberrima præcipua Sacrosancta unum apud Arelatim in Elisiis... consecravit, ipsis non ausis interrogare tu qui es? Scientibus... Paulus Narbonesis... Fronto Petragorum... Eutropius Santonensis...

PAGES.
Anc. édition. — Nouv. édition.
120 — 333

Mgr Cirot de La Ville, *Hist. de l'Église Saint-Seurin,* ch. VI, p. 187, a cru devoir apporter à ce texte les modifications suivantes :

In mundo sunt duo *Cœmeteria* celeberrima

præcipuè sacrosancta unum apud *Arelatum* in *Elisæis...* consecravit. *Ipsis* non ausis interrogare : *tu* quis? Scientibus... Paulus Narbonensis... Fronto *Petragoricensis...* Eutropius *Sanctonensis...*

N° V, § 2. — Ut mortui non sepeliantur, etc... 121 334

Lopès renvoie pour ce document aux *capitulaires* de Charlemagne (année 813). Or la citation ne se trouve pas, comme l'avance l'auteur, au chapitre XX des *Capitulaires* de 813. (Voir *Recueil des Hist. des Gaules*, t. V, p. 686 et suiv.) Nous croyons même qu'il serait difficile de la rencontrer dans les autres *Capitulaires* du grand Empereur. A quel recueil Lopès l'a-t-il empruntée? Nous l'ignorons encore.

N° V, § 3. — *Au lieu de :*
Contra sanctorum Patrum... authoritatem... Severini cemeterium... fundare modernum, et auditis... Sancii, Petro Humberti..... .... 121 334

On lit dans le *Gallia christiana fratrum Gemellorum Scævolæ et Ludovici Sammarthanorum*, t. I, col. 207 :
Contra sanctorum Patrum... auctoritatem... Severini cæmeterium... fundare modernum... auditis... *Saucii*, Petro Humberti...

Au sujet du gentilhomme Othon de Montal, dont parle Lopès dans ce même n° V, on lit dans le *Gallia christ. Dionysii Sammarthani*, t. II, col. 805, B :

Hoc anno (1081) composuit Goscelinus controversiam inter S. Andreæ et S. Severini canonicos, qui suæ ecclesiæ tantùm jus habendi cæmeterii competere contendebat; quod violaverant S. Andreæ canonici, Otonem de Montal nobilem Vasconem sepeliendo. Chartam ea de re factam habes in *Gall. christ. frat.* Sammarthanorum. *(Vie de Goscelin.)*

N° VI. — *Au lieu de :*
Urbanus Episcopus... de cimeterio matris... In concilio enim... matrem vestram Burdigalensem... habere cimeterium... cimeterium quod requirebatis... authoritate apostolica... authoritate Dei... Incarnat. Domin. ann. 1099............ 121 334

On lit sur une copie vidimée, *Arch. départ.*, chap. *Saint-André*, G. 267 :
Urbanus Episcopus... de *cymiterio* matris... In concilio *etenim*... matrem vestram *Burdegalensem*... habere *cymiterium*... *cymiterium* quod requirebatis... *auctoritate* apostolica... auctoritate Dei... Incarnationis Dominicæ M.XC.IX...

L'authenticité de ce *Vidimus* est garantie par l'évêque de Périgueux, les abbés de Guîtres, de Saint-Émilion et de Verteuil. Ils certifient avoir transcrit fidèlement les bulles d'Urbain II, de Lucius III et d'Alexandre III qui se lisent sur le même parchemin. La feuille de ce parchemin est grande et en bon état : les sceaux ont disparu ; les attaches seules restent. Lopès, qui fait mention de trois bulles, n'en cite qu'une aux pièces justificatives, celle d'Urbain II.

ADDENDA ET CORRIGENDA

RELATIFS AUX DEUX ÉDITIONS

Page 37, ligne 28. — Au lieu de : xive, lisez : xvie siècle, car malgré la datede 1441 assignée par Delurbe à la construction du chœur de l'église Saint-Pierre, nous croyons avec nos meilleurs archéologues, MM. Leo Drouyn, J. de Verneilh et de Castelnau, que cette partie de l'édifice date tout au plus du commencement du xvie siècle.

Page 93, ligne 26 et suiv. — Les deux opuscules formant les *Défenses des professeurs de théologie de l'Université de Bordeaux*, dont nous n'avons pas désigné l'auteur, sont de Nicole ou d'Antoine Arnauld ou plus probablement de l'un et de l'autre. Elles ne furent point imprimées à Bordeaux ; mais les professeurs de théologie de cette ville et particulièrement Lopès y furent-ils absolument étrangers ? Il est permis d'en douter : deux lettres d'Antoine Arnauld (Lausanne, 1715, t. I, p. 207-212) prouveraient que les *Défenses* ne furent composées que sur « les prières réitérées » des professeurs de Bordeaux et nommément de Lopès. (Voir aussi A. de Lantenay, *Rev. cath. de Bordeaux*, 15 déc. 1882.)

Page 97, ligne 2. — Au lieu de : *cest* ouvrage..., — lisez : *cét* ouvrage...

Page 107, ligne 6. — Ici le texte de l'ancien Lopès renfermait une erreur de date que nous avons corrigée dans les *Remarques sur les pièces justificatives*. Au lieu de : « 6 may l'an 1463 et le 5e de son pontificat, » — lisez : « 25 février 1458 et le 1er de son pontificat. »

Page 109, ligne 8. — Au lieu de : *25 février 1488...*, — lisez : *28 janvier...* Nous donnons le motif de ce changement au chapitre intitulé : *Vérification des pièces justificatives*, p. 348.

Page 110, dans les notes. — Au lieu de : Le *B*. Bonaventure, — lisez : le *P*. Bonaventure...

Page 122, ligne 6. — Au récit que fait Lopès de la prise de Bordeaux par les Sarrasins, ajoutez comme commentaire la note 1 du tome I de la nouvelle édition de l'*Histoire du Languedoc*, p. 795. Les chroniqueurs arabes que cette note résume, prétendent, avec l'exagération accoutumée des Orientaux, que dans le sac de la ville, le moindre soldat aurait eu pour sa part force topazes, émeraudes et autres pierres précieuses, sans parler de l'or en abondance.

Page 140, note *a*. — Au lieu de : Porte d'argent à deux *asces* de sable..., — lisez : porte d'argent à deux *fasces* de sable...

Page 157, ligne 8. — Au lieu de : Bis quadram..., — lisez : *IX. Bis quadram...*

Page 182, ligne 4. — Au lieu de : au long au *chap II...*, — lisez : au long au *chap. XI...*

Page 189, ligne 3. — Au lieu de : *Domini 1096, videlicet...*, — lisez : *Domini 1096* [non 1026] videlicet...

Page 205, ligne 8. — Au lieu de : *ex apostolica...*, — lisez : *et apostolica...*

Page 270, ligne 23, note. — Jaffé (*Regesta Pontif. Romanorum*, n° 209) admet l'authenticité de la lettre à Rodolphe rejetée par D. Devienne.

Page 272, ligne 1. — Au lieu de : *Annales Berrinienes...*, — lisez : *Annales Bertinienes...*

Page 272, note *a*. — Au lieu de : *Annal. Berrinian...*, — lisez : *Annal. Bertinian...*

Page 274, ligne 13. — Au lieu de : Jordon de Loron..., — lisez : *Jordan* de Loron...

Page 277, ligne 5. — Lopès a omis le n° X au commencement de cet alinéa.

Page 284, ligne 16. — Au lieu de : ad sumni Apostolatus..., — lisez : ad *summi* Apostolatus...

Page 285, ligne 35. — Au lieu de : Burdigalensem, etc., præfatas..., — lisez : *Burdigalenses et* præfatas.

Page 288, ligne 26. — Au lieu de : se rendit, — lisez : *et* se rendit.

Page 291, ligne 28. — Nous craignons fort que l'abbé Bellet ait confondu ce roi d'Angleterre avec un autre Henri, postérieur; quoi qu'il en soit, les chroniqueurs du xii° siècle ne mentionnent pas le fait en question.

Page 294, ligne 19, note. — C'est par erreur que nous avons dit que les deux mariages d'Éléonore d'Aquitaine furent célébrés à Saint-André. Pour le premier (avec Louis le Jeune), le fait n'est pas douteux. On lit dans D. Devienne (*Hist. de Bordeaux*, 1re part., p. 22) : « Avant d'envoyer son fils en Aquitaine, il (Louis le Gros) publia un édit pour annoncer à ses peuples un événement si remarquable; il le fit ensuite accompagner par un corps de troupes considérable et par cinq cents personnes qualifiées, au nombre desquelles se trouvèrent Thibaud, comte de Blois; Guillaume de Nevers et Rotrou, comte de Perche. Geoffroy, évêque de Chartres et légat d'Aquitaine, se rendit aussi auprès du jeune prince. Quand on fut arrivé vis-à-vis Bordeaux, comme la ville n'était pas assez grande pour loger une si grande multitude, on la fit camper sur le bord de la Garonne, et Louis ne passa la rivière qu'avec ce qu'il y avait de plus distingué dans sa suite. Il reçut la bénédiction nuptiale dans l'*église Saint-André*. L'historien qui raconte ce fait, n'entre pas dans le détail de cette brillante cérémonie, il se contente de dire que l'éloquence de l'orateur romain et la variété des pensées de Sénèque auraient été insuffisantes pour en décrire toute la magnificence, ainsi que la somptuosité des repas dont elle fut suivie. Les deux époux partirent aussitôt pour Poitiers. »

Le même auteur (*ibid.*, p. 24) ne dit pas, mais il laisse entendre que le mariage d'Éléonore avec Henri d'Anjou eut également lieu dans notre ville. Après avoir raconté le divorce de Beaugency, D. Devienne ajoute : « La Guyenne fut restituée à Aliénor, qui se retira à Bordeaux, et épousa, six semaines après, le comte d'Anjou sans beaucoup de cérémonie. » Cependant, aucun texte ne prouve que ce mariage ait été bénit dans l'église Saint-André; tandis que le suivant désigne Poitiers. (V. *Recueil des Histor. des Gaules et de la France*, t. XII, p. 410.) « Matrimonio tandem dissoluto... post recessum à Lodoïco, solemniter fuit desponsata *Pictavi* ab Henrico duce Normanniæ qui posteà sublimatus est in Regem Angliæ. » (*Ex fragmentis chronic. comit. Pictaviæ*, etc.) — Voir aussi *Annuaire hist. de la France*, an. 1854, p. 161; — *Hist. d'Éléonore de Guyenne*, par Isaur. de Larrey, Londres, 1788; — *Éléonore de Guyenne*, par Louis de Villepreux, Paris, 1862.

Page 319, note g. — Au lieu de : Xomus in psalt. et al..., — lisez : *Xomus in psalt. 5 et al...*

Page 324, ligne 5. — La bulle d'Urbain II doit être datée non du 5 mars, comme dit Lopès, mais du 3 mai 1099 (*Jaffé*, n° 4339); d'ailleurs Lopès se corrige plus loin. Le texte latin porte V nonas maii = 5 mai. (V. p. 335.)

Page 324, ligne 14 et page 335, note. — Lopès n'indique pas la date de cette bulle d'Alexandre III, mais puisqu'elle a été donnée à Venise, elle est du 24 mars 1177 au 15 octobre de la même année. (Elle ne se trouve pas dans *Jaffé*.)

Pages 326 et 336, note. — Lopès doit faire erreur au sujet de la bulle d'Alexandre III *data Ferentini II kal. jul.* (30 juin 1174). Le 30 juin 1174, Alexandre III était à Anagni non à Ferentino. (Voir *Jaffé*, n° 8321.) Il faut lire 1175; en effet, le 30 juin 1175, Alexandre III datait de *Ferentino* une lettre relative à saint Jacques de Compostelle. (*Jaffé*, n° 8365.) Ajoutons que la bulle indiquée par Lopès ne se trouve pas non plus dans le recueil de Jaffé.

Page 335, § VII, note, ligne 6. — Au lieu de : in solemnitatem, — lisez : *in solemnitate.*

FIN DE LA PREMIÈRE PARTIE.

TABLE DES GRAVURES

CONTENUES DANS LE PREMIER VOLUME

	PAGES
Reproduction de l'estampe qui figure dans la première édition de Lopès, encadrement dessiné par M. J. DE VERNEILH....................................	II
Fac-similé du testament de Jérôme Lopès.......................................	XXVIII
Démolition de la chapelle des Feuillants.......................................	41
La Cathédrale Saint-André prise de l'angle sud de la place Rohan, dessin de Maxime LALANNE..	104
Plan de la cathédrale Saint-André et du cloître. (Commis. des Monum. hist.).	130
Ancien jubé. (Commis. des Monum. hist.)....................................	134
Portail nord de l'église Saint-André, d'après une eau-forte de M. L. DROUYN..	139
Tympan de la porte nord de l'église Saint-André. (Commis. des Monum. hist.)	140
Niche de Clément V. (Commis. des Monum. hist.)...........................	141
Cloître de Saint-André, gravé par M. J. DE VERNEILH, d'après une aquarelle de M. DE FONTAINIEU...	155
Ancien jubé de Saint-André...	159
Bas-reliefs de l'ancien jubé de Saint-André.................................	160
Porte Royale. (Commis. des Monum. hist.).................................	163
Façade principale de l'ancien archevêché de Bordeaux, démoli en 1771. (Commis. des Monum. hist.)...	172
La Tour Pey-Berland, dessin de M. DE VERNEILH...........................	177
L'un des Reliquaires actuels de l'église Saint-André. (Com. des Monum. hist.)	207
Notre-Dame-de-la-Nef, dessin de M. F. MAROT.............................	211
Tombeau du B. Pey-Berland. (Commis. des Monum. hist.)..................	218
Monument funèbre d'Antoine de Noailles. (Commis. des Monum. hist.)......	221
Tombeau de Raymond de Landiras. (Commis. des Monum. hist.)............	228
Un enfeu du cloître de Saint-André, d'après une eau-forte de M. L. DROUYN..	235
Détails de tombeaux relevés dans le cloître. (Commis. des Monum. hist.)....	237
Sceau du Chapitre de Saint-Seurin...	242
Entrée occidentale de Saint-Seurin, d'après une eau-forte de M. L. DROUYN..	243
Oratoire de la Trinité. — Tombeaux de saint Seurin et de ses premiers successeurs...	246

TABLE DES GRAVURES.

	PAGES
Le cloître de Saint-Seurin de Bordeaux....................................	249
Siège épiscopal de l'église Saint-Seurin, d'après une eau-forte de M. L. DROUYN.	251
Pièce de monnaie mérovingienne (VIIe siècle) SCI STEFAN BURDIGALA............	259
Porte du Caillou. (Commis. des Monum. hist.)................................	291
Intérieur de la cathédrale Saint-André avant *1789*, dessin de M. Maxime LALANNE, d'après une aquarelle de M. BRUN................................	297
Cuve baptismale en bronze qu'on dit avoir appartenu à l'église Saint-Seurin..	308
Chœur de la cathédrale, vue prise du square Pey-Berland. Dessin de M. J. DE VERNEILH..	309
Chevet extérieur de Saint-Seurin de Bordeaux, d'après une eau-forte de M. J. DE VERNEILH..	313
Façade Sainte-Croix de Bordeaux en *1843*, d'après une eau-forte de M. Leo DROUYN..	315
Petit cimetière de Saint-Seurin, dessin de M. TRAPAUD DE COLOMBE......	320
Médaillon du tombeau d'Ancilla Pascasia.....................................	321
Ruines du couvent des Augustins, d'après une eau-forte de M. Leo DROUYN....	327
Maison des Commandeurs de Saint-Jean-de-Jérusalem. — Emplacement du premier hôpital, rue du Pont-Saint-Jean, d'après une eau-forte de M. H. DE MARQUESSAC...	328
Rue Poitevine et chapelle Saint-Jean, d'après une eau-forte de M. H. DE MARQUESSAC...	329

TABLE DES MATIÈRES

CONTENUES DANS LE PREMIER VOLUME

Le chiffre de la première colonne renvoie à l'ancienne édition, celui de la deuxième à la nouvelle.

	PAGES.	
	A. édit.	N. édit.
A Son Éminence le cardinal DONNET, Archevêque de Bordeaux....................	»	V
Préface de la nouvelle édition.................	»	VII
Liste des Souscripteurs......................	»	XIII
Vie de Jérôme Lopès........................	».	I
Pièces justificatives........................	»	75
Préface de l'ancienne édition................	»	97
Approbation...............................	»	100
Ordre et division de ce livre	»	101

PREMIÈRE PARTIE

CHAPITRE Ier

La Noblesse et la Dignité de l'Eglise de Bourdeaux.

Témoignages rendus à cette Église par les Papes. — Faveurs qui lui sont accordées par les empereurs, les ducs de Guyenne, les rois de France et d'Angleterre................................	1	105
Pièces justificatives........................	4	108

CHAPITRE II

Le premier Establissement de l'Eglise de Bourdeaux.

	PAGES.	
	A. édit.	N. édit.
Saint-Martial, sa mission en Aquitaine. — Premier oratoire fondé à Bordeaux. — Le P. Bonaventure de S. Amable et le Dr Launoy. — Opinion de M. Paulin Pâris, d'Augustin Thierry. — Lopès discute le *texte* de S. Sévère et celui de Grégoire de Tours. — Manuscrit syriaque du monastère de Scété.........	5	109
Pièces justificatives.............................	13	120

CHAPITRE III

Les derniers Establissements de l'Eglise de Bourdeaux.

Les invasions des Goths. — Lettre de S. Sidoine Apollinaire à l'archevêque d'Aix. — Bordeaux ruiné par les Sarrasins. — Ravage des Normands. — La ville est dépeuplée. — Lettre du pape Jean VIII. — Noms de lieux qui rappellent divers établissements des Barbares en Aquitaine: *Camparrian, Villegouge, Puynormand.* — La baronnie de Cadaujac. — Reconstruction de la cathédrale de Saint-André. — Sa consécration par Urbain II.....................	14	121
Pièces justificatives.............................	18	128

CHAPITRE IV

L'Edifice de l'Eglise de Bourdeaux.

La nef. — Le chœur. — Chapelles rayonnantes. — Vocables anciens et nouveaux de ces chapelles. — Portail nord. — Les deux aiguilles, la date de leur construction, travaux de consolidation exécutés à différentes époques. — Portail sud. — Voûtes. — Tremblement de terre de 1427. — Autels qui s'élevaient autrefois dans la grande nef. — Galeries du Chapitre, du Parlement, du Présidial et des Jurats. — Porte-Royale.	20	129

APPENDICE AU CHAPITRE IV

PAGES. A. édit. N. édit.

Ancien jubé. — Porte-Royale. — Orgues avant et pendant la Révolution. — Ancien archevêché — Tour *Pey-Berland :* 1º Son emplacement ; 2º date de sa construction ; 3º sa forme architecturale ; 4º son aliénation, son rachat, sa restauration............. » 159

CHAPITRE V

La Consécration de l'Eglise de Bourdeaux.

1re Consécration par saint Martial ; 2e Consécration par Urbain II. — La cathédrale Saint-André à la fin du xie siècle. — Reliques insérées dans le grand autel. — Patrons secondaires de cette église. — Saint Vincent de *Vernemetis*... 30 181

Pièces justificatives................................. 35 189

CHAPITRE VI

La Saincteté de l'Eglise de Bourdeaux et les particulières dévotions qui s'y pratiquent.

Reliques anciennes. — Soulac, la *Grotte du lait.* — Saint Eutrope. — La chapelle des *Irlandais.* — Saint Blaise, sa chapelle à Saint-André. — Collégiale de ce nom à Cadillac-sur-Garonne. — Saint Antoine et les Feuillants. — Sainte Eulalie. — Sainte Colombe. — Sainte Quitterie. — Tableau de la Sainte à Bruges. — Sainte Marguerite patronne des jeunes mères, ses reliques et son culte à Saint-André. — Saint Macaire. — Notre-Dame-de-la-Nef. — Vœu du Parlement.... 36 190

Pièces justificatives................................. 46 205

APPENDICE AU CHAPITRE VI

Reliques actuelles de l'église de Saint-André. — Chapelle et statue de Notre-Dame-de-la-Nef............. » 206

CHAPITRE VII

*Les Monumens principaux et Sepultures
de l'Eglise de Bourdeaux.*

PAGES.
A. édit. N. édit.

Les deux *Obituaires* de Saint-André conservés aux Archives départementales. — Ancien cérémonial des services funèbres. — Les tombeaux négligés par Lopès. — Tombeaux de Prévôt de Sansac, d'Arnaud de Canteloup, du B. Pey Berland, de Charles, duc de Guyenne, frère de Louis XI; de Tristan de Moneins, d'Antoine de Noailles, de Vital Carles. — Notice sur la maison de Carles et sur l'hôpital Vital-Carles. — Tombeaux de Lucille. — Les dix variantes de son épitaphe.................................... 47   213

Pièces justificatives............................. 62   233

APPENDICE AU CHAPITRE VII

Les tombeaux du cloître. — Sépultures gallo-romaines. — Cimetière chrétien à cet endroit dès les premiers siècles................................ »   234

CHAPITRE VIII

*Les Prééminences de l'Eglise de Bourdeaux
et premierement, le Siege Archiépiscopal.*

Controverse au sujet de la cathédrale primitive de Bordeaux. — Opinion de Lopès. — Éloge de l'église Saint-Seurin. — Argument que tire Lopès de la légende de Saint-Amand. — Réflexion de l'abbé Baurein. — Chapelle sépulcrale des premiers archevêques de Bordeaux. — Lettres de Charlemagne et de son fils où l'église Saint-André est appelée le *siège archiépiscopal.* — Témoignages des ducs de Guyenne, des rois, du pape Urbain II. — Réfutation de la preuve que les partisans de Saint-Seurin s'imaginent trouver en faveur de cette église : 1º dans le trône sur lequel les archevêques avaient coutume de s'asseoir la veille de leur entrée à Saint-André; 2º dans les

TABLE DES MATIÈRES.

	A. édit.	N. édit.
privilèges dont le cimetière de Saint-Seurin jouissait encore en 1081 ; 3º dans les prétendus restes de palais archiépiscopal découverts à Saint-Seurin..........	63	241
Pièces justificatives................................	72	254

APPENDICE AU CHAPITRE VIII.

Ordonnance du cardinal Fr. de Sourdis. — Pièce de monnaie mérovingienne du VIIe siècle...............	»	256

CHAPITRE IX

Deuxieme Prééminence de l'Eglise de Bourdeaux.
Le Siege Primatial.

Prétentions de l'église de Bourges. — Les trois Aquitaines.— La *Dissertation sur la Primatie d'Aquitaine*, par P.-F. de La Brousse. — Trois raisons en faveur de Bordeaux tirées : 1º de la dignité de la ville ; 2º de la longue possession ; 3º des constitutions des Papes. — Preuves ajoutées par D. Devienne à celles de Lopès. — L'archevêque de Bordeaux Guillaume de *Gebennis* empêche par la force l'archevêque de Bourges de faire, comme primat d'Aquitaine, la visite de Saint-André. — Incidents moins tragiques survenus l'an 1284, pendant la visite de l'archevêque de Bourges à Saint-Romain de Blaye, à Sainte-Croix de Bordeaux, à la Grande-Sauve. — Bulle de Clément V mettant fin à la primatie de Bourges......	74	263
Pièces justificatives................................	88	283

CHAPITRE X

Troisiesme Prééminence de l'Eglise de Bourdeaux
pour les Ceremonies publiques.

Les processions à Bordeaux. — Procession pour obtenir la cessation de la peste ; pour la canonisation de saint François de Borgia ; pour la conversion du Roy ; pour la prise de Calais ; pour la réduction de La Rochelle, etc., etc. — Processions à la fontaine de Figuereau en temps de sécheresse. — Conflit risible

	PAGES.	
	A. édit.	N. édit.

entre le doyen du Chapitre de Saint-André et les *prestres* de Saint-Michel. — Processions du Parlement, de l'Université, « des charpentiers de barriques. » — Funérailles royales. — Réception des rois, des gouverneurs et des maires. — Récit détaillé de l'entrée de Charles IX, de François Ier. — Mariage de Louis XIII avec Anne d'Autriche à Saint-André. —Henry de Bourbon prête serment à la cathédrale entre les mains du cardinal de Sourdis. — Origine de l'Hôtel de Ville de Bordeaux. — Élection des Jurats. —Serment du nouveau Maire en l'église Saint-André. 100 287

CHAPITRE XI

La 4^n et 5e Prééminence de l'Eglise de Bourdeaux, pour les Baptesmes et les Sepultures.

Les baptêmes à Saint-André. — Détails empruntés à la *Chronique*. — Trois églises de la ville ont seules des fonts baptismaux. — Exception en faveur de Saint-Nicolas de Graves. — Historique des efforts tentés à différentes époques par les curés de Bordeaux pour obtenir le droit de baptême dans leurs églises. — Le curé de la *Majestat*. — Le cimetière de Saint-Seurin, son origine, son histoire, ses principaux monuments. — Cimetière de Saint-André. — Cimetières paroissiaux. — Cimetières hospitaliers. — Droit du Chapitre sur les sépultures faites dans les hôpitaux Saint-James, Saint-Jean-de-Jerusalem, etc., et dans les couvents des Augustins, des Carmes, de la Merci, de Saint-Antoine.............................. 109 306

Pièces justificatives............................. 119 333

REMARQUES DE L'ÉDITEUR SUR LES PIÈCES JUSTIFICATIVES ALLÉGUÉES PAR LOPÈS (1re partie)................ » 337
VÉRIFICATION DES PIÈCES JUSTIFICATIVES (1re partie) ..... » 346
ADDENDA ET CORRIGENDA...................... » 366
TABLE DES GRAVURES.......................... » 369

FIN DE LA TABLE DU TOME PREMIER.

Bordeaux. — Imp. G. GOUNOUILHOU, rue Guiraude, 11.